한국어
의미론

제2판

한국문화사 언어학 시리즈

한국어
의미론

Korean Semantics

임지룡 지음

한국문화사

한국어 의미론 　제2판

1판 1쇄 발행 2018년 8월 20일
2판 1쇄 발행 2024년 1월 20일

지 은 이 | 임지룡
펴 낸 이 | 김진수
펴 낸 곳 | 한국문화사
등 　 록 | 제1994-9호
주 　 소 | 서울시 성동구 아차산로49, 404호(성수동1가, 서울숲코오롱디지털타워3차)
전 　 화 | 02-464-7708
팩 　 스 | 02-499-0846
이 메 일 | hkm7708@daum.net
홈페이지 | http://hph.co.kr

ISBN 979-11-6919-174-6　93710

머리말

이 책은 한국어의 의미 현상을 탐색하기 위한 지형도이다. 나는 오랫동안 한국어의 의미 현상을 관찰, 기술, 해석하면서 의미의 의미론에 내해 제대로 된 지형도를 그려 보고 싶은 소망을 간직해 왔다. 부족하지만 더 이상 미룰 수 없어 그동안 보고 듣고 생각한 바를 『한국어 의미론』의 이름으로 출판하게 되었다.

『한국어 의미론』은 6부 16장으로 이루어져 있다. 제1부는 의미론과 의미로서 의미론과 의미의 이해를 기술한 것이다. 제2부는 의미의 무리로서 개념과 범주화, 의미를 무리 짓는 어휘 항목들의 형상화, 동일한 단어 형태의 의미 변이를 기술한 것이다. 제3부는 의미 관계로서 계열관계와 결합관계를 기술한 것이다. 제4부는 의미의 확장으로서 의미의 습득, 비유의 의미, 의미의 변화를 기술한 것이다. 제5부는 문법과 문장의 의미로서 단어를 엮어 문장을 구성하는 규칙과 원리인 문법 및 문장의 의미를 기술한 것이다. 제6부는 발화와 문화의 의미로서 언어 외적 맥락에 대한 발화와 문화의 의미를 기술한 것이다.

이 책을 쓰면서 다음 세 가지 기준을 잊지 않으려고 애썼다.

첫째, 한국어 의미 현상의 풍부함과 매력을 포착해 기술하고 해석하는 일이다. 언어는 사람의 정신세계·삶·문화를 이루어 내고 반영해 주는 원동력이며, 의미는 언어의 속살로서 그 핵심적 요소이다. 의미론이 의미 탐구의 방법론인 만큼 한국어의 의미 현상과 작용 양상을 다양하고 유의미하게 밝혀내어 마땅하다.

둘째, 의미의 탐구는 언어 내적인 질서뿐만 아니라, 언어를 부려 쓰는 주체로서 사람의 몸과 마음, 그리고 언어공동체가 뿌리박고 있는 사회 문화적 배경을 함께 고려해야 한다. 언어의 의미는 사람 특유의 몸과 마음, 그리고 사회 문화적 배경과 불가분의 관계를 맺고 있으므로 그 상관성을 밝혀내어 마땅하다.

셋째, 언어의 원리 · 현상 · 지식은 세상사의 원리 · 현상 · 지식과 상통한다. 한 가지 사례로서 건축가 루이스 설리반은 "형태는 기능을 따른다."라고 하였다. 이 말은 건축뿐만 아니라, 생명체나 언어에도 똑같이 적용된다. 따라서 의사소통의 목적을 위해 언어의 구조가 의미를 어떻게 표현하고 이해하도록 짜여 있는지, 또한 의미가 구조에 대해 어떻게 작용하는지를 밝혀내어 마땅하다.

돌아다보니 내 삶은 의미 및 의미론과 함께한 여행이었다. 1974년 암울했던 시절, 대학에 다니면서 시를 쓰다가 개종하듯이 의미의 본질을 찾아 길고 먼 여정을 시작하였다. 산을 넘고 강과 바다를 건넜다. 어둠과 추위 속에서 길을 잃고 헤매었다. 타는 목마름에 겨워 제자리를 맴돈 적이 많았다. 그때마다 스승님들께서 등불로 길을 밝혀 주시고 벗님들이 샘물로 목을 축여 주었다. 수많은 학생들이 이 여행에 참여하여 함께 길을 열었다. 의미와 의미론을 탐구하면서 발견의 기쁨에 전율한 적도 한두 번이 아니었다. 이제 대학에서 내 여행은 마무리 시점에 와 있다. 견딜 만했던 시련, 꿈꿨던 만큼의 고뇌, 그리고 깊은 울림으로 다가온 환희! 축복받은 이 여행에 감사드린다.

책을 펴내는 데 도와주신 분들을 잊을 수 없다. 12~14장을 읽어 주신 송창선 교수님과 11장을 읽어 주신 이문규 교수님께 감사드린다. 지난 두 학기 동안 초고를 같이 읽으면서 깁고 고쳐 준 대학원생들, 특히 김학훈 · 원효선 선생님께 감사드린다. 교정을 도와준 인지언어학 연구실의 정수진 · 송현주 · 김령환 · 임태성 · 리우팡 · 왕난난 교수님께 감사드린다. 성근 원고를 정성스럽게 출판해 주신 한국문화사에 감사드린다. 단언컨대, 의미는 언어의 영혼이며 의미론은 인류 지성사의 최고 경지 가운데 한 분야이다. 독자들께서 이 지형도를 통해 의미 세계의 신비를 탐구하면서 길이 보람을 누리시기 바란다.

2018년 3월 28일
목련꽃이 피고 지는 복현동 연구실에서
임 지 룡

제2판에 부쳐

출판사에서 다시 책을 찍는다고 한다. 책을 펼쳐보면서 내가 쓴 책이라고 하기 어려울 정도로 낯설게 느껴졌다. 그 까닭은 책에 담긴 정보는 객관화되어 있는데, 나 자신은 연구하고 가르치던 교단을 떠나 4년여 동안 굴러 벗은 말처럼 전원 속에 묻혀 살아왔기 때문일 것이다. 그런 점에서 출판된 책은 저자가 아니라 독자의 것이라는 사실을 절감하게 된다. 이참에 한 사람의 독자가 되어 책을 처음부터 끝까지 정독하기로 하였다.

'머리말'의 책을 쓰면서 잊지 않으려고 애쓴 세 가지 기준을 떠올렸다. 그러한 기준을 제시한 데는 인지언어학 또는 인지의미론이라는 거인의 어깨 위에서 한국어의 의미를 탐구할 수 있었기 때문이다. 그 세 가지 기준으로 책을 지었으나 목표한 바에 어느만큼 이르렀는가는 또 다른 독자들이 판단할 몫이다.

나는 이 책을 디딤돌로 삼아 의미의 탐구와 교육을 향해 큰 걸음으로 내딛을 미지의 독자들을 위하여 문장을 가다듬고 각주·참고문헌·찾아보기를 보완하였으며, 3.2.4.의 '자기대립어'를 추가하였다. 책을 읽는 동안 의미와 의미론에 대한 정보와 해석에 전율하기도 하고 한국어의 의미 현상에 대한 재미도 쏠쏠히 맛보았다.

이 책을 우리 학계와 독자들께 바치고 교단을 떠나올 수 있었음에 감사드린다. 무엇보다도 그동안 이 책을 사랑해 주신 독자 여러분, 2019 세종도서 학술부문 선정, 그리고 새로운 판을 내주신 한국문화사에 감사드린다.

2023년 9월 3일
밝고 따뜻한 뜨락 '혜화정'에서
임 지 룡

차례

제6부 발화 · 문화의 의미

제1부

의미론과 의미

제1장
의미론의 이해

1. 들머리

이 장은 의미론이 무엇인지를 이해하는 데 목적이 있다. 언어의 형식에 대응하는 내용을 의미라고 하며, 의미를 탐구하는 학문 분야를 의미론이라고 한다. 의미론의 성격을 이해하기 위해 이 장에서는 다음 여섯 가지 사항에 대해서 다룬다.

첫째, 의미론의 지위이다. 언어 구성 요소의 형식 단위인 음운, 형태, 통사와 함께 내용 단위인 의미에 대해서 살펴보고, 음운론 및 문법론과의 관계 속에서 의미론의 위상을 살펴본다.

둘째, 의미 탐구의 양면성이다. 의미의 속성은 추상적이고 유동적이며, 그 단위가 광범위하다. 이에 따른 의미 탐구의 어려움과 그 중요성을 살펴본다.

셋째, 의미 탐구의 흐름이다. 의미론의 출발과 함께 주요 의미론의 특성을 검토하고 그 상관성을 살펴본다.

넷째, 인지언어학과 인지의미론이다. 의미의 문제를 본격적이고 체계적으로 다룬 인지언어학의 성격과 인지의미론의 주된 가정을 살펴본다.

다섯째, 의미관의 대립적 양상이다. 1980년대를 전후로 의미 탐구의 대립적 관점인 객관주의와 개념주의에 대해서 살펴보고, 객관주의에 바탕을 둔 점검표 이론과 진리 조건설, 그리고 개념주의에 바탕을 둔 원형 이론과 해석설을 중심으로 그 성격을 살펴본다.

여섯째, 의미론의 탐구 분야와 과제이다. 의미론의 분야가 단어, 문장, 발화·문화 층위로 확장되어 온 과정과 한국어 의미 탐구의 과제에 대해서 살펴본다.

2. 의미론의 지위

'의미론(semantics)'은 말 또는 언어의 의미를 탐구하는 학문 분야이다. 언어는 '형식'과 '내용'으로 이루어진다. 언어의 형식적 요소에는 '음운', '형태' 및 '통사'가 있으며, 언어의 내용적 요소에는 '의미'가 있다. 음운, 형태 및 통사, 그리고 의미 요소를 중심으로 그 성격, 조직, 기능을 탐구하는 학문 분야를 각각 '음운론', '문법론(형태론 및 통사론 포괄)', 그리고 '의미론'이라고 한다. 그 가운데서 음운론과 문법론은 언어의 형식을 중심으로 그 체계와 기능을 탐구하는 반면, 의미론은 언어의 내용을 중심으로 체계와 작용 방식을 탐구한다.

이처럼 언어학의 큰 줄기를 말의 소리 탐구, 문법 탐구, 의미 탐구로 나눌 경우 '사고'와 관련된 의미론이 어느 한쪽 끝에 위치한다고 하면 다른 쪽 끝에는 '소리'와 관련된 음운론이 자리 잡고 그 중간 부분에 문법론이 놓이게 된다(Palmer 1981: 5, Saeed 2016: 9 참조). 이를 발화의 전달 과정에서 살펴보면 〈그림 1〉과 같은 모형을 이룬다.

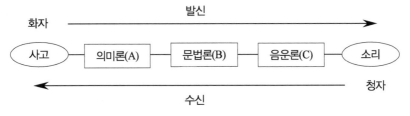

〈그림 1〉 언어학의 세 영역

〈그림 1〉에서 언어학의 세 영역은 상호 밀접한 관계를 맺고 있는데, 화자의 측면에서 언어를 발신하는 경우에는 (A)→(B)→(C)의 방향으로, 청자의 측면에서 언어를 수신하는 경우에는 (C)→(B)→(A)의 방향으로 작용한다. 의사소통의 과정상 발신자의 측면에서는 의미론에, 수신자의 측면에서는 음운론에 초점이 놓인다. 의사소통은 화자의 생각, 느낌, 주장 등을 청자와 주고받는 행위이므로, 언어 표현의 내용에 해당하는 의미는 이 과정에서 중심적 요소가 된다.

요컨대 의미론은 언어의 의미를 탐구하는 분야로서, 언어 탐구의 가장 핵심적인 영역이라 하겠다.

3. 의미 탐구의 양면성

의미론의 목적은 의미의 체계와 작용 방식을 탐구하는 데 있다. 여기서는 의미 탐구의 어려움과 중요성에 대해서 살펴보기로 한다.

언어를 과학적으로 탐구하는 '언어학(linguistics)' 분야에서 의미 탐구는 음운·형태·통사에 비해 뒤늦게 시작되었다. 언어 단위로서 음운·형태·통사는 물리적이며 구체적인 대상으로, 탐구 단위가 제한되어 있고 그 속성이 고정적이며, 청각 및 시각적인 관찰을 통해 실증적이고 체계적인 분석과 기술이 가능하다. 따라서 그 실체를 밝히는 일이 일찍부터 시작되었을 뿐 아니라 그 전체 내용이 비교적 온전히 드러나게 되었다. 그 반면, 의미는 비가시적이며, 추상적·심리적인 대상일 뿐 아니라, 탐구 단위가 광범위하며 그 속성이 유동적이므로 체계적인 기술이 어려울 수밖에 없다.

이러한 양상은 현대 언어학의 탐구 경향에서도 잘 드러난다. 곧 소쉬르(Saussure 1916)의 구조언어학에서는 음운론이, 블룸필드(Bloomfield 1933)의 기술언어학에서는 형태론이, 그리고 촘스키(Chomsky 1957)의 변형생성언어학에서는 통사론이 각각 주된 탐구 분야가 되었다.

의미 탐구의 어려움에 대하여 기술언어학 시기를 이끈 학자 두 명의 입장을 보기로 한다. 블룸필드(Bloomfield 1933: 140)는 "의미의 진술은 언어 탐구에서 약점이며, 인간의 지식이 현재의 상태보다 훨씬 더 향상될 때까지 약점으로 남아 있을 것이다. 실제로, 우리는 언어 형태의 의미를 우리가 할 수 있는 한 다른 과학에 의해서 정의한다."라고 하였다. 이것은 단어 의미의 정확한 설명은 단어가 대체하는 물체, 상태, 상황의 과학적 설명에 의존한다고 보았기 때문이다. 따라서 의미는 과학의 모든 분야, 특히 심리학과 생리학이 완성에 가까워졌을 때만 (과학적으로) 정의할 수 있다고 생각하였다. 언어 탐구의 과학적 엄밀성을 추구한 블룸필드는 의미 탐구의 필요성을 인식하면서도 과학으로서 의미 탐구에 대한 불신과 두려움을 드러냈다.

또한, 프리스(Fries 1954: 58)는 "우리 언어학자들 가운데 영향력 있는 일부의 학자들은 모든 '의미의 사용'을 너무나 필사적으로 비난해 와서 많은 언어학도들에게 의미라는 단어 그 자체가 거의 파문되기에 이르렀다."라고 하였다. 이 언급에서 보듯이, 당시 언어학도들에게는 '의미(meaning)'라는 용어 자체를 언급하는 것이 금기시되었을 정도였다.

그러나 히포 어거스틴의 "의미는 단어의 영혼이다."[1]라는 말 속에는 의미 포착의 어려움뿐만 아니라 그 중요성도 함께 내포되어 있다. 사람에게 육체와 영혼이 똑같이 소중하듯이, 언어의 형식과 내용은 한결같이 중요하다. 언어를

---

[1] 저명한 신학자이자 주교였던 히포 어거스틴(Augustine of Hippo, 354~430)은 의미를 '단어의 영혼(souls of words)'이라고 하였는데, 이는 의미의 속성이 공기같이 가볍고 교묘히 달아나는 것을 비유적으로 표현한 것이다(Riemer 2010/임지룡·윤희수 옮김 2013: '한국어판 서문' xi 참조).

매개로 하는 의사소통은 화자가 표현한 음성 속의 의미를 청자가 해석하는 과정이다. 이 점을 고려해 볼 때 의미야말로 언어의 핵심적인 요소가 아닐 수 없다.

의미 탐구의 중요성 몇 가지를 들어 보면 다음과 같다. 첫째, 말을 사용하는 목적 가운데 가장 기본적인 것은 의사소통, 즉 의미의 생산과 이해에 있다. 둘째, 말에는 의미가 동반되며, 의미가 없는 것은 말이라 할 수 없다. 셋째, 말, 즉 언어 탐구의 궁극적 목적은 의미의 본질을 밝히는 데 있다. 넷째, 의미의 본질 규명은 인간의 이해와 맞닿아 있다.

요컨대 언어 탐구에서 의미의 신비를 밝히지 않고서는 결코 언어의 참다운 모습을 이해했다고 할 수 없다. 따라서 오늘날 의미론은 언어 탐구의 중심 영역으로서 그 관심과 중요성이 한층 더 커지고 있다.

4. 의미 탐구의 흐름

의미론의 출범과 의미론의 흐름 여섯 가지를 살펴보기로 한다.

4.1. '의미론'의 출범

'의미론'에 해당하는 'semantics'라는 용어는 BC 5세기경 그리스 사상가들을 중심으로 한 저술의 언어 분석에서 유래했다. 즉, 'semantics'는 고대 그리스어 명사 'sēmeîon'[2]에 근거하는 형용사 'sēmantikós(기호들과 관련됨)'에서 파생되었다. 이 파생은 단어, 구, 문장 그리고 발화의 언어적 기호들에 대한 탐구와 일반 기호에 대한 탐구 간의 밀접한 관계를 부각시켰다.

오랜 시간이 흐른 뒤, '의미론', 즉 'semantics'라는 용어의 현대적 사용은 프랑스 언어학자로서 소쉬르의 스승이었던 브레알(Bréal 1883: 133)의 논문

---

2 'sēmeîon'은 'sign'으로서, 질병의 근원적 기호 또는 증상에 대한 의학 용어이다.

에서 비롯되었는데, 그는 'semantics'를 '의미의 과학'으로 정의했다. 이 용어는 브레알(Bréal 1897)의 『의미론: 의미의 과학(*Essai de Sémantique: Science des Significations*(Paris: Hachette)』[3]의 출판과 함께 더 널리 알려지게 되었다. 이 당시 'semantics'라는 용어는 '의미 변화를 지배하는 법칙의 탐구', 즉 '역사의미론'을 뜻하는 것이었는데, 그 뒤 의미론으로 일반화되었다.

4.2. 의미론의 흐름

역사의미론을 출발점으로 현대언어학에서 의미론의 주요 흐름을 기술하기로 한다.

4.2.1. 역사의미론

'역사의미론(Historical Semantics)'은 1830년대부터 1930년대까지 어휘에 대해 역사적 접근을 시도한 의미론이다. 그 특징은 개별 단어의 의미 변화를 중심으로 어휘 의미의 동적 속성과 심리적 측면을 강조한 것이다. 이 경향을 대표하는 학자는 독일의 라이지히(Reisig 1839), 프랑스의 브레알(Bréal 1897) 및 다르메스테테르(Darmesteter 1887), 스웨덴의 스테른(Stern 1931) 등이다. 이 시기에 논의된 의미 변화의 유형과 기제를 들면 (1)과 같다(Geeraerts 2010: 26-31 참조).

(1) a. 외연적 의미의 비유추적 변화: 특수화, 일반화, 은유, 환유
    b. 비외연적 의미 변화: 경멸적 변화, 개량적 변화, 완곡어법, 위악어법, 과장법, 곡언법[4]

---

3 프랑스어로 된 이 책은 포스트게이트(Postgate)의 서문을 포함하여 쿠스트(Cust 1900)에 의해 영문판 *Semantics: Studies in the Science of Meaning*(New York: H. Holt)이 출간되었다.

4 '위악어법(僞惡語法, dysphemism)'은 의도적으로 부정적인 감정이 내포된 가혹

c. 유추적 변화: 의미적 번역 차용, 어휘장의 유추적 변화

역사의미론의 의의 두 가지를 들면 다음과 같다. 첫째, 의미의 동적인 속성을 강조한 점이다. 의미는 불변하는 것이 아니라 새로운 상황과 문맥에서 끊임없이 변화한다. 통시적 관점에서 다의어의 형성과 의미 변화는 시사하는 바가 크다. 둘째, 의미의 심리적 측면을 강조한 점이다. 의미는 다른 지식들과 마찬가지로 경험을 통해서 머릿속에 저장된다. 역사의미론에서는 의미를 심리적 개념과 관련지었는데, 이 정신은 인지의미론으로 이어졌다.

4.2.2. 구조의미론

'구조의미론(Structuralist Semantics)'은 소쉬르에 의한 구조언어학의 영향으로 1930년부터 역사의미론의 개별 어휘에 대한 통시적 접근법을 거부하고, 공시적 관점에서 의미의 상호 관계를 탐구한 체계적이고 자율적인 접근법을 가리킨다. 그 주요 방법론에는 다음 세 가지가 있다.

첫째, '어휘장 이론(lexical field theory)'은 바이스겔바(Weisgerber 1927), 트리어(Trier 1931)에 의해서 확립되었는데, 한 단어는 고립된 상태에서가 아니라 의미상 관련된 다른 단어들과 함께 고려되어야 하다고 보았다. 그 예로 독일어 '지식의 장'에 관한 어휘 체계의 변화를 들 수 있다.

둘째, '성분 분석(componential analysis)'은 의미가 성분이라는 제한된 일련의 개념으로 기술될 수 있다는 가정에 기초를 두고 있다. 이 이론은 1950년대 후반에서 1960년대에 걸쳐 두 대륙에서 진행되었다. 유럽의 경우 옐름슬레브(Hjelmslev 1953), 코세리우(Coseriu 1962), 포티에(Pottier 1964), 그레마스(Greimas 1966)를 중심으로 언어적 구조의 변별적 대립관계에 초점을 두었으며, 미국의 경우 론스베리(Lounsbury 1956), 굿인어프(Goodenough 1956), 그

하고 불쾌한 단어의 사용을 가리키며, '곡언법(曲言法, litotes)'은 '과장법'의 역으로 어떤 것을 실제보다 약하게 표현하는 것을 이른다.

리고 나이다(Nida 1975) 등을 중심으로 친족 명칭의 성분 분석이 이루어졌다.

셋째, '관계의미론(relational semantics)'은 한 단어의 의미가 다른 단어와의 의미 관계를 통해 기술될 수 있다는 관점이다. 그 특징은 "단어의 의미는 그것이 참여하는 의미 관계들의 전체 집합으로 정의될 수 있다(Lyons 1963: 59)."라는 언급에서 잘 드러난다. 라이온스(Lyons 1968, 1977), 크루스(Cruse 1986)가 이 이론을 주도하였으며, 그 핵심적인 의미 관계는 동의관계, 대립관계, 하의관계 등이다.

요컨대 구조주의적 관점은 어휘의 개별적인 의미 변화에만 집중해 오던 기존의 탐구 방식에서 벗어나, 어휘의 공시적인 현상을 기술하는 탐구 방식으로의 변화를 가져왔다. 특히, 어휘 항목들 간의 다양한 의미 관계를 체계적으로 탐구하게 되었다. 그 결과 구조의미론은 어휘 의미 탐구를 체계적이며 과학적인 단계로 격상시켰다는 점에서 의의가 있다. 그러나 탐구의 범위가 언어 자체의 자율적인 분석에 국한됨으로써 근원적인 한계를 극복하지 못하였다.

4.2.3. 생성의미론

'생성의미론(Generative Semantics)'은 촘스키(Chomsky 1957)가 주창한 변형생성문법의 한 갈래이다. 이 이론은 카츠 & 포더(Katz and Fodor 1963)에 의해서 구조주의의 성분 분석 이론을 생성문법에 도입한 데서 출발되었다. 즉, 한 단어의 여러 의미들을 '표지(marker)'와 '구별소(distinguisher)'로 분석하고, 그것이 공식화된 사전에 형식 문법으로 표시될 수 있는 방안을 제시하였다.

예를 들어, 'bachelor'는 〈그림 2〉로 분석된다(Katz and Fodor 1963: 186 참조). 〈그림 2〉에서 ( ) 안에 든 '(인간), (동물), (남성·수컷)'은 '표지'이고, [ ] 안에 든 '[한 번도 결혼 안 한 남자], [다른 기사의 진영에 봉사하는 '젊은(young)' 기사], [학사학위 소지자], [번식기에 짝이 없는 '새끼(young)' 물개]'는 '구별소'이다.

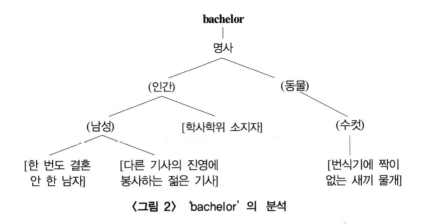

〈그림 2〉 'bachelor'의 분석

또한, 카츠(Katz 1966, 1967)는 〈표 1〉과 같이 복잡한 '표지'를 사용하였는데, 이것은 융합된 의미적 표시도 여전히 구조를 갖는다는 것을 보장할 의도였다. 〈표 1〉은 'chase(뒤쫓다)'의 의미적 표시 구조인데, "Cats chase mice."라는 문장에서 X는 cat의 표시로 대체되고, Y는 mice의 표시로 대체된다. "Mice chase cats."라는 문장에서는 그와 반대가 된다.

〈표 1〉 카츠(Katz)에 따른 'chase'의 의미적 표시 구조

((((Activity of X) (Nature: Physical)) ((Motion)(Rate. (Fast))
(Character: (Following Y)))), (Intention of X : (Trying to catch((Y)(Motion))))).

생성의미론의 특징은 다양한 구조주의적 현상을 최대한으로 고려하는 동시에 공식화된 기술과 심리적 요소를 도입한 것이다. 또한, 생성의미론의 목표는 문장을 해석할 수 있는 언어 사용자의 능력을 기술하는 것이다. 즉, 언어의 탐구 대상은 '언어의 구조'로 식별되는 것이 아니라, 언어 사용자의 능력으로 식별된다고 보았다(Katz and Fodor 1963: 176 참조).

요컨대 생성주의 의미론에서는 문장 차원의 의미 분석에 관심을 두었을 뿐 어휘 차원의 의미 분석에는 별다른 관심을 두지 않았다. 카츠에 의한 생성

의미론은 생성문법 체계 안에서 의미론에 대한 최대주의 접근법으로, 최소주의 접근법인 해석의미론과 대립되었다.

4.2.4. 형식의미론

'형식의미론(Formal Semantics)'은 논리학과 수학의 원리에서 출발하였으며, 형식논리를 기초로 자연언어의 문장이 갖는 진리 조건과 문장 간의 함의 관계를 밝히려는 이론이다. 이 이론은 논리 체계를 통해 언어 표현의 의미 설명을 목표로 하는데, 그 뿌리는 프레게(Frege 1879)로 거슬러 올라가며, 탈스키(Tarski 1944), 몬테규(Montague 1973)에 의해 명제논리 및 술어논리를 바탕으로 자연언어를 분석하기 위한 고차원의 논리 언어 체계가 고안되었다.

프레게(Frege 1879)는 최초로 산술 언어 모형의 상위언어를 사용한 형식논리 체계를 개발하였다. 'the morning star' 및 'the evening star'는 '금성(Venus)'을 가리키지만, '의의(sense)'와 '내포(connotation)'에 있어서 다르듯이, 프레게는 a=a와 a=b가 서로 다른 인지값의 진술이라는 데 주목하였다. 또한, 그는 의미가 맥락의 함수라고 주장하였다.

형식의미론이 지향하는 바는 다음 세 가지이다(남승호 2012: 6 참조). 첫째, 의미 이론은 합성성의 원리를 준수해야 한다. 즉, 단어, 구, 문장 등 표현 의미의 본질을 규명하고, 이 의미들의 결합관계를 설명한다. 둘째, 의미 이론은 중의성을 비롯하여 다양한 의미 현상들을 예측하고 설명할 수 있어야 한다. 셋째, 의미 이론은 단어, 구, 문장들 사이의 체계적인 의미 관계를 밝혀야 한다.

1970년대를 전후하여 형식의미론이 많은 탐구자들의 관심사가 되면서, 집합이론, 모형이론, 람다 계산법 등 형식적 체계들이 고안되었다. 형식의미론은 명사, 동사, 형용사와 같은 내용어의 의미는 소홀히 한 반면, 수, 양화사, 조동사와 같은 이차적 문법 범주에 대해 통찰력 있는 분석을 제공하였다. 또한, 형식의미론은 의미적 상위언어로서 논리적 표현을 사용하며, 의미의 순환성

문제를 극복해 주는 형식적 방법을 통해 의미 분석에서 많은 성과를 거두었다. 그러나 형식의미론은 언어가 사고의 세계와 분리되고 의미를 인지적 현상과 무관한 것으로 취급함으로써 근원적인 한계를 드러냈다(Saeed 1997/2016: 307, Allwood and Gärdenfors(eds.) 1988: vii, Allan 2016: 60-61 참조).

4.2.5. 신구조의미론

'신구조의미론(Neostructuralist Semantics)'은 1990년대에 구조의미론에서 출발하여 독창적인 방향으로 나아간 여러 의미론의 체계를 포괄하는 용어이다. 이 이론은 크게 분해적 접근법과 관계적 접근법으로 대별된다(Geeraerts 2010: 124-181 참조).

먼저, '분해적 접근법(decompositional approach)'은 의미의 성분 분석을 바탕으로 어휘부와 인지 간의 상호작용에 관심을 두고 있다. 비에르츠비카(Wierzbicka 1972, 1996)의 '자연 의미 분석언어(Natural Semantic Metalanguage) 접근법'은 보편적 '인간 사고의 알파벳'이라 할 수 있는 55개의 의미적 본원소로 모든 언어 의미를 기술하려고 시도한 것이다. 자켄도프(Jackendoff 1983, 1996)의 '개념의미론(Conceptual Semantics)'은 의미를 우리의 마음속에서 표시되는 개념으로 가정하고, 기본적인 의미 성분은 인간의 마음이 작용하여 모든 종류의 개념들을 합성할 수 있는 개념적 성분으로 간주한 것이다. 비얼비시 & 랑(Bierwisch and Lang(eds.) 1989)의 '두 층위 의미론(Two-Level Semantics)'은 언어 체계와 개념 체계의 상호작용으로 의미가 생성된다고 보며, 의미 형태와 개념 구조의 두 층위를 구분하여 자연언어의 다의성 기술을 시도한 것이다. 푸체욥스키(Pustejovsky 1995)의 '생성어휘부(Generative Lexicon) 이론'은 논리 및 형식주의와 관련하여 특별한 문맥에서 단어의 의미적 해석을 생성하는 여러 절차를 가정함으로써 논항구조, 사건구조, 특질구조, 어휘계승구조 등 어휘 의미의 구조를 수립한 것이다.

다음으로, '관계적 접근법(relational approach)'은 전산 의미론에 어휘적 자원을 제공하거나, 말뭉치로부터 의미적 정보를 추출하기 위한 전산 처리 방법 등에 관심을 두고 있다. 밀러 & 펠바움(Miller and Fellbaum 2007)의 '워드넷(WordNet)'은 '의미 관계'의 개념을 실용적으로 적용한 것이다. 멜축(Mel'čuk 1996)의 '의미-텍스트 이론(Meaning-Text Theory)'은 언어에서 '의미를 텍스트로, 텍스트를 의미로 전환하는 대응 규칙의 체계'를 모형화하는 데 목적이 있다. 싱클레어 & 핸크스(Sinclair and Hanks 1987)의 '분포적 말뭉치 분석(Distributional Corpus Analysis)'은 용법기반 접근법을 취한 것이다.

요컨대 신구조주의 의미론은 구조주의 의미론에서 중요하게 다루지 않은 '의미 분석의 심리적 실재성'과 '단어 의미의 형식적 표시의 타당성'에 관심을 기울였다. 특히, '의미 분석의 심리적 실재성'에 대한 관심은 인지의미론의 형성에 기여하였다.

4.2.6. 인지의미론

'인지의미론(Cognitive Semantics)'은 '인지언어학(Cognitive Linguistics)'의 한 갈래로 '객관주의 세계관'과 '진리 조건적 의미론'에 대한 반작용으로 1980년대에 출현하였다. 이는 언어의 이해와 사용이 일반적 인지능력과 불가분의 관계를 맺는 것으로 보고 사고 의존적인 시각으로 의미의 문제를 밝히려는 관점을 말한다. 그 주창자는 레이콥(Lakoff 1987) 및 래내커(Langacker 1987) 등이다. 인지의미론의 자세한 내용은 5.2에서 기술하기로 한다.

4.2.7. 종합

이상에서 본 여섯 가지 의미 이론의 흐름을 간추리면 〈그림 3〉과 같다 (Asher *et al.*(eds.) 1994: 2163, Geeraert 2010: 276 참조).

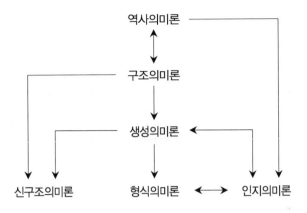

〈그림 3〉 의미 탐구의 역사적 흐름

먼저, 양방향 화살표는 두 이론이 서로 대립됨을 뜻한다. 첫째, '역사의미론'과 '구조의미론'은 반대의 입장에 서 있는데, "의미는 심리적·통시적·비구조적 관점에서 탐구되어서는 안 된다."라는 바이스겔바의 역사의미론에 대한 비판에서 두 이론 간의 대립관계가 잘 드러난다. 둘째, '생성의미론' 및 '형식의미론'과 '인지의미론' 간의 양방향 화살표는 뒤쪽이 앞쪽의 '자율성 가설'을 반대하고, 신체적 경험에 바탕을 둔 언어 해석을 지향하기 때문에 서로 대립적이다.

나음으로, 한 방향 화살표는 누 이론 간에 방법론적 연속성이 존재함을 뜻한다. 첫째, 의미에 대한 '역사의미론'의 '심리적 접근법'과 '백과사전적 관점'은 '인지의미론'의 기본 가정과 일맥상통한다. 둘째, '구조의미론'과 '생성의미론' 간에는 앞쪽의 '성분 분석 이론'이 이른바 '생성문법'의 '자질' 또는 '성분'으로 통합되어 생성의미론의 기반을 제공하였다는 점에서 연관성이 있다. 셋째, '신구조의미론'은 '구조의미론'의 '성분 분석'과 '의미 구조의 관계적 기술'에 의존하면서도, '생성의미론'이 추구하는 '공식화의 가능성'과 '언어 구조와 일반 인지의 구분'에 주의를 기울이기 때문에 그 영향 관계가 성립된다. 넷째, '형식의미론'과 '생성의미론' 간에는 수학과 논리학에 의한 형식주의 및 문장 층위에 관한 관심사를 공유함으로써 영향 관계가 성립된다.

5. 인지언어학과 인지의미론

언어 및 의미 탐구에서 새로운 관점을 제시하고 있는 인지언어학과 그 주요 하위 분야인 인지의미론에 대해서 살펴보기로 한다.

5.1. 인지언어학

현대 언어학에서 '의미'와 '의미론'의 중요성을 제대로 인식하고 의미론에 대한 본격적인 탐구가 이루어진 것은 (2), (3)에서 보듯이 1980년대 후반 '인지언어학'[5]에서 비롯되었다.

> (2) a. 언어의 일차적 기능은 '의미(meaning)'의 전달에 있다. 따라서 '문법(grammar)'은 형태 요소가 의미 요소와 가능한 한 직접적으로 연계되는 원리를 보여 주어야 한다. (Lakoff 1987: 583)
>
> b. 의미는 언어에서 가장 중요한 것이다. (Langacker 1987: 12)
>
> c. 인지언어학의 가장 매력적인 특징 중 하나는 의미에 초점을 둔다는 점이다. (Lee 2001: xi)
>
> d. 인지문법[6]의 제1 원리는 의미의 우선성이다. (Paradis 2013: 690)

---

[5] '인지언어학'의 기본 가정 다섯 가지를 들면 다음과 같다. 첫째, 언어는 자율적 구성단위가 아니다. 즉, 언어를 위해 특수화된 뇌의 자율적 부분은 없다. 둘째, 언어는 상징적이다. 즉, 언어의 형태와 의미 사이에는 직접적인 관계가 있다. 셋째, 언어는 사용에 근거한다. 즉, 언어 지식은 언어의 실제 사례들에서 파생된다. 넷째, 언어는 유의미적이다. 즉, 모든 언어 표현은 의미값을 부여 받고, 언어에서 중요한 역할을 담당한다. 다섯째, 언어는 창조적이다. 즉, 언어는 화자가 관습적인 표현에서 새로운 언어 표현을 생산하며 동일한 상황을 다른 방식들로 기술하도록 허용한다(Hamawand 2016: 62-72 참조).

[6] '인지문법(Cognitive Grammar)'과 '인지의미론(Cognitive Semantics)'은 인지언

e. 의미는 언어의 중심이다. 의미는 언어가 존재하는 이유이다.
(Hamawand 2016: 5)

(3) a. 인지문법은 의미론의 중요성을 강조하고 있다. (Taylor 2002: 29)
b. 인지언어학의 세 가지 기본적 특성은 언어 분석에서 의미론의 일
차성, 언어 의미의 백과사전적 본성, 언어 의미의 원근법적 본성이
다. (Geeraerts and Cuyckens 2007: 5)

현대 언어학에서 의미 탐구는 시련과 도전의 시험장이 되어 왔다. 기술언어
학에서는 의미 탐구를 회피하였으며, 구조의미론과 형식의미론에서는 의미
자체를 다루지 않았다. 즉, 구조주의에서는 의미 관계를 포착함으로써 간접적
으로 의미에 접근하였는데, 한 표현의 의미를 체계 안에서 다른 표현들과 맺는
관계들의 합으로 보았다. 형식의미론 역시 지시와 진리 조건을 탐구함으로써
간접적으로 의미를 포착한 것이다. 그 반면, 인지언어학은 의미 자체의 본질을
언어, 인간, 문화의 상관성 속에서 파악하려 한다는 점에서 의의를 갖는다.

5.2. 인지의미론

'인지의미론'은 '인지언어학'의 한 유형으로, 객관주의를 거부하고 개념주
의 및 주관주의를 옹호하는 의미 이론이다. '객관주의(objectivism)'는 언어의
역할이 이 세계의 '사태(state of affairs)'를 기술한다고 보는 원리로서, 언어
표현의 의미를 외부 세계의 객관적인 반영으로 간주한다. 그 반면, 개념주의
또는 '주관주의(subjectivism)'는 언어가 객관적인 현실을 가리키는 것이 아니
라 화자의 마음속에 있는 개념을 가리킨다는 원리로서, 언어 표현의 의미는

어학의 하위 갈래이다. 인지문법은 언어의 작용 방식을 이해하기 위해 개념적 지
식에 의존하는 것이며, 인지의미론은 개념적 체계가 작용하는 방식을 이해하기
위해 언어에 의존하는 것으로 이 둘은 동전의 양면과 같다.

신체 경험에서 파생된다고 본다. 인지의미론의 다섯 가지 주된 가정을 기술하기로 한다.

5.2.1. 신체화

형식의미론을 비롯하여 종래의 의미에 관한 설명에 의하면, 언어와 언어가 설명하는 세계의 사태 간에 일치가 존재하며, 이에 따라 하나의 진술은 참이나 거짓으로 판단된다. 예를 들어, (4)는 그의 머리가 실제로 백발이고 반드시 그래야만 참이다. 일치 이론의 관점에서 언어의 비유적 사용은 변칙적인 것으로 간주된다.

(4) 그의 머리는 백발이다.

이에 대해, 인지의미론에 의하면, 언어에 반영된 현실의 구조는 인간의 마음과 신체화의 산물이다. 또한, 개념들의 본질과 개념들이 조직화되는 방식은 신체화된 경험의 본질에 의해 제약을 받는다. 신체화 이론에 의한 언어의 비유적 사용은 필수적인 것으로 간주된다.

요컨대 의미는 신체화되어 있다. 추상적인 의미는 우리의 일상적이며 공유된 신체적 경험에 바탕을 두고 있으며, 그 반복된 경험이 정신적 그림이라 할 수 있는 '영상 도식(image schema)'[7]을 형성한다. 이 영상 도식은 은유적 확장을 통해 추상적 세계를 개념화하는 매체 역할을 해 준다.

5.2.2. 동기화

구조언어학을 비롯하여 종래의 설명에서, 한 언어 표현의 형태와 의미의 연결은 자의적이라고 규정하였다. 즉, 한 언어 표현의 의미를 그 형태에 의해

---

7   '영상 도식'은 개념 구조의 한 형태, 즉 신체적 경험의 반복되는 사례로부터 발생하는 '개념적 표시(conceptual representation)'이다(Hamawand 2016: 92 참조).

예측하는 방법은 존재하지 않는다는 것이다.

이에 대해, 인지의미론은 한 언어 표현의 형태와 의미 사이의 관계는 종종 동기화되어 있거나 분리할 수 없다고 본다. 한 언어 표현에서 형태의 선택은 화자가 전달하려고 의도하는 의미 및 의사소통 목적에 의해 동기화된다. 동기화의 전형적인 보기가 '도상성(iconicity)'의 개념인데, 이것은 기호의 형태가 의미와 닮거나, 언어 구조가 표현된 실체와 닮은 현상을 말한다.

요컨대 동기화는 형태와 의미의 자의성에 대한 종래의 편향적인 시각을 극복하게 해 준다. 구체적으로 다의어뿐만 아니라 새말은 대체로 동기화되어 있으며, 통사구조나 담화구조 역시 기능과 언어 주체의 인지적 경향을 반영한다는 점에서 동기화되어 있다.

5.2.3. 역동성

의미에 관한 종래의 설명에 따르면, 한 언어 표현의 의미는 고정되어 있으며, 새로운 경험에 부합하기 위해 바뀔 수 없다. 이것은 필요충분조건에 의해 개념을 범주화하는 의미의 고전 이론, 또는 점검표 이론에 기반을 둔 관점이다.

이에 대해, 인지의미론은 한 언어 표현의 의미는 역동적이고 유연하며, 새로운 경험에 부합하기 위해 바뀔 수 있다고 본다. 이것은 새로운 의미의 표현을 허용하는 창조성과 관련된다. 창조성은 두 가지 방식이 있는데, 새로운 개념에 대해 새로운 형태를 창조하는 방식과 기존의 형태에 의미를 확장하는 방식이 그것이다. 다의관계는 기존의 형태에 의미를 확장하여 다중 의미를 갖는 것으로 역동성과 유연성을 잘 보여 준다. 또한, 일상 언어에 널리 퍼져 있는 환유와 은유는 개념적 현상으로서 우리의 경험과 사고를 확충하며 의미 확장의 역동성과 창조성을 구현하는 필수적 인지 기제이다.

요컨대 의미는 본질적으로 유동적이며 모호한 경계선과 불명확한 가장자리를 가지고 있다. 의미의 이러한 본성은 변화하는 사회와 환경, 그리고 경험의 확충에 따라 새로운 의미를 표현할 필요성에 유연하고도 역동적으로 대처하게 해 준다.

5.2.4. 백과사전적 견해

의미에 관한 종래의 설명에서, 한 언어 표현의 의미 내용뿐만 아니라 우리 머릿속에 저장된 언어 표현의 의미는 사전에 등재된 것과 같이 군더더기 없이 정의될 수 있다고 보았는데, 이것을 의미의 '사전적 견해(dictionary view)'라고 한다. 이 견해의 특징은 다음과 같다.

첫째, 언어의 의미는 '세상사의 지식'과 분리되어 있다. 둘째, 의미론(사용 문맥과 상관없이 의미 분해될 수 있는 단어의 의미와 관련 있음)과 화용론(화자가 추리를 구성하기 위해 문맥적 정보를 사용함)을 구분한다. 셋째, '의미 분해'를 통해 단어 의미의 엄격한 정의를 추구한다. 넷째, 단어 및 문장의 의미에서 전체는 부분의 총합이라는 '합성성의 원리(compositional view)'와 전체의 해체는 부분으로 환원된다고 보는 '환원주의(reductionism)'를 채택한다. 다섯째, 객관주의 관점에서, 객관적인 실재를 가정하고 언어로 이루어진 기술을 참이나 거짓으로 판단하며 그 결과 논리적 상위언어에 의해 명시적인 의미 모형을 설정한다.

이에 대해, 인지의미론은 한 언어 표현의 의미 내용은 언어적 지식과 비언어적 세상사의 지식을 포함하여 그 영향권이 넓은 것으로 보는데, 이것을 의미의 '백과사전적 견해(encyclopedic view)'라고 한다. 이 견해의 특징은 다음과 같다.

첫째, 언어의 의미는 '세상사의 지식'과 얽혀 있다. 둘째, 의미론과 화용론의 명확한 구분을 부인한다. 셋째, 단어 의미에 대해 '의미 분해'에 기초한 엄격한 정의를 부인하고 의미의 '원형 모형'을 채택한다. 넷째, 관용어 및 비유 언어의 의미에서 전체는 부분의 총합 이상이라는 '구성성의 원리(constructional view)' 또는 '게슈탈트 원리(gestalt principle)'를, 그리고 전체의 해체는 부분으로 환원되지 않는다는 '비환원주의(non-reductionism)'를 채택한다. 다섯째, 의미는 실재에 대한 인간의 경험적 해석이라는 '체험주의(experientialism)'를 채택한다.

요컨대 한 언어 표현의 의미는 그것과 연결된 백과사전적 지식에,[8] 그리고 의미가 사용되는 실제 환경과 그것이 담고 있는 최대한의 정보에 의해 뒷받침된다.

5.2.5. 개념화

의미에 관한 종래의 설명에서, 한 언어 표현의 의미는 '진리 조건(truth condition)'과 같은데, 진리 조건에 의해 의미는 외부 세계의 객관적 반영으로 간주된다. 또한, 진리 조건을 기준으로 동일한 상황을 나타내거나 동일한 내용을 가지고 있으면 두 문장은 동의문으로 간주된다.

이에 대해, 인지의미론은 한 표현의 의미를 '개념화(conceptualization)'라고 본다. 즉, 의미는 사물의 직접적인 반영이 아니라 개념의 반영이며, 한 표현의 의미 구조는 개념적 내용뿐만 아니라 그 내용에 대한 화자의 특정한 해석 방식을 포함하고 있다. 따라서 서로 다른 표현은 동일한 개념적 내용을 환기할 수 있지만 개념에 대한 다른 개념화를 부호화함으로써 의미적으로 다르며, 엄밀한 의미에서 동의문은 존재하지 않는다.

요컨대 언어 표현은 의미를 전달하기 위한 실마리이며, 언어 표현과 의미 간에는 화자와 청자에 의한 해석이라는 인지 기제가 작용하고 있다. 즉, 언어 표현 그 자체는 의미 표현의 완전한 수단이라거나 그 속에 의미가 내재해 있는 것이 아니라, '의미 구성'이라는 동적 과정의 '개념화'이다.

---

8   예를 들어, '어린이가 해변에서 놀고 있는 문맥'에서 "어린이는 안전하다."는 어린이가 다칠 위험이 없다는 것이며, "해변은 안전하다."는 해변이 어린이가 다칠 수 있는 위험이 최소화된 환경이라는 것이며, "삽은 안전하다."는 삽이 어린이를 다치게 하지 않는다는 의미이다. 이러한 해석은 '어린이, 해변, 삽', 그리고 '안전하다'와 관련된 화자의 백과사전적 지식에 의존한다(임지룡 2008: 42 참조).

6. 의미관의 대립적 양상

1980년대를 전후로 언어 또는 의미 탐구에서 객관주의 또는 형식주의와 개념주의 또는 체험주의 관점이 대립하는 양상을 보였다. 객관주의와 개념주의를 비교해 보고, 점검표 이론과 원형 이론, 진리조건과 해석설에 대해서 살펴보기로 한다.

6.1. 객관주의와 개념주의

현대 언어학에서 객관주의 및 개념주의의 정신과 의미에 대한 관점을 대비해 보기로 한다.

먼저, '객관주의(objectivism)' 및 형식주의에 기초한 '자율언어학(autonomous linguistics)'은 '과학'의 이름 아래 언어 분석을 시도하였다. 물리학으로 대표되는 자연과학에서는 세상을 이루는 물질의 존재를 균질적·대칭적으로 간주하며, 그 작용 방식을 규명하는 데 객관성·엄밀성·체계성을 중시하였다. 언어과학으로서 자율언어학 역시 이 잣대에 의해 언어를 탐구하려 하였다. 언어 분석의 대상은 언어 내적 자율성에 초점이 맞추어졌으며, 탐구 분야의 철저한 분업화를 지향하였다. 생성문법은 모국어 화자의 머릿속에 내재해 있다고 가정되는 추상적인 문법 지식을 최소화된 규칙으로 기술하여 최대한의 언어 사실을 예측하고 설명하려는 경제성을 추구하였다(Chomsky 1965, 1995 참조). 요컨대 '언어과학'으로서 자율언어학에서는 형식적으로 우아하며, 개념적으로 단순하며, 수학적으로 적형인 자율성을 추구해 왔다(임지룡 2008: 10 참조).

한편, 개념주의 및 체험주의에 기초한 인지언어학은 언어 능력을 사람이 가진 인지능력의 일환으로 보고 언어를 사람의 몸과 마음, 사회 문화적 상관성 속에서 탐구해 오고 있다. 즉, 인간의 주관적인 인식의 창에서 바라보는 이 세상의 존재 양상은 비대칭적이다.[9] 언어 사용의 원리는 일반적인 인지 원리를 구체화하므로, 언어의 원리·현상·지식은 세상사의 원리·현상·지식과 상통한다. 언어학의 내적 분야에서나 외적 분야에서 엄격한 경계를 허물고 협업과 학제적 탐구를 지향한다. 특히 언어 탐구에서 배제되어 왔던 사람의 신체적 경험과 사회 문화적 기반을 중시한다.

다음으로, 의미에 대한 객관주의와 개념주의의 다른 관점을 살펴보기로 한다. 객관주의를 대표하는 생성문법의 경우, 의미 지식은 문법 지식의 일부로 취급하며, 의미 자질, 개념 구조, 논리 형식 등 이른바 '멘탈리즈(mentalese)'라고 하는 '사고의 언어(language of thought)'로서 두뇌 안에 존재하는 것으로 가정한다. 이러한 지식은 선험적이고 선천적인 지식으로 간주된다(Fodor 1975: 27 참조).

그 반면, 인지언어학에서는 인간의 마음이나 마음과 관련된 언어는 인간의 신체적 경험과 분리하여 논의될 수 없다는 체험주의를 중시한다. 이 관점에 따르면 의미 작용, 곧 추상적인 사고 과정은 우리 몸의 신체적 경험에 기반을 두고 있다. 따라서 의미에 관한 지식은 선험적인 지식으로서 존재하는 것이 아니라 신체화된 인지능력, 즉 종 특유의 신체를 가진 인간이 환경과 상호작용하는 방식에서 경험적으로 발현된다(Evans and Green 2006: 27 참조).

6.2. 점검표 이론과 원형 이론

객관주의의 점검표 이론과 개념주의의 원형 이론이 지니는 대립적 성격을 살펴보면 다음과 같다.

먼저, '점검표 이론(checklist theory)'[10]은 단어의 의미가 고정되고 명확하

---

9   우리는 "a. 밥을 먹다"와 "b. 마음을 먹다"에서 '먹다'의 a를 중심 또는 원형적 용법으로, b를 주변 또는 파생적 용법으로 생각한다. 또한, 어떤 '식물'이나 '곤충'을 '잡풀'과 '해충'으로 부르는데, 이것은 자연계를 직접 반영한 것이 아니라 정신적 중간 세계라는 인간의 관점에 따른 것이다(Weisgerber 1953: 199 참조).

10   '성분 분석(componential analysis)' 이론을 필모어(Fillmore 1975: 123)는 단어의 규정에서 그 의미 속성의 목록을 점검한다는 데 주목하여 '점검표 이론'이라고 하였다.

다는 전제 아래, 그 의미를 기준 조건 및 속성에 대한 집합으로 규정한다. 곧 점검표 이론에서는 각 단어에 대한 필수적인 속성의 목록이 우리의 머릿속에 저장되어 있는 것으로 간주하고, 어떤 단어에 대해 자극을 받게 되면 화자는 그 의미 속성을 잠재의식적으로 점검하여 기준 속성에 부합될 때 그 단어에 특정한 이름을 붙이게 된다는 것이다. 예를 들어, '정사각형'의 의미는 '닫힌 도형', '네 개의 변을 가짐', '변의 길이 및 각이 동일함'으로 이루어진 기준 조건 및 속성의 집합으로 기술된다.

의미의 점검표 이론은 언어 교사나 사전 편찬자들에게 큰 호응을 얻었으며, 구조의미론에서 단어들의 의미 관계를 기술하는 데 기여하였을 뿐 아니라, 생성문법에서 문장의 적형성을 판별하는 준거를 제공하였다. 그러나 점검표 이론은 어떤 속성이 점검표의 목록에 들어가는지 결정하기 어려우며, 특정 사물에 해당하는 어떤 필수적 조건도 찾기 어려울 때 점검표는 실제로 존재하지 않는 것처럼 보인다는 점에서 한계를 지닌다. 또한, 단어의 의미가 고정되고 명확하여 그 의미를 구성하는 점검표가 있다고 가정하더라도 소수의 전문가들만이 그것을 알고 있을 것이며 전문가들조차 의견이 일치하기 어렵다는 점에서 설득력을 잃게 되었다(Aitchison 1987/2003: 45-48 참조).

한편, '원형 이론(prototype theory)'은 단어의 의미가 유동적이고 불명확하다는 전제 아래, 하나의 범주는 가장 전형적이고 대표적인 원형을 참조점으로 삼아 형성된다는 관점이다. 자연 범주에 대한 원형 이론은 단어의 의미를 중심으로 언어적 범주에 적용됨으로써, 단어의 의미는 범주 원소의 원형을 통하여 인지되며 범주의 판정은 참조점인 원형과 대조를 통하여 결정된다는 인식이 확립되기에 이르렀다.

의미의 원형 이론은 범주의 층위에서 이른바 '기본층위'와 관련을 맺고 있음이 밝혀졌다. 또한, 원형 이론은 범주 구성원들 간의 비대칭 양상인 원형 효과가 발생함을 입증하였는데, 이 경우 원형 효과는 '이상적 인지 모형(ICMs)'의 산물임이 드러났다. 그 결과 원형 이론은 단어의 의미에 대한 점검표 이론의 한계에 대한 대안으로서, 의미의 본질을 비롯하여 의미의 다의관계,

동의관계, 습득, 변화 등의 현상을 설명하는 데 크게 기여하였다.

6.3. 진리 조건설과 해석설

객관주의의 진리 조건설과 개념주의의 해석설이 지니는 대립적 성격을 살펴보면 다음과 같다.

먼저, '진리 조건설(truth-conditional theory)'은 언어 표현의 '의미'를 '진리 조건'과 동일시하는데, 이 경우 의미는 단순히 외부 세계의 객관적 반영일 뿐이다. 따라서 이 관점에서는 지시 대상이나 진리 조건이 같으면 의미가 같은 것으로 처리한다. 그러나 의미를 단순히 이 세계에 존재하는 지시 대상을 그대로 반영하는 '지시'로 보거나 객관적으로 동일한 지시 대상에 대해 진리 조건이 같다고 하여 그 의미가 동일하다고 하는 것은 설득력이 약하다.

한편, '해석설(construal theory)'은 의미란 객관적 대상의 개념적 내용에 국한되는 것이 아니라, 그러한 개념적 내용에 대한 인지 주체의 '해석'을 포함한다고 본다. 이 경우 '해석(construal)'은 대안적 방식으로 대상이나 상황을 파악해서 언어로 표현하는 화자의 선택을 가리킨다.

(5) 독노, 다케시마(竹島), 리앙쿠르 록스(Liancourt Rocks)

(6) a. 사냥꾼이 사슴을 쫓고 있다.
    b. 사슴이 사냥꾼에게 쫓기고 있다.

(5)에서 '섬' 하나를 두고 우리는 '독도'라고 부르는 반면, 일본에서는 '다케시마'라 하고, 미국의 지명위원회(BGN)에서는 '리앙쿠르 록스'라고 하였다. 이들 각각의 명칭에는 한국 영토, 일본 영토, 그리고 주권 미지정 지역이라는 해석이 담겨 있다. 그리고 (6)의 두 표현은 종래에 동의문으로 처리되어 왔으나, 화자의 의미 초점이 (6a)에서는 '사냥꾼'에, (6b)에서는 '사슴'에 놓임으로

써 동의문으로 보기 어렵다. 또한, 야구 경기에서 '노 아웃 만루'라는 상황에 대해서 관중들은 "위기다!"라고도 하며 "기회다!"라고도 한다. 이러한 사례에서 보듯이 단어, 문장, 발화에는 화자의 선택적 해석이 담겨 있다.

이상에서 본 바와 같이 객관주의 언어관은 자율성 가설을 채택함으로써 의미 탐구에서 인간적인 요소를 배제하거나 최소화하는 반면, 개념주의 언어관은 인간 중심적 언명을 채택함으로써 사람의 몸과 마음뿐만 아니라 문화적인 배경을 포함한 인간적인 요소를 최대화하려는 관점을 취한다.

7. 의미론의 탐구 분야와 과제

이 책에서 전개할 의미론의 탐구 분야를 기술하고, 한국어 의미 탐구의 과제에 대해서 살펴보기로 한다.

7.1. 의미론의 탐구 분야

의미론의 탐구 분야는 시대와 학자에 따라 그 범위가 크게 바뀌어 왔는데, 다음 세 가지로 간추릴 수 있다.

첫째, 역사의미론 시기에서는 단어의 변화를 중심으로 의미를 탐구해 왔으며, 그 뒤 오랫동안 어휘를 대상으로 한 어휘 의미론이 의미론의 중심축이 되어 왔다.

둘째, 언어 탐구에서 의미론의 체계적인 정립을 시도한 울만(Ullmann 1957: 31)은 분석의 관점에 따라 언어 단위를 '음소(phoneme)', '단어(word)', '결합체(syntagma)'로 나누고 '기능', '탐구 영역'을 〈표 2〉와 같이 기술하였다.

분석의 관점	언어 단위	기능	탐구 영역
물리적 분석	음소	식별하기	음운론
의미적 분석	단어	의미하기	어휘론
관계적 분석	결합체	관계 전달하기	통사론

울만(Ullmann 1957: 39)은 '언어 단위'를 중심으로 의미론의 범위를 공시적·통시적 차원에 따라 '울만의 상자(Ullmann's cabinet)'를 〈그림 4〉로 도식화하였다.

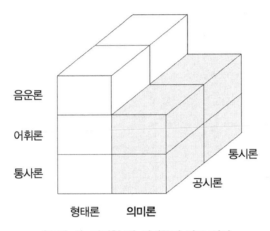

〈그림 4〉 언어학 및 의미론의 탐구 영역

〈그림 4〉에 따르면, 의미론의 영역은 '공시적 어휘 의미론·통사 의미론', '통시적 어휘 의미론·통사 의미론'의 네 가지로 나뉜다. 이후 의미론은 '어휘 의미론'과 '통사 의미론' 중심으로 전개되어 왔다.

셋째, 의미론의 탐구 분야로서 화용론의 포함 여부이다. '화용론(pragmatics)'은 의미론 및 통사론과 대립적인 영역으로 출발했지만, 의미론과 화용론은 언어의 의미 현상을 다룬다는 점에서 밀접한 관계를 맺고 있다. 의미론과 화용론의 위상을 정립하는 데는 〈그림 5〉와 같은 세 가지 관점이 공존해 왔는데,[11] 인지언어학에서는 의미론과 화용론의 경계를 헐고 의미 탐구의 범위를 확장하였다.

의미주의 　　　　　 상보주의 　　　　　 화용주의

〈그림 5〉 의미론과 화용론의 관계

이 책에서는 의미 탐구의 전개 방식을 6부 16장에 걸쳐 다음과 같이 구성하기로 한다.

제1부는 '의미론과 의미'로서 이제까지 살펴본 '의미론의 이해'와 이를 바탕으로 한 '의미의 이해'인데, '의미'가 무엇인가에 대한 해명은 의미 탐구의 시작이자 마무리이다.[12]

제2부는 '의미의 무리'로서 의미와 관련된 세 가지 유형의 집단을 논의한다. 첫째, 정신적 구조물인 '개념', 그리고 '범주'의 정신적 작용인 '범주화'를 다룬다. 둘째, 어휘 항목들을 어휘장이나 인지 모형으로 무리 짓는 '의미의 형상화'를 다룬다. 셋째, 단어의 '형태'와 '의미' 대응에서 하나의 단어 형태가 둘 이상의 해석을 가질 수 있는 '의미의 변이'를 다룬다.

제3부는 '의미의 관계'로서 의미적으로 다른 단어와 맺고 있는 관계를 논의한다. 첫째, 어휘 항목이 세로로 대치되는 의미의 계열관계 가운데 동의관계

---

[11]　〈그림 5〉에서 '의미주의(semanticism)'는 로스(Ross 1970)를 중심으로 화용론을 의미론의 하위영역으로 취급하는 관점이며, '화용주의(pragmaticism)'는 설(Searle 1969)을 중심으로 의미론을 화용론의 하위영역으로 취급하는 관점이며, '상보주의(complementarism)'는 리치(Leech 1983)를 중심으로 의미론과 화용론의 독자성을 인정하면서 상호 보완적으로 취급하는 관점이다(Leech 1983: 6 참조).

[12]　이와 관련하여 콰인(Quine 1961a: 47)의 "의미라는 개념에 대한 만족스러운 설명을 개발할 때까지, 의미론 분야의 언어학자들은 그들이 무엇에 관해 이야기하고 있는지 모르는 상황에 있다."라는 말을 음미해 볼 만하다.

와 대립관계를 다룬다. 둘째, 의미의 계열관계 가운데 분류관계, 하의관계와 부분관계를 다룬다. 셋째, 어휘 항목이 가로로 결합되는 의미의 결합관계를 다룬다.

제4부는 '의미의 확장'으로서 의미의 습득, 비유의 의미, 의미의 변화에 대해서 논의한다. 첫째, 어린이의 의미 습득을 다룬다. 둘째, 의미가 확장되는 기제로서 개념적 환유와 개념적 은유를 다룬다. 셋째, 의미의 통시적 확장인 의미 변화를 다룬다.

제5부는 '문법 · 문장의 의미'로서 단어들을 엮어 문장을 구성하는 규칙과 원리인 문법, 그리고 문장의 의미에 대해서 논의한다. 첫째, 문법은 의미를 위해 존재한다는 전제 아래 문법의 의미를 다룬다. 둘째, 문장의 의미 가운데 문장의 의미 관계, 정보, 도상성을 다룬다. 셋째, 문장의 의미 가운데 동의성, 중의성, 이동 구문을 다룬다.

제6부는 '발화 · 문화의 의미'로서 언어 외적 맥락의 의미에 대해서 논의한다. 첫째, 이른바 '화용론'인 발화의 의미를 다룬다. 둘째, 문화적 기반을 중심으로 문화 의미의 성격과 양상, 의미 유형론, 의미 변이 현상을 다룬다.

7.2. 의미론의 탐구 과제

언어 및 의미 탐구의 이론은 영고성쇠의 순환을 거듭하고 있다. 한때 이 분야의 신비를 풀어낼 수 있는 만능열쇠로 생각되었던 이론도 시간이 지남에 따라 그 생명력이 소멸되기도 하고, 변두리에서 보잘 것 없어 보이던 견해가 중심부를 차지하는 사례도 적지 않다.

한국어학계에서 의미론은 1950년대 중후반에 소개되어[13] 괄목할 만한 발전을 이루었는데, 주요 성과 세 가지를 들면 다음과 같다. 첫째, 한국어 탐구의

---

13 이숭녕(1956: 236)은 한국어학계에 의미론의 존재를 알리고 그 탐구의 필요성을 제창하였으며, 김영준(1957)은 일반의미론에 해당하는 하야가와(Hayakawa)의 *Language in Thought and Action*(1952)을 『의미론』으로 번역하였으며, 천시권은 1959년에 의미론 강좌를 개설하고 이듬해에 『의미론』(유인물)을 내었다.

내용 체계에서 의미론이 음운론, 문법론과 함께 한 축을 형성하게 되었다. 둘째, 한국어 탐구의 내용 체계로서 의미론이 양적, 질적으로 그 지평이 크게 넓어지고 깊어졌다. 셋째, 한국어 의미 탐구에서 공동의 소통 공간이 구축되었다.[14] 그럼에도 불구하고, 한국어 의미 탐구는 한국어 의미 현상의 풍부함과 매력을 인식하는 데 충분하지 못하며, 탐구의 효용성 및 실용적인 목적에 관심이 부족하다.

이와 관련하여 우리에게는 (7)과 같은 당면 과제가 놓여 있다.

(7) a. 의미의 본질과 의미 특성의 지형도를 넓고 깊게 그려 내는 일
　　 b. 의미의 본질을 규명하는 데 상승효과를 거둘 수 있는 관련 분야와 협업 및 학제적 탐구를 활성화하는 일
　　 c. 응용언어학적 탐구를 활성화하는 일

(7)에서 의미의 본질과 의미 특성의 지형도를 그려내기 위한 장기적인 과제를 들면 (8)과 같다.

(8) a. 머릿속 사전의 저장과 검색, 의미의 작용 원리에 관한 뇌 과학의 탐구
　　 b. 말뭉치를 활용한 실증적 의미 탐구
　　 c. 신체화에 따른 의미의 작용 원리와 양상 탐구
　　 d. 언어의 형태와 의미 간의 동기화 원리와 양상 탐구
　　 e. 의미 작용의 심리적·인지적 실재성 탐구
　　 f. 문화적 기반에 따른 의미 변이 현상 탐구

---

[14] 1997년에 '한국어 의미학회'가 창립되고 학술지 『한국어 의미학』이 간행됨으로써 한국어 의미 탐구에 뜻을 둔 회원 상호 간의 학술 정보 및 탐구 활동의 열린 공간이 마련되었다.

요컨대 의미 탐구에서 우리가 추구하는 바는 다음 세 가지이다. 첫째, 의미 현상을 제대로, 자연스럽고, 유연하게 파악하는 일이다. 둘째, 의미 탐구가 우리의 삶에 기여하도록 하는 일이다. 셋째, 의미 탐구가 우리 자신, 곧 인간을 이해하는 데 이바지하는 일이다. 모든 길은 '로마'로 통한다고 했듯이, 모든 길은 '의미'로 통한다.

8. 마무리

이 장에서는 '의미론'의 성격과 흐름에 대하여 살펴보았다. 그 주요 내용에 따라 마무리하기로 한다.

첫째, '의미론(semantics)'은 언어의 의미를 탐구하는 학문 분야이다. 의미가 의사소통의 중심 요소이므로 '의미론'은 언어 탐구의 가장 풍성하고 매력적인 분야 가운데 하나이다.

둘째, 의미의 탐구는 "단어는 의미의 영혼이다."라는 표현이 함축하는 바와 같이, 어려움과 중요함이 공존한다.

셋째, '의미론'은 그 뿌리를 그리스 시대에 두고 있으며, 현대 언어학에서 의미론은 역사의미론, 구조의미론, 생성의미론, 신구조의미론, 형식의미론, 인지의미론의 여섯 가지 유형으로 전개되어 왔다. 그중 역사의미론은 인지의미론과 상통하는 바가 있으며, 구조의미론은 생성의미론과 신구조의미론, 그리고 생성의미론은 형식의미론과 방법론적 연속성을 지닌다. 한편, 인지의미론은 형식의미론과 대척 지점에 놓여 있다.

넷째, 인지언어학은 본격적으로 의미와 의미론의 중요성을 부여한 점에서 그 의의가 크다. 인지의미론에서는 의미가 신체화되어 있으며, 언어의 형태와 의미는 동기화되어 있으며, 의미는 역동적이며, 의미는 백과사전적 지식의 문제이며, 의미는 의미를 구성해 가는 동적 과정의 개념화로 본다.

다섯째, 1980년대를 기준으로 객관주의와 개념주의 의미관이 대립되었다.

객관주의 언어관은 언어 자체의 자율성 가설에 기초하며 점검표 이론과 진리 조건설을 채택하였는데, 의미의 핵심 사항을 제대로 다루지 못했으며 언어 교육에도 별다른 도움이 되지 못하였다. 대조적으로, 개념주의 언어관은 의미가 신체적 경험에서 유래한다는 체험주의 가설에 기초하며 원형 이론과 해석설을 채택함으로써 의미의 문제를 언어, 사람의 몸과 마음, 그리고 문화적 상관성 속에서 탐구하며 언어 교육에 기여하는 발상의 전환을 가져오게 되었다.

여섯째, 의미론의 탐구 분야는 어휘 의미론에서 통사 의미론, 그리고 화용론으로 확장되어 왔다. 그리고 한국어 의미론의 탐구 과제로서 그 개요와 단기적, 장기적 과제를 제시하였다.

제2장
의미의 이해

1. 들머리

이 장은 의미가 무엇인지를 이해하는 데 목적이 있다. 언어 사용의 궁극적인 목적은 의미의 표현과 이해에 있다. 우리는 생각하고 느낀 바의 의미를 표현하기 위해 말을 하고 글을 쓰며, 다른 이가 생각하고 느낀 바의 의미를 이해하기 위해 말을 듣고 글을 읽는다. 따라서 의미는 언어의 중심적인 위치를 차지한다.

의미는 의사소통을 비롯하여 인지, 문화의 핵심적이며 복합적인 개념이다. 그런 만큼 의미를 규정하고 이해하기 위한 여러 가지 관점과 방법론이 존재한다. 이 장에서는 다음 네 가지 사항에 대해서 다룬다.

첫째, 의미의 탐색이다. '의미'와 그 고유어인 '뜻맛'의 성격을 이해하고, 의미의 층위를 중심으로 단어·문장·발화 의미의 성격을 살펴본다.

둘째, 의미의 정의 방식이다. 전통적으로 단어의 의미를 정의하는 다섯 가지 방식에 대해서 살펴본다.

셋째, 의미의 정의이다. 의미의 정의를 포함하여 그 본질을 규명하려는 시도는 2천 년 이상의 긴 시간 동안 학문의 분야, 범위, 층위를 달리하여 다양한

양상으로 전개되어 왔다. 이 과정에서 의미의 본질에 대한 여러 관점과 정의
는 혼란스럽다기보다 추상적이고 심리적이며 역동적인 의미 세계의 신비를
밝히는 값진 노력으로서 그 하나하나가 소중하다고 하겠다. 여기서는 의미에
대한 일곱 가지 정의를 살펴본다.

넷째, 의미의 유형이다. 기술적 의미, 표현적 의미, 사회적 의미에 대해서
살펴본다.

2. 의미의 탐색

'의미'에 대한 한자어와 고유어의 성격, 그리고 의미의 세 가지 층위에 대해
서 살펴보기로 한다.

2.1. '의미'와 '뜻맛'의 이해

'의미(意味)'에 대한 고유어는 '뜻맛'이다. 이에 관한 언급은 '월인석보(月
印釋譜 1459)'와 '능엄경언해(楞嚴經諺解 1462)'에 나타난다.

  (1) a. **뜯마시** 다오미 업슬씨 솟ᄂᆞᆫ 싴매 가ᄌᆞᆯ비며(→**뜻맛**이 다함이 없으
          므로 솟는 샘에 비유하며) (월인석보 8:25)
      b. 소리ᄂᆞᆫ 오직 일훔과 句왓 마새 븓들여 ᄀᆞ디몯ᄒᆞ며 넙디몯ᄒᆞ니라
          마ᄉᆞᆫ **뜯마시**라(→소리는 오직 이름과 구와 맛에 붙들려 갖추지 못
          하며 넓지 못하니라. 맛은 **뜻맛**이라) = 聲은 唯局名句味ᄒᆞ야 不該
          不偏ᄒᆞ니라 味ᄂᆞᆫ **意味**也ㅣ라 (능엄경언해 6:56)

(1)의 '의미(意味)', 즉 '뜻맛'은 '뜻'과 '맛'의 합성체이다. 그중 '뜻(意)'은
'마음(心)의 소리(音)'로서 사람의 마음속 의도를 드러내는 속성을 지니고 있
는 반면, '맛(味)'은 외부 감각을 사람의 혀로써 지각하는 것인데 '맛보다'라는

동사에서 보듯이 바깥의 감각을 받아들이는 속성을 지니고 있다. 이 경우 '뜻(意)'은 영어의 'meaning'에, '맛(味)'은 'sense'에 가깝다. 이 관계는 〈그림 1〉과 같이 나타낼 수 있다(임지룡 1992: 28 참조).

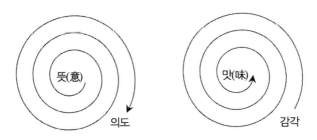

〈그림 1〉 '의미 · 뜻맛'의 속성

〈그림 1〉에서 '뜻(意, meaning)'은 마음속에 있는 것을 밖으로 드러내는 것인 반면, '맛(味, sense)'은 밖에 있는 것을 마음속으로 가져오는 것이라 하겠다. 의사소통의 과정에 비추어 볼 때, '뜻(意)'은 화자에서 청자를 지향하는 표현 또는 표출에 초점이 맞추어지며, '맛(味)'은 청자에서 화자를 지향하는 이해와 해석에 초점이 부여된다. 곧 '의미' 또는 '뜻맛'은 의사소통 과정에서 화자가 언어적 표현을 통해 자신의 의도를 표출하는 것이며, 청자가 이를 감각기관으로 수용해서 해석하는 것이다.

요컨대 의미는 언어의 핵심 요소로서 언어의 존재 이유 가운데 으뜸 위치를 차지한다.

2.2. 의미의 층위

언어적 표현은 단어, 문장, 발화 및 문화의 층위별로 의미를 가지고 있다. 각각의 단위를 중심으로 한 의미는 다음과 같다.

첫째, 단어 층위의 '단어 의미(word meaning)' 또는 '어휘 의미(lexical meaning)'는 한 단어에 대한 글자 그대로의 의미로서, 그 의미는 단어를 구성하고 있는 형태소에서 파생된다. 예를 들어, '논박하다'의 의미는 '어떤 주장이나 의견에 대하여 그 잘못된 점을 조리 있게 공격하여 말하다'이다.

둘째, 문장 층위의 '문장 의미(sentence meaning)'는 한 문장에 대한 글자 그대로의 의미로서, 그 의미는 문장이 포함하고 있는 단어들의 의미들로부터 만들어진다. 예를 들어, "그 주장은 논박할 수 없다."라는 문장의 의미는 그 주장은 논리적으로 반박할 수 없다는 것이다.

셋째, 발화 층위의 '발화 의미(utterance meaning)'는 단어나 문장이 언어 상황에서 사용되는 의미로서, 그 의미는 단어나 문장이 사용되는 맥락에서 파생된다. 예를 들어, "그 주장은 논박할 수 없다."라는 발화의 의미는 그 주장을 틀렸다고 증명할 수 없으므로, 받아들여야 한다는 것이다.

넷째, 문화 층위의 '문화 의미(culture meaning)'는 단어·문장·발화가 문화적 배경과 관련하여 사용되는 의미이다. 예를 들어, '색채어'의 어휘 양상과 그 의미 폭은 문화권에 따라 다른데, 언어와 문화는 공생 관계를 이룬다.

이러한 네 가지 층위의 의미와 관련하여, 한때 '의미론(semantics)'은 사전적 의미에 국한하여 언어 표현의 문맥 독립적 의미에 관한 탐구로, '화용론(pragmatics)'은 백과사전적 의미를 망라하여 문맥 의존적 의미에 관한 탐구로 엄격히 구분하였다. 그러나 이러한 구분은 의미를 언어 내적 문제로 보는 편협한 언어관에 따른 것으로, 의미의 본질을 밝히는 데는 한계를 지닐 수밖에 없다. 의미는 의사소통의 맥락을 통해서만 온전한 의미를 갖는다. 따라서 단어, 문장, 발화 단위는 언어 표현이 문맥 속에서뿐만 아니라 문맥 밖에서 사용될 때를 아울러 그 의미 기능과 작용 원리를 밝히는 것이 타당하다.

3. 의미의 정의 방식

전통적으로 한 단어의 의미가 정의될 수 있는 다섯 가지 방식에 대하여 살펴보기로 한다(Riemer 2010: 62-69 참조).

3.1. 실제적 정의와 명목적 정의

아리스토텔레스는 한 사물이 무엇인지와 한 사물의 이름이 의미하는 바가 무엇인지에 대한 정의의 두 가지 유형을 제시하였다. 앞의 것을 '실제적 정의(real definition)'라고 하는데, 이는 사물의 핵심에 대한 정의로서 한 사물의 본질에 대한 요약이라 할 수 있다. 뒤의 것을 '명목적 정의(nominal definition)'라고 하는데, 이는 단어의 의미에 대한 정의로서 한 사물을 나타내는 단어의 의미를 기술하는 것이다.

그중 아리스토텔레스는 본질의 이해를 위한 기초를 제공하는 데 관심이 있었기 때문에 '실제적 정의'를 채택했다. 예를 들어, '천둥'에 대해서 '하늘에서 소멸되는 불의 소음'이라고 정의하는 것은 '천둥'의 필수적 본질이지 단어 '천둥'의 의미에 관한 기술이 아니다. 사물의 본질을 드러내는 이 관점은 '소금(salt)'을 '염화나트륨(NaCl)'으로 규정하는 것과 같은 과학적 정의와 맞닿아 있다. 그러나 언어적 의미론은 단어가 지시하는 사물의 본질을 정의하는 것이 아니라, 단어의 의미를 정의하는 데 목적이 있으므로, 실제적 정의보다 명목적 정의에 관심을 기울이게 된다.

명목적 정의에는 두 가지 유형이 있다.

첫째, '외연적 정의(extensional definition)'로서, 단어의 외연을 제한해서 그 의미를 고정하는 방식이다. 예를 들어, '인간'에 대해 '깃털 없는 두 발 동물(featherless biped)'이라고 하는 것은 외연적 정의인데, 이 정의는 인간 부류의 구성원들 모두와 그 구성원들만을 정확하게 식별해 주기 때문이다.

둘째, '인지적 정의(cognitive definition)'로서, 단어의 올바른 사용을 이해하기 위한 방식이다. 예를 들어, '인간'은 말을 하면서 직립 보행하거나 생각하는 동물과 같이 다른 많은 물리적 특성과 행동의 인지적 정의에 의해 특징지어진다.

이상에서 본 정의의 유형을 정리하면 〈그림 2〉와 같다.

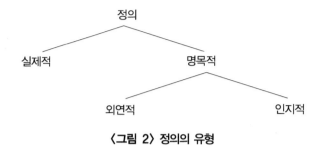

<그림 2> 정의의 유형

3.2. 실물지시에 의한 정의

'실물지시(ostension)'에 의한 정의는 단어를 그 단어가 지시하는 물체를 가리킴으로써 정의하는 전략이다. 예를 들어, '담벼락을 따라 기어오르고 있는 검정고양이'를 가리킬 때, '담벼락, 따라, 기어오르고 있는, 검정'이 아니라 '고양이'를 가리키고 있다는 것이다. 이 전략은 겉으로 보기에 가장 분명한 정의임에도 불구하고 다음과 같은 두 가지 문제점이 있다.

첫째, 중의성 및 불확실성이다. 한 사물은 여러 가지 측면을 가지고 있으므로 단어가 그 사물의 어느 측면을 지시하는지 파악하기 어려운 경우가 적지 않다. 앞에서 본 '… 고양이'는 다양한 요소들이 복합된 그림일 뿐 아니라, (2)에서는 '고양이'에 대한 '털, 눈, 입술, 수염'의 네 가지 다른 특징이 부각되어 있다.

(2) 꽃가루와 같이 부드러운 고양이의 털에 / 고운 봄의 향기가 어리우도다
금방울과 같이 호동그란 고양이의 눈에 / 미친 봄의 불길이 흐르도다
고요히 다물은 고양이의 입술에 / 포근한 봄 졸음이 떠돌아라
날카롭게 쭉 뻗은 고양이의 수염에 / 푸른 봄의 생기가 뛰놀아라
(이장희의 '봄은 고양이로소이다')

둘째, 추상명사나 조사와 같이 실물을 드러내기 곤란하거나 실물이 없는

경우 이 전략은 수용하기 어렵다.

3.3. 동의관계에 의한 정의

'동의관계(synonymy)'에 의한 정의는 어떤 단어에 대해 그 언어권이나 외국어의 동의어를 제시함으로써 정의하는 방식이다. 흔히 동의어를 동의어로 정의하는 사례는 형용사에서 볼 수 있다. 그러나 동의어의 정의어와 피정의어[1] 간에는 동일성이 보장되지 않는 경우가 흔하다.

사전에서 '기쁘다'와 '즐겁다', '무섭다'와 '두렵다', '서운하다'와 '섭섭하다' 등의 기술을 보면 동의관계의 다른 쪽을 가져와 정의한다. 이들은 일정 부분 공통성을 갖지만 그 의미와 용법이 같은 것은 아니다.

또한, 영어의 'high'와 'tall'은 '높이가 평균 이상'이라는 의미를 공유하지만, 그 단어의 수식 대상에 있어서 차이점이 드러난다. 즉, 'high'는 'fence(울타리), wall(벽), mountain(산)'과 같이 밑바닥에서 올라가는 것과 연어관계를 이루는 반면, 'tall'은 'people(사람), grass(풀), tree(나무)'에서처럼 높게 자라는 것과 연어관계를 이룬다. 이들을 한국어로 보면 'high'는 '높다'로, 'tall'은 '(키가) 크다'로 구별된다.

3.4. 문맥 및 전형적 보기에 의한 정의

단어를 더 넓은 관계들의 체계 안에 배치하여 피정의어의 '특정성(specificity)'을 파악하는 두 가지 방식이 있다.

---

[1] 'definiens(정의어)'와 'definiendum(피정의어)'는 라틴어로서, 앞의 것은 '정의하는'을 뜻하는 '상위언어(metalanguage)'이며, 뒤의 것은 '정의가 요구되는'을 뜻하는 '대상언어(object language)'이다. 곧 "삼각형은 세 개의 선분으로 둘러싸인 평면 도형이다."에서 '삼각형'과 같이 그 의미를 기술하려 하는 언어가 '대상언어'이며, '세 개의 선분으로 둘러싸인 평면 도형'과 같이 그 기술을 표현해 주는 언어가 '상위언어'이다.

첫째, 문맥에 의한 정의이다. 예를 들어, '긁다'는 '몸이 가려울 때 하는 행동'의 유형인데, 가려운 사건과 관련하여 긁는 사건을 배치함으로써 정의하는 방식이다.

둘째, '전형적 보기(typical exemplar)'에 의한 정의이다. 여기서 정의는 피정의어의 전형적인 보기들을 기록한 목록이다. 예를 들어, '과일'의 전형적인 보기는 '사과, 배, 살구' 등인데, 이들은 과일 범주의 특성인 '달콤하다', '부드럽다', '씨가 있다'를 가지고 있다. 그 반면, '레몬'은 달콤하지 않으며, '밤'은 부드럽지 않으며, '바나나'는 씨가 없기 때문에 주변적인 보기로 간주된다. 이에 따라 독일어 단어 'Obst'에 대해 이야기할 때 '레몬, 밤, 바나나'가 아니라 '사과, 배, 살구' 등의 목록이 제시된다고 하면 사람들은 'Obst'가 '과일'을 의미하는 것으로 추론할 수 있다.

이 두 유형의 정의는 단어를 다른 단어와의 관계를 통해 정의하므로 본질에 있어서 관계적이다. 이 정의는 인지적 정의의 전략으로서 의의를 갖지만, 피정의어 의미의 본질적 성격이 정의를 듣는 사람에 의해 작용하고, 그 결과 의미에 대해 잘못된 추론을 할 위험성이 있기 때문에 한계를 지닌다.

3.5. 속과 종차에 의한 정의

아리스토텔레스의 속과 종차에 의한 정의 전략을 보기로 한다. 이것은 '속(屬, genus)'이라고 하는 해당 단어가 속해 있는 더 넓은 부류, 그리고 '종차(種差, differentia)'라고 하는 그 부류의 다른 단어와 해당 단어를 구분 지어 주는 변별적 자질을 밝힘으로써 단어를 정의하는 방식이다. 예를 들어, '인간'을 (3)의 '속'과 '종차'에 따라 '이성적 동물'로 정의하는 방식이다.

(3) 〈인간〉
　　속: 동물
　　종차: 이성

이 방식은 의미의 본질적 성격을 드러내는 데 유용한 인지적 정의 전략으로, 사전에서 단어를 정의하는 방식으로 활용되어 왔다. 그러나 이 방식은 다음과 같은 한계점을 지닌다. 먼저, 인지적 정의로 의도된 경우이다. 듣는 사람에게 익숙하지 않은 종차를 제시할 경우, 효율적이지 못한데, '사람'을 '이성적 동물'로 정의할 때 '이성적'의 의미를 모르게 되면 곤란해진다. 외연적 정의도 문제가 될 수 있는데, 해당 단어가 속해 있는 '속'에 대해 듣는 사람의 전문적인 지식이 부족할 경우이다. 예를 들어, 조류학에 대한 전문지식이 없이는 '깃털(feather)'에 대한 (4)의 정의를 이해하기 어렵다.

> (4) 조류 특유의 표피의 각질 형성물. 중축의 우간에서 분기한 우지(羽枝)를 갖는 점에서 포유류의 털과는 다르다. 거의 몸 전체에 걸쳐서 밀생하고 있으며, 보온과 함께 외상을 막거나 몸 표면에 색깔을 띠게 하는 기능도 있다. 대우, 면우, 모상우의 3종류가 있다. 대우는 다른 것에 비하여 길고 크며 일반적으로 우판을 형성한다. 조상새도 전신이 깃털로 뒤덮여 있었다고 한다. (한국생물과학협회 2008: 196, 『생명과학대사전』, 도서출판 아카데미서적.)

4. 의미의 정의

의미에 대한 수많은 정의가 있다. 그 까닭은 의미에 대한 서로 다른 가정과 관점의 차이가 존재하기 때문이다. 의미의 주요 정의 일곱 가지에 대해서 살펴보기로 한다.[2]

---

2 이 밖에도 '인지 신경과학(Cognitive Neuroscience)'에서는 '의미'를 '뇌 상태(brain state)'와 동일시하는데(Jung-Beeman 2005: 512-518), 그 의의와 한계에 대해서는 Riemer(2010: 32-36)에 기술되어 있다.

4.1. 지시

'전통의미론(Traditional Semantics)'에서는 의미를 '지시(reference)'로 간주하는데, 이를 의미의 '지시 이론' 또는 '지시설(referential theory)'이라고 부른다. 지시설은 플라톤의 『대화편(*Cratylos*)』에서 그 기원을 찾아볼 수 있으며, 말하는 것과 보는 것의 상호 관계에서 의미를 분석하는 의미의 객관주의 이론에서 유래한 것이다. 이 관점에 의하면 한 표현의 의미는 외부 세계의 사물에 대한 지시에 의해 나오며, 의미는 외부 세계에 존재한다.

단어를 통해 외부 세계의 사물을 규정하는 것을 '지시하기(referring)'라고 하며, 지시되는 사물을 '지시물(referent)'이라고 한다. 예를 들어, '한라산', '세종대왕', '책'의 의미는 그 단어가 지시하는 외부 세계의 지시물로서, '한라산'은 제주도에 있는 1,950m의 산이며, '세종대왕'은 역사상 인물이며, '책'은 현실 세계에서 보는 바로 그 책이다. 한 표현의 의미에 해당하는 지시의 보기로, 가게에 진열된 상표 '쌀'은 실제의 쌀 자체를 지시하며, '쌀'의 의미는 그 외연인 쌀 부류의 집합이다. 의미의 지시설은 언어 습득기에 어린이가 '실물지시(ostension)'를 통해 의미를 익힌다고 보는 견해에서도 옹호된다.

그러나 지시설은 다음과 같은 한계를 드러낸다. 첫째, '지시'와 '지시물'의 의미적 동일성이 보장되기 어렵다. '샛별·개밥바라기·금성'에서 세 단어의 지시물 또는 지시 대상은 모두 동일한 별이지만, '샛별'은 새벽녘 동쪽 하늘에 나타나는 경우에 사용되며, '개밥바라기'는 저녁 무렵 서쪽 하늘에 나타나는 경우에 사용되는 데 비해, '금성'은 일반적인 명칭으로 사용된다. 둘째, '솔(brush)', '차(車)', '칠판(漆板)' 등과 같이 지시에 해당하는 단어의 형식은 고정되어 있는 반면, 지시물이 변화하는 현상을 설명하기 어렵다. 셋째, '전통'이나 '진리'와 같은 추상명사, 조사 및 어미와 같은 기능어, 그리고 '용', '도깨비'와 같이 지시물 자체가 존재하지 않는 경우에는 의미가 없는 것이 되므로, 지시로서 의미를 규정하기 어렵다.

또한, 의미를 언어가 지시하는 것으로 본다면 '오르막'과 '내리막'은 지시가 동일하므로 동의어가 될 것이다. 동의어 간에는 문맥에서 치환이 전제되는데, (5)의 '오르막'과 '내리막' 간에는 치환이 불가능하므로 의미를 '지시'나 '지시물'과 같다고 하는 관점은 명백한 한계를 지닌다.

 (5) a. {오르막/²내리막}을 올라갔다.
    b. {²오르막/내리막}을 내려갔다.

 단어를 중심으로 한 의미의 지시설은 문장 층위에서 형식의미론의 진리조건설로 발전하게 된다.

4.2. 사고 · 개념

 전통적 의미 연구의 시기에 오그던 & 리차즈(Ogden and Richards 1923: 11)는 언어 표현이 지시물과 직접적으로 연결되는 것이 아니라, 우리의 머릿속에 있는 '사고' 또는 '지시'를 통해 연결된다는 견해를 〈그림 3〉의 '기호 삼각형'으로 제시하였다. 의미를 '사고'로 간주하는 이 관점을 의미의 '개념설(conceptual theory)'이라고 하며, 개념설에서 의미는 사람의 머릿속에 존재한다.

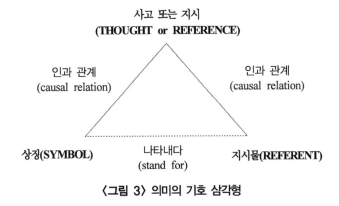

〈그림 3〉 의미의 기호 삼각형

〈그림 3〉에서 '상징'은 단어로 지칭되는 언어 표현이며, '지시물'은 외부 세계의 사물이며, '사고' 또는 '지시'는 개념인데, '상징'과 '지시물' 사이를 점선으로 표시함으로써 그 관계가 직접적이지 않고 '사고', 즉 '개념'을 통해 간접적으로 연결된다고 본다. 예를 들어, '개'라는 언어적 상징은 현실 세계의 '개'라는 지시물에서 추상화된 '사고', 즉 '개념'을 환기하여 그 의미를 부여하게 된다는 것이다.

언어 표현이 '사고', 즉 '개념'을 통해 지시물로 연결된다고 보는 개념설은 인간의 사고가 개념을 통해 이루어진다는 우리의 직관과 일치하며, 합성성과 의미 관계를 설명하는 데 유용하다. 그러나 개념설의 경우 '개념'의 실체가 불명확할 뿐 아니라 그 실체를 확인하기 어려우며, '개념'에 대한 정의가 학자에 따라 매우 다르다. 또한, 지시물에 대한 '개념'의 추상도에 차이가 날 뿐 아니라, 단어의 상징에 대해 언중들이 환기하는 개념 간에 일관성이 확보되기 어렵다는 문제점을 지니고 있다.[3]

의미를 '사고'나 '개념'으로 보는 개념설은 개념의미론 및 인지의미론과 상통한다.

4.3. 의의 관계

'의의 관계설(sense relation theory)'은 '구조의미론(Structural Semantics)'을 대표하는 의미 이론 가운데 하나로서, 의미를 '의의 관계(sense relation)'로 간주한다. 이 관점에서는 의미가 언어의 관계 속에 내재해 있다고 본다. 라이온스(Lyons 1963)는 어휘소의 의미를 '지시'와 '의의'로 나누고,[4] '의의'를 언

---

[3] 리머(Riemer 2010: 16)에서는 〈그림 3〉의 기호 삼각형에 대해 '상징'을 '언어 (LANGUAGE)'로, '사고·지시'를 '심리(PSYCHOLOGY)'로, '지시물'을 화자의 '심리에 표시된 지시물(REFERENT AS REPRESENTED TO PSYCHOLOGY)'로 바꾸어 수정된 기호 삼각형을 제시하고 있다.

[4] '어휘소(lexeme)'는 한 단어의 모든 형태적 변이형을 결합한 추상적 단위 또는 대표형을 뜻하며, '지시(reference)'는 어휘소가 가리키는 대상으로서 '외연'을 뜻하며, '의의(sense)'는 한 어휘소의 의미 또는 개념을 뜻한다. 한편, '외연

어적 의미의 중심 방향이라고 하였으며, "단어의 의미는 그것이 참여하는 의의 관계들의 전체 집합으로 정의될 수 있다(Lyons 1963: 59)."라고 하였다.

즉, 한 표현의 의미는 그 표현이 다른 표현과 맺고 있는 관계 속에서의 위치에 의해 결정된다. 구체적으로, 한 표현의 의미값은 동일한 어휘장의 계열적 및 결합적 관계에서 규정되는 의의들의 총합으로 간주된다. 예를 들어, '개'의 의미는 '동물', '삽사리', '강아지'와 같은 계열적 관계 및 "개가 짖다."와 같은 결합적 관계의 합이라는 것이다. (6)과 같은 요리어장의 동사를 보기로 한다.

(6) a. 짓다, 쑤다, 끓이다
   b. 삶다, 익히다, 데치다
   c. 조리다, 고다, 달이다
   d. 지지다, 볶다, 튀기다

(6)의 요리어장은 서로 다른 의미값을 갖는다. (6a)는 주식(主食)을 만드는 데 사용되는 요리 동사로서 '물'을 매개로 하며, 원료보다 팽창된 상태에 있으며 완성된 단계이다. 또한, 결합관계에 의해 '밥 짓다', '죽 쑤다', '국 끓이다'와 같은 선택 제약 관계에 놓인다. 이에 비해 (6b)는 열을 가하여 원료를 먹기 좋은 상태로 만드는 단계이다. (6c)는 '물'을 매개로 하며, 가열하는 데 시간이 더 걸리며, (6a)와 달리 수축된 상태이다. 한편, (6d)는 '기름'을 매개로 한다. 이처럼 의미에 대한 관계적 개념은 한 표현의 의미란 체계 안에서 다른 표현들과 맺는 관계들의 합이며, 한 단어의 의미는 다른 단어와 관련하여 그 단어가 사용되는 방식을 통해서 규정된다고 본다.

의의 관계를 통해 의미를 기술하는 것은 언어 내적 관계의 망을 보여 준다는 점에서 그 효용이 인정된다. 그러나 이 관점은 의미 자체의 본질을 해명하

(denotation)'은 한 표현이 지시하는 대상의 전체 부류이며, '내포(connotation)'는 한 단어의 지시나 외연을 통해 잠재적으로 활성화되는 감정적 힘, 격식 및 완곡어법과 같은 이차적 의미를 일컫는다.

는 것이 아니므로 간접적이고 이차적일 수밖에 없으며, 언중들이 이 세상을 개념화하는 방식과는 거리가 멀다.

4.4. 성분 결합체

의미를 성분 결합체로 보는 관점에서는 언어 표현의 의미가 물질을 이루는 원자나 분자와 같이 의미 성분 또는 본원소로 형성된다고 본다. 이 관점은 구조의미론의 성분적 개념, 생성의미론의 본원적 및 개념적 개념으로 나뉜다. 의미 성분, 의미 본원소, 개념 본원소에 대하여 기술하기로 한다.

4.4.1. 의미 성분

'성분 분석 이론(componential analysis theory)'은 1950년대 후반에서 1960년대 초반경 유럽의 구조의미론과 미국의 인류언어학에서 각각 독자적으로 개발되었다. 이 이론에서는 단어의 의미를 '의미 성분(semantic component)'의 결합체로 간주하고 의미 성분이라는 더 작은 단위로 분해 또는 해체한다.[5] 예를 들어, '노총각'과 '노처녀'는 (7)과 같은 의미 성분으로 구성된다고 본다.

(7) a. 노총각 : [＋인간] [＋남성] [＋성숙] [－결혼]
     b. 노처녀 : [＋인간] [－남성] [＋성숙] [－결혼]

그런데 이 기술에서 '노총각'과 '노처녀'는 성별에서 차이가 날 뿐 '순수성', '능력', '씀씀이', '신경의 날카로운 정도' 등의 다양한 현실적 의미 차이를

---

5   성분 분석 이론의 발상은 성분의 개념이 머릿속에서 존재하면서 단어를 중심으로 결합되고 해체된다는 것이지만, 단어를 통해 성분 분석을 수행하는 과정에서 의미는 글말 자료의 단어나 문장 속에 있는 것처럼 간주되었다. 이것은 기술언어학이나 구조언어학이 입말의 녹취 자료나 글말의 문헌을 연구 대상으로 삼은 것과 관계가 있다.

수용하지 못한다.

성분 분석 방식은 단어 의미의 개념적 차원이나 의미 관계를 기술하고, 문장 의미의 선택 제약을 기술하는 데 적용되면서 인기를 끌었으나, 다음과 같은 세 가지 문제점을 지닌다. 첫째, 어떤 속성이 단어 의미의 성분 목록 또는 점검표에 들어가는지 결정하기 어렵다. '노총각', '노처녀'에서 보았듯이, 필수적 성분과 부가적 성분 간의 경계를 나누는 기준을 찾기 곤란하다. 둘째, 사물에 해당하는 어떤 필수적 조건을 찾기 어려울 때 성분 목록이 실제로 존재하지 않는 것처럼 보인다. 예를 들어, '호랑이'의 핵심적 의미를 '육식성, 다리 넷, 줄무늬' 등으로 규정한다 하더라도 '다리가 셋'이거나 '줄무늬가 없는' 문제의 동물에 대해 여전히 '호랑이'라고 부르게 되는 현상을 설명하기 어렵다. 셋째, 성분 분석에 사용된 '상위언어(metalanguage)'의 문제이다. 이것은 단어의 의미를 단어로 정의하는 순환 정의의 문제로서, '의미 성분'으로 사용되는 '인간(HUMAN)' 및 '결혼(MARRIED)'의 의미가 무엇이며 이 성분들은 더 이상 분석되지 않는가, 그리고 '성숙(ADULT)'의 기준은 무엇인가 하는 근원적인 문제를 안고 있다.

4.4.2. 의미 본원소

'자연 의미 분석언어(Natural Semantic Metalanguage)' 접근법에서는 한 표현의 의미를 '의미 본원소(semantic primitive)'에 의해 정의한다. 비에르즈비카(Wierzbicka 1972, 1996)는 소수의 의미 본원소로 모든 언어의 모든 의미를 기술할 수 있는 체계를 세우고자 하였다. 의미 본원소는 더 이상 나눌 수 없는 의미 원자들이며 이것들이 결합하여 한 단어나 표현의 의미를 형성한다. 이들은 언어적으로 표현되고, 결합되어 통사 규칙들을 따르는 문장들이 된다.

예를 들어, 단어 '하늘(sky)'은 의미 본원소 '위(above)'와 '먼(far)'을 포함하여 (8)과 같이 정의된다(Wierzbicka 1996: 220 참조).

(8) sky (하늘)

> something is very big (어떤 것이 매우 크다)
>
> people can see it (사람들은 그것을 볼 수 있다)
>
> people can think like this about this something (사람들은 이 어떤 것에 관해 다음과 같이 생각할 수 있다)
>
>> it is a place (그것은 장소이다)
>>
>> it is *above* all other places (그것은 모든 다른 장소 **위**에 있다)
>>
>> it is *far* from people (그것은 사람들로부터 **멀리** 있다)

이 접근 방식의 의의는 다음과 같다. 첫째, 라이프니츠(G. W. Leibniz, 1646~1716)의 보편적인 '인간 사고의 알파벳(alphabet of human thoughts)'에 해당하는 본원소를 규명하고 이를 통해 자연언어의 의미를 기술함으로써 세계의 불명확함에서 벗어나려 한 점이다. 둘째, 보편적 본원소를 사용해서 범언어적으로 문화 차이에 따른 어휘와 문장의 의미를 기술하고자 한 점이다(Murphy 2010: 72-73 참조).

그러나 이 관점은 다음과 같은 약점이 있다. 첫째, 단어의 의미에 대한 정확한 기술을 제공할 수 없다. 예를 들어, '하늘(sky)'에 대해 주어진 정의가 '해(sun)'에도 적용될 수 있다. 둘째, 본원소의 수가 비에르즈비카(Wierzbicka 1972)에서는 14개, 비에르즈비카(Wierzbicka 1996)에서는 55개, 고다드(Goddard 2002)에서는 63개로 증가했는데, 이와 같이 본원소의 한계를 정하기가 어렵다.[6] 셋째, 본원소들 사이에 적용되는 동의관계(예, ill과 sick)나 대립관계(예, big과 small) 등과 같은 의미 관계들을 설명하기 어렵다.

---

6 심리언어학에서도 '의미 본원소'의 탐색이 이루어졌는데, 생크(Schank 1972)는 12개의 의미적 본원소가 동사의 기초를 형성한다고 하였으며, 밀러 & 존스-레어드(Miller and Johnson-Laird 1976)는 100개를 제안하였다(임지룡 1991: 60-62 참조).

4.4.3. 개념 본원소

'개념의미론(Conceptual Semantics)'에서는 한 표현의 의미를 화자의 마음 속에 있는 '개념(concept)', 즉 '개념 본원소(conceptual primitive)'로 간주한 다. '개념의미론'은 자켄도프(Jackendoff 1983, 1990, 2002)가 주창한 것으로, 의미는 본유적으로 개념과 연결되어 있다고 보고 '분해'를 통해 개념 구조의 탐구를 시도하였다.

이 관점에 따르면 한 표현은 그 논항들에 채워지는 개념적 요소들로서 정의 된다. 구체적으로, 한 표현은 논항 자리들이 차지하는 개념 구조를 갖는데, 논항 자리는 그 표현의 통사적 보어들에 의해 채워진다.

(9) 윤서는 학교에 갔다.
　　[([사물 윤서], [([장소 학교]) 경로 에]) 사건 가다]

(9)에서 각 쌍의 대괄호는 한 가지 개념을 나타낸다. 구체적으로, 사건의 개념은 '가다'에 의해 표시되는데, 물체가 경로를 따라 이동하는 것을 나타내 며 대상 논항과 경로 논항이 있다. 대상 논항 자리는 '윤서'가, 경로 논항 자 리는 '학교에'가 채운다. 대상 논항의 '사물' 개념은 사람을 나타내는 '윤서' 로 표시된다. 경로 논항의 '경로' 개념은 목적지의 경로를 나타내는 '에'로 표시되며, 장소 논항을 가진다. 이 '장소' 개념은 처소를 나타내는 '학교'로 표시된다.

개념의미론은 개념적 표시가 언어적 층위에서는 빈약하며 지각적 층위에 서는 풍부하고 유연하다고 보고, 개념적 층위와 지각적 층위의 결합을 통해 언어적 층위에서 의미의 분해적 기술을 명료하게 묘사하려는 점에서 의의를 갖는다(Geeraerts 2010: 127 참조). 그러나 이 관점은 다음과 같은 두 가지 결함이 있다. 첫째, 논리학 용어들이나 수학 규칙들로 언어 분석을 수행함으 로써 유사한 표현들의 엄밀한 구분을 무시한다. 둘째, 동사 이외의 다른 단어류들의 의미를 설명할 수 없다(Hamawand 2016: 16 참조).

4.5. 사용

단어의 의미를 그 의미가 사용되는 방식에 있다고 보는 관점을 '의미의 사용 이론(Use Theory of Meaning)'이라고 한다. 이 이론은 행동주의 심리학에 기반을 두고 있으며, 말의 의미를 사용에 의해 '조작적(operational)'으로 정의하고 있다. 사용 이론에 의한 의미관은 블룸필드(Bloomfield 1933), 비트겐슈타인(Wittgenstein 1953), 오스굿 외(Osgood *et al.* 1957)에서 나타난다. 사용 이론의 자극-반응, 용법, 감정적 반응에 대하여 기술하기로 한다.

4.5.1. 자극-반응

블룸필드(Bloomfield 1933: 139)는 "한 언어 형태의 의미는 화자가 그 언어 형태를 발화하는 상황이고 그 언어 형태가 청자에게 불러일으키는 반응이다."라고 하였다. 이 관점을 의미의 '사용 이론' 또는 '행동주의설(Behaviourist Theory)'이라고 한다. 이 관계는 〈그림 4〉로 설명된다(Bloomfield 1933: 26, 139).

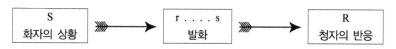

(S: 실질적 자극, R: 실질적 반응, r: 언어적 반응, s: 언어적 자극)

〈그림 4〉 '자극-반응'의 모형

〈그림 4〉는 '화자의 상황(speaker's situation)', '발화(speech)', '청자의 반응(hearer's response)'에 따른 언어 사용의 한 양상을 보여 준다. 구체적으로, 배가 고픈 소녀가 사과(S)를 보고 "사과다!"(r)라는 언어적 반응을 하였으며, 이 언어적 자극(s)을 통해 소녀가 사과를 따 주게 된다(R)(Bloomfield 1933:

22-27 참조). 이 경우 화자의 상황이 청자의 반응보다 더 단순한 양상을 띠게 되므로 의미에 대한 논의와 정의는 화자의 자극을 중심으로 이루어진다 (Bloomfield 1933: 139 참조). 예를 들어, "미안해!"라는 표현의 의미는 화자가 사과하고, 청자가 그 발화에 대해 반응하는 상황이다. 이 경우 반응은 여러 가지 행동으로 나타날 것이므로 의미를 화자의 자극을 중심으로 정의하려 한 것이다.

의미의 행동주의설은 추상적이고 심리적인 의미의 세계를 '자극-반응'의 관찰 가능한 객관적 대상으로 파악하고, 이를 조작적으로 정의하려는 데 그 의의가 있다. 그러나 이 견해는 다음과 같은 반론에 부딪치게 되었다. 첫째, 언어가 사용되는 다양한 상황을 '자극-반응'의 의미로 일반화해 내기 어렵다. 둘째, '발화'에 대한 화자의 언어적 자극과 청자의 언어적 반응이 일치하기 어려운데, 행동주의설은 그 상황을 매우 단순화하고 있다.

의미의 행동주의설은 촘스키의 이성주의 및 생득주의 언어관에 따른 생성 문법이 등장함으로써 폐기되었지만, 의미의 동적 측면을 중요시하는 인지언어학의 정신에 맞닿아 있다.

4.5.2. 용법

비트겐슈타인(Wittgenstein 1953)은 단어의 의미란 고정적이고 일정한 것이 아니라, 그 단어가 사용되는 구체적인 맥락에서의 사용 또는 용법으로 보는데, 이를 의미의 '용법설(Use Theory)'이라고 한다. 이 관점은 "어떤 단어의 의미는 언어에서 그 단어의 용법이다(Wittgenstein 1953/1958: 20)."나 "의미에 대하여 묻지 말고 용법에 대하여 물어 보라(Alston 1963: 84)."라고 한 데서 잘 드러난다.

용법설은 의미를 개념으로 보는 입장과 대립되는 관점으로, 그 근거는 다의어의 존재 및 그 의미 파악과 밀접한 관련을 맺고 있다. 예를 들어, '보다'는 (10)과 같이 사용의 맥락을 떠나서는 그 의미를 부여하기 어렵다.

(10) a. 신호등을 보다, 연극을 보다, 책을 보다, 시계를 보다, 맞선을 보다, 아이를 보다, 관상을 보다, 시험을 보다, 사무를 보다, 끝장을 보다, 술상을 보다, 대변을 보다, 손주를 보다, 손해를 보다, 환자를 보다, 신문을 보다, 맛을 보다, 흉을 보다, 기회를 보다, 땅을 보다, 시장을 보다 ……

b. 먹어 보다, 당해 보다, 정신을 차리고 보다, (돌아왔나) 보다 ……

용법설에 대해서는 다음과 같은 문제점이 제기되어 왔다. 첫째, 수많은 용법과 새로운 용법의 출현으로, 용법을 효과적으로 포착하여 기술하기 어렵다. 둘째, 단어의 용법은 고정된 것이 아니기 때문에 그 용법을 익히는 데 많은 시간이 걸린다. 셋째, 새로운 용법을 만났을 때, 그 의미의 이해를 어디에서 구할지 곤란하다. 이러한 문제점들은 이전에 결코 들어 본 적이 없는 문장의 의미를 이해할 수 있을 뿐만 아니라 무한수의 새로운 문장을 만들어 낼 수 있다고 하는 촘스키(Chomsky 1957: 15)의 선천적인 '언어 능력' 가설 앞에서 무기력해질 수밖에 없었다.

비트겐슈타인이 단어의 의미를 용법이라고 한 것은 잘못이지만, 의미가 용법에 의해서 결정된다는 것은 부인할 수 없다. 이 정신은 인지언어학에서 용법을 통해 의미를 규정하는 '용법기반 모형(usage-based model)'의 주요 원리가 되고 있다.

4.5.3. 감정적 반응

오스굿 외(Osgood *et al.* 1957)는 피험자에게 어떤 자극을 부여하고 거기서 느껴지는 의미를 '의미 공간(semantic space)'이라는 좌표축에 표시하게 했는데, 이것을 '의미 미분법(Semantic Differential Method)'이라고 한다. 이 관점에서 단어에 부착된 의미는 의미 공간에 표시된 '감정적 반응(emotional reaction)'이다.

의미 미분법은 피험자들에게 단어를 자극어로 해서 '의미 요소(semantic factor)'에 따른 7점 척도로 반응을 측정한다. 의미 요소는 '평가요소 (evaluative factor)'(예: 좋다/나쁘다, 행복하다/슬프다, 아름답다/추하다), '강도요소(potency factor)'(예: 강하다/약하다, 용감하다/비겁하다, 단단하다/연하다), '활동요소(activity factor)'(예: 적극적/소극적, 빠르다/느리다, 긴장되다/이완되다)로 나뉜다. 예를 들어, '아버지'라는 자극어에 대해 형용사 척도 셋에 따른 의미 미분법을 보면 〈그림 5〉와 같다(Osgood *et al.* 1957: 26 참조).

'아버지'

	3	2	1	0	1	2	3	
행복하다	__:	__:	√ :	__:	__:	__:	__	슬프다
단단하다	__:	√ :	__:	__:	__:	__:	__	연하다
느리다	__:	__:	__:	__:	√ :	__:	__	빠르다

〈그림 5〉 의미 미분법에 따른 '아버지'의 의미

의미 미분법에 의해 측정된 반응값은 의미 공간에서 표시되는데, 보통 2개 이상의 측정된 개념을 배치함으로써 그 의미값의 관계를 대비해 볼 수 있다. 의미 미분법은 다음과 같은 비판을 받아왔다(Clark and Clark 1977: 442-443 참조). 첫째, 단어의 중심적, 또는 개념적 의미에 관한 정보가 아니다. 둘째, 방법 자체가 백과사전적 견해를 따르고 있다. 셋째, 의미 공간의 해석이 불완전하며, 관계 정보를 충분히 보여 주지 못한다.

의미 미분법은 단어에 대한 언중의 감정, 즉 '정서적 의미(affective meaning)'를 통계적 방법으로 기술하려는 시도이며 형용사의 의미에 주목한 점에서 의의를 갖는다.

4.6. 진리 조건

단어 차원의 지시 이론은 문장 차원에서 '진리 조건 이론' 또는 '진리 조건설(Truth-Condition Theory)'로 발전하여 생성언어학에서 채택되었다. 생성언어학과 상관관계를 맺고 있는 '형식의미론(Formal Semantics)'에서는 언어 표현의 '의미'를 '진리 조건'과 동일시한다.[7] 다시 말하면 문장의 의미는 참 또는 거짓이 되는 세계의 조건, 즉 진리 조건으로 간주된다. 예를 들어, "프랑스 왕은 대머리이다."의 의미는 (11)의 두 가지 조건을 충족하면 참으로서 유의미하며, 그렇지 않다면 거짓으로서 무의미해진다.

    (11) a. 프랑스라는 나라에 실제로 왕이 있다.
        b. 프랑스 왕이 실제로 대머리이다.

진리 조건설에서는 의미가 외부 세계에 존재하며, 외부 세계의 객관적 반영일 뿐이다. 예를 들어, "날씨가 흐리다."라는 문장의 의미를 알기 위해 그 진술이 참인지 아닌지 하늘을 쳐다보고 점검할 필요가 있다. 이 관점에서는 두 개의 문장이 동일한 상황을 나타내거나 동일한 내용을 가지고 있으면, 그 두 문장의 의미는 동등하다. 곧 진리 조건이 같으면 의미가 같은 것으로 처리된다.

그런데 의미를 진리 조건으로 보는 것은 다음과 같은 문제에 부딪친다. 첫째, 문장의 의미에서 참과 거짓의 진리 조건은 평서문에 국한되고, 명령문과 의문문에서는 진위의 문제를 따질 수 없다. 또한, 추상적 실재물은 진리 조건이 없으므로 의미 범주에서 배제되게 마련이다. 둘째, 진리 조건의 동일성에 의한 동의문의 문제이다. 능동문과 피동문은 진리 조건적 의미가 동일하지만 화자의 의미 초점이 다르므로 의미가 동일하다고 볼 수 없다. 또한, 논리적으로는 "A가 B의 위에 있다."가 참이라면 "B가 A의 아래에 있다."도 참이 되지만, 현실 세계에서 A, B의 구체적인 대상이 드러나면 (12)와 같이 두 문장의 동의성이 인정되지 않는다.

---

[7]   이와 관련하여 데이비드슨(Davidson 1967: 310)에서는 "진리 조건을 주는 것이 한 문장의 의미를 주는 방법이다."라고 하였다.

(12) a. 책이 탁자 위에 있다.

　　b. ?탁자가 책 아래에 있다.

　의미를 진리 조건으로 보는 관점은 지시 이론 또는 형식의미론의 핵심적 의미관으로 문장 층위의 의미를 상위언어의 형식논리로써 객관화해 보려는 시도이다. 그러나 이 이론은 문장의 의미를 진리 조건으로 망라할 수 없을 뿐 아니라 의미를 인지적 현상과 무관한 것으로 취급함으로써 근원적인 한계를 드러내게 되었다.

4.7. 개념화

　'인지의미론(Cognitive Semantics)'에서는 의미를 '개념화(conceptualization)', 즉 의미 구성의 동적 과정이라고 본다. 이 관점을 의미의 '개념화' 또는 '해석(construal)' 이론이라고 하며, 의미는 화자나 청자의 머릿속 또는 마음속에 있다고 본다.

　그러면 '개념화'와 '해석'이 무엇인지 살펴보기로 한다. 에반스 & 그린(Evans and Green 2006: 162)에서는 "개념화는 의미를 구성해 가는 과정, 즉 단어나 문장을 비롯한 언어 단위가 개념적 작용과 배경지식의 보충을 위해 촉진제 역할을 하는 동적 과정이다."라고 하였다. 이것은 다음과 같은 경험적 발상에 기초한다. 즉, 의사소통의 단위로서 단어, 문장, 발화와 같은 언어 표현은 그 자체에 의미가 내재해 있는 것이 아니며, 화자 자신의 표현 의도를 명시적으로 드러내거나 청자가 그 언어 표현을 제대로 이해해 낼 만큼 충분하지 않다. 따라서 언어 표현은 의미 구성의 촉진제 역할을 하는 실마리라는 것이다.

　(13) 잉어가 뛰니 망둥이도 뛴다.

　(13)의 속담은 '잉어'를 따라 뛰는 '망둥이'를 통하여 망둥이의 행위로 유추

되는 인간 행위, 즉 '선거', '미녀 선발 대회', '부동산 · 주식 투기' 등의 상황을 풍자한 것이다. 이 과정을 풀어 보면 단어로 이루어진 문장이 촉매가 되어 우리의 머릿속에 있는 '물고기' 집합과 현실 속 '인간 행태'의 백과사전적 지식이 활성화됨으로써 속담의 함축적 의미가 구현된다.

개념화 과정은 해석이다. 하마완드(Hamawand 2016: 168)에서는 "해석은 하나의 상황을 대안적인 방식으로 생각하고 그 대안적인 방식을 나타내기 위해 적절한 언어 표현을 사용하는 인지능력을 가리킨다."라고 하였다. 이것은 의미 구성의 개념화 과정이 장면이나 상황에 대한 개념화자[8]의 선택, 즉 '해석'이며, 그 선택의 표시가 언어라는 것을 뜻한다.

언어 표현은 개념화자의 해석이다. 서로 다른 표현 형식은 해석의 결과로서 의미 차이를 반영한다. 예를 들어, (14)의 잠자는 아기에 대해 (14a)는 행위로 해석한 반면, (14b)는 상태로 해석한 것이다.

(14) a. 그 아기는 자고 있다.
　　 b. 그 아기는 잠들어 있다.

같은 맥락에서, (15)의 능동문과 피동문은 동일한 상황에 대한 개념화자의 해석이다. 해석의 차이는 언어 표현의 형태로 나타나며, 형태의 차이를 통해 해석의 차이를 가늠하게 된다.

(15) a. 경찰이 범인을 쫓았다.
　　 b. 범인이 경찰에게 쫓겼다.

요컨대 인지의미론에서는 한 표현의 의미는 표현된 상황의 내용뿐만 아니라 그 내용이 화자에 의해 해석되는 방식을 반영한다.[9] 따라서 의미는 개념화

8　'개념화자(conceptualizer)'는 개념화에 참여하는 화자와 청자를 가리킨다.

9　이와 관련하여 래내커(Langacker 1997: 242)에서는 "의미는 개념의 주체와 객체

자가 단어나 문장과 같은 언어 표현을 실마리로 해서 의미를 구성해 가는 동적 과정의 '개념화'이다. 이 관점은 의미에 대한 열린 시각의 정의로서 주목되지만, 의미가 사람과 상황에 따라 상대적으로 포착된다면 그 실체가 무엇인가에 대한 물음에서 자유롭지 않다.

5. 의미의 유형

한 언어 표현의 의미 양상은 기술적, 표현적, 사회적 의미로 분류될 수 있다. 이 세 가지 의미 유형에 대해서 살펴보기로 한다(Cruse 1990a: 148-149, Löbner 2002: 41-87, 참조).[10]

5.1. 기술적 의미

'기술적 의미(descriptive meaning)'[11]는 어떤 실체, 사건, 상황에 관한 사실적 정보를 전달한다. 곧 어떤 것을 지시하고 그것의 참을 진술하는 행동을 포함한다. 예를 들어, 문장 (16)을 통해서 기술적 의미를 보기로 한다.

(16) 개가 제 파란 치마를 망가뜨렸어요.

먼저, 단어의 기술적 의미는 잠재적 지시물에 대한 개념이다. (16)을 구성하

로 구성되는 개념화로서, 한 표현의 의미는 그 표현이 환기하는 개념적 내용과 그 내용이 표현 목적을 위해 해석되는 방법과의 함수 관계이다."라고 하였다.

10 리치(Leech 1974/1981: 9-23)에서는 의미의 유형을 ①개념적(conceptual) ②내포적(connotative) ③정서적(affective) ④반사적(reflected) ⑤사회적(social) ⑥연어적(collocative) ⑦주제적(thematic) 의미의 일곱 가지로 분류하고, ②-⑥을 묶어 연합적(associative) 의미라 하였다.

11 '기술적 의미'를 '명제적(propositional)', '관념적(ideational)', '인지적(cognitive)', '외연적(denotative)' 의미라고도 한다.

는 내용어의 기술적 의미는 (17)과 같다(『표준국어대사전』 참조). 이 경우 명사는 어떤 종류의 실체, 동사는 어떤 종류의 사건, 형용사는 어떤 종류의 성질에 대한 개념이다.

(17) a. 개: 갯과의 포유류. 가축으로 사람을 잘 따르고 영리하다.
b. 치마: 허리부터 다리 부분까지 하나로 이어져 가랑이가 없는 아래옷.
c. 파랗다: 맑은 가을 하늘이나 깊은 바다, 새싹과 같이 밝고 선명하게 푸르다.
d. 망가뜨리다: 부수거나 찌그러지게 하여 못쓰게 만들다.

다음으로, 문장의 기술적 의미는 '명제(proposition)'라고 하는데, 이는 잠재적 지시 상황에 대한 개념이다. 문장의 기술적 의미에는 (17)의 내용어뿐만 아니라, 조사, 어미 등 기능어가 관여한다. 문장 (16)의 기술적 의미는 (18)과 같다.

(18) 발화 시점 이전의 어떤 시간에 개가 화자 소유인 파란 치마를 망가뜨렸다.

문장의 기술적 의미인 명제는 문장의 진리 조건, 즉 문장이 참이 되는 조건을 결정한다는 데 그 의의가 있다. 문장 (16)은 "개, 그리고 화자 소유인 파란 치마가 있는데, 개가 발화 시점에 앞선 어떤 시간에 치마를 망가뜨렸다."라는 상황을 기술하고 있다. 이 모든 조건들이 주어진 발화 문맥에서 충족된다면, 그 문장은 참이고 그렇지 않다면 거짓이다. 곧 문장 (16)의 '진리 조건'[12]은 (19)와 같다.

---

12 문장 S의 진리 조건은 다음과 같이 정의된다. "S는 …하면 반드시 그래야만(if and only if) 주어진 발화 문맥에서 참이다."

(19) 문장 "개가 제 파란 치마를 망가뜨렸어요."는 "발화 시점 이전의 어떤 시간에 개가 화자의 것인 파란 치마를 망가뜨렸다."가 충족되면 그리고 반드시 그래야만 주어진 발화 문맥에서 참이다.

5.2. 표현적 의미

'표현적 의미(expressive meaning)'는 그 표현을 발화하는 화자의 태도·감정·의견·판단 등의 주관적 반응을 반영한다. 예를 들어, '고통'에 대하여 (20a)는 통증을 기술한 '기술적 의미'이며, (20b)는 통증을 표현한 '표현적 의미'이다.

(20) a. 갑자기 심한 통증을 느꼈다.
    b. 아야!

(20a)를 발화한 사람은 거짓말을 하였다고 비난을 받을 수도 있지만, (20b)의 발화는 서술을 한 것이 아니기 때문에 그럴 가능성은 없다. (20b)에서 보듯이 표현적 의미의 중요한 특징은 발화가 이루어진 특정한 시간과 장소에 대해서만 유효하다는 점이다. 감탄사와 감탄문은 표현적 의미의 전형적인 보기에 해당한다.

'표현적 의미'라는 용어는 '내포적·정서적·감정적 의미'와 중첩된다. 예를 들어, '어린이'의 '외연적 의미(denotative meaning)'는 [+인간][−성숙]의 나이가 어린 사람이다. '내포적 의미(connotative meaning)'는 외연적 의미의 범위를 넘어서 그 단어가 가진 추가적인 의미를 가리키는데, '어린이'의 내포적 의미는 애정이나 성가심이 포함된다. '정서적 의미(affective meaning)'는 그 표현에 대한 화자의 느낌을 가리키는데, 그 의미는 사람마다 다르다. 어린이와 어울리기를 즐기는 사람은 긍정적인 느낌을, 그렇지 않은 사람은 부정적인 느낌을 갖게 된다. 또한, '감정적 의미(emotive meaning)'는 '어린이 학대'

와 같은 표현이 사람들에게 분노를 치밀게 하듯이 정서적 의미보다 한층 더 강한 감정을 가리킨다.

5.3 사회적 의미

'사회적 의미(social meaning)'는 대화 참여자들 간의 사회적 관계를 드러낸다. 즉, 어떤 표현이나 문법적 형태가 사회적 상호작용을 수행하는 역할을 하는 것을 말한다. 예를 들어, 영어의 호칭 'you'에 대해 한국어에는 '당신/너', 독일어에는 'Sie/du', 프랑스어에는 'vous/tu'의 두 가지가 있다. 대화 상황에서 '당신, Sie, vous'는 격식체이며, '너, du, tu'는 비격식체이다. 한국어의 대우법 체계는 어미에 의해 사회적 의미를 실현한다.

> (21) a. 어디 가니?
>
>   b. 어디 가는가?   b'. 어디 가시는가?
>
>   c. 어디 갑니까?   c'. 어디 가십니까?

(21)은 영어의 "Where are you going?"에 대한 한국어 표현인데, 화자와 청자 간에 세 가지 또는 다섯 가지 문체의 사회적 의미를 드러낸다. 즉, 어말어미 '-니, -는가, -ㅂ니까'와 선어말 어미 '-시-'가 첨가된 '-시는가, -시ㅂ니까'의 어미들이 정중함의 정도를 드러내는 표지로서 사회적 의미를 실현해 주는 기능을 한다.

또한, 연설, 축복, 인사, 조의, 답례, 사과와 같은 사회적 의례에 사용되는 관습적 표현들도 사회적 의미를 지니고 있다. 사회적 의미에는 지리적 방언뿐만 아니라, 성별·세대·계층·직업에 따른 사회적 방언이 포함된다. 예를 들어, 폭우가 내리는 상황에 대한 (22)의 표현은 두 화자의 사회적, 문체적 의미를 드러낸다(김진우 2004: 303 참조).

(22) a. 바깥 날씨가 조금 궂지요?

　　 b. 저놈의 염병할 비 좀 보소!

6. 마무리

이 장에서는 '의미'의 성격, 정의 방식, 정의, 유형 등에 대하여 살펴보았다. 그 주요 내용에 따라 마무리하기로 한다.

첫째, 한자어 '의미(意味)'나 고유어 '뜻맛'은 합성어이다. 그 어원을 따져 보면 '의(意)·뜻'은 마음속 의도를 표현하는 것으로 'meaning'에 가까우며, '미(味)·맛'은 외부 감각을 이해하는 것으로 'sense'에 가깝다.

둘째, 전통적으로 단어를 정의하는 여러 가지 방식이 존재해 왔는데, '실제적 정의'는 사물의 핵심에 대한 정의이며, '명목적 정의'는 단어의 의미에 대한 정의로서 외연적, 인지적 정의로 세분된다. 이 바탕 위에서 정의의 전략으로 실물지시, 동의관계, 문맥과 전형적 보기, 속과 종차에 의한 정의가 있다.

셋째, '의미'의 정의는 언어관 및 의미관에 따라 다양한 양상으로 전개되어 왔는데, 정의와 관련 사항을 한 자리에 모아 보면 〈표 1〉과 같다.

〈표 1〉 '의미'의 정의와 관련 사항

정의 〳 관련 사항		의미관	존재하는 곳	영향 관계
지시		전통주의 - 지시설	외부 세계	진리 조건설
사고·개념		전통주의 - 개념설	머릿속	개념의미론 인지의미론
의의 관계		구조주의 - 의의 관계설	언어 관계	-
성분 결합 체	의미 성분	구조주의 - 성분 분석 이론	머릿속·언어	생성의미론
	의미 본원소	생성주의 - 자연 의미 분석언어 접근법	머릿속	생성의미론
	개념 본원소	생성주의 - 개념의미론	머릿속	생성의미론

사용	자극·반응	구조주의 – 행동주의설	화자의 상황	인지의미론
	용법	구조주의 – 용법설	언어 사용	인지의미론
	감정적 반응	구조주의 – 의미 미분법	머릿속	인지의미론
진리 조건		생성주의 – 진리 조건설	외부 세계	–
개념화		인지주의 – 인지의미론	머릿속	–

그중 의미가 존재하는 곳은 '지시', '진리 조건'의 경우 외부 세계이며, '의의 관계'의 경우 언어 속이며, '용법'의 경우 일정하지 않고 조작적이며, '사고·개념', '성분 결합체', '개념화'의 경우 머릿속이라는 관점이다. 자율언어학에서 구조의미론은 의의 관계, 형식의미론은 진리 조건을 통해 의미를 탐구함으로써 의미 자체를 직접적으로 다루지 않은 반면, 인지의미론은 '의미'와 '의미론'의 중요성을 제대로 인식하고, 추상적인 '의미'를 신체화된 경험에 기반한 것이며, 의미를 구성해 가는 동적 과정의 개념화로 봄으로써 의미의 본질에 한 걸음 다가선 것으로 평가된다.

넷째, 의미의 유형에는 어떤 실체, 사건, 상황의 사실적 정보를 전달하는 '기술적 의미', 화자의 태도·감정·의견·판단 등의 주관적 반응을 반영하는 '표현적 의미', 사회적 상호작용을 수행하는 '사회적 의미'가 있다.

제2부
의미의 무리

제3장
개념과 범주화

1. 들머리

이 장은 언어 및 언어적 의미와 밀접한 관련을 맺고 있는 개념과 범주화를 이해하는 데 목적이 있다.

범주화 이론은 1950년대 중후반을 기점으로 고전 범주화에서 원형 범주화로 인식의 전환을 겪었다. 범주화의 개념을 바꾸는 것은 우리의 사고방식과 세계관에 대한 '관점의 전환(paradigm shift)'이다. 고전 범주화는 철학 및 논리학과 밀접한 관련 속에서 의미를 진리 조건과 관련시키고 한 범주를 필요충분한 의미 자질에 의해 엄격하게 정의해 왔다. 그 반면, 원형 범주화는 심리학과 밀접한 관련을 맺어 왔다. 범주화의 틀 전환을 가져온 원형 이론은 의미를 '정신적 표시(mental representation)' 및 신체적 경험과 연관시키고 있으며, 사람들이 범주화하는 방식의 유연함을 경험적으로 뒷받침하면서 이론화한 것이다.

이 장에서는 다음 세 가지 사항에 대해서 다룬다.

첫째, 개념·범주·범주화의 성격을 이해한다. 개념과 범주는 어떻게 같고 다른지, 어떤 상관성을 지니는지를 탐색하며, 개념의 기능을 살펴보기로 한다.

또한, 범주화의 정의와 그 중요성을 살펴본다.

둘째, 고전 범주화에 대해서이다. 고전 범주화의 특성을 기술하고, 세 가지 유형의 경험적 반증을 통해 그 한계를 살펴본다.

셋째, 원형 범주화에 대해서이다. 원형 범주화의 원리, 범주화의 수직 차원 및 수평 차원에 대해서 살펴본다.

2. 개념 · 범주 · 범주화의 이해

'개념' 및 '범주'의 성격과 상관성, 그리고 '범주화'에 대해서 살펴보기로 한다.

2.1. 개념 및 범주의 정의

개념과 범주는 매우 긴밀한 관계를 맺고 있다. 그 둘은 같으면서도 다르고, 다르면서도 같은 성격을 지니고 있다.

먼저, 개념의 정의 (1)을 살펴보기로 한다.

> (1) 개념(concept)은 실제 세계에서, 그리고 상상이나 가상 세계에서 사
>   물들의 일관된 범주와 대응 관계를 이루는 정신적 구조물(mental
>   construct)이다. 개념적 범주(conceptual category)는 정신적 구조물과
>   실체(entity)의 두 가지 양상을 포함한다. (Cruse 2011: 53)

(1)에서 '개념'은 '정신적 구조물'로 규정된다. 또한, '개념'과 '범주'가 합성된 '개념적 범주(conceptual category)'라는 용어가 사용되고 있는데, 이는 '정신적 구조물'로서의 '개념'과 '실체'로서의 '범주'를 결합해 놓은 것이다.

다음으로, 범주 및 범주화의 정의 (2), (3)을 살펴보기로 한다.

(2) '범주(category)'는 우리에게 유의미하고 관련되면서 유사한 경험의 집합을 '개념화(conceptualization)'한 것이다. 즉, 범주는 한 언어공동체에서 '중요한' 사물에 대해 형성된다. 범주는 본질상 개념적이고, '개념적 범주(conceptual category)'의 많은 부분이 언어적 범주로 언어 안에서 규정된다. (Radden and Dirven 2007: 3)

(3) 분류의 정신적 과정을 '범주화(categorization)'라고 부르며, 범주화의 산물은 '인지적 범주(cognitive category)'로서, 색채 범주인 빨강, 노랑, 녹색, 청색 등이 그 예이다. 널리 사용되는 또 다른 용어는 '개념(concept)'이다. (Ungerer and Schmid 2006: 32)

(2)에서 '범주'는 유사한 경험의 집합을 개념화한 것으로, 본질상 개념적이며, '개념적 범주'의 많은 부분이 언어적 범주로 규정된다고 하였다. 여기서 개념적 범주는 대부분 언어적 범주로 구현되며, 언어적 범주는 단어를 가리킨다. 또한, (3)에서 '범주화'는 분류의 정신적 과정이며, 그 산물이 '(인지적) 범주'이며, '범주'에 대해 널리 쓰이는 또 다른 용어를 '개념'이라고 하였다.[1] 이상에서 '개념'과 '범주'는 동일시되고 있다.

한편, '개념'과 '범주'를 명확히 구분한 (4)-(6)을 보기로 한다.

(4) 개념과 범주 간의 구분은 내포와 외연에 대응시킬 수 있다. 개념과 범주의 관계에서 개념은 내포적 측면, 즉 범주화에 사용되는 정보와 범주화가 제공하는 추론에 관여하며, 범주는 대상들을 참조하는 용어의 적용이라는 측면에 관여한다. 범주의 구성원들은 바로 그 범주의 외연으로서 하나하나의 사례 또는 본보기가 된다. (신현정 2000: 24)

---

[1] 인간 '개념'의 심리 문제를 1980년대에 접어들어 새로운 관점에서 포괄적이고 비판적으로 기술한 스미스 & 메딘(Smith and Medin 1981)에서는 '범주'와 '개념'을 동일시하고 있다.

(5) '개념(concept)'은 정신적으로 소유된 '아이디어(idea)'나 '관념(notion)' 을 가리키는 반면, '범주(category)'는 함께 무리를 지은 실체의 집합을 가리킨다. 개념 '개'는 개들이라는 사고를 나타내는 심리적 상태이며, 범주 '개'는 개들로서 적합하게 범주화된 현실 세계의 모든 실체로 구성된다. (Goldstone and Kersten 2012: 608)

(6) 인지과학자들은 일반적으로 '실체들의 집합', 즉 '범주'를 식별하는 정신적 표시가 개념이라는 데 동의한다. 다시 말해서, 개념은 지시하고, 개념이 지시하는 것은 범주이다. (Rips *et al.* 2012: 177)

(4)에서 개념은 내포에, 범주는 외연에 대응되는 것으로 구분하고 있다. (5) 에서 '개념'은 정신적인 측면의 '관념'이며, '범주'는 함께 무리지은 실체의 집합으로 구분하였다. 예를 들어, '개'의 '개념'은 개들의 사고를 나타내는 심리적 상태인 반면, 그 '범주'는 개들로서 범주화된 현실 세계의 실체이다. (6) 에서 '개념'은 범주를 식별하는 정신적 표시로서, 개념이 지시하는 것을 '범주'로 규정하고 있다.

요컨대 '개념'은 정신적·심리적 상태의 구조물이며, '범주'는 함께 무리지은 현실 세계의 실체이다. 그렇지만 '개념'과 '범주'는 동전의 양면과 같이 긴밀한 상관성을 지니므로, '정신적 구조물'로서 '개념'과 현실 세계의 '실체'로서 '범주'를 합성하여 '개념적 범주'라는 용어를 사용하기도 한다. 이 경우 개념적 범주의 대부분은 언어적 범주인 단어로 구현된다.[2]

2.2. 개념의 기능

개념은 사람이 개인적인 삶과 활동, 그리고 사회생활을 효율적으로 해 나가

---

2 개념은 단어의 의미와 중첩되거나 개념 '냉(冷)'이 '차갑다'와 '춥다'로 구체화되듯이 단어보다 그 폭이 다소 넓다(임지룡 1992: 31 참조).

는 데 있어서 필수불가결하다. 그 까닭은 개념이 개념화와 범주화에 중심적인 지식의 기본 단위이기 때문이다. 개념의 세 가지 중요한 기능을 들면 다음과 같다(Cruse 2011: 53-54 참조).[3]

첫째, 경험을 체계화하는 기능이다. 개념의 본질은 객관적으로 다른 경험들을 하나의 동일한 유형의 경험으로 체계화해 주는 데 있다. 우리는 색깔, 모양, 크기, 행동이 다른 여러 고양이를 만난 바 있다. 우리는 '고양이'의 개념을 가지고 있는데, 이 개념을 통해 문제의 동물이 지닌 다양성을 넘어 한 유형의 '고양이'라는 정신적 구조물을 형성하게 된다. 이와 같이 형성된 개념은 지적, 사회적 활동에 중요한 기능을 수행한다.

둘째, 학습의 기능이다. 개념은 학습의 효율성을 높여 준다. 개념적 범주가 없다면, 학습은 단편적이며 혼동 상태에 빠질 수 있고, 수많은 개체에 관해 지식의 핵심 사항들을 획득하는 데 제한적일 수밖에 없다. 경험은 결코 그대로 반복되지 않는데, 개념은 현재의 경험을 과거 경험의 유사한 양상과 관련지어서 학습의 능률을 높여 준다.

셋째, 의사소통 기능이다. 개념적 범주는 언어적 의사소통에 필수적이다. 언어는 개별적인 사람, 사물, 사건 등에 의해서 작용하지는 않는다. 언어 표현은 개념적 범주에 의해서 부호화되고, 화자에 의해 의도된 개별적 지시물은 개념적 범주로부터 추론되어야 한다.

2.3. 범주화의 의의

사람은 범주라는 수단에 의해서 경험한 세계를 이해하고 사고한 바를 전달할 수 있다. 또한, 언어공동체가 공유하고 있는 기존의 범주를 익히고 상황의 변화에 따라 범주를 교정하거나 새로운 범주를 확장하는 인지능력을 갖추고 있다. 범주에 대한 이러한 능력을 범주화라고 한다. 곧 '범주화(categorization)'

---

[3] 스미스(Smith 1988: 19-20)에서는 개념의 기능을 '인지적 절약의 증진', '주어진 정보 이상의 추구', '조합되어 복합 개념과 사고 형성'을 들고 있다.

는 다양성 속에서 유사성을 파악하는 인지능력으로서, 사람이 환경 세계를 의미 있는 분절로 나누어 파악하는 장치이다.

만약 우리가 내부 세계의 관념이나 외부 세계의 사물에 대해 범주화의 능력을 가지고 있지 않다면 어떻게 될 것인가? 무엇보다도 생존할 수 없을 것이다. 생존을 위해서 우리는 먹을 수 있는 것과 먹을 수 없는 것, 유용한 것과 해로운 것, 좋은 사람과 나쁜 사람 등을 구별해야 하기 때문이다. 또한, 새로운 경험을 수용하고 확장할 수 없을 것이다. 즉, 일상사에서 부딪히는 경험의 다양성과 복잡성에 효율적으로 대처하기 위해서는 본질적으로 다른 대상이나 관념을 동일한 부류로 묶어야 한다. 그렇지 않고 이들을 개별적으로 저장하고 검색하게 된다면 우리의 인지능력에 과부하가 걸릴 것이다.[4]

이렇게 볼 때 우리가 개인적인 삶에서 사회적인 삶으로 활동 무대를 넓혀 사람 구실을 하면서 살아가는 것은 범주화의 능력에서 비롯된다고 할 수 있다. 그런 뜻에서 범주화는 매우 중요한 의의를 지니고 있다.[5] 따라서 우리가 어떻게 범주화하느냐를 이해하는 것이야말로 우리가 어떻게 사고하며, 어떻게 기능하고 있는가를 이해하는 지름길이 된다.

3. 고전 범주화

서구의 과학적 사고방식의 기초가 되어 온 고전 범주화의 특성과 한계에 대해서 살펴보기로 한다.

---

4 브루너 외(Bruner *et al.* 1956: 12-13)에서는 범주화의 이점으로 '환경의 복잡성을 줄임', '세상의 사물을 확인하는 수단임', '계속적인 학습에 대한 필요를 감소시킴', '무엇이 적절한 행위인가에 대한 결정을 내려 줌', '물건이나 사건의 부류들을 정돈하고 관계를 짓게 해 줌'의 다섯 가지를 제시한 바 있다.
5 '범주화'와 관련하여, 라보프(Labov 1973: 342)는 "만약 언어학을 한마디로 정의한다면, 언어학은 범주에 관한 학문이다."라고 하였으며, 레이콥(Lakoff 1987: 5)은 "우리의 사고, 지각, 행동, 발화에 있어서 범주화보다 더 기본적인 것은 없다."라고 하였다.

3.1. 고전 범주화의 특성

'고전 범주화(classical categorization)'는 아리스토텔레스 시대부터 1950년
대 중후반까지 널리 수용되었으며, 오늘날까지도 채택되고 있는 범주화의 전
통적 관점이다. 고전 범주화에서는 범주를 (7)의 세 가지 원리에 의해서 특징
짓고 있다.

> (7) a. 범주는 구성원 모두가 공유하는 필요충분 속성으로 이루어진다.
>   b. 범주는 명확한 경계를 갖는다.
>   c. 범주의 구성원들은 동등한 자격을 갖는다.

고전 범주화에 대한 (7a)는 범주를 정의하는 요건으로서 범주의 구성원 모
두가 공통된 속성을 갖는데, 이 공통된 속성은 범주가 되기에 필요하고도 충
분한 속성의 집합임을 뜻한다. 이 경우 그 집합을 모두 소유하지 않는다면
어떤 개체도 해당 범주의 구성원이 아니라는 점에서 그 속성은 필요조건이며,
그 속성을 모두 소유하면 어떤 개체이든 간에 해당 범주의 구성원이 된다는
점에서 충분조건이다. (7b)는 범주의 경계에 대한 규정으로서 그 경계가 명확
하고 뚜렷하다는 것인데, 이것은 (7a)의 '공통된 필요충분 속성'을 지닌 범주
에 대해 당연한 귀결이다. (7c)는 범주 구성원의 자격에 대한 규정으로서 어떤
범주에 속하는 구성원의 자격은 모두 동등함을 뜻한다.

고전 범주화의 원리는 집합론의 집합과 동일시된다. 어떤 집합 A는 동등한
자격을 가진 a · b · c · d라는 필요충분 속성으로 구성되며, 이러한 자격을 갖
춘 집합 A는 그 경계가 뚜렷하여 다른 집합 B, C 등과 구별된다. 예를 들어,
'정삼각형'은 (8), '정사각형'은 (9)와 같은 필요충분조건에 의해 정의된다.

> (8) a. 닫힌 평면 도형
>   b. 세 변을 가지며 그 길이가 같음

    c. 세 각의 크기가 같음

(9) a. 닫힌 평면 도형

    b. 네 변을 가지며 그 길이가 같음

    c. 네 각의 크기가 같음

곧 '정삼각형'이나 '정사각형'은 각각 (8), (9)와 같은 필요하고도 충분한 공통 속성에 의해서 정의되며, 그러한 속성의 집합으로 이루어진 '정삼각형' 및 '정사각형'은 그 경계가 뚜렷이 구분되며, 그 속성의 자격은 동등하다.

3.2. 고전 범주화의 한계

고전 범주화는 논리학을 비롯하여 서구의 과학적 인식 또는 세계관의 기반이 되어 왔다. 그런데 1950년대 중후반부터 고전 범주화에 대해 다음 세 가지 측면에서 경험적 반증이 제기되었다.

첫째, 비트겐슈타인(Wittgenstein 1953/1958: 66)은 '게임'이라는 범주를 통해서 범주 구성원 전체에 해당하는 공통된 속성이 없음을 확인하였다. 곧 '보드 게임, 카드 게임, 테니스 게임, 올림픽 게임' 등에서 '게임'을 이루는 공통된 속성, 즉 필요하고도 충분한 속성이 존재하는 것이 아니라, 인접한 '게임' 간에 속성이 겹치고 교차하는 닮음이 연쇄적으로 망을 이룬다.[6] 〈그림 1〉에서 보듯이 비트겐슈타인은 '게임'이 갖는 이러한 현상을 '가족 닮음(family resemblance)'[7] 의 은유로 표현하고 '게임'이 가족을 형성한다고 하였다.

---

[6] 2023년 '항저우 아시안 게임'에는 'e-스포츠(컴퓨터 게임)·상치(중국 장기)·브리지(카드놀이)·체스·바둑'이 정식 종목으로 채택된 바 있다.

[7] 이와 관련하여, 영국의 머그웜프 집안(the Mugwumps) 자손들에게 대대로 나타나는 특성이 주목된다. '툭 튀어 나온 귀', '사팔눈', '일자 눈썹', '사나운 기질'을 들 수 있는데, 이런 속성들 중 두세 개가 대부분의 머그웜프 집안 사람들에게 교차적으로 나타났으며, 실제로 이들 속성을 다 갖고 있는 사람은 없었다(Aitchison 1987/2003: 49 참조).

〈그림 1〉의 게임과 같이 가족의 구성원들은 특정한 닮음을 모두가 공유하는 것이 아니라, 몇몇 구성원 끼리 '눈'을 닮기도 하고, '귀'를 닮기도 하며, 또 다른 특징을 연쇄적으로 공유할 뿐이라는 것이다. 이것을 통해서 범주의 공통 속성에 의한 고전 범주화의 원리가 부정되기에 이르렀다.

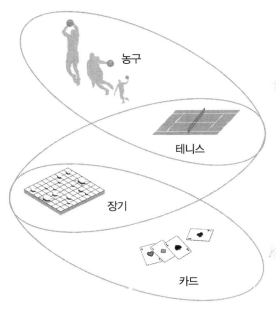

〈그림 1〉 '게임' 사이의 가족 닮음

둘째, 사회언어학자 라보프(Labov 1973)는 일련의 '그릇' 모양에 대한 명칭 붙이기 실험을 통하여 범주의 경계에 '흐릿한 가장자리(fuzzy edge)'가 있음을 밝혔다. 이 실험은 〈그림 2〉와 같은 그릇 모양의 그림을 피험자들에게 보여 주고 그 각각을 '컵', '꽃병', '사발'로 이름을 붙이는 것이었다.

이 실험에서 특정한 모양에 대해서는 피험자들의 의견이 일치했다. 예를 들어, 그들 모두 손잡이가 없이 높고 길쭉한 그릇을 '꽃병'으로 간주했고, 낮고 평평한 것을 '사발'로 간주했다. 그러나 그들은 '꽃병'과 '사발' 사이에 있는 물체를 보았을 때 매우 당황했으며 서로 다른 결론에 도달했다. 또한, 특정한 그릇에 대하여 텅 빈 상태로 제시하거나 으깬 감자를 채웠을 때는 '사발'이라고 하였으나, 꽃을 꽂았을 경우에는 '꽃병'으로, 커피를 담았을 때는 '컵'으로 반응하였다. 이것을 통해서 범주의 경계가 명확하다는 고전 범주화의 원리가 부정되기에 이르렀다.

<그림 2> '그릇' 경계의 흐릿한 가장자리

〈그림 2〉와 같은 흐릿한 가장자리 현상은 그릇 모양에 국한된 것이 아니라,[8] 사물 및 단어 의미의 고유한 특성이라 하겠다. 실제로 '밤'과 '낮'의 경계를 생각해 보면 어디에서 밤이 끝나고 낮이 시작되는지 모호하며, 신체 부위 '이마'와 '머리'의 경계 또한 금 그을 수 있는 성질의 것이 아니다. 다의어와 동음이의어의 경계 역시 흐릿한 경우가 적지 않은데, '밥 먹다'와 '귀 먹다'가 다의어인지 동음이의어인지에 대한 판단은 다를 수 있다. 그 까닭은 본질적으로 연속적인 대상 세계를 단어의 단위로 분절하였기 때문이다.

셋째, 로시(Rosch 1973, 1975)는 범주의 '원소성의 정도'에 대한 실험을 통하여 범주의 구성원은 동등한 자격을 갖는 것이 아니라 가장 전형적인 것에서부터 중간 단계, 주변적인 것에 이르기까지 구성원 간의 정도성에 다양한

8　오스트레일리아 동부 일대에 서식하는 '오리너구리(platypus)'는 포유류로 분류되지만, 부리, 물갈퀴 발, 난생(卵生)이라는 조류의 특징을, 젖, 모피, 네 다리라는 포유류의 특징을 함께 지니는 '알을 낳는 포유류'이다. '가시두더지'도 알로 번식하는 포유류 동물이다.

차이가 있음을 밝혔다. 즉, 자연 범주 '가구, 과일, 차량, 무기, 채소, 목수의 연장, 새, 운동, 장난감, 의류'와 같은 10개의 범주를 선정하여, 각각의 범주마다 약 50개 정도의 목록을 제시하고 피험자들에게 7개의 점으로 된 척도상에서 등급을 매기도록 하였다. 여기서 등급 1은 좋은 보기를 뜻하며, 4는 보통, 7은 좋지 않은 보기를 뜻한다. 이 실험의 결과는 높은 일관성을 나타내었다. 원소성의 정도에 대한 실험을 통해서 범주의 구성원은 동등한 자격을 갖는다는 고전 범주화의 원리가 부정되기에 이르렀다.

실제로 〈그림 3〉에서 보듯이, '새'의 경우 좋은 보기와 나쁜 보기로 등급화되었는데, 피험자들은 '참새, 까치, 제비' 등은 새다운 보기로, '타조, 펭귄, 박쥐'는 새답지 않은 보기로 반응하였다(임지룡 1993b: 139-144 참조).

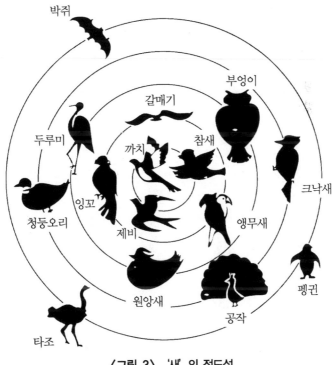

〈그림 3〉 '새'의 정도성

고전 범주화에 대한 이러한 세 가지 경험적 반증은 '원형 범주화'의 기본적인 가정이 되었다. 곧 원형 범주화에서 범주는 원형적인 구성원을 중심으로 가족의 닮음처럼 연쇄적인 망으로 이루어지며,[9] 범주의 경계는 흐릿하며, 범주의 구성원 간에는 원형에서부터 주변에 이르기까지 비대칭성을 이루고 있다. 요컨대 범주화는 본질적으로 고전 범주화로써 망라할 수 없는 다양성과 복잡성이 있다는 인식에서 원형 범주화가 출현하게 되었다.

4. 원형 범주화

범주화에 대해 발상의 전환을 가져온 원형 범주화를 중심으로 원리, 수직 차원과 수평 차원에 대해서 살펴보기로 한다.

4.1. 원형 범주화의 원리

인지심리학자 로시와 동료들에 의해 개발된 '원형 이론(prototype theory)'은 사람의 마음속에 범주 형성을 이끄는 두 가지 기본 원리가 있다고 가정하였다.

첫째, '인지적 경제성의 원리(principle of cognitive economy)'이다. 이 원리는 사람을 비롯한 유기체가 인지적 노력과 자원을 최소화하면서도 환경에 대해서 가능한 한 많은 정보를 얻고자 하는 경향성을 가리킨다. 이 원리에 따라 사람들은 이 세상을 경험하면서 유사한 자극들을 하나의 범주로 분류함

---

[9] 범주화를 중심으로 인지언어학의 기틀을 마련한 *Women, Fire and Dangerous Things*라는 저서의 제목에 대해, 저자 레이콥(Lakoff 1987: 5)은 '다이어벌어 (Dyirbal)'라는 오스트레일리아 토착어의 네 가지 분류사 가운데 하나인 Balam 범주에서 영감을 얻은 것이라고 하였다. 즉, Balam 범주에는 '여자, 불, 위험한 것'뿐만 아니라, '오리너구리, 주머니쥐, 물고기, 새, 귀뚜라미, 나무' 등이 포함됨으로써 범주 전체에 공통된 특성이 발견되지 않는다.

으로써 인지적 경제성을 확보한다.

둘째, '지각된 세계 구조의 원리(principle of perceived world structure)'이다. 이 원리는 우리가 주변 세계를 지각할 때 '상관적 구조'에 의존하는 경향성을 가리킨다. 예를 들어, '날개'는 깃털 및 날 수 있는 능력과 연관된다.

로시(Rosch 1978)는 이 두 가지 원리가 수직 차원과 수평 차원을 가진 범주화 체계를 발생시킨다고 하였다. 곧 '인지적 경제성의 원리'는 수직 차원으로서 범주가 형성되는 상세성이나 포괄성의 층위와 관련되며, '지각된 세계 구조의 원리'는 수평 차원으로서 형성된 범주의 대표성이나 원형 구조와 관련된다. 이 관점을 도식화하면 〈그림 4〉와 같다(Evans and Green 2006: 256 참조).

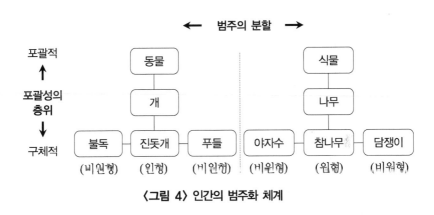

〈그림 4〉 인간의 범주화 체계

〈그림 4〉에서 수직 차원은 특정 범주의 포괄성 층위와 관련이 있다. 즉, 어떤 범주가 수직 축에서 더 위에 있을수록 더 포괄적이며 추상화의 정도가 높은데, 그 정도는 '동물⊃개⊃진돗개', '식물⊃나무⊃참나무' 순이다. 대조적으로, 수평 차원은 동일한 포괄성의 층위에서 범주의 분할과 관련이 있다. 예를 들어, '개'와 '나무', '동물'과 '식물'은 별개의 범주이지만 동일한 포괄성의 층위에서 작용한다.

4.2. 범주화의 수직 차원

범주의 수직 차원은 범주를 포괄성의 층위에서 구분할 수 있다는 발상이다 (Rosch *et al* 1976 참조). 이 경우 포괄성은 무엇이 한 범주 아래에 포함되는지 의 문제로서, 〈그림 4〉에서 보듯이 범주 '식물'은 '나무'보다 포괄적이며, '나 무'는 '참나무'보다 포괄적이다. 이와 관련하여, 로시와 동료들은 최적의 인지 적 경제성을 제공하는 포괄성의 층위가 있다는 것을 발견했다. 이것을 '기본층 위(basic level)'라고 부르며, 이 층위에 있는 범주를 '기본층위 범주(basic level category)'라고 부른다. 대조적으로, 수직 축에서 그다지 상세하지 않은 것을 '상위층위 범주'라고 부르며, 더 상세한 것을 '하위층위 범주'라고 부른다.

4.2.1. 기본층위

'기본층위(basic level)'는 인지적으로 가장 현저한 범주의 층위, 곧 사람들 이 보편적으로 사물을 지각하고 개념화하는 층위이다. 기본층위의 성격과 의 의에 대해서 살펴보기로 한다.

먼저, 기본층위의 성격에 대해서이다. 기본층위에 대한 가설은 로시(Rosch 1975)에서 일반화되기에 이르렀는데, 심리적으로 가장 기본적인 층위가 분류 구조 계층의 중간에 있다는 것을 발견하였다. 예를 들어, 우리가 궁둥이를 대 고 걸터앉을 수 있게 만든 물체를 보고 "저것은 무엇입니까?"라고 묻게 될 때 그 대답으로 '가구, 의자, 안락의자' 가운데 하나를 선택하게 될 것인데, 이 경우 기본층위인 '의자'가 선택되는 것이 일반적이다. 즉, 세계와 우리의 일상적 상호작용에서 가장 쉽게 우리 마음속에 떠오르는 범주의 유형이 중간 층위인 기본층위이다.[10] 〈그림 4〉 및 (10)에서 '개, 나무'가 기본층위이며, '동 물', '식물'이 상위층위이며, '진돗개', '참나무'가 하위층위이다.

---

[10] 기본층위는 상위층위나 하위층위에 비하여 인지적, 기능적, 언어적으로 두드러지 는데, 이것을 '기본층위 효과(basic level effect)'라고 한다.

(10) a. 상위층위: 동물   식물

     b. 기본층위: 개   나무

     c. 하위층위: 진돗개   참나무

기본층위가 갖는 의의를 네 가지 측면에서 살펴보면 다음과 같다.

첫째, 기본층위는 사물을 지칭하는 데 사용된다. 이는 우리가 수직 차원을 어떻게 해석하는지를 보여 준다. 예를 들어, 〈그림 5〉를 보여 주면서 "이것은 무엇입니까?"라는 질문에 대해 한국어 공동체는 여러 가지 가능성 가운데 '개'로 반응한다.

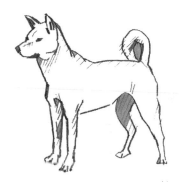

〈그림 5〉 "이것은 무엇입니까?"[11]

중립적인 문맥에서 '개'는 다른 명칭보다 더 친숙하고 경제적이고 효율적이다. 실제로, 방 안의 두 사람이 바깥에서 나는 소리를 듣고 그중 한 사람의 질문에 대해 다른 사람이 창밖을 내다보는 (11)의 상황에서, 가장 자연스러운 대답은 '개'이다. 곧 기본층위가 가장 일상적이고 흔한 방식으로 상황을 기술하는 데 사용되는 반면, 상위층위를 통해 화자는 상황을 더 일반적으로 해석하며, 하위층위를 통해 상황을 더 특정한 방식으로 해석한다.

---

11   〈그림 5〉는 장성호 화백님이 그린 것이다.

(11) 갑: "밖에 무슨 소리가 들리잖니?"

을: a. "²동물이야."   b. "개야."   c. "²진돗개야."

둘째, 기본층위는 상위층위나 하위층위에 비해서 더 기본적이다. 이러한 특성은 (12)의 '나무'와 '새'에서 보듯이 단어의 구조에서 단일어로서 파생의 기준이 되며, 형태적으로 단순하며 고유어가 주류를 이루며, 발생 빈도가 높으며, 언어 습득에서 1차적이며, (13)에서 보듯이 사물의 기본 정보에 대한 기준점이 된다.

(12) a. 식물 - **나무** - 밤나무 - 너도밤나무

b. 조류 - **새** - 참새 - 섬참새

(13) a. 들에 이름 모를 {²식물, **꽃**, ²마타리꽃}이 피어 있다.

b. 산에 이름 모를 {²동물, **새**, ²까치, ²검은부리까치}가 울고 있다.

또한, 기본층위는 우리의 머릿속에서 그 영상을 명확히 떠올릴 수 있으므로 인지의 기준점이 된다. 경험적으로 볼 때 우리의 머릿속에서 '개'의 영상은 쉽사리 포착되는 데 비해 '동물'의 영상은 하나의 통일체로 붙잡기 어렵다. 실제로, 기본층위의 '개'를 그리기는 쉬우나 상위층위의 '동물'이나 하위층위의 '진돗개'를 그리기는 어렵다. 또한, '수어(sign language)'에서 상위층위가 기본층위 신호의 합성으로 이루어지는 사례도 기본층위의 성격에서 비롯된다.[12]

셋째, 기본층위는 한 항목에 대하여 최소의 인지적 노력으로 최대의 정보를 획득할 수 있다는 점에서 '인지적 경제성(cognitive economy)'의 원리가 작용한다. 기본층위는 공통된 속성을 가장 많이 갖는데, 로시 외(Rosch *et al.*

---

[12] 한국 수어에서 상위어인 '식물'은 기본층위어인 '나무'+'풀' 및 '여러 가지'라는 단어의 합성으로 표현된다.

1976)의 실험에 따르면 피험자들에게 각 층위별 보기의 속성을 기재하라고
했을 때 '과일-사과-홍옥'의 속성 수가 평균적으로 '과일'은 3개, '사과'는
18개, '홍옥'은 '사과'의 속성에 3개의 추가적 속성을 갖는 것으로 나타났다.
또한, 상위층위 '차량'의 경우에는 피험자들이 기재한 공통 속성의 수가 1개
인 반면, 기본층위인 '자동차, 버스, 트럭'은 12개로 나타났으며, 하위층위인
'지프'에서는 기본층위보다 다소 높았다. '도구', '가구', '의류', '악기'에 대해
서도 비슷한 반응을 보였다. 또한, 하위층위 '장미'와 '모란'은 기본층위인
'꽃'의 '줄기·암술 및 수술·잎·향기…'와 같은 많은 속성을 공유하며, '가
시의 유무'와 같은 소수의 특정한 속성을 갖는 것으로 드러났다.

넷째, 기본층위는 우리의 신체적 경험과 가장 친숙하다. 유기체와 사물은
기본층위에서 실질적인 신체적 접근이 가능한데, '개'는 어루만질 수 있으며,
'꽃'은 그 향기를 맡을 수 있다. 그 반면, 우리가 개를 종류에 따라 다른 방식
으로 어루만지거나, 모든 동물을 개와 같은 방식으로 어루만진다고 생각하기
는 어렵다. 또한, '가구-의자-흔들의자'와 '옷-바지-청바지'에 대한 우리
의 근육 운동을 보면 기본층위인 '의자'와 '바지'에서 가장 다양하다(Rosch
et al. 1976: 463-464 참조).

요컨대 기본층위는 사물을 중립적인 문맥에서 보편적으로 해석하는 층위
이며, 상하위층위에 비해 인지의 측면에서 기본적·경제적이며, 경험적으로
더 친숙하다. 기본층위 범주는 우리의 사고와 밀접한 관계가 있다는 점에서
의의를 지닌다. 일상생활에서 '과일'에 대해 생각할 경우, 우리는 '사과'나
'배'와 같은 원형을 떠올리게 되는데, 이 경우 기본층위는 수평 차원의 원형
구조와 일치한다.

4.2.2. 상위층위

상위층위는 기본층위보다 더 포괄적인 층위이다. 상위층위의 주요 특징과
기능에 대해서 살펴보기로 한다.

먼저, 상위층위의 특징은 다음과 같다. 첫째, '좋은 범주 원리'의 관점에서, '과일, 가구, 새, 물고기'와 같은 상위범주는 인접 범주와 뚜렷이 구별되지만, 기본층위 범주에 비해 상대적으로 낮은 내적 동질성을 갖는다. 둘째, 상위층위 범주는 기본층위 범주보다 범주를 정의하는 속성의 수가 적다. 즉, 상위범주는 공통된 전체 모양이 없고 모든 범주 구성원에 적용되는 공통적 영상이 없다. 예를 들어, '가구'라는 상위층위 범주는 '의자, 탁자, 침대, 선반, 찬장' 등과 같은 기본층위 범주에 대해 '가족 닮음'의 양상을 띤다. 셋째, 상위층위 범주의 용어는 기본층위 용어보다 머릿속에서 더 늦게 떠오르며, 어린이들의 언어 습득에서 더 느리다.

한편, 상위층위 범주의 주요 기능은 다음과 같다(Ungerer and Schmid 2006: 81-84 참조). 첫째, 속성의 '부각하기 기능(highlighting function)'이다. 예를 들어, '버스'를 '차량'으로 부름으로써 사람이나 사물을 다른 곳으로 이동하는 기능을 강조하게 된다. 둘째, '수집 기능(collecting function)'이다. 예를 들어, '장난감'과 같은 상위어는 '인형, 공, 버스, 권총'에 대해 '가지고 노는 데 사용되다'라는 의미를 통해 하나의 명칭 아래 전체 범주를 쉽게 다루도록 해 주는 수집 기능을 수행한다.

4.2.3. 하위층위

하위층위는 기본층위보다 더 특수한 층위에 해당한다. 하위층위의 주요 특징과 기능에 대해서 살펴보기로 한다.

먼저, 하위층위의 주요 특징은 다음과 같다. 첫째, '좋은 범주 원리'의 관점에서, 하위층위는 기본층위 범주보다 좋지 않다. 왜냐하면 동일한 상위어 아래에 있는 구성원들이 높은 정도로 서로 닮아 있지만, 인접 범주의 구성원들로부터 더 낮은 구별성을 갖기 때문이다. 둘째, 하위층위 범주는 그 위에 있는 기본층위 범주의 정보를 더 추가하지 않는다. 피험자들이 하위범주의 변별적 속성에 대해 질문을 받을 경우, 그 반응이 기본층위에 해당하는 목록과 거의 다르지 않다. 셋째, 하위층위 범주의 명칭은 형태적으로 복합적이며, 합성어나 파생어로 나타난다.

한편, 하위층위 범주의 주요 기능은 다음과 같다. 하위층위 범주를 사용하는 까닭은 해당 범주를 특징짓는 특정한 속성을 강조하거나 부각할 필요성 때문이다. 예를 들어, 잎이 톱니 모양이고 노란색의 꽃을 다른 유형의 꽃과 구별하려고 할 때 '민들레'가 선택된다.

4.3. 범주화의 수평 차원

범주화의 수평 차원은 지각된 세계 구조의 원리와 관련이 있다. 이 원리는 세계가 혼돈 상태에 있는 것이 아니라 상관적 구조를 형성하고 있다는 것이다. 예를 들어, '날개'는 '모피'보다 '깃털'과 더 상관성이 있다(Rosch 1978: 253 참조). 상관적 구조의 존재는 사람의 인지적 범주 자체가 이런 구조를 반영한다는 것을 보여 준다. 수평 차원은 '동물-가구', '개-의자', '진돗개-참나무'와 같이 동일 층위의 관계이다. 원형 이론, 방사상 범주, 원형 효과, 원형 이론의 이점과 문제점에 대하여 기술하기로 한다.

4.3.1. 원형 이론

로시에 의해 개발된 '원형 이론(prototype theory)'은 자연 범주가 원형적인 구성원을 중심으로 '방사상 범주(radical category)'[13]를 형성한다고 봄으로써 사물을 범주화할 때 '원형'을 인지 과정의 참조점으로 삼는다는 관점이다. 원형 이론에 의하면, 개념은 '원형(prototype)'으로 일컬어지는 전형적이거나 중심적인 구성원에 집중되어 있으며, 원형은 해당 범주의 주요 속성들을 포함한다. 그 반면 어떤 범주의 일부 속성을 포함하고 있는 구성원은 '주

---

13 '방사상(放射狀)'은 중앙의 한 점에서 사방으로 거미줄이나 바큇살처럼 뻗어 나간 모양을 이른다.

변(periphery)'으로 일컬어진다. 원형 이론의 원형과 중심성에 대해서 살펴보기로 한다.

먼저, '원형(prototype)'이란 해당 범주를 대표할 만한 가장 '전형적, 적절한, 이상적, 좋은' 보기를 말한다. 이 용어는 벌린 & 케이(Berlin and Kay 1969)의 색채 범주에서 가장 중심 부위의 '초점(focus)'[14]을 로시(Rosch 1975: 198)가 형태, 유기체, 사물, 언어 등을 포괄할 수 있는 '원형'으로 바꾼 것이다. 예를 들어, (14)에서 '새'라고 하면 '닭, 타조, 펭귄' 등이 아니라, '참새, 비둘기, 까치' 등을 떠올리게 되는데, 이처럼 원형적 구성원은 중립적인 문맥에서 '기본치 추론(default reasoning)'이 가능하다.

(14) 정원에 새가 있다.

다음으로, 중심성에 대해서 살펴보기로 한다. 원형 이론의 특징은 범주 구성원의 자격이 비대칭적이라는 것인데, 범주는 '중심적' 구성원과 '주변적' 구성원으로 이루어져 있다고 본다. 원형의 본질이라고 할 수 있는 '중심성(centrality)'은 '적형성', '전형성', '질'의 차원에서 특징지어진다(Cruse 1990b: 384-386 참조).

첫째, '적형성(well-formedness)'은 범주의 구성원 가운데 형태, 기능, 행동 능력 등에서 적절하고도 표준적인 성질을 말한다. 예를 들어, 다른 조건이 같을 때 다리를 한 개나 세 개를 가진 새에 비하여 두 개를 가진 새가 적형성의 보기가 된다. 이에 비추어 규범적인 형태 또는 기능이나 행동 능력에 벗어나는 것은 부적형이다.

둘째, '전형성(typicality)'은 범주 구성원의 전형적인 성질이다. 예를 들어,

---

[14] 벌린 & 케이(Berlin and Kay 1969)는 색채 범주화 탐구에서 하나의 색채 범주는 '초점 색채(focal colour)'를 중심으로 구조화되며, 초점 색채의 특징은 비초점 색채에 비해 지각적으로 현저하며, 단기 기억에서 더 정확하며 장기 기억에서 더 쉽게 보존되며, 색채 이름 붙이기 작업에서 더 신속하게 산출되며, 언어 습득의 초기 단계에 나타난다고 하였다.

다리가 두 개인 새는 적형적인 동시에 전형적인 새이다. 그런데 야생 '식용 버섯'에서 적형적인 보기는 매우 드물며 대부분은 흠집이 나고 부분적으로 썩어 있는데, 이것이 전형적인 식용 버섯의 보기이다. 또한, '새'의 날 수 있는 능력은 전형성 기준인데, 적형의 '타조'는 날 수 없다.

셋째, '질(quality)'은 범주 구성원의 가치이다. 영국인들은 '사과'와 '망고' 가운데 어느 것이 과일의 더 좋은 보기인가에 대하여 질문을 받았을 때 전형성의 조건에서 '사과'를 선택하지만, 질의 조건에서는 '망고'를 선택한다. 질과 적형성의 관계를 보면,[15] '에메랄드 원석'의 경우, 다른 조건이 같으면 적형의 원석 즉, 구조상 흠이 없는 것이 더 가치 있지만, 질의 기준에서는 짙고 밝은 색의 원석이 더 값지다.

4.3.2. 방사상 범주

범주는 원형적 구성원과 주변적 구성원의 방사상 범주로 이루어져 있다. 예를 들어, (15)의 '어머니'에 대한 용법을 보기로 한다.

(15) a. 어머니께서는 가난한 남편에게 시집와 나를 낳아 기르시느라고 고생을 많이 하셨다.
　　 b. 고아들의 어머니
　　 c. 음악의 어머니 헨델
　　 d. 필요는 발명의 어머니

(15a)의 '어머니'는 아이의 아버지와 결혼하여, 임신하고 출산하며, 아이를 양육하느라 고생하며, 아이보다 한 세대 위의 법적 보호자인 '원형적 어머니'

---

15 질의 기준이 정도를 넘을 경우 비정상 즉, 부적형이 되기도 한다. 예를 들어, 예의 바르고 공부 잘하는 어린이는 학교에서 모범생이지만, 수업 시간 중 자세를 한 번도 흩뜨리지 않는 어린이, 셈을 컴퓨터보다 잘 하는 어린이, 백과사전을 줄줄 외우는 어린이는 부적형의 어린이로 취급될 수 있다.

로서 '유전, 출산, 양육, 결혼, 계보, 주부' 모형의 합성체이다.

이러한 원형적 모형은 '유전모, 대리모, 입양모, 수양모, 미혼모, 계모' 등의 비원형적 '어머니'와 대조를 이루는데, (15a)의 원형적 '어머니'가 (15b)-(15d)의 비원형적 '어머니'로 확장되어 방사상 범주를 구성한다. 이러한 확장은 일반적 규칙으로 예측할 수 없으므로 학습해야 하는데, 이 경우 원형이 확장의 가능성을 결정한다.

4.3.3. 원형 효과

범주의 구성원들 사이에는 '원형 효과(prototype effect)'가 나타난다. 여기서 원형 효과란 범주 구성원들 사이의 비대칭성으로서, 원형적인 보기가 비원형적인 보기에 대하여 특권적, 우월적 효과를 나타내는 것을 뜻한다. 원형 효과는 다음 다섯 가지 측면에서 확인된다(Rosch 1978: 38-39 참조).

첫째, 원형적인 보기는 비원형적인 보기에 비해 그 범주에 속하느냐 그렇지 않느냐를 판단하는 데 시간이 덜 걸린다. '참새'와 '펭귄'이 '새'의 범주에 속하는지를 확인할 경우, 원형인 '참새'가 비원형인 '펭귄'보다 시간이 더 짧게 걸린다.

둘째, 어떤 범주 명칭의 '점화 효과(priming effect)'는 그 하위 범주가 원형일 때 최대화된다. '과일'을 자극어로 했을 때 하위어 '사과'와 '무화과'가 점화되는 데는 시간차가 현저하며, 역으로 '사과'가 '무화과'보다 상위어 '과일'을 점화하는 시간이 빠르다.

셋째, 판단이나 추론의 기준이 되는 것은 원형적 보기이다. 한 실험에 따르면, 작은 섬에 사는 어떤 새가 전염병에 걸릴 경우, 원형적 새인 '로빈' 즉, '울새'가 전염병에 걸리면 비원형적 새인 '거위'나 '오리'에 전염될 것이라고 추론한 반면, 그 반대로는 추론하지 않았다(Rips 1975: 665-670 참조). 곧 피험자들은 일관되게 중심적인 범주 구성원에서부터 주변적인 범주 구성원을 추론하였다.

넷째, 어린이들은 범주의 원형적인 보기를 먼저 습득한다. '새'의 경우 어린이들은 원형적인 새를 비원형적인 새보다 먼저 습득하며, '먹다'와 같은 다의어에서 어린이가 일차적으로 습득하는 의미는 주변적인 보기인 '나이를 먹다'가 아니라 원형적인 보기인 '밥을 먹다'이다.

다섯째, 언어 장애, 곧 실어증 환자는 범주의 원형적인 보기보다 주변적인 보기를 발화하는 데 더 많은 오류를 나타낸다.

요컨대 한 범주의 원형은 그 범주의 '정신적 표시(mental representation)'로서 범주화의 참조점이 된다. 또한, 원형 효과는 범주의 수직 차원에서 기본층위를 중심으로 나타나는데, 이것은 원형의 기반이 되는 우리의 일상적 경험이 기본층위와 가장 밀접히 관련되어 있기 때문이다.

4.3.4. 원형 이론의 이점

원형 이론은 의미의 '점검표 이론'에 의해서 유발되는 많은 한계의 대안이 된다.

첫째, 원형 이론은 사람들이 범주의 비전형적인 보기를 어떻게 다루는가를 설명하는 데 유용하다. '펭귄'이나 '타조'와 같이 새답지 않은 새가 여전히 새로 간주될 수 있는 것은 이들이 원형적인 새의 모든 특성을 공유하지는 않을지라도 원형과 닮아 있기 때문이다.

둘째, 원형 이론은 손상된 보기를 처리하는 데 설득력을 갖는다. 종래, 우리는 고전 범주화의 체제 아래에서 날개가 하나뿐이어서 날 수 없는 '비둘기'를 새로 범주화하거나, 다리가 세 개뿐이거나 줄무늬가 없는 '호랑이'를 호랑이로 범주화하는 데 퍽 난처하였다. 이들 경우에 문제의 새나 호랑이가 해당 범주의 단지 원형적, 즉 좋은 보기가 아닐 뿐이라고 함으로써 필요충분조건에 어긋난 난처함을 해결할 수 있다.

셋째, 원형 이론은 다의성의 문제를 해결해 준다. 동사 '먹다'는 '밥을 먹다, 돈을 먹다, 욕을 먹다, 마음을 먹다, 귀를 먹다, 한 편을 먹다' 등 다양한 용법을 가지고 있다. 이들을 하나의 단어로 다루어야 할지 둘 이상의 별개 단어로 다루어야 할지 곤란한 문제가 아닐 수 없다. 즉, '먹다'의 용법 가운데 '구체적 먹거리'와 관련되지 않은 경우의 처리 문제이다. 이 경우 원형 이론은 '밥을 먹다'를 '먹다'의 원형적 용법으로 보고 그 밖의 용법을 '먹다'에서 확장된 주변적 보기로 처리한다.

넷째, 원형 이론은 동의어의 됨됨이를 판정해 주는 기준이 된다. 이론상으로, 동의어는 동일한 의미를 지니며, 문맥에서 치환이 가능한 경우인데, 그러한 동의어가 있다고 하더라도 더 자주 쓰이는 쪽이 원형적인 보기가 된다. 실제로, 동의어의 대부분을 차지하고 있는 상대적 동의어의 경우에서 빈도가 높고 문맥의 제약을 덜 받는 쪽이 원형적인 보기가 된다.

다섯째, 원형 이론은 비유 표현의 사실성을 점검해 주는 척도가 된다. 비유 대상을 원형의 잣대에서 볼 때 (16)은 직유의 효과를 살리지 못한 반면, (17)은 성공적인 비유이다.

(16) 아, 강낭콩 꽃보다 더 푸른 / 그 물결 위에 / 양귀비꽃보다 더 붉은 / 그 마음 흘러라. (변영로의 '논개'에서)

(17) 죽는 날까지 하늘을 우러러 / 한 점 부끄럼이 없기를 / 잎새에 이는 바람에도 / 나는 괴로워했다. (윤동주의 '서시'에서)

(16)에서 '푸른 물결'과 '붉은 마음'을 강조하기 위하여 '강낭콩 꽃'과 '양귀비꽃'을 가져왔는데, '강낭콩 꽃'이 결코 푸른색의 원형이 될 수 없으며, 양귀비를 연상시키는 '양귀비꽃'도 자색·홍색·황금색·흰색 등으로 다양하므로, 푸름과 붉음을 표현하는 데 효과적이지 않다. 논개가 몸을 던진 푸른 물결과 나라를 사랑하는 붉은 마음을 기술하기 위해서는 푸른색과 붉은색의 원형이 사용되어야 한다. 한편, (17)에서는 '잎새에 이는 바람'을 한 점 부끄럼 때문에 괴로워하는 '역치', 즉 최소 자극량으로 삼았는데, 이 '바람'은 순수함의 지표

인 원형이 됨으로써 비유의 절실함이 드러난다.

이 밖에도 원형 이론은 지시물의 의미 변화를 효과적으로 설명해 준다. 예를 들어, '수레'의 지시물이 바뀜에 따라 통시적으로 '차(車)'의 원형도 바뀌게 되었다. 또한, 원형 이론은 언어 습득에서 의미의 과대 확장을 가장 설득력 있게 설명해 준다.

4.3.5. 원형 이론의 문제점

원형 이론은 단어의 의미를 어떻게 파악하는지를 이해하는 데 발상의 전환을 가져왔다. 그러나 좀 더 자세히 관찰해 보면 원형 이론에는 적지 않은 미해결 과제가 남아 있다.

먼저, 원형의 유래에 관한 문제이다. 이제까지 원형을 구성하는 특성으로 다음과 같은 네 가지 사항이 알려져 왔다(Aitchison 1987: 60-62, Taylor 1989/ 2003: 55-58 참조).

첫째, '지각적 특성'이다. 곧 초점 색채의 원형은 색채 지각에 대한 신경학적 근거를 두고 있으며, 원·사각형·수직선과 수평선 등의 기하학적 형태에 대한 판단은 색채에서처럼 지각상 현저한 쪽이 원형의 지위를 획득한다는 생각이다. 그러나 이러한 범주는 매우 제한되어 있다.

둘째, '빈도'의 문제이다. 곧 더 자주 만나게 되는 원소가 그 범주의 원형이 될 가능성 여부이다. 이에 대해 빈도는 원형의 필요조건일 뿐이라는 것이 일치된 생각이다.

셋째, '학습의 순서'이다. 이것은 먼저 학습된 원소가 그 범주의 원형이 될 가능성을 말한다. 그런데 작은 양 모양의 개인 '베들링턴 테리어'와 함께 자란 어린이의 경우 어른이 된 뒤 개의 원형으로 베들링턴 테리어를 떠올릴 것 같지는 않다. 또한, 학습의 순서가 다양한 경우 집단 전체의 원형은 지극히 개별적으로 나타나게 될 것인데, 그러한 가능성도 희박하다.

넷째, '중간값의 구체화'이다. 곧 원형적 새는 평균치의 크기와 육식성이라는 추정이다.

이상의 여러 가지 측면이 원형의 특성으로 추정되지만, 이에 대한 확증은 없는 실정이다. 기어랫츠(Geeraerts 1989: 602-606)는 원형이라는 용어 그 자체가 '가족 닮음'을 나타낸다고 하였는데, 실제로 서로 다른 유형의 원형이 있으며, 어떤 한 정의도 그들 모두를 망라하지는 못한다. '새'로서의 원형은 모양과 행동에 치중한 '전형성 조건'이 우세하며, '색채'의 경우, '빨강'의 원형은 '중심성 조건'이 우세한 것처럼 원형을 이루는 모습에 차이가 나타난다.

다음으로, 원형 이론에는 일반적인 문제점이 더 남아 있다.

첫째, 한 문화권 안에서, 원형의 선택에 대하여 상당한 정도의 의견 일치가 있지만, 원형이 선택되는 근거를 찾기란 쉽지 않다. 원형적인 새로서 미국의 '울새', 영국의 '지빠귀', 인도의 '공작', 한국의 '까치'를 확인하는 것은 가능하지만, 그 자질들의 우선순위를 배열하는 방식은 불확실하다. 분명히, 깃털과 날 수 있는 능력이 중요하다. 그러나 부리, 둥지 만들기, 작은 크기, 막대기 같은 다리의 소유에 대해서는 어떠한가? 이들 자질의 우선순위를 정하는 것은 다른 새의 등급 매김에 어느 정도 영향을 미칠 것이다. 그러나 그것을 평가하는 쉬운 방법은 없다.

둘째, 홀수 문제이다. 피험자들은 홀수를 새나 채소처럼 배열할 수 있었다. 3이 23보다 더 좋은 홀수로 간주되었으며, 23은 127보다 더 좋은 홀수로 간주되었다(Armstrong *et al.* 1983 참조). 이것은 얼핏 보면 매우 특이한데, 모든 홀수는 똑같이 '좋은' 것이어야 하기 때문이다. 이 발견 사실은 일부 사람에게 원형 이론 전체에 대하여 의문을 던지게 했다. 그러나 가장 그럴듯한 해결책은 3을 홀수로 확인하는 것이 23이나 127보다 더 쉽다는 것이다. 그 결과는 원형이 일부 사람이 주장하는 것처럼 확인 전략과 지식의 결합체를 포함하고 있다.

셋째, 문맥의 가변성이다. '부츠'의 원형적인 개념으로 '끈으로 묶는 꽤 무거운 가죽 구두'를 유도할 수 있다. 그러나 원예, 스키 타기, 항해와 같은 문맥이 제공되면 부츠의 성격은 상당히 바뀌게 된다(Barsalou 1983 참조).

넷째, 원형 이론은 주로 구체적인 대상물의 기술에 적합한 반면, 추상적 개념 영역의 분석에는 한계를 지닐 수밖에 없다. 로시(Rosch 1975)에서 제시된 자연 범주는 원형 이론으로 설명하는 것이 효과적이지만, 지시물이 추상적이거나 지시물 자체가 없는 가상적 대상물에 대해서 원형을 추출하기는 매우 어렵다.

5. 마무리

이 장에서는 개념과 범주의 성격, 그리고 범주화의 의의와 양상에 대하여 살펴보았다. 그 주요 내용에 따라 마무리하기로 한다.

첫째, '개념'과 '범주'는 동전의 양면과 같이 긴밀한 상관성을 지녀서 '개념적 범주'라고도 하는데, '개념'은 정신적 구조물로서 지시하는 것이며, '범주'는 개념이 지시하는 현실 세계의 실체이다. 개념은 경험의 체계화, 학습, 의사소통 기능을 수행한다. 범주화는 개념 또는 범주를 인지하는 정신적 작용 과정으로, 우리의 사고와 삶에 있어서 중요한 의의를 갖는다.

둘째, 고전 범주화는 전통적인 범주화 이론으로 그 특징은 범주는 필요충분조건 즉, 특정 자질을 공유하며, 범주의 경계는 분명하며, 범주 구성원의 자격은 동일하다는 것이다. 이 이론은 1950년대 중후반부터 비트겐슈타인의 '게임'에 의한 가족 닮음 현상, 라보프의 흐릿한 가장자리 현상, 로시의 원형과 주변에 의한 범주 구성원 간의 비대칭 현상의 경험적 반증에 의해 그 한계가 드러났다.

셋째, 범주화의 인식 전환을 가져온 원형 범주화는 범주 구성원들은 가족 닮음처럼 공통 특성이 없으며, 범주의 경계는 모호하며, 범주의 구성원들은 원형과 주변으로 정도성을 띤다는 것이다. 로시의 원형 이론에 의한 범주화 체계는 수직 차원과 수평 차원으로 구별된다. 수직 차원의 경우 기본층위는 인지적으로 가장 현저하며, 사람들이 보편적으로 사물을 지각하고 개념화하는 층위로서 기본층위 효과를 발휘한다. 수평 차원의 경우 원형은 해당 범주의 가장 전형적이고 중심적인 보기이다. 하나의 범주는 원형적인 구성원에서부터 주변적인 구성원까지 방사상 범주를 형성하는데, 원형은 범주화나 인지 과정에서 참조점이 된다. 원형은 주변적인 구성원에 비해 특징적이고 우월한 원형 효과를 발휘하는데, 수직 차원의 기본층위에서 가장 잘 작용한다. 원형 이론은 점검표 이론의 대안으로서 여러 가지 이점이 있지만, 적지 않은 미해결 과제도 남아 있다.

요컨대 자연 범주는 본질적으로 변함이 없다. 다만 그 범주를 해석하는 잣대가 바뀜에 따라 우리는 매우 다른 모습으로 대상 세계를 파악하기 마련이다. 즉, 고전 범주화의 기준으로 세상을 보느냐 원형 범주화의 기준으로 세상을 보느냐에 따라 대상 세계의 이해에는 커다란 차이가 나타난다. 범주화에 대한 원형 이론은 고전 이론에 비추어 한층 더 설명의 타당성에 접근한 것으로 평가된다.

제4장
의미의 형상화

1. 들머리

이 장은 어휘 항목들의 의미를 하나의 집단으로서 이해하는 데 목적이 있다. 사람들은 어휘 항목을 관련된 전체 속에서 기술하고 해석하려 하는데, 이것은 형상화의 경향성에서 비롯된다. 의미의 형상화에 대해서는 어휘장 이론과 인지 모형 이론의 두 가지 대조적인 원리가 있다.

이 장에서는 다음 네 가지 사항에 대해서 다룬다.

첫째, 형상화의 성격에 대해서이다. 형상화의 정의와 형상화의 두 가지 이론, 즉 어휘장 이론과 인지 모형 이론에 대해서 살펴본다.

둘째, 구조의미론의 형상화 기제인 어휘장에 대해서이다. 어휘장의 정의를 기술하고, 형제자매 장, 온도어 장, 착탈어 장 등을 통해 어휘장의 전형적인 양상, 겹침과 빈자리 현상, 그리고 어휘장 이론의 의의와 한계를 살펴본다.

셋째, 인지의미론의 형상화 기제인 인지 모형에 대해서이다. 인지 모형 이론의 정의를 기술하고, 인지 모형 이론의 주요 버전인 '틀', '인지 영역', '이상적 인지 모형', 그리고 '상거래 인지 모형'에 대해서 살펴본다.

넷째, 어휘장과 인지 모형의 상관성에 대해서이다. 형상화의 두 가지 기제에 대해 차이점과 접점을 탐색하고 이 두 기제의 관계에 대해 살펴본다.

2. 형상화의 성격

형상화의 정의와 두 가지 대립적 이론을 통해 형상화의 성격에 대해서 살펴보기로 한다.

2.1. 형상화의 정의

'형상화(形象化, configuration)'는 많은 어휘 항목들을 하나의 어휘장이나 인지 모형으로 무리 짓는 정신적 행위를 가리킨다(Hamawand 2016: 141 참조). 여기서 '어휘장'은 상관성을 지닌 어휘 항목들의 무리이며, '인지 모형'은 어떤 어휘 항목을 올바르게 기술하도록 해 주는 배경지식을 말한다. 어휘 항목들은 개별적으로 존재하는 것이 아니라 어휘장 속에서 제 값을 부여 받거나, 배경지식의 구조에 의존한다.

이와 관련하여 '어휘사전(lexicon)'에서 두드러진 특징은 '어휘 관계(lexical relation)'의 존재인데, 이는 어휘 항목들이 무리를 형성하려는 경향에서 비롯된다. 즉, 어휘 관계를 이루는 어휘는 독립적인 항목의 목록이 아니라 항목들 간의 상호 관련된 관계 망의 집합으로 간주된다.

어휘사전의 이러한 성격은 일찍이 구조의미론의 어휘장을 통해서 실증되었다. 어휘장은 주로 언어 내적 테두리에서 그 체계나 구조의 탐구가 이루어졌다. 한편, 어휘의 형상화는 인지의미론의 관점에서 인지 모형의 탐구를 통해 활성화의 새로운 계기를 마련하게 되었다. 인지 모형은 언어의 내적, 외적인 공간에서 어휘의 형상화를 모색하고 있다.

2.2. 어휘장과 인지 모형 이론

어휘 항목들을 무리 짓는 방식에는 구조의미론의 형상화 기제인 어휘장 이론과 인지의미론의 형상화 기제인 인지 모형 이론의 두 가지가 있다.

먼저, '어휘장 이론(lexical field theory)'은 한 어휘 항목의 의미가 그 대응물과 맺고 있는 관계와 관련하여 기술된다. 곧 어휘 항목들은 동일한 장 안에 있는 다른 항목들과의 관계를 통하여 의미를 갖게 된다. 이것은 언어 현상들만 고려하는 '사전적 이론(dictionary theory)'으로, 한 언어 항목의 핵심 의미는 그 항목의 정의에 포함된 정보이다.

한편, '인지 모형 이론(cognitive model theory)'은 한 어휘 항목의 의미가 그 항목이 내포된 '틀', '영역' 등에 의해 분석된다. 이 경우 '틀(frame)'은 어떤 어휘 항목을 둘러싸고 있는 배경적 지식이며, '영역(domain)'은 일관성 있는 개념 구조로서 그 속의 각 항목은 인간 경험에 근거한 개념적 지식을 나타낸다. 이들은 언어적 현상뿐만 아니라 비언어적 현상도 고려하는 '백과사전적 이론(encyclopedic theory)'으로, 한 어휘 항목의 의미는 그 지시물에 관해 알려진 모든 것을 포함한다.

어휘장 이론과 인지 모형의 인지 영역 이론을 비교하면 〈표 1〉과 같다 (Hamawand 2016: 158 참조).

〈표 1〉 어휘장 이론 대 인지 영역 이론

어휘장 이론	인지 영역 이론
개념들은 서로 직접적인 관계가 있다. 한 개념의 의미는 동일 장 안에 있는 나머지 개념들과의 관계에 의존한다.	개념들은 서로 직접적인 관계가 없다. 한 개념의 의미는 그것이 속하는 인지 영역에, 그리고 그것이 부각시키는 그 영역 안의 특정한 국면에 의존한다.
한 언어 표현을 한 장에 할당할 때 맥락의 역할을 최소화한다.	한 언어 표현을 한 장에 할당할 때 맥락의 역할을 최대화한다. 맥락의 이용은 화자가 언어를 자연스럽게 사용할 때 화자들이 무엇을 하는지 나타내는 데 도움을 준다.

세계를 개념화할 때 화자의 역할을 무시한다.	세계를 개념화할 때 화자의 역할을 강조한다.
사전에 기반을 두고 있으며, 한 언어 표현의 의미를 정의할 때 언어적 지식을 요구한다.	백과사전에 기반을 두고 있으며, 한 언어 표현의 의미를 정의할 때 비언어적 지식을 요구한다.
절차는 어휘 의미론 분야와 관계가 있다. 정의들은 머릿속 어휘사전에 저장된다.	절차는 화용론 분야와 관계가 있다. 정의들은 언어 사용 원리들에 의해 지배된다.

요컨대 구조의미론에서 주창된 어휘장 이론은 언어적 의미에 초점을 맞추어 형상화 모형을 체계화하는 반면, 인지의미론에서 주창된 인지 모형 이론은 언어적 의미뿐만 아니라 비언어적 의미 둘 다에 초점을 맞추어 모형을 설정하고 해석한다.

3. 어휘장

구조의미론의 형상화인 어휘장을 중심으로 그 정의, 전형적 양상, 겹침과 빈자리, 그리고 어휘장 이론의 의의와 한계에 대해서 살펴보기로 한다.

3.1. 정의

'어휘장(lexical field)'은 '의미장(semantic field)' 또는 '개념장(conceptual field)'이라고도 하는데, 하나의 상위어 아래 의미상 밀접하게 연관된 단어들의 무리를 말한다(Lehrer 1974: 1 참조). 예를 들어, '색채'라는 상위어 아래에는 '빨강·주황·노랑·초록·파랑·남색·보라'가 모여 어휘장을 이룬다. 이 경우 어휘장 속의 어휘 항목들은 상호 연관되며, 특정한 방식으로 서로를 정의하게 된다.

어휘장은 트리어(Trier 1931, 1934)의 의미 이론에서 유래하였다. 트리어

(Trier 1934)는 13세기 독일어 '지식의 장'에서 100여 년 동안 진행된 변화를 〈그림 1〉과 같이 도식화하고 있다(Geeraerts 2010: 55 참조).[1]

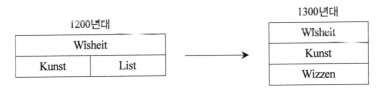

〈그림 1〉 독일어 '지식의 장'의 변화

어휘장 이론의 발상은 음운과 문법이 구조화되어 있듯이 어휘 역시 어휘장을 통해 구조적으로 파악할 수 있다는 데 있다. 이 이론의 핵심은 한 언어의 어휘는 사전의 어휘소들처럼 독립된 항목들을 단순히 목록화한 것이 아니라, 상호 관련된 의미에 의해 무리를 이룬다는 것이다. 나아가 이 무리들은 다양한 방식으로 상호 관련되고 정의되는 장들로 조직화된다고 본다. 따라서 어떤 어휘 항목의 의미값은 그 장 안에 있는 다른 어휘 항목들의 의미값에 의해 정해지게 된다. '색채'를 비롯하여 '온도·동물·식물·의복' 등의 어휘장 안에서 어휘 항목들은 상호 대조 속에서 정의되므로, 한 어휘 항목의 어휘장은 그 항목의 의미를 반영하고 있다.

어휘장 이론은 다음 세 가지 핵심적 전제에 근거하고 있다(Hamawand 2016: 143 참조).

첫째, 언어는 개념들의 우연한 집합이 아니라, 함께 배치된 개념들의 결합체이며, 각 개념이 그 언어 안의 한 의미 공간을 차지한다. 각 개념은 장 안의

---

1 〈그림 1〉에서 1200년대 어휘장의 구조를 보면 Wîsheit는 상위어로서 지식에 대한 일반적 용어이며, 그 아래의 Kunst는 귀족이나 기사가 지녀야 할 정중한 지식이며, List는 평민 계층의 기능적인 지식과 기술을 가리켰다. 1300년대에 접어들어 경멸적 의미를 담고 있던 List는 사라지고, Wîsheit는 종교적·영적 지식으로 한정되었으며, Kunst는 종래 List의 의미처럼 세속적인 지식 또는 기술을 뜻하였다. 동시에 평범한 일상적 지식을 뜻하는 Wizzen이라는 새로운 항목이 지식의 장 속에 들어오게 되었다.

다른 개념과 영향을 주고받는데, 이 경우 개념은 그것이 속한 장 밖에서는 이해되지 않는다.

둘째, 하나의 장 안에 있는 개념들은 서로 간에 직접 연결되어 있다. 한 개념의 의미는 상호 대조적 개념들 간에 적용되는 관계의 집합에 의해서 내적으로 결정된다.

셋째, 어휘장은 그 구성원들에 의해 완전하고 깔끔하게 분할되므로 겹침이나 빈자리가 없다. 각 장은 관련된 의미 관계에 의해 완전하며, 각 구성원들은 그 장 안의 어떤 공간을 차지한다. 한 개념이 의미상 변화를 겪으면 그 어휘장의 전체 구조도 변화하는데, 한 개념의 의미에 확장이 일어나면 인접한 개념들의 의미가 좁혀진다.

3.2. 어휘장의 양상

어휘장의 세 가지 양상에 대해서 기술하기로 한다. '형제자매 장', '온도어 장', '착탈어 장'의 체계를 기술하고, 그 작용 방식을 백과사전적으로 해석하기로 한다.

3.2.1. 형제자매 장

'형제자매 장'은 언어 · 문화권마다 매우 다르다. 말레이어에서는 성별과 손 위아래에 관계없이 'sudara' 하나로, 영어에서는 성별의 'brother · sister' 둘로, 인도네시아어에서는 손 위아래의 'kakak · adik' 둘로, 몽골 글말에서는 손 위 성별 'aqa · egeci' 및 손아래의 'degu' 셋으로, 멕시코 남부 사포텍어에서는 동성의 남녀 형제 'weč · bai' 및 이성의 형제 'bzan' 셋으로, 중국어와 헝가리어에서는 성별 및 손 위아래의 '兄弟姉妹(형제자매)', 'baya(형) · ocs (제) · nene(자) · hug(매)' 넷으로 나타난다. 그 반면 한국어에서는 (1)과 같이 8개이다.

(1) 형, 누나, 오빠(오라버니), 언니, 동생, 아우, 누이, 오라비

(1)의 명칭은 '성별(S±)', '나이(A±)'², '지칭기준', '지칭대상'에 따라 결정
되는데, 이를 도식화하면 〈그림 2〉와 같다.³

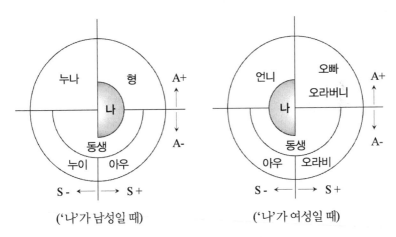

('나'가 남성일 때)   ('나'가 여성일 때)

〈그림 2〉 형제자매의 명칭

〈그림 2〉를 비탕으로 형제자매 명칭의 지칭 양상을 보면 다음과 같다.

첫째, 지칭기준인 '나'의 성이 남성일 경우 지칭대상인 [손위][남성]은 '형',
[손위][여성]은 '누나'이며, [손아래][남성]은 '동생' 또는 '아우', [손아래][여
성]은 '동생' 또는 '누이'로 지칭된다.

둘째, '나'의 성이 여성일 경우 [손위][남성]은 '오빠·오라버니', [손아래][여
성]은 '언니'이며, [손아래][남성]은 '동생' 또는 '오라비',⁴ [손아래][여성]은

---

2   'S+'는 남성, 'S-'는 여성이며, 'A+'는 손위, 'A-'는 손아래이다.
3   〈그림 2〉의 형제자매 명칭은 경상북도 청송군 진보면 이촌 2리 전주이씨 집안의
    4남 2녀 형제자매를 가진 이경호(78세)/이정도(75세), 이상도(52세)/김영미(53세)
    형제 내외분의 말씨에서도 확인된다.
4   '오라비'를 『표준국어대사전』에서는 "①'오라버니'의 낮춤말 ②여자가 남에게
    자기의 남동생을 이르는 말 ③여자의 남자 형제를 두루 이르는 말"로 풀이하고
    있다. 김소월의 '접동새'에서 "아홉이나 남아 되던 오랩동생을…"의 '오랩동생'은

'동생' 또는 '아우'로 지칭된다.

셋째, '동생'은 '나'의 성이 남성이든 여성이든 간에 [손아래]를 이르는 말인 반면, '아우'는 손위 사람이 동성인 손아래 사람을 이르는 말로 사용된다.

한편, 형제자매의 '호칭어'는 손위의 경우 '형, 누나, 오라버니·오빠, 언니'와 같이 지칭어를 그대로 사용하거나 '형님, 누님, 오라버님'과 같이 지칭어에 존칭 접미사 '님'을 붙여 사용한다. 손아래의 경우는 이름을 부르거나, 결혼한 여성에 대해서는 '남편의 성+실(예: '김실이', "김실아!")'로 부른다.

요컨대 한국어의 '형자자매 장'은 (1) 및 〈그림 2〉와 같이 다른 언어에 비해 매우 풍부하고 흥미로운 형상화를 보여 준다. 그렇지만 그 사용 양상은 지역 및 사회 방언에 따라 다양하며, 최근 들어 가족 모형이 크게 바뀌면서 '오라버니', '오라비', '아우', '누이'는 일상 언어에서 거의 사용되지 않고 있다.

3.2.2. 온도어 장

한국어의 '온도어 장'은 (2a)와 같이 8개의 어휘 항목으로 이루어지며,[5] 이들은 (2b)와 같은 네 쌍의 대립 체계를 갖는다.

> (2) a. 춥다, 차갑다, 서늘하다, 미지근하다, 뜨뜻하다, 따뜻하다, 뜨겁다,
>   덥다
>   b. 춥다/덥다, 차갑다/뜨겁다, 서늘하다/따뜻하다, 미지근하다/뜨뜻
>   하다

이러한 '온도어 장'의 상관관계를 도식화하면 〈그림 3(a)〉와 같다(천시권 1980: 4 참조).

사내 동생에 해당하는 '오라비'이다.
[5]   영어의 온도어 장은 'cold·cool·lukewarm·warm·hot'의 5개로 이루어져 있다.

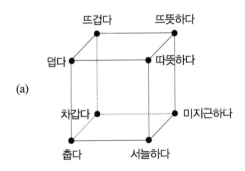

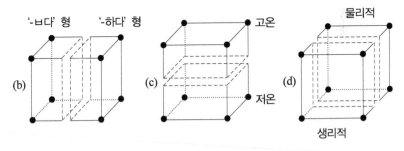

〈그림 3〉 온도어 장의 구조도

〈그림 3(a)〉의 육면체는 다음과 같은 네 가지 형상에서 대립 체계를 이룬다.

첫째, 〈그림 3(b)〉처럼 왼쪽-오른쪽으로 나누면 그 형상화는 (3)과 같이 형태상으로 '어근+-ㅂ다/어근+-하다'의 대립 구조를 나타낼 뿐 아니라, '과도한 온도/적합한 온도' 또는 '불쾌한 온도/유쾌한 온도'의 대립을 이루게 된다.

(3) a. 어근 +-ㅂ다: 춥다, 덥다, 차갑다, 뜨겁다
    b. 어근 +-하다: 서늘하다, 따뜻하다, 미지근하다, 뜨뜻하다

둘째, 〈그림 3(c)〉처럼 '위-아래'로 나누면 그 형상화는 (4)와 같이 '높은 온도/낮은 온도'의 대립을 이룬다.

(4) a. 높은 온도: 덥다, 뜨겁다, 따뜻하다, 뜨뜻하다

  b. 낮은 온도: 춥다, 차갑다, 서늘하다, 미지근하다

셋째, 〈그림 3(d)〉처럼 '앞-뒤'로 나누면 그 형상화는 (5)와 같이 '생리적 온도/물리적 온도'의 대립을 이룬다. 여기서 '생리적 온도'란 몸 전체에서 느끼는 온도 감각으로서 주로 기후 온도이며, '물리적 온도'는 물체의 한 부분에서 느끼는 온도 감각으로서 주로 액체와 고체에 대한 온도 표현이다. 예를 들어, "방이 춥다."는 방 전체에서 느끼는 온도인 반면, "방이 차갑다."는 방바닥에서 느끼는 부분 온도로서 구별된다.

(5) a. 생리적 온도: 덥다, 춥다, 따뜻하다, 서늘하다

  b. 물리적 온도: 뜨겁다, 차갑다, 뜨뜻하다, 미지근하다

넷째, 〈그림 4〉처럼 '대각선'으로 연결하면 그 형상화는 (6)과 같이 나타난다.

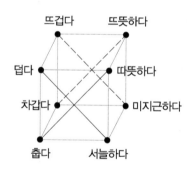

〈그림 4〉 온도어 장의 대각선 형상화

(6) a. 생리적 온도: 덥다/서늘하다, 춥다/따뜻하다

  b. 물리적 온도: 뜨겁다/미지근하다, 차갑다/뜨뜻하다

(6)의 대립 체계는 제한된 환경에서 성립되는데, (6a)의 경우 여름이나 열대지방에서는 '덥다/춥다'가 아니라 '덥다/서늘하다'가 대립을 이루며, 겨울이나 한대지방에서는 '춥다/덥다'가 아니라 '춥다/따뜻하다'가 대립을 이룬다. (6b)의 '뜨겁다/미지근하다'나 '차갑다/뜨뜻하다'의 대립은 고체 및 액체의 온도 변화 추이가 나타날 때 경험하게 된다. 예를 들이, '뜨거운 숭늉/미지근한 숭늉' 및 '차가운 방바닥/뜨뜻한 방바닥'이 대립을 이룬다.

요컨대 한국어의 온도어 장은 매우 풍부하고 그 작용 양상이 인간과 환경의 변인에 따라 다채롭고 입체적이다. 그런데 온도어의 양극에 해당하는 '덥다/뜨겁다', '춥다/차갑다'는 생리적·물리적 온도 대립이 선명하나, 중간 지점에는 대립이 불명확한 경향을 드러낸다.

3.2.3. 착탈어 장

'착탈어 장'은 신체를 중심으로 옷이나 장신구의 착탈에 관계되는 어휘이다. 착탈어의 보기를 대상과 관련하여 살펴보기로 한다. 먼저, '착(着)'에 관한 동사 11개 및 그 연어관계에 있는 어휘는 (7)과 같다(천시권 1983: 1-11 참조).

(7) a. 입다: 옷·외투·두루마기·저고리·바지·치마

    b. 쓰다: 모자·갓·가발·수건·복면·마스크·방독면·가면·
       탈·안경·칼[6]

    c. 신다: 신(구두·운동화·장화)·양말·버선

    d. 두르다: 목도리·띠·수건·치마

    e. 끼다: 안경·장갑·팔찌·반지

    f. 끼우다: 단추

    g. 꽂다: 비녀·핀

---

6 "보시다시피 나는 지금 발에다 차꼬를 차고 목에는 **칼을 쓰고** 이렇게 옥에 갇혀
  있잖소?" (송기숙의 '녹두 장군'에서)

    h. 차다: 시계 · 노리개 · 수갑

    i. 매다: 옷고름 · 넥타이 · 띠 · 허리띠

    j. 치다: 대님 · 붕대

    k. 드리다: 댕기

다음으로, '탈(脫)'에 관한 동사 4개 및 그 연어관계에 있는 어휘는 (8)과
같다.

    (8) a. 벗다: 옷 · 외투 · 두루마기 · 저고리 · 바지 · 치마 · 모자 · 갓 ·
              가발 · 가면 · 수건 · 마스크 · 신(구두 · 운동화 · 장화) · 양
              말 · 버선 · 안경 · 장갑

         b. 빼다: 팔찌 · 반지 · 비녀 · 핀

         c. 풀다: 시계 · 수갑 · 노리개 · 단추 · 옷고름 · 넥타이 · 띠 · 대님 ·
              붕대 · 댕기

         d. 끄르다: 단추 · 허리띠

(7), (8)의 착탈어 15개에 대한 대립 양상은 (9)와 같다.

    (9) a. 입다 · 신다 · 쓰다 · 두르다 · 끼다 ⇄ 벗다

         b. 꽂다 ⇄ 빼다

         c. 끼우다 · 차다 · 매다 · 치다 · 드리다 ⇄ 풀다 · 끄르다

이상의 (8)-(9)를 바탕으로 착탈어 장의 의미 특성 두 가지를 기술하면 다
음과 같다.

먼저, 한국어의 '착탈어 장'은 대립관계를 이루면서 매우 분화되어 있으며,
'탈'에 비하여 '착'에 관한 어휘가 한층 더 활성화되어 있다.[7] (9)를 중심으로

---

7   영어의 '착탈 어휘'는 '착'의 'wear' 및 'put on', '탈'의 'doff' 및 'take off'가 있다.

착탈어 장의 구조도를 도식화하면, 〈그림 5〉와 같다.

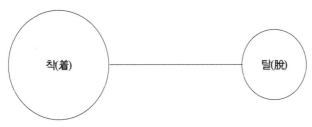

〈그림 5〉 착탈어 장의 구조도

 한국어의 착탈어 장에 나타나는 구조상의 비대칭성은 신체적 경험과 경향성을 반영하고 있다는 점에서 흥미롭다. 곧 '착'에 관한 동작을 발생시키거나 그 상태를 유지하는 데는 에너지의 양이 많이 요구되므로 더 활발한 반면, '탈'에 관해서는 상대적으로 에너지의 양이 적게 요구되므로 소극적이다.

 다음으로, 착탈어의 용법을 살펴보면 (9)에 제시된 15개의 착탈어 가운데 9개는 기본의미로만 사용되며, (10)의 3개는 '착'에 관한 확장의미로, (11)의 3개는 '탈'에 관한 확장의미로 사용된다.

(10) a. 입다: {부상·상처·중상·총상·회상·타격·피해, 혜택·은
　　　　 혜}를 입다.
　　b. 쓰다: {죄·누명·오명·혐의}를 쓰다.
　　c. 끼다: 권력을 끼다.

(11) a. 벗다: {책임·병역의무, 누명·혐의, 고통·가난, 촌티·때}를
　　　　 벗다.
　　b. 풀다: {생각·이야기, 노여움·화, 소원·숙원·회포·한, 궁금
　　　　 증·난제·난국, 피로·노독}을 풀다.
　　c. 빼다: {기운, 얼·혼}을 빼다.

(10), (11)의 의미 확장에서 주목되는 점은 다음 세 가지이다. 첫째, (9)의 착탈어 장에서 '착'에 관한 '신다·두르다·끼우다·꽂다·차다·매다·치다·드리다', 그리고 '탈'에 관한 '끄르다'에서는 의미 확장이 일어나지 않는다. 둘째, '착탈어 장'의 '입다·쓰다, 벗다·풀다'에서 의미 확장이 활발하다. 셋째, 부정적인 의미를 지닌 대상에 의미 확장이 활발한데, (10b)의 '쓰다'는 '뒤집어쓰다'로 대치하면 더 분명해진다.

요컨대 한국어 착탈어 장은 (7), (8)에서 보듯이 매우 풍부하고 입체적이다. 그 가운데서 '착'에 관한 어휘가 '탈'에 관한 어휘에 비해 활성화되어 있다. 또한, 의미 확장은 (10), (11)에서 보듯이 제한적이며, 부정적인 의미에서 활성화되는 경향을 드러낸다.

3.3. 어휘장의 겹침과 빈자리

어휘장 이론의 전제와 달리, 어휘장에는 겹침과 빈자리가 나타난다.

먼저, '겹침(overlapping)'의 사례는 색채어에 나타난다. 〈그림 6〉에서 보듯이, '적'과 '황'에 대한 '적황', 그리고 '청'과 '녹'에 대한 '청록'이 겹침의 보기이다. 이 경우 '적황(색)'은 붉은빛을 많이 띤 누런색이며, '청록(색)'은 푸른빛을 띤 초록색이다.

색							
백	흑	적	**적황**	황	녹	**청록**	청

〈그림 6〉 어휘장의 겹침

또한, 같거나 유사한 어휘 항목의 명칭인 동의어나 유의어의 존재, 그리고 '역전-앞·술-주정·몸-보신', '양친-부모·바람-벽'과 같이 어휘 항목의 일부 또는 전체가 녹아 붙은 동의중복어도 '겹침'의 보기이다.

다음으로, '어휘적 빈자리(lexical gap)'는 체계 속에서 개념상으로는 있을

법한데 실제로 어휘 항목이 비어 있는 경우를 가리킨다. 어휘장에서 빈자리의 양상을 살펴보면 다음과 같다.

첫째, 상관관계의 빈자리이다. 이는 상관 쌍을 이루고 있는 'ㄱㄲㅋ', 'ㄷㄸㅌ', 'ㅂㅃㅍ', 'ㅅㅆ-'의 음운체계에서 'ㅅ'항에 거센소리가 빈자리로 되어 있듯이, 상관관계를 이루고 있는 어휘 항목에서 나타난다. 예를 들어, '기르다, 키우다, 치다, 먹이다, 가꾸다'에서 '기르다, 키우다'는 사람·짐승·식물에 두루 호응될 수 있다. 그런데 짐승에게는 '사육하다'에 해당하는 고유어로 '치다, 먹이다'가 있고, 식물에게는 '재배하다'에 해당하는 고유어로 '가꾸다'가 있는 반면, 사람에게는 '양육하다'에 해당하는 폐쇄적인 고유어가 없다.[8] 이 상관관계의 빈자리를 도식화하면 〈그림 7〉과 같다.

사람	짐승	식물
기르다·키우다		
양육(養育)하다	사육(飼育)하다	재배(裁培)하다
–	치다·먹이다	가꾸다

〈그림 7〉 '기르다'류 상관관계 빈자리

둘째, 계층구조의 빈자리이다. 이는 상위어와 하위어의 계층구조에 나타나는 빈자리를 이른다. 예를 들어, '손가락'과 '발가락'의 명칭에는 〈그림 8〉과 같이 하위어가 비어 있다. 곧 '손가락'과 '발가락'에는 각각 5개의 고유어로 된 하위어가 기대되지만, '손가락'에는 하나, '발가락'에는 두 개의 빈자리가 나타난다.[9]

---

8 영어에서 '기르다'를 뜻하는 동사의 경우 'raise'는 사람·짐승·식물 모두에 사용될 수 있다. 대조적으로, 'rear'는 사람, 'grow'는 식물에게만 쓰이는 반면, 짐승에게만 쓰이는 동사는 없다. 또한, 죽은 것에 대한 어휘 항목으로 'corpse'는 사람만을, 'carcass'는 짐승만을 가리키며, '식물'만을 가리키거나 사람·짐승·식물 모두에 사용될 수 있는 어휘 항목은 없다(Chomsky 1965: 231-232, Lehrer 1974: 97 참조).

9 '넷째 손가락'을 한자어로 '약지(藥指)' 또는 '무명지(無名指)'라고 하며, 한자어와 고유어의 합성어인 '약(藥)손가락'이라고도 한다.

〈그림 8〉하위어의 빈자리

또한, 〈그림 9〉의 '친족어 장'에서는 고유어로 된 상위어가 비어 있다.

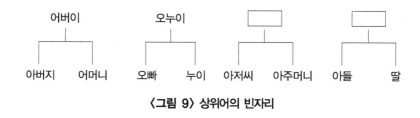

〈그림 9〉상위어의 빈자리

곧 '아버지'와 '어머니'의 상위어는 '어버이', '오빠'와 '누이'의 상위어는 '오누이'를 갖는 데 비해, '아저씨'와 '아주머니', '아들'과 '딸'을 포괄하는 고유어 상위어가 없다.

셋째, 서열구조의 빈자리이다. 이는 일련의 서열 순서에서 어휘 항목이 비어 있는 것을 이른다. 예를 들어, (12)는 후기 중세국어의 직계 친척어인데, '아비/어미'를 기준으로 (+3), (-2) 세대에 해당하는 고유어가 빈자리로 나타난다.[10]

(12)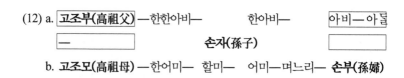

a. 고조부(高祖父)—한한아비—　　한아비—　　아비—아들
　　　—　　　　　　손자(孫子)

b. 고조모(高祖母)—한어미—　할미—　어미—며느리—　손부(孫婦)

10　후기 중세국어에서 고유어로 된 풍부한 친족어를 볼 때 이러한 빈자리는 한자어의 간섭 때문인 것으로 보인다. '손자(孫子)'의 경우 『계림유사』에는 '孫曰丫寸丫妲'로 기록되어 있다.

또한, (13)은 시간어로서, (13a)는 표준어이며, (13b)는 경상도 방언이다. 그
중 '내일(來日)'에 해당하는 고유어가 빈자리로 되어 있다.[11]

(13) a. 그끄제—그제—어제—오늘—│내일(來日)│—모레—글피
    b. 저아래—아래—어제—오늘—│내일(來日)│—모레—저모레

요컨대 어휘장에는 어휘장 이론의 전제와 달리 겹침과 빈자리가 나타난다.
어휘 항목의 빈자리가 의사소통에 지장을 줄 경우 언어공동체에서 빈자리를
채우려는 시도가 이루어진다. 이 경우 상위어, 하위어, 외래어, 그리고 통사적
요소를 통해 어휘장의 빈자리를 채우게 된다.[12]

3.4. 어휘장 이론의 의의와 한계

어휘장 이론은 구조의미론의 정신을 가장 잘 구현한 시험장이 되었다. 종
래, 어휘의 개별적인 의미 변화에 집중해 오던 관점에서 벗어나서, 어휘장 이
론은 어휘의 공시적인 현상을 기술하면서 어휘 항목의 의미를 독립적이 아니
라 관계적이며, 동일한 장 속의 어휘 항목들과 대조에 의해 구성된다고 보았
다. 이 관점은 어휘 의미의 구조 또는 체계 수립에 기여한 바가 크다.

그러나 어휘장 이론은 다음과 같은 핵심 내용에 한계가 있음이 드러났다.

첫째, 어휘장의 의미값을 언어, 구체적으로 어휘 항목들 간의 의미로 보았
다. 이것은 어휘의 의미를 부여할 때 화자를 배제하며, 언어뿐만 아니라 사회
문화적 맥락의 역할을 인정하지 않음으로써 근원적인 한계를 지닐 수밖에 없

---

11 『계림유사』에는 '前日日詎載 今日日烏捺 明日日轄載 後日日母魯'로 기록되
    어 있다. '明日', 즉 '來日'에 해당하는 '轄載'에 대해, '앞제'(전몽수 1938), '올
    제'(유창돈 1954), '홀제'(방종현 1955), '하제'(진태하 1974), '후제'(강신항 1974)
    로 해독한 바 있다(임지룡 1992: 128 참조).
12 프랑스어에서 'profond(깊다)'의 대립어 '얕다'가 빈자리로 되어 있는데, 이 경우
    부정접사 peu를 사용한 'peu profond(거의 깊지 않다)'으로 빈자리를 채운다
    (Lyons 1977: 305 참조).

었다.

둘째, 어휘장의 어휘 항목들 간의 관계를 대칭적으로 보았다. 그런데 장을 구성하는 어휘 항목들의 활성화 정도는 매우 다르게 나타난다.

셋째, 어휘장의 조직과 의미는 우아하고 완벽하게 포장된다고 보았다. 그런데 어휘장의 어휘 항목들은 겹침과 빈자리가 나타난다.

넷째, 어휘장 속의 어휘 항목들을 집합체로 보아 명확하게 구분하지 않았다. 그런데 장 속의 항목들 간에는 차이점이 있고 의미에 대한 기여가 서로 다르다.

요컨대 어휘장은 관련된 어휘의 무리를 통해서 의미값을 부여한 점에서 의의를 갖는다. 그렇지만 어휘장을 언어 내적인 관계의 망으로 보고, 장을 형성·활용하면서 살아온 언어공동체의 사회 문화적 경향성을 고려하지 않은 점에서 한계를 드러낸다.

4. 인지 모형

인지의미론의 형상화인 인지 모형을 중심으로 그 정의와 유형에 대해서 살펴보기로 한다.

4.1. 정의

'인지 모형(cognitive model)'은 공유되며, 구조화되고, 이상화된 지식의 정신적 모형으로서, 사람들은 이 모형을 통해서 의미를 인지하고 소통하게 된다. 실제로 한 지시물이나 어휘 항목의 의미는 그것을 둘러싸고 있는 배경적 지식에 의해 이해된다. 예를 들어, '악어신발'이라는 새말은 악어가 신고 있는 신이나 악어 위를 걸어가기 위해 신는 신이 아니라 악어가죽으로 만든 신으로 해석하는데, 이는 '악어백'과 같은 배경지식과 관련된다. 사물이나 단어가 배경지식에 의존하면서 그것과 긴밀한 관련을 맺는 사례 세 가지를 들기로 한다.

첫째, 〈그림 10〉에서 도형 (a)는 (b)와 같이 서로 다른 배경의 두 구성 요소 (wx, yz)가 결합된 것이다.

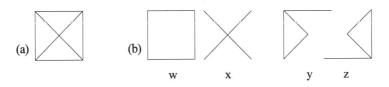

〈그림 10〉 배경지식이 다른 구성 요소의 결합

둘째, '반도'와 '섬'의 개념은 〈그림 11〉의 지형에서 범위를 통해 규정된다(Langacker 2002: 8 참조).

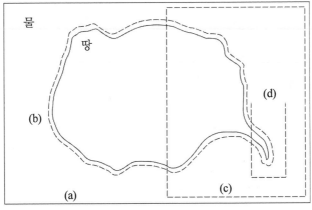

〈그림 11〉 '반도'와 '섬'을 규정하는 범위

이 경우 '범위(scope)'란 어떤 언어 표현의 기반이 되는 개념 영역 가운데서 그 의미를 규정하는 데 충분한 의미적 배경지식을 말한다. <그림 11>에서 손가락 모양을 한 (d)는 점선의 네모 (c)의 범위가 주어질 때 '반도(半島)'가 된다. 마찬가지로 '땅'은 바깥의 네모 (a)의 범위가 주어질 때 '섬(島)'이 될 수 있다. 이 경우 땅을 두른 점선 (b)의 범위에서는 '섬'을 환기하기 어려운데, 이 정도의 물 폭은 '도랑' 또는 '해자(垓子)'일 수 있기 때문이다.

셋째, (14a)의 '동해'는 중의성을 띤다. 즉, '동해'는 (14b)의 경우 동쪽에 있는 바다이며, (14c)는 강원도의 중남부에 위치한 항구 도시이다. 이것은 화자의 인지 모형이 서로 다른 보기이다.

(14) a. 이번 여름휴가는 **동해**로 간다.
　　 b. **동해**에 솟아오르는 해.
　　 c. **동해**에서 가 볼만한 곳: 수원지, 동해향교, 피오레, 등대카페 등.

이상에서 볼 때, 사물 또는 지형이든지 어휘 항목이든지 간에 그 의미는 배경지식 구조인 인지 모형에 기반을 두고 있음을 알 수 있다. '인지 모형' 이론은 1980년대에 필모어의 '틀'을 시작으로, 래내커의 '인지 영역', 그리고 레이콥의 '이상적 인지 모형' 등으로 구체화되었는데, 이 이론들은 공통성과 차이점을 지니면서 상호 보완관계를 형성해 왔다.

4.2. 틀

'틀(frame)' 또는 '틀 의미론(Frame Semantics)'은 필모어(Fillmore 1985)에 의한 발상으로, 한 표현의 적절한 이해는 그 개념을 포함한 체계 전체의 구조에 대한 이해를 필요로 한다고 보는데, 이러한 개념 체계 또는 배경지식을 '틀'이라고 한다. '틀'의 관점에서는 한 단어 또는 언어 표현의 의미는 그것과 관련된 백과사전적 지식의 접근 없이는 이해될 수 없다. 구체적으로, '틀'은 "지식의 특정한 통합적 '체제(framework)'나 경험의 일관성 있는 '도식화(schematization)'(Fillmore 1985: 223)"이며, "인지적 구조로서, 단어로 부호화되는 개념이 이 구조에 대한 지식을 전제(Fillmore and Atkins 1992: 75)."한다.[13]

'틀'은 해석의 장치로서, 이에 따라 단어의 위상이 결정된다. 먼저, 동일한 지형이 틀에 따라 서로 다른 명칭으로 해석되는 경우를 보기로 한다. 예를 들어, '연안(coast)'과 '해안(shore)'은 바다와 육지의 경계선이라는 동일한 지형을 나타내지만, 다음과 같은 차이를 보인다.

> (15) a. **'연안(coast)'**은 육지와 바다를 연결하고 있는 곳을 말하며, **'해안 (shore)'**은 바다와 접해 있는 육지의 가장자리를 의미한다. (지구 과학회 2009: 680, 1146. 『지구과학사전』. 북스힐.)
>
> b. **'연안'**은 '육지와 면한 바다'이며, **'해안'**은 '바다와 육지가 맞닿은 부분'이다. (『표준국어대사전』)

> (16) a. 우리는 곧 **연안**에 다다를 것이다. (We will soon reach the **coast**.)
>
> b. 우리는 곧 **해안**에 다다를 것이다. (We will soon reach the **shore**.)
>
> (Fillmore 1982: 121)

(15)의 뜻풀이를 보면 육지와 바다의 경계선에 대해 '연안'은 육지에서, 그리고 '해안'은 바다에서 바라본 것이다. 같은 맥락에서 (16)의 '연안(coast)'은 '육로(land)' 여행을 나타내는 반면, '해안(shore)'은 '해로(sea)' 여행을 나타낸다. 이것은 '연안'과 '해안'의 '틀'이 다름을 뜻한다.[14]

---

13 Hamawand(2016: 146)에서는 '틀'은 지식 구조로서 특정한 장면과 연결된 어휘 항목을 관련시키며, 되풀이되는 인간 경험에 기초한다고 하였다.

14 영어의 'land'와 'ground'는 동일한 지표면이지만 'land'는 바다에서, 'ground'는 공중에서 본 지표면인데, 이것은 'land/sea'의 틀이 'ground/air'의 틀과 대조적임을 뜻한다(Fillmore 1982: 121 참조). 예를 들어, "A bird that spends its life on the {*land*/*ground*}."의 경우 'land'에서 사는 새는 날 수 있지만 헤엄치지는 못하며, 'ground'에서 사는 새는 헤엄칠 수 있지만 날지 못하는 새를 뜻한다. 또한, "He managed to spend two hours on {*land*/ *ground*} today."의 경우 'land'에서 두 시간을 보냈다는 것은 항해 중이었음을, 'ground'에서 두 시간을 보냈다는 것은 비행 중이었음을 나타낸다. 또한, 야구에서 '그라운드 볼(ground ball)'을 '땅볼'이라고 하는데, 이는 공중에 뜨지 않는 볼이며, 영어에서 '육군'과 '공군'을 각각 'ground force'와 'air force'라고 한다.

다음으로, 동일한 단어가 '틀'에 따라 서로 다른 의미로 해석되는 경우를 보기로 한다(Fillmore 1985: 226-227, 임지룡 2017b: 117-118 참조). (17)은 '크기'에 관한 어휘이다.

> (17) a. '크기'류 어휘: tiny – small – medium – **large** – gigantic
> b. '합성세제' 틀: {**large** – economy – family – jumbo} size
> c. '높이'류 어휘: short – **tall** – lofty
> d. '스타벅스 음료 사이즈' 틀: **tall** – grande – venti

(17a)에서 'large'는 '크다'를 뜻하지만, (17b)에서 미국 슈퍼마켓의 합성세제 상표에 붙어 있는 'large size'는 가장 작은 크기의 세제를 일컫는다. 또한, (17c)에서 'tall'은 '(키가) 크다'를 뜻하지만, (17d)의 한국 스타벅스 메뉴판에서 '톨(tall) 사이즈'는 작은 사이즈, 또는 기본 사이즈를 의미한다.[15]

4.3. 인지 영역

'인지 영역(cognitive domain)'은 래내커에 의해 제안되었다. 이 이론은 의미가 본질적으로 백과사전적이므로, 어휘적 개념은 '영역(domain)'이라고 부르는 더 큰 지식 구조와 독립적으로 이해될 수 없다는 가정에 기초를 두고 있다. 인지문법에서 의미 단위는 인지 영역과 관련하여 그 특징이 규정되며 어떤 개념이나 지식 체계가 이 목적을 위해 영역으로서 기능할 수 있다고 본다(Langacker 1987: 63 참조). 곧 '영역'은 어휘 항목의 의미가 기술되는 개념 구조, 즉 개념들이 적절하게 기술될 수 있는 관련된 배경지식이다.

래내커(Langacker 1987: 147)에서는 "영역은 필연적으로 인지적 실체, 즉 정신적 경험, 표시적 공간, 개념 또는 개념적 복합체"라고 하였다. 이것은 영

---

[15] 메뉴판에 제시되어 있지는 않으나 '숏(short)'도 주문 가능한 사이즈이며, 미국과 캐나다 일부 지역에서는 '트렌타(trenta)'도 주문 가능한 사이즈이다.

역을 이루는 개념적 실체가 복잡성과 조직의 층위에서 서로 다르다는 것을 뜻한다. 어떤 지식 구조가 하나의 영역으로 간주되기 위해서는 그 지식 구조가 배경 정보를 제공해야 하는데, 그 배경 정보에 대하여 어휘적 개념들은 언어로 이해되고 사용될 수 있다. 예를 들어, '뜨겁다, 미지근하다, 차갑다'와 같은 표현은 '온도' 영역에서 어휘적 개념을 지시하므로, 온도 체계의 이해 없이 이런 용어를 사용할 수 없다.

영역 이론의 네 가지 특징들을 들면 다음과 같다.

첫째, 개념은 전형적이다. 하나의 어휘적 개념을 구조화하는 영역의 범위는 그 개념의 '영역 모체(domain matrix)'라고 부른다.

둘째, 영역은 '기본적 영역'과 '비기본적 영역'으로 구분된다. '기본적 영역'은 공간과 시간, 색채 공간, 소리의 높낮이, 온도, 맛, 냄새 등 다양한 감각과 관련하여 우리의 신체적 경험의 본질로부터 직접 도출된다.[16] '비기본적 영역'은 그 범위가 매우 넓은데, 직접적인 감각, 감정, 운동 감각 경험을 비롯하여, 지적 작용의 추상화된 산물 등이 포함된다(Langacker 2008: 44-47 참조).

셋째, 영역은 계층적으로 조직된다. 이것은 (18)에서 보듯이, 특정한 어휘적 개념이 계층상 하위의 영역을 전제하는 동시에 상위의 어휘적 개념에 대한 하위 영역을 나타낼 수 있음을 의미한다. 예를 들어, '손가락'은 '손'의 영역과 관련하여 이해되는 반면, '손마디'나 '손톱'은 '손가락' 영역과 관련하여 이해된다. 이처럼 영역들 간에 부분- 전체 관계가 성립하는데, (19)에서 '손마디'와 '손톱'은 '팔'과 '몸'이 아니라 '손가락'을 인지 영역으로 삼는다.

(18) 공간→몸→팔→손→손가락→손마디 · 손톱

(19) a. 손가락은 3개의 손마디와 1개의 손톱을 가진다.

---

16 기본적 영역의 세 가지 속성은 다음과 같다(Evans and Green 2006: 234 참조). 첫째, 복잡성 정도에서 가장 작은 양의 복잡성을 제공한다. 둘째, '선개념적인 (pre-conceptual)' 신체적 경험과 직접적으로 연결된다. 셋째, 기본적 영역 자체는 개념이 아니라 다른 개념 및 영역을 이해할 수 있는 '개념적 잠재력'을 제공한다.

b. ??팔은 14개의 손마디와 5개의 손톱을 가진다.

c. ???몸은 56개의 손발마디와 20개의 손발톱을 가진다.

넷째, 인지 모형 이론은 '개념적 존재론(conceptual ontology)'과 관련된다. 이것은 지식 구조의 조직 및 개념이 다른 개념과 관련되고 이해되는 방식을 말한다.

'인지 영역'의 보기 두 가지를 들면 다음과 같다.[17]

첫째, 단어 '빗변'의 의미이다. '빗변'은 '직각 삼각형'의 영역과 관련하여 이해된다. '빗변'은 직각 삼각형에서 가장 긴 변으로서, 〈그림 12〉의 A로 표시되는 부분을 가리킨다.

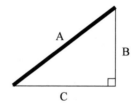

〈그림 12〉 개념 '빗변'에 대한 범위

둘째, '금요일'의 의미이다. '금요일'은 '주(week)' 영역을 통해서 이해된다. '금요일'은 현실 세계에서 실재가 없다. 본질적으로, 추상 영역 '금요일'에 관한 언중의 이해는 문화 특정적이다. 곧 금요일은 문화적으로 한정된 '달력 영역'에서는 목요일 다음에 오는 날이며, '기독교 영역'에서는 예수가 십자가에 못 박힌 날이며, 서양의 전통적 '사법부 영역'에서는 교수형이 집행되는

17　어떤 것이 '안전하다'라고 할 때, 그 의미는 '어떤 대상이 소중하다', '소중한 대상에 잠재적인 위험이 내재하다', '위험을 피하거나 방지하고 싶어 하다'라는 인지 영역을 환기하게 된다. 예를 들어, 지진이 많이 일어나는 지역의 경우 '안전한 집'은 지진으로부터 파괴되지 않으며, 거주자를 위험에서 보호해 준다. 또한, '안전한 해수욕장'은 신변에 위협을 느끼거나 물에 빠져 죽을 위험이 없는 해수욕장이다. 따라서 '안전하다'는 잠재적인 위험으로부터 우리 자신을 보호해 준다는 점에서 우리에게 소중하고 선호된다.

날이며, '미신 영역'에서는 재수 없는 날이다. 또한, 서구 문화의 '노동 영역'에서는 노동자들이 수당을 받으며 주말의 시작을 알리는 날이다.

4.4. 이상적 인지 모형

'이상적 인지 모형(ICMs)'[18]은 레이콥(Lakoff)이 주창한 인지 모형의 한 유형으로, 사람들은 이 모형에 의하여 지식을 조직하며, 범주 구조와 원형 효과는 이상적 인지 모형의 산물이라는 것이다(Lakoff 1987: 68-76, 284-285 참조). 즉, 이 모형은 실재의 모든 복잡성을 포착하는 것이 아니라, 그런 복잡성을 유연하게 다루기 위한 '인지적 형틀(cognitive mould)'을 제공한다는 점에서 전형적으로 원형 효과의 기초가 될 수 있다.

이상적 인지 모형의 보기 두 가지를 들면 다음과 같다.

첫째, '노총각', 즉 미혼의 성인 남성은 이상적 인지 모형에 의해 의미를 가진다. '노총각'이 성분 분석에 의하여 [+인간][+남성][+성숙][-결혼]으로 정의되는 것은 결혼 제도와 결혼 적령기에 대한 이상적 인지 모형을 전제로 한 것이다. 곧 결혼이라는 문화적 제도에 의하여, 동거 상태의 미혼 남자, 정글 속에 버려진 채 인간 사회와 접촉 없이 성장한 타잔, 사제(司祭), 동성애자 등은 '노총각'이 될 수 없다. 또한, 문화권마다 결혼 적령기의 이상화된 연령대가 있기 마련이며, 이 연령이 지난 사람은 결혼했을 것으로 기대되며, 그렇지 못한 사람만을 '노총각'이라고 부른다. 한편 '노처녀'는 성분 분석에서 [+인간][-남성][+성숙][-결혼]으로 정의되는데, 실제로 '노총각'과 '노처녀'는 [±남성]의 차이보다 더 큰 차이를 보인다.

'전원일기'(1980.10.21. ~ 2002.12.29.)라는 농촌 드라마에서 '노총각'은 농촌에 살면서 무능하고 씀씀이가 헤픈 인물로, '노처녀'는 도시에 살면서 유능

---

18 '이상적 인지 모형(idealized cognitive models, ICMs)'이라는 용어는 이 모형이 현실적으로 존재하는 것이 아니라, 사람들의 의식 속에서 만들어진 것이기 때문이며(Aitchison 1987/2003: 69-74, 1994: 94-95 참조), 실세계로부터 추상화된 것이기 때문이다(Geeraerts 2010: 224 참조).

하고 알뜰하고 신경이 날카로운 경향의 인물로 표현된다. 대조적으로, 영어권에서 원형적인 '노총각(bachelor)'은 유능하고 매력적이지만 스스로 결혼하지 않은 사람인데 비하여, 원형적인 '노처녀(spinster)'는 결혼을 원하지만 성적인 매력이 없어서 결혼하지 못한 사람이다(Taylor 1989/2003: 99-100 참조).

둘째, '월요일'은 태양의 이동에 의하여 정의되는 하루의 '자연적 주기', 달력상의 '7일 주기'를 포함한 이상적 인지 모형과 관련해서만 정의될 수 있다. 즉, '월요일'의 의미는 '날(日)'과 '주(週)'로 이루어진 시간 조직과 이 조직 안에서 월요일의 위치에 관해 개념화자들의 배경지식을 명시함으로써 가능하다. '월요병'이나 사소한 고장으로 말썽을 부리는 새 차에 대해 "이 차는 월요일에 만들어졌나 보다."라고 하는데, 이는 주말을 즐기다가 마지못해서 직장으로 돌아온 직장인의 심신 상태와 관련한 '월요일'의 이상적 인지 모형을 통해서 이해된다.

실제로 7일 주기의 주 모형은 이상화된 것인데, 그것은 자연계에서 객관적으로 존재하는 것이 아니라 사람들에 의해서 규범화된 것이기 때문이다. 따라서 '월요일'은 일곱 개 '날(day)'의 연속으로 하나의 전체인 '주(week)', 곧 이상화된 인지 모형 가운데서 첫 번째 날에 해당된다. 원형적인 '주(week)' 모형은 〈그림 13〉과 같이 문화권에 따라 다르다.

〈그림 13〉 문화권별 '주(week)'의 인지 모형

영국인들은 '월·화·수·목·금요일'과 같이 5일의 작업일과 '토·일요일'과 같이 2일의 휴일로 이루어진 '주'의 인지 모형을 가지고 있다. 한국의 경우, 재래시장이 열리는 5일 장(場)의 주기를 갖고 있었으며, 5.5일의 작업일과 1.5일의 휴일로 된 주의 인지 모형을 갖고 있었는데, 2000년대 들어 주 5일 근무제가 확산되기에 이르렀다. 잉카 문화권의 경우, 주는 8일의 작업일과 그 뒤에 잇따른 장날을 포함하는데, 장날에는 왕이 아내를 바꾼다(Aitchison 1987/2003: 71 참조). 이처럼 '주'의 인지 모형은 무형의 문화적 인공물이라고 할 수 있다.

이상적 인지 모형은 단순히 수동적 영상이 아니라, 인간의 삶에 능동적인 영향을 미칠 수 있다. 특히, 그것은 세대에서 세대로 전수될 수 있으며, 문화적 규범을 강화한다.

4.5. 상거래 인지 모형

의사소통은 화자와 청자 사이에 의미를 주고받는 일이다. 이러한 의미의 교환은 언중들이 상호 공유된 지식으로서 인지 모형을 지니고 있기 때문에 가능하다. 인지 모형 이론은 어휘상 이론이 추구한 언어 내적 층위의 탐구를 넘어서 맥락과 상황에서 역동적인 의미의 형상화 현상을 포착하고 설명해 내는 데 그 의의가 있다. 상거래 인지 모형에 대해 기술하기로 한다(Fillmore and Atkins 1992: 78-79 참조).

4.5.1. 스키마

우리의 지식은 아무렇게나 구성되는 것이 아니라, 구체적인 주제를 중심으로 조직된다. 세상사에 대한 구조화된 지식의 단위를 '스키마(schema)'라고 한다(Singer 1990: 6 참조). 이 경우 스키마는 다시 프레임과 스크립트로 구성되는데, '프레임'은 정적 형상의 지식인 반면 '스크립트'는 그 본질에 있어서 동적이다(Taylor 1989/2003: 91 참조). 곧 프레임이 어떤 상황에 필요한 내용의 틀을 제시하는 것이라면, 스크립트는 이 틀이 구체적 상황에서 어떻게 전개되는가에 초점이 주어지는 동적 구조이다. 예를 들어, 스키마의 한 유형인 스크립트는 '세탁', '어린이의 생일 파티', '식당에서의 식사', '법정의 공판', '비행기 탑승' 등과 같이 상황의 구조화된 지식을 말한다.

〈그림 14〉에서 보듯이, 어휘 항목은 의미 관계에 의해서라기보다는 동일한 스키마의 연결에 의해서 관련된다.

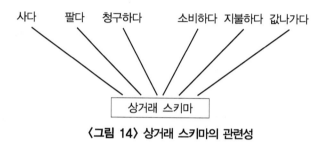

〈그림 14〉 상거래 스키마의 관련성

4.5.2. 프레임

'프레임(frame)'[19]은 스키마에 포함된 목록의 골격인데, 채워져야 할 많은 빈칸과 구멍이 있는 응시 원서와 같다. 민스키(Minsky 1985: 184-185)는 이 빈칸을 '터미널(terminal)'이라 하고, 그 터미널을 다른 종류의 정보를 부여할 수 있는 연결점으로 이용한다. 예를 들어, '의자'를 표현하는 프레임은 앉는 부분, 등 받침, 다리에 대한 몇 가지 터미널을 가지며, '사람'을 표현하는 프레임은 머리, 몸통, 팔다리에 대한 몇 가지 터미널을 갖는다. 특정한 '의자'를 표현하기 위해서는 등 받침, 앉는 부분, 다리의 특정한 성질에 대응하는 의자 프레임의 터미널을 채우면 된다는 것이다.

'상거래 프레임'은 〈그림 15〉와 같이 도식화할 수 있으며, 이 프레임은 특정

---

[19] 여기서 '프레임'은 스키마의 일환으로 사용된다.

한 장면에 의하여 채워진다.

상품	
사는 이	
파는 이	
돈	

〈그림 15〉 **상거래 프레임**

4.5.3. 장면

'장면(scene)'은 프레임이 실제로 구현된 것을 말한다. 특정한 상거래, 예를 들어, 갑순이가 갑돌이에게서 사과 1만원어치를 산 경우, 이 장면에 대한 프레임은 〈그림 16〉과 같다.

상품	사과
사는 이	갑순이
파는 이	갑돌이
돈	1만원

〈그림 16〉 **상거래 장면**

4.5.4. 스크립트

'스크립트(script)'를 보기로 한다. 연극에 비유해 보면, '프레임'은 배우와 소품으로 구성되는 반면, '스크립트'는 배우 및 소품 상호 간의 작용을 포함한다.

상거래 스크립트는 〈그림 17〉과 같이 상거래가 구체적인 공간과 시간의 축을 따라 전개되는 과정을 뜻하는데, 그중 핵심적인 사항을 들면 다음과 같다.

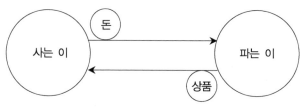

〈그림 17〉 상거래 스크립트

　첫째, 사는 이와 파는 이는 상품의 가격을 흥정한다. 둘째, 사는 이는 요구된 금액을 파는 이에게 지불한다. 셋째, 파는 이는 상품을 사는 이에게 넘긴다. 넷째, 상품은 파는 이에서 사는 이로 소유자가 바뀐다.

　이 경우 원형적 스키마의 변이형이 존재한다. 예를 들어, 물물교환 방식뿐만 아니라, 신용카드 결제, 우편 주문, 그리고 전자 상거래의 경우에는 상거래 스키마의 원형적 요인이 모두 나타나지는 않는다. 또한, '사다'와 '팔다'가 (20)과 같이 의미가 확장되거나 관용화될 경우에는 원형적 상거래 스크립트와 매우 다른 모습을 띠게 된다.

　　(20) a. 인심·환심·미움·의심을 {사다/*팔다}.
　　　　 b. 정신·한눈 {*사다/팔다}.

4.5.5. 원근법

　'원근법(perspective)'은 단어의 용법이 프레임에 근거한 지식의 특정 성분을 부각하는 경향을 말한다. 필모어에 따르면 스키마는 경험한 실제의 양상을 기술하는 데 관계될 뿐 아니라, 그 양상에 대한 특정한 원근법을 제공한다. 예를 들어, 하나의 장면에서 어떤 양상은 어둠 속에 배치하고 다른 양상은 조명 아래 두드러지게 하는 것과 같다. 어휘적 프레임은 스키마의 특정한 양상을 선택하며, 그것에 의하여 세상의 경험에 대한 관점이나 원근법을 부가한다.

'상거래 스키마'의 경우, 동사에 따라 다른 원근법으로 나타난다. '사다'의 경우에는 '상품-사는 이', '팔다'의 경우에는 '상품-파는 이', '값나가다'의 경우에는 '상품-돈', '지불하다'의 경우에는 '사는 이-돈', '청구히다'의 경우에는 '파는 이-돈'이 각각 부각되는데, 상거래 스키마에 대한 원근법의 일부를 도식화하면 〈그림 18〉과 같다.

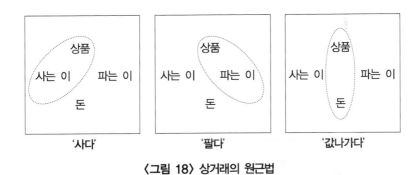

〈그림 18〉 상거래의 원근법

5. 어휘장과 인지 모형의 상관성

구조의미론과 인지의미론은 언어의 의미를 맥락 의존적이라고 본다는 점에서는 일치한다. 구조의미론에서 맥락 의존성은 언어 체계 안에서 기호들의 계열적, 결합적 관계의 문제이다. 이 경우 어휘장에 대한 맥락은 언어 내적이다. 한편, 인지의미론에서 의미가 기술되는 맥락은 언어 외적이다. 여기서 구조의미론의 맥락은 '어휘장'이며, 인지의미론의 맥락은 '인지 모형'에 해당한다. '어휘장'은 단어와 단어 사이의 관계인 반면, '인지 모형'은 단어들이 일련의 '지식 꾸러미(package of knowledge)'에 근거를 두고 있는 것으로, 그 관계는 〈그림 19〉와 같이 나타낼 수 있다.

〈그림 19〉 어휘장과 인지 모형

〈그림 19〉에서 보듯이 어휘장 이론에서는 단어와 단어의 의미가 서로 직접적으로 연결되거나 단어 대 단어로 연결되는 데 비해, 인지 모형 이론에서는 공통된 배경 틀이나 영역과의 연결에 의해서, 그리고 그 의미가 그런 틀이나 영역의 특정한 요소를 부여하는 방식을 암시함으로써 연결된다(Fillmore and Atkins 1992: 77 참조).

예를 들어, '칫솔'의 의미를 규정하는 방식을 보기로 한다. 어휘장 이론에서 '칫솔'의 의미는 계열관계에 있는 '구둣솔', '머리 솔', '옷솔', '손톱 솔', '젖병 솔'과 같은 '솔'의 어휘장에 있는 항목들의 의미에 의해서 한정된다. 그 반면, 인지 모형 이론에서 '칫솔'의 의미는 언어 체계 안의 계열적 대조로부터 이해되는 것이 아니라, 구강위생에 있어서 칫솔의 역할로부터 그 의미가 인지된다. 이 경우 '칫솔'의 의미는 구두를 닦거나 손톱을 다듬는 것과는 관련되지 않는 것으로 본다.

'요일 명칭'의 의미를 보기로 한다(Fillmore and Atkins 1992: 77-78 참조). 어휘장에서는 '월-화-수-목-금-토-일요일'이 평면적이고 주기적인 순서를 나타내는 반면, 인지 모형의 경우 '월·화·수·목·금·토·일요일' 각각은 지식 꾸러미에 해당하는 '태양의 이동', '사람의 수면 습관', '빛과 온기의 의존도', '관습화된 달력 체계' 등과 관련을 맺는다.

요컨대 어휘장 이론과 인지 모형 이론은 단어의 의미를 이해하는 데 유사성을 지니고 있지만, 어휘장은 평면적이고 폐쇄적 단위인 반면, 인지 모형은 포괄적이고 개방적인 설명력을 지니고 있다고 하겠다. 이와 관련하여 어휘장 이론과 인지 모형 이론을 배타적인 관계라기보다 의미의 형상화에 대해 상호

보완적 관계로 발전시킬 필요가 있다.[20]

6. 마무리

이 장에서는 어휘장과 인지 모형을 중심으로 형상화의 성격, 어휘장, 인지 모형, 어휘장과 인지 모형의 상관성에 대하여 살펴보았다. 그 주요 내용에 따라 마무리하기로 한다.

첫째, 형상화란 어휘 항목들을 하나의 어휘장이나 인지 모형으로 무리 짓는 정신적 행위를 가리킨다. 형상화 이론은 언어적 의미 또는 사전적 모형에 초점을 맞추는 어휘장 이론과 언어적·비언어적 의미 또는 백과사전적 모형을 망라한 인지 모형 이론으로 나뉜다.

둘째, 구조의미론의 형상화 기제인 어휘장은 하나의 상위어 아래 의미상 밀접하게 연관된 단어들의 무리를 말한다. 한국어 어휘장의 보기로서, 형제자매, 온도어, 착탈어 장을 살펴보면, 그 형상화 양상이 매우 풍부하고 역동적이다. 또한, 어휘장은 겹침과 빈자리가 나타난다. 어휘장 이론은 어휘의 무리에 의미값을 부여함으로써 의미 체계 수립에 기여한 바가 크지만, 그 전제가 언어 내적인 관계 속에서 자율성을 추구함으로써 한계를 지닌다.

셋째, 인지의미론의 형상화 기제인 인지 모형은 공유되며, 구조화되고, 이상화된 지식의 정신적 모형이다. 이 모형은 어휘 항목과 관련된 배경지식으로서 이를 통해 사람들이 의미를 인지하고 소통하게 된다. 인지 모형 이론에는 '틀', '인지 영역', '이상적 인지 모형' 등이 있다. 인지 모형 이론의 역동성을 보여 주는 사례로 상거래 인지 모형을 들 수 있다.

넷째, 어휘장 이론과 인지 모형 이론은 공통성과 차이점을 지니면서 상호 보완관계에 있다.

20　이러한 시도로는 포스트(Post 1988: 36-47), 레러(Lehrer 1993: 149-162)가 있으며, 의미장 이론 및 성분 표시를 틀 이론과 통합하고자 한 시도로는 바살로우(Barsalou 1992: 21-74)가 있다.

제5장
의미의 변이

1. 들머리

이 장은 단어의 '형태'와 '의미' 대응에서 하나의 단어 형태가 둘 이상의 해석을 가질 수 있는 '의미 변이(meaning variation)' 현상을 이해하는 데 목적이 있다. 단어의 의미는 본질적으로 그 경계가 불명확하다. 이 장에서는 구체적으로 한 어휘 항목과 관련하여 다섯 가지 측면에서 의미 변이 현상에 대해서 다룬다.

첫째, 의미 변이 현상에 대해서이다. 동일한 형태를 공유한 어휘 항목에 대해 '모호성'과 '중의성'의 검증을 통해 그 '문맥적 변이'를 구별함으로써 의미 변이 현상을 단의어, 다의어, 다면어, 동음이의어의 네 가지로 나누어 살펴본다.

둘째, 단의어에 대해서이다. 하나의 형태가 하나의 의미를 가진 단의어에 대해 그 설정의 의의, 정의·기준·보기를 살펴본다.

셋째, 다의어에 대해서이다. 하나의 단어가 관련된 둘 이상의 의미를 지닌 다의어에 대해 정의, 의미 확장의 원리 및 경로, 의미 특성을 살펴본다.

넷째, 다면어에 대해서이다. 하나의 어휘 항목이 몇 개의 국면으로 이루어진 다면어를 다의어와 비교해서 기술하며, 다면어의 양상으로 두 가지에서 네 가지의 국면으로 이루어진 예들을 살펴본다. 또한, 다면어의 의미 특성을 자율성과 원근법의 측면에서 살펴본다.

다섯째, 동음이의어에 대해서이다. 하나의 어휘 항목이 서로 다른 의미를 지닌 동음이의어의 생성 원인, 경계, 충돌, 비대칭성에 대해 살펴본다.

2. 의미의 변이 현상

동일한 단어 형태가 문맥에 따라 의미적 해석이 다른 경우를 흔히 볼 수 있다. 이처럼 하나의 단어 형태가 둘 이상의 해석을 가질 수 있는 현상을 '의미 변이(meaning variation)'라고 한다(Murphy 2010: 83 참조). 예를 들어, (1)은 하나의 형태에 대응하는 다른 해석의 네 가지 사례이다.

(1) a. 타조는 **새**^{1}이지만, **새**^{2}처럼 날 수 없다.
    b. 그는 **법**^{1}을 전공했지만 세상 사는 **법**^{2}을 익히지는 못했다.
    c. 이 **책**^{1}은 두껍지만 저 **책**^{2}만큼 지루하지 않다.
    d. **못**^{1}이 **못**^{2}에 빠졌다.

즉, (1a)의 '새^1'과 '새^2'는 '새'이지만, '새^2'는 전형적인 '새'를 의미한다. (1b)의 '법^1'은 '법률'을 뜻하며 '법^2'는 '이치'나 '방식'을 뜻한다. (1c)의 '책^1'은 〈형태〉로서 '책'을 지칭하고 '책^2'는 〈내용〉으로서 '책'을 지칭한다. (1d)의 '못^1'은 '목재 따위의 접합이나 고정에 쓰는 물건'이며 '못^2'는 '연못'이다. (1)의 네 가지 용법은 하나의 형태에 대한 의미 변이로서, 그 성격은 매우 다르다.

이와 관련하여, 한 단어의 '문맥적 변이(contextual variation)'를 구별하기 위해 '모호성'과 '중의성'의 검증 방식을 유용한 잣대로 활용해 왔다.[1]

---

1   모호성과 중의성은 '액어법(軛語法, zeugma)' 검증에 의해서도 구별되는데, 모호

먼저, '모호성(vagueness)'의 경우를 보기로 한다. 어떤 단어가 다양한 문맥에 적용될 수 있을 만큼 충분히 일반적인 하나의 의미를 갖는다면 그 단어의 의미는 '모호하며(vague)', 이 경우를 '단의어'라고 한다. (1a)의 '새'는 '참새, 까치, 비둘기, 타조' 등을 동시에 지칭할 수 있으므로 '새'의 의미는 모호하며, '새'는 단의어가 된다.

다음으로, '중의성(ambiguity)'의 경우를 보기로 한다. 어떤 단어가 문맥에서 두 가지 용법의 서로 다른 의미를 갖는다면 그 단어의 의미는 '중의적이며(ambiguous)', 다의관계와 동음이의관계가 이 경우에 해당된다. 그중 '다의관계(polysemy)'는 한 단어의 형태가 둘 이상의 관련된 의미를 지닌 것이며, '동음이의관계(homonymy)'는 둘 이상의 의미가 다른 단어가 하나의 동일한 형태를 지닌 것이다. (1b)의 '법'은 '법률'과 '이치·방식'으로, (1c)의 '책'은 '형태'와 '내용'으로 구별되지만 관련성을 지니고 있다. 그런데 '법'의 '법률'과 '이치·방식'은 중심의미와 확장의미의 관계인 반면, '책'의 '내용'과 '형태'는 두 국면이 상호 보완적으로 지각상 하나의 통일체를 형성한다는 점에서 변이의 방식이 다르다. 이 점에 유의하여 '법'은 '다의어'로, '책'은 '다면어'로 규정한다. 한편, (1d)의 '못'은 나무나 쇠로 된 '못(釘)'과 '연못(池)'으로 구별되므로, 의미의 관련성이 없는 '동음이의어'이다.

전통적으로 단어의 형태와 의미 간의 변이 또는 불연속성에 대해 '단의어', '다의어', '동음이의어'의 세 가지로 구분해 왔다. 그 가운데서 '다의어'와 '동음이의어'에 관심이 집중되었으며, 그 둘은 '의미 핵'의 유무 기준으로 구별해 왔다. 의미 핵을 공유하는 경우를 다의어라고 하며 그렇지 않은 경우를 동음이의어라고 하는데, 의미 핵의 존재 유무를 판별하기 어려운 경우는 동음이의어로 처리하였다.

요컨대 이 장에서는 의미 변이를 '단의어-다의어-다면어-동음이의어'의

성은 액어법이 없는 반면, 중의성은 액어법이 있다. 여기서 '액어법'은 "?**학마을 사람들은** 한껏 즐겁고 풍성하였다."에서처럼 문맥에서 하나의 표현이 두 개의 의미를 수행함으로써 생기는 어색한 표현을 뜻한다.

네 가지로 나누고 그 경계는 불명확하다고 보며, 특히 다의어와 동음이의어 간의 경계가 불명확한 경우는 다의어의 개연성에 무게를 두기로 한다.

3. 단의어

하나의 형태가 하나의 의미로 맺어진 단어를 '단의어(單義語, monosemic word)'라고 한다. 단의어의 의의, 정의 및 기준, 그리고 그 전형적 보기들에 대해 기술하기로 한다.

첫째, 단의어의 위상 정립이 갖는 의의이다. 어휘 의미론에서 단의어는 다의어나 동음이의어에 비해 별다른 주목을 받지 못하였다. 그러나 의미 변이의 출발점은 단의어이며, 단의어의 규정이나 범위를 설정하는 것은 다의어나 다면어를 규정하는 기초가 된다. 글자 그대로, '단의어'는 하나의 의미를 갖는 것이며, 모든 단어는 출발 시점에서 하나의 의미를 갖게 마련이다. 그 단어의 의미에 대한 용법이 다양해지면서 다의어로 진행되는데, 이 경우 단의어의 경계가 문제시된다. 따라서 단의어의 전형적인 목록을 확보하는 일이 필요하다.

둘째, 단의어의 정의 및 기준, 그리고 보기들을 살펴보기로 한다. 단의어는 하나의 형태에 하나의 의미를 갖는 것을 말한다. 이 경우 '하나의 의미'란 일반적 의미를 가리키는 것으로, 문맥적 변이를 포괄한다. 예를 들어, '원'에 대한 (2a)는 엄격한 용법인 반면, (2b)는 느슨한 용법이다. 이 경우, 두 가지 용법의 '원'은 '문맥적 변이'로서 단의어이다.

(2) a. 제도사가 **원**을 신중히 그렸다.
    b. 사물놀이를 보려고 구경꾼들이 **원**을 이루었다.

또한, 문맥적 변이에 의한 단의어의 의미는 모호성으로 특징지어진다. 즉,

단어가 다양한 경우에 적용될 수 있을 만큼 충분히 일반적인 하나의 의미를 갖는다면 그 단어는 '모호한(vague)', 또는 '불확정적인(indeterminate)' 의미이다. 예를 들어, (3a)에서 '과일'은 '수분이 많고 단맛 또는 신맛의 먹을 수 있는 열매'로서 '사과·배·수박'의, 그리고 (3b)에서 '시계'는 '시간을 측정하는 기구나 장치'로서 '자명종·손목시계·벽시계·모래시계'의 다양한 대상을 지칭할 수 있다는 점에서 그 의미가 모호하거나 불확정적이므로, 단의어이다.

> (3) a. **과일**이 익어가고 있다.
> b. **시계**가 정오를 가리킨다.

이 밖에도 (4)의 '선생님'은 '남성'과 '여성',[2] (5)의 '자동차'는 '차체'와 '부품'을 지칭하는 것으로, 문맥적 변이에 해당한다.

> (4) a. 그 **선생님**은 수염을 기르고 있다.
> b. 그 **선생님**은 두 아이의 엄마다.

> (5) a. 정비공이 **자동차**를 닦는다.
> b. 정비공이 **자동차**에 기름을 칠한다.

4. 다의어

다의어의 정의, 의미 확장의 원리와 경로, 의미 특성에 대해서 살펴보기로 한다.

---

2 "그 선생님은 육아 휴직 중이다."의 경우 선생님의 성별을 알 수는 없는데, 근로기준법상 배우자도 육아 휴직이 가능하기 때문이다.

4.1. 다의어의 정의

'다의어(多義語, polysemous word)'의 정의와 관련하여 다음 두 가지 측면에서 살펴보기로 한다.

먼저, '다의어'는 하나의 단어 형태가 두 가지 이상의 관련된 '의미'를 지닌 것으로서, 단어의 '형태'에 대응되는 '의미1, 의미2, … 의미n'의 관계를 '다의관계'라고 한다. 이 가운데 다의관계를 대표하는 의미를 '중심의미·기본의미·원형의미'라 하고, 확장된 의미를 '주변의미·파생의미·확장의미'라고 한다. 예를 들어, '먹다'의 경우를 보기로 한다.

(6) a. 음식 따위를 입을 통하여 배 속에 들여보내다. (밥을 먹다.)
   b. 뇌물을 받아 가지다. (뇌물을 먹다.)
   c. 일정한 나이에 이르거나 나이를 더하다. (나이를 먹다.)
   d. 매 따위를 맞다. (상대방의 주먹 한 방 먹고 나가떨어지다.)
   e. 구기 경기에서 점수를 잃다. (상대편에게 한 골을 먹었다.)
   f. 어떤 등급을 차지하거나 점수를 따다. (100점을 먹다.)
   g. 욕, 핀잔 따위를 듣거나 당하다. (욕을 먹어 배가 부르다.)
   h. 겁, 충격 따위를 느끼게 되다. (겁을 먹다.)
   i. 어떤 마음이나 감정을 품다. (한 번 먹은 마음 변치 말자.)

(6)의 '먹다'에서 a의 '밥을 먹다'는 중심의미 또는 원형의미이며, b-i의 '{뇌물·나이·주먹·골·점수·욕·겁·마음} 먹다'는 주변의미 또는 확장의미이다. '먹다'의 중심의미는 음식이라는 구체적인 대상을 입에서 배로 들여보내는 행위인 데 비하여, 주변의미는 대상이 구체적이지도 않고 먹는 통로가 존재하지도 않은 채 추상적인 대상과 가상적인 통로의 설정을 통해 '먹다'의 의미가 실현된다.

이처럼 다의어는 중심의미와 그로부터 확장된 주변의미로 구성된다. 이것은 본질적으로 다의어가 언어를 부려 쓰는 인간의 인지적 전략인 유연성과 경제성의 경향으로부터 발생한 것임을 뜻한다. 인간은 새로운 사물·활동·경험 등을 가리키기 위해 새로운 표현을 만드는 대신에 기존의 용어, 즉 지금까지 비슷하거나 관련된 사물에 사용했던 용어를 적용하는 전략을 쓰게 되는데, 이 과정에서 한 어휘 항목이 가진 중심의미를 기준점으로 다양한 주변의 미가 다의어를 형성하게 된다. 그런 점에서 다의어는 본질적으로 개념적 현상이라 할 수 있다.

다음으로, 다의어와 동음이의어 간 경계의 불분명함이다. 정의상으로, '다의어'와 '동음이의어'는 뚜렷이 구별된다. 즉, '다의어'는 한 형태의 단어가 둘 이상의 관련된 의미를 지닌 것이며, '동음이의어'는 둘 이상의 서로 다른 단어가 의미와 무관하게 동일한 형태를 지닌 것이다. 그러나 '형태-의미'로 이루어진 어휘 항목에 대해서 처리하는 방식이 사전마다 다를 뿐 아니라, 하나의 사전 안에서도 그 기준이 일정하지 않다. 이것은 본질적으로 '다의어'와 '동음이의어'의 경계가 흐릿한 경우가 적지 않다는 것을 뜻한다. (7)-(9)의 '고개', '목', '턱'의 기술을 보기로 한다.

(7) '고개'
   a. 목의 뒷등이 되는 부분 (**고개**가 아프다.)
   b. 산과 언덕을 넘어 다니게 된 비탈진 곳 (**고개**를 넘다.)

(8) '목'
   a. 척추동물의 머리와 몸통을 잇는 잘록한 부분 (**목**이 긴 여자)
   b. 통로 가운데 다른 곳으로 빠져 나갈 수 없는 중요하고 좁은 곳 (**목**에서 적을 기다리다.)

(9) '턱'
   a. 사람의 입 아래에 있는 뾰족하게 나온 부분 (**턱**에 수염이 나다.)

b. 평평한 곳의 어느 한 부분이 조금 높이 된 자리 (**턱**에 걸리다.)

(7)-(9)의 의미 변이에 대한 사전의 기술을 보기로 한다. 『표준국어대사전』 (두산동아), 『우리말 큰사전』(어문각), 『고려대 한국어대사전』(고려대민족문화연구원)에서는 '고개'와 '턱'은 동음이의어로, '목'은 다의어로 기술하고 있는 반면, 『국어대사전』(민중서림)에서는 '턱'은 동음이의어로, '고개'와 '목'은 다의어로 기술하고 있다.

그런데 '고개', '목', '턱'의 의미 변이는 '신체어'의 중심의미에서 모양 및 기능의 유사성, 즉 은유적 기제에 의해 '공간 지칭'의 확장의미가 형성되어 다의어를 이룬 것이다. 이러한 처리 방식은 한 언어공동체가 의미적으로 관련성이 있는 변이 항목들을 별개의 단어인 동음이의어로 처리하여 기억 부담을 증가시키기보다 기존 형태에 의미를 확장하여 한 단어인 다의어로 범주화하려는 것으로, 유연하고 경제적인 인지 전략을 선호하는 인간의 경향성과 일치한다.

4.2. 다의어의 의미 확장

나의어의 의미 확장에 대해 그 원리와 경로를 기술하기로 한다.

4.2.1. 의미 확장의 원리

다의어의 의미 확장 원리이다. 다의어의 의미 확장은 〈그림 1〉의 '의미 망 (semantic network)' 구조와 〈그림 2〉의 '의미 연쇄(meaning chain)' 구조에 의해서 설명된다.

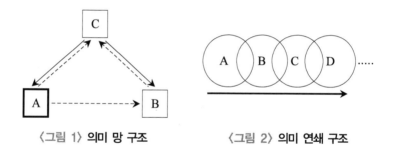

〈그림 1〉 의미 망 구조   〈그림 2〉 의미 연쇄 구조

〈그림 1〉의 의미 망 구조는 A(원형), B(확장), C(도식)로 이루어지는데, '원형(A)'과의 유사성을 통하여 수평적으로 '확장(B)' 관계를 이루며 원형과 확장의 공통성을 추상화하여 수직적으로 '도식(C)' 관계를 이룬다.

예를 들어, '죽다'는 〈그림 3〉과 같이 '사람'의 생명이 끊어진 사건의 원형 의미에서 '짐승' 및 '식물'의 생명이 끊어진 사건으로 확장되며, 원형과 확장 사건을 바탕으로 '생명체'가 죽은 사건으로 도식화된다. 이러한 망을 바탕으로 '죽다'의 의미는 '불이 죽다', '옷에 풀기가 죽다'와 같은 '구체물'로 확장되며, '성질·기(氣)가 죽다'와 같이 추상적인 죽음으로 확장된다.

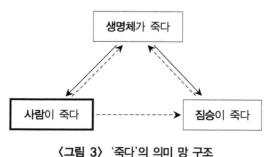

〈그림 3〉 '죽다'의 의미 망 구조

〈그림 2〉의 의미 연쇄 구조는 다의관계를 이루는 의미들이 중심의미에서 연쇄적으로 확장되는 구조로서, AB, BC, CD 간에 인접한 용법끼리 의미를 공유하게 된다. 예를 들어, '고락'은 '낙지의 배→그 배 속의 검은 물→그 물이 담긴 주머니'로 의미 연쇄가 일어난다. 또한, '벤치'는 '긴 의자'("공원

벤치에 앉았다.")→'대기소'("그는 후보 선수로서 **벤치**를 지키는 신세가 되었
다.")→'감독'("선수들이 **벤치**의 지시를 어겼다.")으로 의미 연쇄가 일어난다.
이것은 다의어가 공통된 의미 핵을 지닌다는 종래의 관점이 모순되었음을 보
여 주는 증거이다.

4.2.2. 의미 확장의 경로

　다의어는 구체적인 데서 추상적인 데로 의미가 확장된다. 이 확장의 경향성
은 인간의 경험과 동기화되어 있다. 예를 들어, '흘러가다'에 대한 (10)의 용법
가운데 '시냇물'에서 '세월'로 흘러가는 것을 도출하는 것은 쉽고 자연스럽지
만, 그 역은 설명이 어렵고 부자연스럽다. 곧 '흘러가다'의 의미 확장에서 그
원형의미의 대상은 '액체'이며, 이에 따른 확장의 경로는 '액체→자료→이야
기→시간→마음'이라 하겠다.

> (10) a. 시냇물이 **흘러간다.**
>
> 　　 b. 자료가 어떤 경로로 그에게 **흘러갔는지** 알 수 없다.
>
> 　　 c. 이야기가 엉뚱한 방향으로 **흘러갔다.**
>
> 　　 d. 세월이 **흘러갔다.**
>
> 　　 e. 마음이 **흘러가는** 곳.

　다의어의 의미 확장 경로 다섯 가지를 제시하면 다음과 같다.
　첫째, '사람→동물→식물→무생물'의 확장 경로이다. 이 경로는 신체화에
따른 의미 확장으로서 그 보기는 (11)의 '눈' 및 (12)의 '먹다'에서 보는 바와
같다.

> (11) '눈' a. 사람의 눈. (그는 **눈**이 크다.)
>
> 　　　 b. 동물의 눈. (사나운 호랑이의 눈)

c. 식물의 눈. (새싹의 **눈**)

d. 사물의 눈. (그물 · 저울 · 바둑판의 **눈**)

(12) '먹다' a. 사람의 먹는 행위. (아이가 밥을 **먹었다**.)

b. 동물의 먹는 행위. (벌레 **먹은** 사과)

c. 식물의 먹는 행위. (물을 많이 **먹는** 화초)

d. 무생물의 먹는 행위. (기름 · 풀 **먹은** 종이)

둘째, '공간→시간→추상'의 확장 경로이다. 이 경로는 의미 확장에서 가장 빈번하고 일반적인 사례 가운데 하나인데, (13)의 '틈' 및 (14)의 '깊다'에서 보는 바와 같다.

(13) '틈' a. 공간의 벌어짐. (창문 **틈**으로 바람이 들어온다.)

b. 시간의 벌어짐. (쉴 **틈**이 없다.)

c. 관계의 벌어짐. (우정에 **틈**이 생겼다.)

(14) '깊다' a. 공간의 깊음. (계곡이 **깊다**.)

b. 시간의 깊음. (밤이 **깊다**.)

c. 관계의 깊음. (인연이 **깊다**.)

셋째, '물리적 위치→사회적 위치→심리적 위치'의 확장 경로이다. '위치'에 관한 확장 경로의 보기는 (15)와 같다.

(15) '~에 있다' a. 물리적 위치. (그는 방**에 있다**.)

b. 사회적 위치. (그는 공직에 **있다**.)

c. 심리적 위치. (그 눈동자 입술은 내 가슴**에 있네!**)

넷째, '문자성→비유성→관용성'의 확장 경로이다. 이 경로는 문자성을 기점으로 하여 비유적 확장을 거쳐, 관용적으로 고착화되는데, 그 보기는 (16)의 '짧다'에서 보는 바와 같다.

(16) '짧다' a. 문자적 짧음. (토끼는 앞발이 **짧다**.)
　　　　　 b. 비유적 짧음. (ㅗ는 외국어 실력이 **짧다**.)
　　　　　 c. 관용적 짧음. (우리 집 양반은 입이 **짧다**.)

다섯째, '내용어→기능어'의 확장 경로이다. 이 경로는 문법화의 과정으로서 내용어가 기능어로, 또는 기능어가 더욱 추상화되는 것을 가리킨다.[3] 예를 들어, '버리다'에 대한 (17a)는 본동사, (17b)는 합성동사, (17c)는 보조동사로서 의미 확장의 문법화를 볼 수 있다.

(17) '버리다' a. 쓰레기를 **버렸다**.
　　　　　　 b. 서류 뭉치를 한 장 한 장 찢어**버렸다**.
　　　　　　 c. 약속을 잊어 **버렸다**.

요컨대 이상의 다섯 가지 확장 경로는 중심의미를 기준점으로 경험이나 인지의 측면에서 볼 때 구체적인 데서 추상적인 데로 확장되는 특징을 갖는다.

4.3. 다의어의 의미 특성

사전에서 한 단어의 표제어에 대한 다의어의 기술은 평면적, 등가적이다.[4]

3　조사 '로'의 "a. 호미로 김을 매다.", "b. 손으로 풀을 뽑다.", "c. 바람으로 땀을 식히다.", "d. 분위기로 청중을 사로잡다.", "e. 과로로 쓰러지다."를 보면, 기능어로서 '도구'의 기능이 뚜렷한 a에서부터 점차 추상화되어 e에 이르면 '원인'의 기능으로 확장된다.

4　사전은 '종이 사전(written dictionary)'과 이에 대응되는 '머릿속 사전(mental

그러나 우리의 머릿속 사전에서 중심의미는 주변의미에 비해 여러 가지 측면에서 우월성, 즉 비대칭성을 갖는다. '사다' 및 '팔다', 그리고 '먹다'의 다의적 용법을 중심으로 이 점을 확인해 보기로 한다.

먼저, '사다' 및 '팔다'의 경우를 보면 다음과 같다.

(18) a. 과일을 사다.
　　 b. 병(病)을 사다, 인심을 사다, 공로를 높이 사다.

(19) a. 과일을 팔다.
　　 b. 양심을 팔다, 한눈을 팔다, 아버지의 이름을 팔다.

'사다'와 '팔다'에서 (18a), (19a)는 그 각각의 중심의미이며, (18b), (19b)는 주변의미에 해당하는데, 다음 네 가지 측면에서 비대칭성이 드러난다.

첫째, '사다'와 '팔다'가 (18a), (19a)와 같이 중심의미로 사용될 때는 구체적 상품에 대한 상거래 행위의 의미를 표시하며, '사다'와 '팔다' 사이에 대립 관계가 성립하지만, (18b), (19b)의 주변의미로 쓰일 때는 그렇지 않다.

둘째, 인지적인 측면에서 '사다, 팔다'의 중심의미는 주변의미에 비해 더 뚜렷한 특징을 갖는다. 즉, (18a), (19a)의 중심의미로 사용되는 '사다'와 '팔다'는 (18b), (19b)의 주변의미에 비해 언어 습득이나 학습의 시기가 빠르며, 우리 머릿속에 뚜렷이 각인됨으로써 일상 언어생활에서 더 쉽게 이해되고 연상된다. 이와 관련하여 (18b), (19b)의 주변의미로 사용되는 '사다'와 '팔다'는 구체적 상품을 대상으로 한 상거래가 아니므로, (18a), (19a)의 '사다, 팔다'와 동일한 단어인지 여부에 의문이 생길 정도이다.

셋째, 구조적인 측면에서 (20)과 같이 '사다, 팔다'의 중심의미는 통사적 제약이 없는 반면, 주변의미는 제약을 지니는데, 가격이나 장소, 그리고 '싸게/

---

lexicon)'으로 구별되는데, 양자의 특성은 정보량과 처리에 있어서 '폐쇄적 - 개방적', '평면적 - 입체적', '등가적 - 등급적', '구정보 - 신정보' 등으로 구별된다.

비싸게' '잘/잘못' 등의 평가 부사어가 올 수 없다.

(20) a. 과일을 {만원에/시장에서/싸게/비싸게/잘/잘못} {샀다/팔았다}.
　　 b. ?인심을 {만원에/시장에서/싸게/비싸게/잘/잘못} 샀다.
　　 c. ?한눈을 {만원에/시장에서/싸게/비싸게/잘/잘못} 팔았다.

넷째, 빈도적인 측면에서 '사다, 팔다'의 중심의미는 주변의미에 비해 사용 빈도가 높다. 제6차 교육과정에 따른 초등학교『국어』교과서 30권(교육부 1997)의 경우 '사다'는 254회, '팔다'는 44회의 빈도수를 갖는데, 그 용법에 따른 빈도수의 양상은 (21), (22)와 같다.[5]

(21) 사다(254회): ① 사는 이가 파는 이에게 돈을 주고 상품을 소유하다.
　　　　　　　　　　　　　　　　　〈254회: 100%〉

(22) 팔다(44회): ① 파는 이가 사는 이에게 상품을 주고 돈을 소유하다.
　　　　　　　　　　　　　　　　　〈41회: 93.18%〉
　　　　　　② 감각기관의 집중력을 다른 곳으로 돌리다.
　　　　　　　　　　　　　　　　　〈3회: 6.82%〉

다음으로, '먹다'의 분포와 빈도를 보기로 한다.『한국어 기본어휘 의미 빈도 사전』(서상규 2014)은 998,245어절로 이루어져 있으며, 그중 '먹다'의 빈도 합은 1,778(0.0957%)인데, 다의적 용법에 따른 빈도를 보면 〈표 1〉과 같다 (서상규 2015: 116 참조).

5　참고로, 100만 어절을 대상으로 한『한국어 교육 기초 어휘 의미 빈도 사전의 개발』의 경우 '사다'는 872회, '팔다'는 287회의 빈도수를 갖는데, '사다'의 중심 의미, 즉 '돈을 주고 그 물건을 제 것으로 만들다'는 823회(94.38%)이며, '팔다'의 중심의미, 즉 '(돈을 받고) 어떠한 물건을 남에게 넘겨주다'는 261회(90.94%)이다.

<표 1> '먹다'의 용법과 빈도

'먹다' 전체 빈도 합 = 1,778(0.0957%)	
① 밥·과자를 먹다. (1,439/82.3%)	⑭ 대회에서 일등을 먹다. (4/0.2%)
② 물·커피를 먹다. (89/5.1%)	⑮ 구류·벌점을 먹다. (3/0.2%)
③ 약을 먹다. (58/3.3%)	⑯ ○○를 먹다. (3/0.2%)
④ ㊜먹고 살다. (39/2.2%)	⑰ ㊜골탕을 먹다. (3/0.2%)
⑤ 부려·장사해 먹다. (26/1.5%)	⑱ 귀가 먹다. (3/0.2%)
⑥ 나이를 먹다. (26/1.5%)	⑲ 땀·물·습기를 먹다. (2/0.1%)
⑦ 마음·앙심을 먹다. (22/1.3%)	⑳ 연탄가스를 먹다. (2/0.1%)
⑧ 구전·뇌물을 먹다. (11/0.6%)	㉑ 축구 경기에서 골을 먹다. (2/0.1%)
⑨ 남의 돈·재산을 먹다. (8/0.5%)	㉒ ㊜더위(를) 먹다. (2/0.1%)
⑩ 겁·쇼크를 먹다. (7/0.4%)	㉓ ㊜누워서 떡 먹기. (2/0.1%)
⑪ 화투판에서 피를 먹다. (7/0.4%)	㉔ 껌을 먹다. (1/0.1%)
⑫ 그에게 욕·핀잔을 먹다. (5/0.3%)	㉕ ㊜(서울)물·(군대)밥을 먹다. (1/0.1%)
⑬ 버짐·벌레가 먹다. (5/0.3%)	

〈표 1〉은 '먹다'의 25가지 용법을 빈도가 높은 차례로 배열한 것이다. 그중 중심의미에 해당하는 '밥·과자를 먹다'가 '먹다' 용법의 82.3%를 차지하고 있다. '먹다'의 용법에서 보듯이 다의어의 중심의미와 주변의미의 빈도는 〈그림 4〉와 같이 L자 곡선을 이룬다.

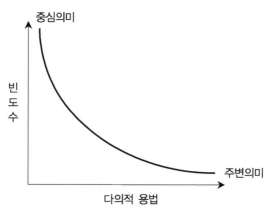

〈그림 4〉 중심의미와 주변의미의 빈도 상관성

요컨대 다의어의 중심의미는 주변의미에 비해 구체적이며, 인지적·구조적·빈도적 측면에서 우월성을 띠고 있다.

5. 다면어

다면어의 정의, 양상, 의미 특성에 대해서 살펴보기로 한다.

5.1. 다면어의 정의

'다면어(多面語, multi-faceted words)'는 그 의미가 둘에서 네 개 정도의 '국면(facet)'으로 구성되며, 각각의 국면은 한 단어의 의미에 대하여 상호 보완적인 관계를 맺음으로써 지각상 하나의 '통일체(gestalt)'를 형성하는 단위이다. (1)의 두 가지 용법을 다시 살펴보기로 한다.

> (1)' a. 그는 **법**^{1}을 전공했지만 세상 사는 **법**^{2}을 익히지는 못했다.
>   b. 이 **책**^{1}은 두껍지만 저 **책**^{2}만큼 지루하지 않다.

앞에서 (1a)'의 '법^1'은 '법률'을 뜻하는 중심의미이며 '법^2'는 '이치'나 '방식'을 뜻하는 주변의미로서 '다의어'로, (1b)'의 '책^1'은 〈형태〉로서 '책'을 지칭하고 '책^2'는 〈내용〉으로서 '책'을 지칭하는 '다면어'로 규정한 바 있다. 그런데 '형태'와 '내용'에 관한 '책'의 경우 사전에서는 단의어로, 생성어휘부 이론에서는 다의어로 취급해 왔다. 그런데 다의어와 다면어는 다음 네 가지 측면에서 구별된다.

첫째, 정의의 측면에서 보았듯이, '다의어'는 기본의미 또는 중심의미에서 의미의 확장 또는 파생이 이루어져 하나의 어휘 항목에 둘 이상의 관련된 의미가 형성된 것이다. 그 반면, '다면어'는 둘 이상의 국면이 모여 어휘 항목에 하나의 의미적 통합체를 형성한 것이다.

둘째, 다의어는 중심의미와 주변의미 간의 구조적·빈도적·인지적 비대칭성을 갖는데, 중심의미는 주변의미에 비해 구조적으로 무표적이며, 빈도가 높으며, 인지적으로 단순하고 기본적이다. 그 반면, 다면어의 국면들은 상호 대칭적이다.

셋째, 다의어의 경우 하나의 중심의미와 여러 가지 주변의미들을 하나의 영상으로 포착하기 어렵다. 일반적으로 다의어의 경우는 중심의미가 뚜렷하게 부각되고 주변의미는 중심의미에 근접한 차례로 몇 가지가 상기될 뿐 그 전체를 환기하지는 않는다. 그 반면, 다면어는 일정한 국면들이 지각상 하나의 통일체를 이룬다. 따라서 다면어는 이들 국면이 모여서 통합된 전체를 구성한다. 곧 다의어는 그 의미가 중심의미를 바탕으로 개방적이고 분산되어 있는 반면, 다면어는 그 의미들이 상호 보완적이다.

넷째, 다의어는 모든 어휘 부류에 나타나는 현상으로서, 내용어인 명사[6]·동사·형용사·부사뿐만 아니라, 기능어인 조사·어미에도 중심의미를 바탕으로 다의적 확장이 자연스럽게 이루어진다. 그 반면, 다면어는 명사에 국한되며, 그 작용 양상은 다의적 확장과 현저히 구별된다.

5.2. 다면어의 양상

하나의 어휘 항목이 둘 이상의 국면으로 이루어진 다면어의 양상을 의미 부류에 따라 살펴보면 다음과 같다.

첫째, 두 가지 국면으로 된 다면어를 보기로 한다. (23)은 (1b)'의 '책'과 같이 〈형태〉〈내용〉의 두 국면으로 이루어진 다면어이다.

---

6   명사류의 의미 확장에서 '나무의 종/목재의 유형'(소나무), '과일/나무'(사과), '꽃/식물'(장미), '짐승/고기'(닭), '작곡가/작곡가의 음악'(베토벤) 등 예측 가능하고 되풀이되는 경우를 '체계적 다의관계(systematic polysemy)' 또는 '규칙적 다의관계(regular polysemy)'라고도 한다.

(23) a. 신문: 종이 신문, 보수적인 신문

b. 편지: 찢어진 편지, 위문편지

c. 연설: 시끄러운 연설, 고별 연설

d. 영화: 흑백 영화, 슬픈 영화

e. 음반: 엘피반, 가곡 음반

둘째, 세 가지 국면으로 된 다면어를 보기로 한다. (24)의 '은행'은 〈건물〉 〈기관〉〈구성원〉의 세 국면으로 이루어진 다면어이며, '회사, 교회, 병원' 등도 이 보기에 해당한다.

(24) a. 이 **은행**은 담쟁이로 둘러싸여 있다.

b. 이 **은행**은 1930년대에 설립되었다.

c. 이 **은행**은 친절하다.

(25)의 '식당'은 〈건물〉〈음식〉〈구성원〉의 세 국면으로 이루어진 다면어이다.

(25) a. 이 **식당**은 3층으로 지어졌다.

b. 이 **식당**은 맛있다.

c. 이 **식당**은 친절하다.

'국가'는 (26)의 '대한민국'과 같이 〈국민〉〈영토〉〈주권〉의 세 국면으로 이루어진 다면어이다. (26)'의 '대한민국'은 '대한민국의 축구 선수'를 가리키는데, 이 경우는 〈국민〉에 해당한다.

(26) a. 월드컵 16강 진출에 대해 **대한민국**이 가슴을 졸인다. 〈국민〉

b. **대한민국**은 온통 눈으로 뒤덮여 있다. 〈영토 · 땅〉

c. **대한민국**은 1948년 8월 15일에 수립되었다. 〈주권 · 정부〉

(26)' 월드컵 4강, **대한민국**이 거둔 성적에 세계가 놀랐다. 〈국민〉

셋째, 네 가지 국면으로 된 다면어를 보기로 한다. (27)의 '학교'는 〈건물〉
〈기관〉〈구성원〉〈수업〉의 네 국면으로 이루어지며, '대학'도 이 보기에 해당
한다.

> (27) a. 산 위에 **학교**가 서 있다. 〈건물〉
>   b. 오산학교가 자격이 없는 **학교**니까 졸업을 하고도 진학 시험을 칠
>   수 없었다. 〈기관〉
>   c. 체벌에 대한 책임은 **학교**에 있다. 〈교사〉
>   d. **학교**가 일찍 끝났다. 〈수업〉

이처럼, 다면어는 둘에서 네 개 정도의 국면으로 이루어지는데, '책'의 〈형
태〉〈내용〉, '은행'의 〈건물〉〈기관〉〈구성원〉, '학교'의 〈건물〉〈기관〉〈구성원〉
〈수업〉이 다면어의 전형적인 양상이라 하겠다.

5.3. 다면어의 의미 특성

다면어의 자율성과 원근법을 통해 그 의미 특성을 기술하기로 한다.

5.3.1. 다면어의 자율성

앞에서 보았듯이 '책'은 〈형태〉〈내용〉으로 이루어진 다면어의 전형적인 보
기 가운데 하나이다. '책'의 두 국면은 고유한 구조 및 조직과 관련된 것으로
서, 그 자율성을 살펴보면 다음과 같다.

첫째, 〈형태〉와 〈내용〉은 각각 그 자체의 원형을 갖는다. 곧 우리의 머릿속
사전에는 〈형태〉로서의 원형적인 '책'과 〈내용〉으로서 원형적인 '책'의 '표시

(representation)'를 가지고 있는데, (28)에서 앞의 것은 〈형태〉, 뒤의 것은 〈내용〉을 표시한다. 또한, (29)와 같은 맥락에서 '책 그 자체'라는 표현은 (29a)의 경우 〈형태〉, 그리고 (29b)의 경우 〈내용〉을 표시한다.

(28) 이 **책**은 책장을 많이 차지하지만, (이 **책**은) 알맹이가 별로 없다.

(29) a. 나는 새로 나온 **책 그 자체에** 관심이 있을 뿐, 내용에는 흥미가
       없다. 〈형태〉
    b. 나는 새로 나온 **책 그 자체에** 관심이 있을 뿐, 장정(裝幀)에는 흥미
       가 없다. 〈내용〉

둘째, 〈형태〉와 〈내용〉은 각각 그 자체의 의미 관계를 갖는다. '하의관계(hyponymy)'와 '부분관계(meronymy)'를 보면 (30) 및 (31)과 같다. 이 경우 〈형태〉의 하의어 및 부분어는 〈내용〉의 하의어 및 부분어와 논리적으로 독립적이며, 동일한 함축적 대조 집합에 속하지 않는다. 예를 들어, '경표지본'과 '시집'은 양립 가능하며, '장'과 '쪽' 간에는 필연적인 일치나 분리가 존재하지 않는다.

(30) 하의관계
    a. 〈형태〉: 경표지본(하드커버), 연표지본(페이퍼백), 헝겊책, 보드북
    b. 〈내용〉: 시집, 소설, 전기, 사전

(31) 부분관계
    a. 〈형태〉: 쪽, 표지, 책날개, 등판
    b. 〈내용〉: 권, 편, 부, 장, 절, 문단, 문장, 색인·찾아보기

셋째, 〈형태〉와 〈내용〉은 중의성을 일으키는 문맥에서 독자적으로 초점의

역할을 할 수 있다. (32)의 '책'은 두 국면의 '활성 지역(active zone)'으로서 (32a)는 〈형태〉와 〈내용〉 각각 또는 전체를 가리킬 수 있다. 예를 들어, "그 책은 중고 서점에서 샀으나 새 책과 같다."의 '책'은 〈형태〉를 가리키며, "새 책이 출간되었다."의 '책'은 〈내용〉만을 가리키거나 〈형태〉와 〈내용〉 둘 다를 가리킬 수 있다. (32b)의 '책이 단순하다'는 〈형태〉가 복잡하지 않거나 〈내용〉이 간단한 것을 가리킨다.

(32) a. 새 **책**

　　b. 그 **책**은 퍽 단순하다.

5.3.2. 원근법

다면어를 구성하는 국면들은 '원근법(perspective)'에 따라 초점으로 '부각화(highlighting)' 되기도 하며, 배경으로 '이면화(backgrounding)' 되기도 한다. 예를 들어, 〈그림 5〉의 '칠판지우개'는 윗면 · 옆면 · 밑면의 여러 국면으로 이루어진 통일체로서, 한 국면이 부각화되면 다른 국면들은 배경으로 이면화되어 상호 보완적인 기능을 수행한다.

　　　윗면　　　　　　　옆면　　　　　　　밑면

〈그림 5〉 '칠판지우개'의 다면성

다면어와 관련된 원근법의 국면은 '특질 역할(qualia role)'[7]과 '바라보기

방식(ways-of-seeing)'의 네 가지 역할에 의해 보다 더 구체적으로 설명될 수 있다(Pustejovsky 1995: 85-104, Cruse 2011: 111-112, Croft and Cruse 2004: 137-138 참조).

첫째, '구성 역할(constitutive role)' 또는 '부분–전체(part-whole) 바라보기'이다. '구성 역할'은 한 물체와 그 물체의 고유 부분 또는 구성 성분들의 관계로서 재료·무게·부분·성분과 같은 문제를 지시한다. 이것은 실체를 부분으로 구성된 전체로 바라보는 관점이다. 예를 들어, 수의사가 '말'의 몸 및 그 부분의 적절한 기능에 관심을 기울이면서 '말'을 살펴보는 데 해당한다.

둘째, '형태 역할(formal role)' 또는 '종(種, kind) 바라보기'이다. '형태 역할'은 어떤 물체를 더 큰 영역 안에서 다른 물체와 구분해 주는 것으로서, 방위·크기·모양·차원·색채·위치와 같은 문제를 지시한다. 이것은 실체를 다른 종과 대조하여 한 특정한 종으로 바라보는 관점이다. 예를 들어, 동물학자가 '말'을 '사슴', '얼룩말' 및 다른 종들과 대조하여 바라보거나, '말'의 다양한 하위 종 및 변이형들이 어떻게 서로 다른지를 대조적으로 살펴보는 데 해당한다.

셋째, '기능 역할(telic role)' 또는 '기능적(functional) 바라보기'이다. '기능 역할'은 그 물체의 목적이나 기능으로서, 어떤 행동을 수행할 때 행위자가 가지고 있는 목적, 그리고 어떤 행위를 명시하도록 내재된 기능이나 목적을 지시한다. 이것은 어떤 실체를 그 기능에 의해서 바라보는 관점이다. 예를 들어, '최상의 상태에 있는 말'이라고 할 때 수의사는 건강 상태로, 경주마의 기수나 조련사는 경주 능력으로 해석하는데, 이러한 원근법 또는 해석은 말을 기능의 관점에서 바라본 것이다.

---

[7] '특질 역할(qualia role)' 또는 '특질구조(qualia structure)'는 푸체웁스키(Pustejovsky 1995)에서 명사의 의미 모형을 수립하려는 시도로서, 동사의 논항구조와 같이 명사의 의미에 대해 유사하게 중요성을 지닌 관계들의 체계이다. 즉, 특질구조는 "사물들이 이 세계에서 상호작용하는 방식의 상식적 이해를 위해 오랫동안 중요하다고 간주되어 왔던(Pustejovsky and Boguraev 1994: 305)", 명사가 지시하는 대상물의 양상을 반영해 준다.

넷째, '작인(作因) 역할(agentive role)'[8] 또는 '생활사(agentive) 바라보기'이다. '작인 역할'은 한 물체의 기원이나 '유발'에 관련된 요인으로서, 창조자·인공물·자연류(natural kind)·인과 연쇄(causal chain)와 같은 문제를 지시하는데, 이것은 어떤 실체를 그것의 생활사 특히 존재하게 된 역사나 방식의 측면에서 바라보는 관점이다. 예를 들어, '말'의 경우 그 생명 주기, 수태, 출산 등을 포함하는 것에 해당한다.

이러한 특질구조나 바라보기 방식에 따라 몇몇 다면어의 의미 특성을 분석해 보면 다음과 같다. '책'에 관하여 (33a)는 부분-전체 바라보기, (33b)는 종 바라보기, (33c)는 기능적 바라보기, 그리고 (33d)는 생활사 바라보기로 해석된다.

(33) 그는 **책**을 시작했다.

    a. 그는 책 **제본하기**를 시작했다.

    b. 그는 **소설과 희곡의 차이점을 검토하기** 시작했다.

    c. 책 **읽기**를 시작했다.

    d. 그는 책 **쓰기**를 시작했다.

또한, '비싼' 호텔에 관하여, (34a)는 부분-전체 바라보기, (34b)는 종 바라보기, (34c)는 기능적 바라보기, 그리고 (34d)는 생활사 바라보기이다.

(34) **비싼** 호텔

    a. 이 호텔은 고급 자재를 사용해 **짓는 데** 돈이 더 많이 든다.

    b. 이 호텔은 저 호텔에 비해 **구매하는 데** 돈이 더 많이 든다.

    c. 이 호텔은 **투숙하는 데** 돈이 더 많이 든다.

    d. 이 호텔은 **관리하는 데** 돈이 많이 든다.

---

[8] 'agentive role'을 '작인 역할' 또는 '행위 역할'이라고도 한다.

요컨대 다면어의 특징은 상호 구분되는 존재론적[9] 유형에 속한다는 점이다. 이것은 원근법, 특질 역할, 바라보기 방식과 긴밀한 상관성을 맺는다고 하겠다.

6. 동음이의어

'동음이의어(同音異義語, homonymous word)'는 둘 이상의 서로 다른 의미를 지닌 단어가 하나의 형태를 공유한 것이다.[10] 동음이의어의 생성 원인, 다의어와의 경계, 충돌, 비대칭성에 대해서 살펴보기로 한다.

6.1. 동음이의어의 생성 원인

동음이의어의 생성 원인에는 다음 세 가지가 있다.

첫째, 음운적 원인이다. 'ㅂ' 합용병서의 소실로 '쓰다>쓰다(用)-쓰다(苦)'의 음운 변화 및 '너머-넘어'의 음운 변동에 의해 동음이의어가 생성된다.

둘째, 의미적 원인이다. 다의관계에 있던 '다리(脚)'와 '다리(<ᄃᆞ리)(橋)'가 의미적 유연성을 상실함으로써 동음이의어가 생성된다.

셋째, 방언 및 외래어의 유입이다. 대구 방언에서 쌍시옷이 발음되지 않아 '씨름하다-시름하다'가 '시름하다'로 된 것, 한자어의 유입으로 불을 밝히는 '초(燭)'와 조미료인 '초(醋)'가 동음이의어가 된 것이 이에 해당한다.

---

9   'ontology(존재론)'는 '존재하는 것들'을 뜻하는 그리스어 어근 'onta'와 '~의 과학'을 뜻하는 접미사 'logy'에서 파생된 것이다(Hamawand 2016: 88-89 참조).
10   엄격한 기준에서 보면 '동음이의어'는 입말에서 소리 차원의 문제이며, '동형어(同形語)'는 글말에서 글자 차원의 문제이다. 예를 들어, '눈(眼)-눈:(雪)'은 소리 차원에서는 변별되지만, 글자 차원에서는 변별되지 않는 동형어이다.

6.2. 동음이의어의 경계

먼저, 동음이의어의 경계 문제이다. 종래 다의어와 동음이의어는 '핵 의미 (core meaning)'의 유무에 따라 구별해 왔다(Taylor 1989/2003: 105 참조). 원형적 다의어와 원형적 동음이의어는 핵 의미의 유무에 따라 뚜렷이 구별되지만, 그 경계가 흐릿한 경우가 흔하다. 이와 관련하여 객관주의 언어관에서는 동음이의어를, 인지주의 언어관에서는 다의어를 최대화하는 입장을 취하고 있다. 예를 들어, (35a)의 '못¹'은 '목재 따위의 접합이나 고정에 쓰는 물건'이며 '못²'는 '연못'이며, (35b)의 '못³'은 '손바닥이나 발바닥에 생기는 단단하게 굳은살'이다.

(35) a. **못¹**이 **못²**에 빠졌다.
    b. 손에 **못³**이 박혔다.

사전에서는 이들 셋을 동음이의어로 간주하여 별개의 표제어를 부여하고 있지만, '못¹'과 '못³'은 의미적으로 연관되어 있다. 곧 '못¹'의 원형적 속성이 바탕이 되어 '못³'으로 확장된 것이다. 따라서 (36)과 같이 '못¹'은 하위 표제어로 된 다의어를 가지며, '못¹'과 '못²'는 동음이의어가 된다.

(36) 못¹: ① 무엇에 박기 위하여 쇠로 된 가늘고 끝이 뾰족한 물체
         ② 손바닥에 생긴 굳은살
    못²: 연못

앞의 다의관계에서도 언급한 바 있듯이, 동음이의어와 다의어의 경계는 불명확한 경우가 적지 않다. 예를 들어, 『표준국어대사전』, 『연세한국어사전』에서는 (37)과 같이 '귀를 먹다'와 '밥을 먹다'의 '먹다'를 동음이의어로 기술하고 있다. 한편, 『국어대사전』(민중서림) 및 『조선말대사전』(사회과학출판사)에서

는 '귀 먹다'의 '먹다'를 '밥 먹다'의 '먹다'와 다의적 용법으로 처리하고 있다.

> (37) 먹다¹ (동) 귀나 코가 막혀서 제 기능을 하지 못하게 되다. (코 **먹은** 소리를 내다./귀를 **먹었는지** 아무리 불러도 그냥 지나가더라.)
> 먹다² (동) ① 음식 따위를 입을 통하여 배 속에 들여보내다. (밥을 **먹다**.)
> ② 담배나 아편 따위를 피우다. (담배를 **먹다**.)

또한, '해(sun/year)'와 '달(moon/month)'에 대하여『우리말 큰사전』에서는 동음이의어로,『조선말대사전』에서는 다의어로 처리하고 있다. (37)의 '먹다'를 비롯하여 '해'와 '달'과 같이 초분절음소의 차원에서 완전히 음가가 같은 경우 기억 부담량을 고려할 때 동음이의어일 가능성은 매우 낮다.

6.3. 동음이의어의 충돌

동음이의어 간에는 형태 및 의미 충돌이 일어난다. 그 결과 후기 중세국어에서 '밀(檞)'이 냘(斗)과 충돌되면서 '말뚝'으로 형태가 바뀌거나 다의적 의미를 지닌 '믜다>뮈다'가 사어화되면서 '움즈기다', '미워하다', '찢다' 등의 어휘 교체가 일어난다. 이와 관련하여, 동음이의어가 충돌하게 될 때의 원리 네 가지를 보면 다음과 같다.

첫째, 충돌이 일어날 때 구체어가 유리하다. 그 까닭은 언중들의 언어 의식이 구체어에 더 밀착되어 있기 때문이다. 예를 들어, '내(煙) - 내(川) - 내(臭)'의 충돌을 보면 〈그림 6〉과 같은데, 가장 구체적인 '내(川)'는 제 형태를 지킨 반면, '내(煙)'와 '내(臭)'는 각각 '연기, 냄새'로 바뀌었다.

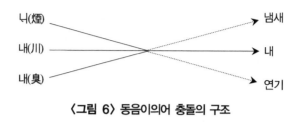

〈그림 6〉 동음이의어 충돌의 구조

이러한 보기에는 (38)이 있는데, '서리(霜-間)'에서 '서리(霜)', '그리다(畵
-戀)'[11]에서 '그리다(畵)'가 제 형태를 유지한 보기이다.

(38) a. 서리(霜-間) → 서리(霜)-사이(間)
　　 b. 그리다(畵-戀) → 그리다(畵)-그립다(戀)>그리워하다

둘째, 충돌이 일어날 때 동의어가 없는 쪽이 형태를 유지하는 데 유리하다.
그 까닭은 언중들이 충돌의 불편을 피해 동의어로 대체하기 때문이다. 예를
들어, '가마(頭旋)-가마(釜)'의 충돌에서 '가마(釜)'는 동의어 '솥(釜)'으로
대체된다. 이러한 보기에는 (39)가 있는데, (39c)는 양쪽 다 동의어로 대체된
경우이다.

(39) a. 부체(扇-門) → 부채(<부체(扇))-문(門)
　　 b. 잣(柏-城) → 잣(栢)-성(城)
　　 c. 뫼(山-飯) → 산(山)-밥(飯)

셋째, 충돌이 일어날 때 구조상의 안정도가 높은 쪽이 형태를 유지하는 데
유리하다. (40)에서 '김(草)'은 '깃다'의 명사형으로서 '김(苔)'보다 안정도가
낮으며, '금(線)'은 '긋다'의 명사형으로서 '금(金)'보다 안정도가 낮아 각각

---

11 『월전을 그리다(이열모 외(2012). 예술문화)』라는 제목의 책에서 '그리다'는 '戀
　 ·畵'의 중의적 의미를 지닌다.

'풀'과 '줄'로 대체되거나 방언형에서 '기심' 또는 동의중복에 의한 '금줄'로 나타난다.

(40) a. 김(苔−草) → 김(苔)−풀(草)

  b. 금(金−線) → 금(金)−줄(線)

넷째, 충돌이 일어날 때 기초어휘가 일반 어휘보다 형태를 유지하는 데 유리하다. 그 까닭은 언중들이 언어 습득, 빈도수 등에서 기초어휘에 대해 더 기본적이고 현저한 인식을 갖기 때문이다. 이러한 보기에는 (41)의 '문(門)', '실(絲)', '물(水)'이 해당한다.

(41) a. 문(門−紋) → 문(門)−무늬(紋)

  b. 실(絲−甑) → 실(絲)−시루(甑)

  c. 믈(水−染) → 물(水)−물감(染)

한편, 동음이의어 충돌의 해소에 대한 세 가지 유형을 보면 다음과 같다.

첫째, 음운 변화에 의한 해소이다. 그 보기에는 (42)와 같이 한쪽은 충돌 이진의 형태를 유지하고 다른 쪽은 형태 변화를 일으켜 Y자 모양을 하는 경우, 그리고 (43)과 같이 충돌의 결과 양쪽 다 형태 변화가 일어나 V자 모양을 하는 경우가 있다.

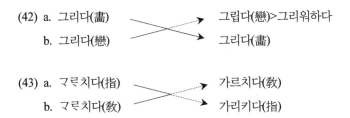

(42) a. 그리다(畵)   그립다(戀)>그리워하다

  b. 그리다(戀)   그리다(畵)

(43) a. ᄀᆞᄅ치다(指)   가르치다(敎)

  b. ᄀᆞᄅ치다(敎)   가리키다(指)

둘째, 형태소의 첨가에 의한 해소이다. 그 중 (44)는 Y형이며, (45)는 V형이다.

(44) a. 별(星 - 涯) → 별(星) - 벼랑(涯)

　　 b. 느끼다(感 - 慨) → 느끼다(感) - 흐느끼다(慨)

(45) a. 살(矢 - 窓) → 화살(矢) - 창살(窓)

　　 b. 갈 → 갈대 - 떡갈나무

셋째, 대치에 의한 해소이다. (46)은 Y형이다.

(46) a. 구실(役 - 稅) → 구실(役) - 세금(稅)

　　 b. 괴다(酸 - 愛) → 괴다(酸) - 사랑하다(愛)

이밖에도 충돌 과정에서 형태가 모두 유지되는 경우가 있으며, (47)과 같이 X자 모양을 한다.

(47) a. 눈(眼) ⟍⟋ 눈
　　 b. 눈(雪) ⟋⟍ 눈

6.4. 동음이의어의 비대칭성

동음이의어의 비대칭성에 대해 두 가지 측면에서 살펴보기로 한다.

첫째, 동음이의어의 충돌에서 보았듯이 구체어, 구조상의 안정도가 높은 쪽, 기초어휘가 형태를 유지하는 데 유리하다. 이것은 동음이의어의 경쟁 및 충돌이 두 유형에 대한 언중들의 인지적 경향성과 동기화되어 있음을 뜻한다.

둘째, 초분절음소의 실현 양상에 나타난 비대칭성이다. 예를 들어, (48)의 동음이의어를 보기로 한다.

(48) a. 손(手) - 손(孫) - 손(客)

b. 배(腹) - 배(倍) - 배(梨)

c. 발(足) - 발(簾)

d. 병(甁) - 병(病)

(48)과 관련하여, 경상도 방언의 성조 양상을 보면 '손(手), 배(腹), 발(足), 눈(眼)'과 같은 신체어나 '병(甁)'과 같은 구체어는 저조, 즉 무표어인 원형으로 실현된다. 그 반면, 비신체어인 '손(孫), 배(倍), 발(簾), 병(病)'은 상승조, '손(客), 배(梨)'는 고조인데, 비신체어는 유표어인 비원형으로 실현된다. 이처럼 '손(手)'과 같은 신체어가 저조이며, '손(孫)' 및 '손(客)'이 상승조 및 고조인 것은 고유어인 신체어가 한자어나 비신체어보다 친숙하며 우선적이라는 점에서 동기화되어 있다.

7. 마무리

이 장에서는 의미 변이를 중심으로 그 성격, 양상, 의미 특성에 대하여 살펴보았다. 그 주요 내용에 따라 마무리하기로 한다.

첫째, '의미 변이'는 하나의 어휘 형태가 둘 이상의 해석을 가진 것을 가리킨다. 의미 변이는 그 경계가 불명확한데, 여기서는 단의어·다의어·다면어·동음이의어의 네 가지로 파악하였다.

둘째, 단의어는 하나의 형태가 하나의 의미를 가진 것으로, 모호하고 불확정적인 의미를 갖는다.

셋째, 다의어는 하나의 어휘 항목이 둘 이상의 관련된 의미를 가진 것이다. 다의어는 구체적인 중심의미 또는 원형의미를 기준점으로 의미적 망이나 연쇄 구조를 통해 추상적인 의미로 확장되는데, 이것은 인간이 지닌 인지적 전략의 유연성과 경제성의 경향과 관련된다. 다의어의 중심의미는 주변의미에 비해 인지적·구조적·빈도적 측면에서 우월성을 지닌다.

넷째, 다면어는 몇 개의 국면으로 이루어진 것으로, 국면들은 한 단어의 의미에 대하여 상호 보완적인 관계를 맺음으로써 지각상 통일체를 이루며, 명사 부류에 국한된다. 다면어를 이루는 국면들은 자율성을 가지며 상호 구분되는 존재론적 유형을 확보한다는 점에서 독자성을 갖는다.

다섯째, 동음이의어는 하나의 형태에 둘 이상의 서로 다른 의미를 지닌 단어이다. 동음이의어는 생성 과정 면에서 별개의 단어로 출발하였으나 오늘날의 시점에서 보면 다의어와의 경계가 불명확한 경우가 적지 않으며 이 경우, 다의어일 개연성이 높다. 동음이의어의 충돌 및 비대칭성은 언중들의 인지적 성향과 동기화되어 있다.

제3부
의미의 관계

제6장

의미의 계열관계 Ⅰ

1. 들머리

이 장은 단어의 의미 관계 가운데 계열관계에 해당하는 동의관계와 대립관계의 성격을 이해하는 데 목적이 있다. 단어는 의미적으로 다른 단어와 관련을 맺고 있는데, 이것을 의미 관계라고 하며, 계열관계와 결합관계로 나뉜다.

그중 계열관계는 어휘 항목이 종적으로 대치되는 관계로서, 그 계열적 축인 '선택(choice)'은 세로의 선을 지향한다. 한편, 결합관계는 어휘 항목이 횡적으로 결합되는 관계로서, 그 결합적 축인 '연쇄(chain)'는 가로의 선을 지향한다. 이 관계는 〈그림 1〉로 나타낼 수 있다.

〈그림 1〉 계열관계와 결합관계

〈그림 1〉에서 연쇄로 이어진 "예쁜 소녀가 천천히 걸어간다."는 결합관계이며, 대치 가능한 '예쁘다'와 '아름답다', '소녀'와 '소년', '천천히'와 '빨리', '걸어가다'와 '뛰어가다'는 계열관계이다.

이 장에서는 다음 두 가지 사항에 대해서 다룬다.

첫째, 동의관계를 중심으로 동의어의 정의, 생성 유형, 검증, 의미 작용에 대해서 살펴본다.

둘째, 대립관계를 중심으로 대립어의 정의, 유형, 의미 특성에 대해서 살펴본다.

2. 동의관계

동의관계는 어휘 및 의미 탐구와 교육, 사전편찬, 문체론·작문·화법, 그리고 워드넷 모형 등의 주요 관심사이다.[1] 동의관계의 정의, 생성 유형, 검증, 의미 작용에 대해서 살펴보기로 한다.

2.1. 동의어의 정의

'동의관계(synonymy)'는 같거나 비슷한 의미를 가진 단어들 간의 의미 관계이며, 동의관계에 있는 단어들을 '동의어(synonym)'[2]라고 한다. 일반적으로 동의어 간에는 '동일한 의미'가 전제된다. 이 경우 '동일한 의미'에 대해 엄격한 기준을 적용하느냐 또는 느슨한 기준을 적용하느냐에 따라 '절대적 동의

---

[1] 콰인(Quine 1961b: 22)은 철학에서 '동의관계(synonymy)'를 '분석성(analyticity)'과 함께 의미 이론의 주된 과제라 하였으며, 밀러 & 펠바움(Miller and Fellbaum 1991: 202)은 워드넷(WordNet) 모형에서 '의미의 유사성(similarity of meaning)'을 가장 중요한 어휘 관계라 하였다(Murphy 2003: 133 참조).

[2] 'synonym'이라는 용어는 그리스어 어근 'syn(=alike, 같은)'과 'onym(=name, 이름)'에서 유래한 것이다.

어'와 '상대적 동의어'로 나뉜다.

2.1.1. 절대적 동의어

'절대적 동의어(absolute synonym)' 또는 '완전 동의어(total synonym)'는 의미 차이 없이 모든 문맥에서 교체될 수 있는 것인데, 실제로 그러한 예는 매우 드물다.[3] 그럼에도 불구하고, '동의어'라는 용어를 쓰면서 '의미의 동일성'이 지나치게 강조됨으로써 동의관계 탐구의 흥미를 잃게 하는 요인으로 작용해 왔다.

절대적 동의어는 객관적이며 중립적 의미를 가진 과학 및 의학 분야의 전문용어를 들 수 있다. 그런데 질병 이름에 관한 (1a), (1b) 각각의 개념적 의미가 동일하다 하더라도, (1a)에서는 '맹장염'이, (1b)에서는 '광견병'이 더 친숙하다.

(1) a. 맹장염(盲腸炎) – 충수염(蟲垂炎) – 막창자꼬리염
    b. 광견병(狂犬病) – 공수병(恐水病)

그러면 왜 절대적 동의어는 제한되어 있는 것인가? 동의어는 지역 및 사회 방언의 만남, 외래어의 들어옴, 새말의 출현 등을 통해서 형성된다. 이 경우 기준 시점의 한 단어와 동의어를 이룬 다른 단어가 절대적 동의관계로 출발한다고 하더라도, 시간이 지남에 따라 사용 빈도·내포와 외연·친숙성 등에서 차별성을 띠게 된다. 그 까닭은 절대적 동의어의 존재, 즉 단어 하나로 충분할 때 두 단어의 형태를 학습하고 기억하는 것은 경제성을 지향하는 인지적 경향성에 어긋나기 때문이다.

---

3   이와 관련하여 크루스(Cruse 1986: 270)에서는 "자연이 진공 상태를 싫어하듯이 자연언어도 절대적 동의어를 싫어한다."라고 하였다.

2.1.2. 상대적 동의어

대부분의 동의어는 문맥상에서 의미나 분포의 차이를 가지며,[4] 언중의 인식 속에서 같으면서도 다른 것으로 자리 잡고 있다. 이 경우 동의어는 '비슷한 말' 또는 '유의어'라고 하는 '상대적 동의어(relative synonym)' 또는 '근사 동의어(near synonym)'이다. 예를 들어, '메아리'와 '산울림'은 개념적 의미나 내포적 의미가 동일하지만, (2)에서 보듯이 '메아리'가 분포가 넓고 비유적 용법에서 더 자연스럽다.

(2) a. {메아리/산울림}가·이 울리다.
b. {메아리/?산울림} 치다.
c. 사랑의 {메아리/?산울림}

이처럼 동의어는 문맥상의 쓰임이 중요한데, 이에 따라 상대적 동의어는 다음 세 가지로 구분된다.

첫째, 동의어 간에 문맥상 교체가 가능하고 개념적 의미가 동일한 경우이다. '아버지'와 '아빠', '어머니'와 '엄마'가 이에 해당한다.

둘째, 특정한 문맥에 한정하여 의미 차이 없이 대치가 가능한 경우이다. '달리다'와 '뛰다'의 경우, (3a)에서는 '빠른 동작의 수평 이동'으로서 의미 차이 없이 교체되어 동의적이다. 한편, (3b)의 경우 교체가 가능하지만 '달리다'는 '수평' 이동인 반면 '뛰다'는 '수평' 및 '수직' 이동의 두 가지 의미를 지니고 있으며, (3c)와 (3d)에서는 선택 제약에 따른 교체에 차이가 드러난다.

---

4   볼린저(Bolinger 1977: 1)에서는 "만약 어떤 것을 말하는 두 가지 방식이 단어나 배열에 있어서 다르면, 그 방식들은 의미에 있어서도 다를 것이다."라고 하였다. 이 관점은 클라크(E. V. Clark 1993: 67-83)의 서로 다른 언어 형태들은 서로 다른 의미와 연상된다는 '대조의 원리(principle of contrast)'로 발전하게 된다.

(3) a. 그는 결승점을 향하여 힘껏 {달렸다/뛰었다}.

    b. 말이 {달린다/뛴다}.

    c. 택시가 {달려온다/?뛰어온다}.

    d. 물가가 {?달린다/뛴다}.

셋째, 동의어 산에 일정한 공통 의미를 공유하면서 의미와 분포에서 차별성을 갖는 경우이다. 2.3.2에서 살펴볼 '기쁘다'와 '즐겁다'가 이에 해당한다.

요컨대 언어에 존재하는 수많은 동의어는 상대적 동의어로서 동일한 단어의 반복에 따른 지루함을 덜고 변화와 생동감, 그리고 풍부함을 더해 주는 문체적 효과를 갖는다.

2.2. 동의어의 생성 유형

동의어의 형성 배경을 중심으로 그 다섯 가지 생성 유형을 살펴보면 다음과 같다(Jackson 1988: 68-74 참조).

첫째, '방언'의 차이에 따른 동의어이다. 이는 지리적으로 이질적인 화자 집단이 동일한 대상을 두고 서로 다른 명칭을 사용할 때 형성되는 동의어이다. 이 경우 특정한 방언권에 속해 있는 화자들은 동의어의 존재를 의식하지 못하게 된다. (4a)는 표준어 '부추'에 대한 방언이며, (4b)는 표준어와 문화어 간의 동의어이며, (4c)는 표준어와 연변말 간의 동의어이다.

(4) a. 부추(표준어)-정구지(경상도 방언)-솔(전라도 방언)-세우리(제
      주도 방언)

    b. 도시락-곽밥, 반찬-건건이, 풋내기-생둥이, 구석구석-고삿고
      삿, 노려보다-지르보다, (살) 빼다-(몸) 까다

    c. 나그네-남편, 기회-결, 어렵다-바쁘다, 괜찮다-일없다, 너무-
      지내

둘째, '문체'의 차이에 따른 동의어이다. 고유어, 한자어, 외래어가 공존하는 경우 문체가 다른 동의어가 형성된다. 예를 들어, '머리-두상(頭上)', '뜰-정원(庭園)-가든(garden)'은 고유어와 외래어 사이에 형성된 문체상의 동의어이다.

셋째, '전문성'의 차이에 따른 동의어이다. 특정 직업이나 전문 분야에서 사용되는 전문용어가 일상어와 접촉하게 될 때 동의어가 형성된다. 예를 들어, 의학 용어의 '캔서'와 '암', 화학 용어의 '염화나트륨'과 '소금', 군사 용어의 '공격개시일'과 '디데이(D-day)' 등에서 보는 바와 같다.

넷째, '내포'의 차이에 따른 동의어이다.[5] 이것은 개념적 의미가 동일하지만 감정 가치가 다른 동의어를 가리킨다. 예를 들어, (5a)에서 '엄마'와 '어머니'는 제목처럼 '느낌'이 다르며, (5b)에서 '샛별'은 긍정적인 반면 '개밥바라기'는 부정적인 평가를 지닌다.

> (5) a. **"엄마-"** / 하고 / 부르면 // 응석부리고 싶고, // **"어머니-"** / 하고 / 부르면 // 업어드리고 싶다.　　　　　　　　　(김완기의 '느낌')
> 　　 b. 저기… 개밥바라기 보이지? 비어 있는 서쪽 하늘에 지고 있는 초승달 옆에 밝은 별 하나가 떠 있었다. 그가 덧붙였다. 잘 나갈 때는 **샛별**, 저렇게 우리처럼 쏠리고 몰릴 때면 **개밥바라기**.
> 　　　　　　　　　　　　　　　　　　(황석영의 '개밥바라기별'에서)

다섯째, '완곡어법'에 따른 동의어이다. 죽음, 질병, 성에 관해서 두려움이

5 　2011년 이래로 국어심의회에서는 복수 표준어를 심의하여 세 유형의 74개를 표준어로 추가하였다. (1) 현재 표준어와 같은 뜻으로 추가된 표준어: 목물/등물, 삐치다/삐지다, 예쁘다/이쁘다 등 (2) 다른 표기 형태로 추가된 표준어: 태껸/택견, 품세/품새, 자장면/짜장면 (3) 뜻이나 어감에 차이가 있어 현재 표준어와 별도로 추가된 표준어: 눈초리/눈꼬리, 어수룩하다/어리숙하다, 새치름하다/새초롬하다, 오순도순/오손도손, 개대다/개기다, 장난감/놀잇감, 잎사귀/잎, 까다롭다/까탈스럽다 등 (뒤의 용례가 추가된 표준어임.) 이 가운데 (3)의 용례들은 내포의 차이에 따른 동의어이다.

나 어색함을 피하기 위해 완곡어법을 사용하는 경우, 직설적 표현과 완곡어법 간에 동의어가 형성된다. 예를 들어, '죽다-돌아가다', '천연두-마마', '남근 -아랫도리' 등은 직설 표현과 완곡어법에 의한 동의어이다.

2.3. 동의어의 검증

동의어의 검증 기준을 살펴보고 '기쁘다'와 '즐겁다'의 의미 차이를 검증해 보기로 한다.

2.3.1. 동의어의 검증 기준

동의어의 의미 차이를 검증하는 세 가지 기준에 대해서 살펴보면 다음과 같다.

첫째, '교체 검증(substitution test)'이다. 이는 동의어를 문맥 속에서 교체하여 자연스러운 정도를 살펴보는 방법이다. 예를 들어, '틈-겨를'은 간격을 뜻하는 것으로, (6a)의 시간적인 용법에서는 교체가 가능하나, '겨를'은 (6b)의 공간이나 (6c)의 추상적인 관계에서는 교체가 불가능하므로, '틈'이 '겨를'에 비해 분포가 넓다.

> (6) a. 쉴 {틈/겨를}이 없다.
>   b. 창문 {틈/*겨를}(으)로 바람이 들어온다.
>   c. 우정에 {틈/*겨를}이 생겼다.

'꾸다'와 '빌리다'는 뒤에 갚기로 하고 남의 것을 얻는다는 의미이다. (7)에서 보듯이 '꾸다'는 빌린 대상이 소모되는 반면, '빌리다'는 그 대상의 소모 여부에 제약이 없으므로, '빌리다'가 '꾸다'에 비해 분포가 넓다.

(7) a. 옆집에서 {양식 · 돈}을 {꾸다/빌리다}.

   b. 친구에게 {옷 · 책}을 {*꾸다/빌리다}.

   둘째, '대립 검증(opposition test)'이다. 이는 대립어를 사용하여 동의어의
의미 차이를 검증하는 방법이다. 예를 들어, '작다'와 '적다'는 어원상 한 뿌리
에서 출발된 말로서 그 쓰임이 헷갈리는데, 〈그림 2〉에서 보듯이 이들과 대립
관계에 있는 '크다'와 '많다'를 대비시키면 '작다/크다'는 '크기'에, '적다/많
다'는 '수량'에 관한 것임이 명확히 드러난다.

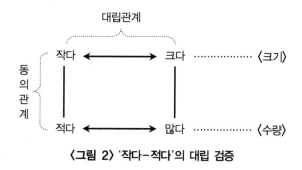

〈그림 2〉 '작다-적다'의 대립 검증

   또한, '맑다/깨끗하다'는 '물, 공기, 시야' 등에서 그 한계가 분명하지 않은
데, 이들과 대립관계에 있는 '흐리다/더럽다'를 대비시키면 '맑은 물/흐린 물',
'깨끗한 물/더러운 물'에서 보듯이 '흐리다'와 '더럽다'의 거리만큼 '맑다'와
'깨끗하다'의 의미 차이가 드러난다.

   셋째, '배열 검증(arrange test)'이다. 이는 동의관계의 정도가 모호한 단어
들을 하나의 축으로 배열하는 방법이다. 예를 들면, '실개천- 개울- 시내- 내
- 하천- 강- 대하'에서처럼, 관련된 단어들을 순차적으로 배열하게 되면 '개
울'과 '시내'의 의미 차이가 드러난다.

2.3.2. '기쁘다'와 '즐겁다'의 의미

'기쁘다'와 '즐겁다'는 동의어로서, 대부분의 사전 뜻풀이에서 상호 의존적으로 기술되어 있다.[6] 그런데 이 둘은 (8), (9)에서 보듯이 '유쾌한 감정'을 공유하면서 미묘한 의미 차이를 지니고 있다. '기쁘다'와 '즐겁다'의 의미 차이를 세 가지 측면에서 검증해 보기로 한다.

첫째, 동기의 측면에서 '기쁘다'는 경험주가 간절히 바라던 일이 이루어지거나 뜻밖의 좋은 일이 생긴 시점의 유쾌한 감정이며, '즐겁다'는 경험주가 어떤 대상에 대해 재미있고 흥겨운 체험을 하는 과정에서 생긴 유쾌한 감정이다. (8), (9)의 용례에서 이 점을 확인할 수 있다.

(8) a. 합격 소식을 듣는 순간 너무나 {기뻤다/?즐거웠다}.

　　b. 뜻밖에 친구가 찾아와서 {기쁘기/?즐겁기} 짝이 없었다.

(9) a. 친구들과 함께 한 가을 소풍은 매우 {?기뻤다/즐거웠다}.

　　b. 웅보는 할아버지와 함께 쪽배를 타고 있는 것이 너무 즐거워 온종일 해가 떠오르지 않았으면 하고 마음속으로 빌었다. (문순태의 '타오르는 강'에서)

둘째, 신체적 반응의 측면에서 차별적이다. '기쁘다'가 '즐겁다'에 비해 신체적 반응 부위가 넓고 신체적 증상이 더 다양하다. '기쁘다'의 경우 신체적 반응을 들면 (10), (11)과 같다. 그중 (11a)는 신체 부위별 반응이며, (11b)는 행동 양상이다.

(10) a. 그는 미칠 것 같이 기뻤다. (오유권의 '가난한 형제'에서)

6　『표준국어대사전』에서 '기쁘다'는 '마음에 즐거운 느낌이 나다.'이며, '즐겁다'는 '마음에 거슬림이 없이 흐뭇하고 기쁘다.'로 기술되어 있다.

b. 부풀어 오르는 기쁨으로 내 가슴은 금방 터질 것 같았다. (강신재의 '젊은 느티나무'에서)

c. 형식은 꿈같이 기뻤다. 마치 전신의 피가 모두 머리로 모여 오르는 듯하여 눈이 다 안 보이는 것 같았다. (이광수의 '무정'에서)

(11) a. 얼굴이 붉어지다, 눈이 이글이글 빛나다, 눈물이 흐르다, 전신의 피가 모두 머리로 모여 오르는 듯해 눈이 안 보이다, 눈시울이 뜨거워지다, 귀가 번쩍 뜨이다, 웃음이 나오다, 손이 달달 떨리다, 잔등에 오한을 느끼다, 온몸에 생기가 넘쳐흐르다, 가슴이 {설레다, 터질 것 같다, 두근거리다, 저려오다, 뛰다, 떨리다, 미어지다}, 정신이 없다, 잠이 오지 않다, 하늘로 둥둥 떠가는 것 같다, 날아갈 듯하다 등

b. 소리를 지르다, 야단법석을 떨다, 손뼉을 치다, 자리에서 벌떡 일어나다, {껑충껑충, 펄쩍펄쩍} 뛰다, 날뛰다, 엉엉 울다, 춤을 추다, 말을 제대로 못하다, 몸 둘 바를 모르다, 미칠 것 같다, 견딜 수 없다, 잠을 설치다, 뜬눈으로 밤을 지새우다 등

'즐겁다'의 경우 신체적 반응을 들면 (12), (13)과 같다. 그중 (13a)는 신체 부위별 반응이며, (13b)는 행동 양상이다.

(12) a. 나는 무턱대고 즐거워서 들뜬 목소리를 냈다. (박완서의 '한 말씀만 하소서'에서)

b. 즐거워서 혼자 벙싯벙싯 웃기도 했다.

c. 사람들은 즐거움에 가슴이 뿌듯해져갔다.

(13) a. 이맛살이 펴지다, 목소리가 들뜨다, 온몸에 소름이 돋다, 마음이 하늘로 둥둥 떠오르는 것처럼 가볍다, 가슴이 뿌듯하게 부풀어 오

르다, 발걸음이 가볍다 등

　b. 콧노래를 부르다, 춤을 추다, 웃다, 손뼉을 치다 등

　'기쁘다'와 '즐겁다'의 신체적 반응에서 '기쁘다'가 '즐겁다'에 비해 신체적 증상이 한층 더 강렬하고 동적이다. 이 점은 '기쁘다'에 해당하는 (10) 및 (11)의 신체적 반응과 '즐겁다'에 해당하는 (12) 및 (13)의 신체적 반응에서 확인된다.

　또한, '기쁘다'가 '즐겁다'에 비해 신체적 증상이 한층 더 빠르게 나타나고 순간적인 반면, '기쁘다'에 비해 '즐겁다'의 신체적 증상이 한층 더 더디며 지속적이다. 예를 들어, 기쁜 감정의 상태인 '귀가 번쩍 뜨이다', '자리에서 벌떡 일어나다', '엉엉 울다' 등의 신체적 증상은 기쁜 감정의 순간적인 성격을 드러낸다. 그 반면 즐거운 감정 상태인 '(하루 종일) 목소리가 들뜨다', '콧노래를 부르다', '벙싯벙싯 웃다' 등의 신체적 증상은 지속적이다.[7]

　이상에서 '기쁘다'와 '즐겁다'의 강도와 지속 시간을 도식화하면 〈그림 3〉과 같다(김경원·김철호 2006: 180 참조).

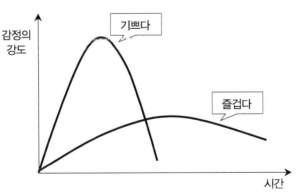

〈그림 3〉 '기쁘다'와 '즐겁다'의 강도와 시간

7　이와 관련하여 김경원·김철호(2006: 182)에서는 '기쁨'을 '양은 냄비'에, '즐거움'을 '무쇠솥'에 비유한 바 있다.

셋째, '기쁘다'와 '즐겁다'의 '몸'과 '마음', 그리고 감각기관별 호응 관계를 보기로 한다. (14)에서 보듯이, '기쁘다'는 '마음'과 호응되는 반면, '즐겁다'는 '마음' 및 '몸'과 호응된다. (15)에서 보듯이, '눈·귀·코·혀·피부', 즉 오관의 구체적 감각 부위와의 호응은 '즐겁다'만이 가능하다. 이것은 위에서 보았듯이, '즐겁다'는 오관과 같은 신체 부위, 즉 몸의 경험이 1차적임을 드러낸다.

(14) a. 마음이 {기쁘다/즐겁다}.
b. 몸이 {*기쁘다/즐겁다}.
c. '목포 5미(味)', 맘과 몸이 즐겁다. (경향신문 2010.7.26.)

(15) a. 해변에서 아름다운 풍경을 보고 있으면 눈이 {*기쁘다/즐겁다}.
b. 아름다운 노랫소리를 듣고 있으면 귀가 {*기쁘다/즐겁다}.
c. 보랏빛 라벤더 향에 코가 {*기쁘다/즐겁다}. (동아일보 2006.7.6.)
d. 고래 고기 12가지 맛 '혀가 {*기쁘다/즐겁다}.' (부산일보 2011. 5.12.)
e. 온천의 계절 '피부가 {*기쁘다/즐겁다}'···관광공사 선정 '12월에 가 볼만한 곳' (국민일보 2012.11.28.)

2.4. 동의어의 의미 작용

동의어의 의미 작용으로 동의어의 비대칭성, 머릿속 작용, 동의어의 해석 작용에 대해서 기술하기로 한다.

2.4.1. 동의어의 비대칭성

동의어의 비대칭성을 개념적·빈도적·인지적·분포적 측면에서 살펴보면 다음과 같다.

첫째, 동의어의 개념에 의한 비대칭성이다. '메아리-산울림'과 같이 동일한 개념에 대해 형태가 다른 둘 이상의 단어는 원형적 동의어이다. 그 반면, '참다-견디다-버티다-배기다'와 같이 유사한 개념에 대해 형태가 다른 둘 이상의 단어는 비원형적 동의어이다.

둘째, 동의어의 빈도적 측면의 비대칭성이다. 복수 표준어의 사용 빈도를 보면 〈표 1〉과 같다(『현대국어 사용 빈도 조사(2002)』 참조). 즉, '보조개-볼우물', '옥수수-강냉이', '천둥-우레', '여태-입때'에서 앞쪽이 뒤쪽에 비해 사용 빈도가 높다.

〈표 1〉 **복수 표준어의 사용 빈도**(1,531,966어절 대상)

복수 표준어	빈도수	빈도 순위
보조개·볼우물	15/0	10060/-
옥수수·강냉이	33/4	5527/22366
천둥·우레	11/2	12913/35206
여태·입때	41/1	4625/52135

셋째, 동의어의 인지적 비대칭성이다. 동의관계를 형성하는 한 무리의 단어들 간에는 언어 습득 및 학습의 용이성, 기억 부담의 정도 등에서 인지적으로 차이가 있다. 〈그림 4〉는 동의관계에 있는 어휘를 네 가지 등급으로 구분한 것이다(김광해 2003: 20 참조).

쉬움 ← ──────────────────────────→ 어려움

기쁨	환희(歡喜)	법열(法悅)	희락(喜樂)
글	문자(文字)	문적(文籍)	문부(文簿)
기르다	양육(養育)하다	보육(保育)하다	번육(蕃育)하다
하늘	창공(蒼空)	궁창(穹蒼)	공명(空冥)

〈그림 4〉 **동의관계 어휘의 인지적 차이**

넷째, 동의어의 분포적 비대칭성이다. 예를 들어, (16)의 '잡다- 쥐다'에서 '공, 권력'의 경우는 동의관계가 형성되지만, '도둑, 자리, 날짜, 마음'의 경우에는 '잡다'만 가능하므로, '잡다'가 '쥐다'에 비해 적용 분포가 더 넓다.

(16) a. {공/권력/도둑/자리/날짜/마음}을 잡다.
　　 b. {공/권력/*도둑/*자리/*날짜/*마음}을 쥐다.

요컨대 동의관계를 형성하는 둘 이상의 단어는 의미적 가치가 동일한 것이 아니라, 개념적으로 원형적인 동의어와 비원형적인 동의어로 구별되며, 원형적인 동의어의 경우에도 사용 빈도에 차이가 나며, 인지적으로 쉽고 뚜렷한 정도에 차이가 있으며, 적용의 분포가 넓고 좁음으로 비대칭성을 띤다.

2.4.2. 동의어의 머릿속 작용

동의어의 머릿속 작용 양상을 살펴보기로 한다. 머릿속 사전에서는 동일한 의미 부류의 단어가 함께 저장될 가능성이 높다. 이것은 다음 두 가지 측면에서 뒷받침된다.

첫째, 단어 연상에서 '아름답다⇄예쁘다', '기쁘다⇄즐겁다', '덥다⇄뜨겁다'와 같이 동의어 간의 반응이 빈번하다.

둘째, 혼성의 생성이다. 화자가 동의어를 가진 목표어를 발화할 경우, 머릿속에는 하나의 개념에 대한 둘 이상의 형태가 활성화되며, 상호 경쟁 관계에 있는 동의어가 혼성으로 나타나게 된다. 예를 들어, (17a)의 '탁걸리'는 동일한 의미를 지닌 '탁주'와 '막걸리' 가운데 어느 하나를 목표어로 선정하는 과정에 두 형태가 경쟁과 상호 간섭의 결과로 생성된 혼성형이다. (17b)의 '계란'은 한자어 '계란(鷄卵)'과 고유어 '달걀'을 함께 지니고 있는 화자가 양쪽을 무의식적으로 발화한 것이며, (17c)의 '사플'은 영어 조기교육을 받은 어린이의 발화로 '사과'와 '애플'의 혼성형이다.

(17) a. 탁걸리 = 탁주(濁酒)×막걸리

　　b. 계랄 = 계란(鷄卵)×달걀

　　c. 사플 = 사과×애플

2.4.3. 동의어의 해석 작용

'해석(construal)'은 하나의 대상, 상황을 대안적인 방식으로 파악해서 표현하는 화자의 전략을 가리키며, 이러한 인지 과정을 '해석 작용(construal operation)'이라고 한다. 동의어와 관련된 해석 작용을 보기로 한다.

첫째, 공간적 관찰 지점에 의한 해석이다. 예를 들어, (18)의 '연안'은 육지가, '해안'은 바다가 관찰 지점이다. 또한, '동해'와 '백두산'은 대한민국이, '일본해'와 '장백산'은 각각 일본과 중국이 관찰 지점이다.

(18) a. 연안-해안

　　b. 동해(東海)-일본해(日本海)

　　c. 백두산(白頭山)-장백산(長白山)

둘째, 시간적 관찰 지점에 의한 해석이다. 예를 들어, (19)는 '금강산'과 전라북도 진안군의 '마이산'에 대한 별칭인데, 이는 봄·여름·가을·겨울의 관찰 지점에 따른 것이다. 각각의 명칭은 계절의 변화에 따른 산 모양과 동기화되어 있다.

(19) a. 금강산: 금강산(봄), 봉래산(여름), 풍악산(가을), 개골산·설봉산

　　　　(겨울)

　　b. 마이산: 돛대봉(봄), 용각봉(여름), 마이봉(가을), 문필봉(겨울)

셋째, 초점 또는 현저성에 의한 해석이다. 예를 들어, (20)은 같은 질병에

대해 명칭을 달리한 것이다. 각각의 명칭에는 화자의 초점 또는 주의의 현저성에 의한 해석이 반영되어 있다. 즉, '조갈병'과 '소갈병'은 전통사회에서 쓰던 명칭으로 '입'을 중심으로 '갈증'에 초점을 두고 있는데, 그중 '조갈병'은 갈증이 나타나는 현상 자체에 초점을 두는 반면, '소갈병'은 갈증을 해소하는 데 초점을 두고 있다. 한편, '당뇨병'은 '소변'을 중심으로 '배설'에 초점을 두고 있다.

(20) a. 조갈병(燥渴病): 입술이나 입 안, 목 따위가 타는 듯이 몹시 마르
　　　　는 병
　　 b. 소갈병(消渴病): 갈증으로 물을 많이 마시고 음식을 많이 먹으나
　　　　몸은 몹시 여위고 오줌의 양이 많아지는 병
　　 c. 당뇨병(糖尿病): 소변에 당분이 많이 섞여 나오는 병

넷째, 긍정적·부정적 관점에 의한 해석이다.[8] 예를 들어, (21)의 이른바 '위안부 할머니'는 일제강점기에 강제로 징집된 12세에서 40세의 조선 여성인데, 그 명칭으로 일본은 '어떤 목적을 위해 솔선해서 몸을 바치는 부대'라는 뜻의 '정신대(挺身隊)', 또는 '종군기자'처럼 자발적으로 군을 따라갔다는 뜻의 '종군위안부'라고 했다.

(21) 정신대－종군위안부－위안부－위안부 할머니－강제적 성노예

이와 관련하여, 2012년에 겐바 고이치로 일본외상이 'comfort women(위안부)'라고 한 데 대해 힐러리 클린턴 미 국무부 장관은 'enforced sex slaves(강제적 성노예)'라고 불렀다. 〈그림 5〉에서 보듯이 일본 측의 '위안부'는 사실을

8　제35회 장애인의 날(2015.4.20.) 장애 인식 개선 표어로 "장애우, 장애자는 '장애인'으로, 정상인은 '비장애인'으로"가 눈길을 끌었는데, 2018년 4월 서울시가 행정용어로 '정상인'을 '비장애인'으로 고칠 것을 권고했다. 이로써 '정상인－비정상인'에서 '장애인－비장애인'으로 '장애인'이 조어의 중심에 놓이게 되었다.

은폐하기 위한 '완곡어법'인 반면, 미국 측의 '강제적 성노예'는 그 실상을 폭로하기 위한 '위악어법'이다.

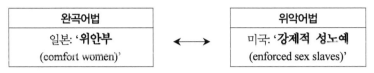

완곡어법	위악어법
일본: **'위안부** (comfort women)'	미국: **'강제적 성노예** (enforced sex slaves)'

〈그림 5〉'위안부'와 '강제적 성노예'

3. 대립관계

의미의 대립관계는 우리의 사고방식뿐만 아니라, 삶과 언어생활에 넓고 깊게 관련되어 있으며, 언어 연구 및 교육, 사전편찬 등의 주요 관심사가 되어 왔다. 대립관계의 정의, 유형, 의미 특성에 대해서 살펴보기로 한다.

3.1. 대립어의 정의

'대립관계(opposition)'는 단어들 간에 공통적인 속성을 많이 가지면서 한 가지 속성이 현저히 다를 때 성립되는 의미 관계이며, 대립관계에 있는 단어들을 '대립어(opposite)'라고 한다. 대립어와 관련된 용어와 그 성립 요건을 보면 다음과 같다.

먼저, 의미의 대립관계에 관한 용어이다. 이에 대해서는 '반대말', '반의어', '상대어', '대조어', '짝말', '맞선말', 그리고 '대립어' 등의 다양한 용어가 혼용되고 있다. 이와 관련하여 '의미 대립'은 '이원대립(binary opposition)'과 '다원대립(multiple opposition)'으로 대별되는데, '이원대립'은 '살다/죽다'와 같이 대립 항이 두 개인 경우이며, '다원대립'은 색채어나 금속명과 같이 대립 항이 세 개 이상의 경우이다. 의미 대립의 다양성에 비추어 볼 때, '대립어'가 포괄적이고 적합한 용어라 하겠으며, 이 경우 '대립어'는 '이원대립어'를 뜻한다.

다음으로, 대립어의 성립 요건이다. 대립어는 동질성과 이질성의 양면성을 지니고 있을 때 성립된다. 예를 들어, '사람'과 '돌'이나, '전쟁'과 '사랑'은 이질적 개념으로서 대립관계를 형성하지 못한다. 그 반면, '남자'와 '여자'는 '사람'으로서의 공통성과 성별의 차별성을 지니며, '길다'와 '짧다'는 '길이'로서 공통성과 길이의 정도나 방향에서 차별성을 지니며, '사다'와 '팔다'는 '상거래'의 공통성과 소유물의 이동이라는 차별성을 지닌다. 이처럼 대립어는 공통성을 많이 지님으로써 의미상 근접성을 드러내며, 한 가지 현저한 속성을 달리함으로써 차별성을 드러낸다.

3.2. 대립어의 유형

대립어의 네 가지 유형에 대해서 기술하기로 한다.

3.2.1. 반의대립어

'반의대립어', 즉 '반의어(antonym)'는 의미 대립의 모든 국면을 포괄하는 넓은 뜻으로 사용되기도 하지만, 대립어의 하위 유형인 '등급 반의어(gradable antonym)'를 가리키는 용어이다. 반의어의 전형적인 보기는 '길다/짧다', '쉽다/어렵다', '덥다/춥다' 등과 같은 형용사 대립어이며, 그 주요 성격 네 가지를 들면 다음과 같다.

첫째, 대립의 양극 사이에 '중립 지역(middle area)'이 존재한다. 이 관계는 〈그림 6〉과 같다.

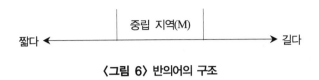

〈그림 6〉 반의어의 구조

둘째, 논리적으로 두 가지 특성을 갖는다. 먼저, 반의어의 대립 쌍을 동시에 부정해도 모순되지 않는데, (22)에서 보는 바와 같다. 또한, '단언(assertion)' 과 '부정(negation)'에 대한 일방 함의가 성립된다. (23)에서 보듯이 한쪽의 단언은 다른 쪽의 부정을 함의하지만 그 역은 성립되지 않는다.

(22) X는 길지도 않고 짧지도 않다.

(23) a. X는 길다. ⟵⟶ X는 짧지 않다.
    b. Y는 짧다. ⟵⟶ Y는 길지 않다.

셋째, 정도 부사로 수식될 수 있으며 비교 표현이 가능한데, (24a)와 (24b)에서 보는 바와 같다.

(24) a. X는 {조금, 꽤, 매우} {길다/짧다}.
    b. X는 Y보다 더 {길다/짧다}.

넷째, 평가의 기준이 상대적이다. 곧 길이, 속도, 무게와 같이 가변적인 속성의 정도에 적용되는 반의어의 기준은 대상이나 장면에 따라 달라진다. 예를 들어, "X는 {길다/짧다}."라고 했을 때 X는 '연필'이나 '강'과 같이 대상에 따라 그 길이의 판정 기준이 상대적이다. 따라서 (25)와 같은 역설이 일어난다.

(25) 작은 코끼리가 큰 고양이보다 크다.

3.2.2. 상보대립어

'상보대립어', 즉 '상보어(complementary)'는 대립관계의 개념적 영역을 상호 배타적인 두 구역으로 양분하는 대립어이다. 상보어의 전형적인 보기는 '남성/여성', '미혼/기혼', '참/거짓', '살다/죽다', '출석하다/결석하다', '합격하다/불합격하다', '(과녁에) 맞다/빗나가다' 등이다. 상보어의 주요 성격 네 가지는 다음과 같다.

첫째, 대립의 두 영역을 엄격하게 양분한다. 〈그림 7〉에서 보듯이, 상보어는 중립 지역이 존재하지 않는다.

〈그림 7〉 상보어의 구조

둘째, 논리적으로 두 가지 특성을 갖는다. 먼저, 상보어의 단어 쌍을 동시에 긍정하거나 부정하는 것은 모순되는데, (26)에서 보는 바와 같다. 또한, 단언과 부정에 대한 상호 함의가 성립된다. (27)에서 보듯이 한쪽의 단언은 다른 쪽의 부정을 함의하며, 그 역도 성립된다.

(26) a. ?A는 남자이기도 하고 여자이기도 하다.
    b. ?A는 남자도 여자도 아니다.

(27) a. A는 남자이다. ⟵⟶ A는 여자가 아니다.
    b. B는 여자이다. ⟵⟶ B는 남자가 아니다.

셋째, 정도어로서 수식이 불가능하며 비교 표현으로 쓰일 수 없는데, (28a)와 (28b)에서 보는 바와 같다.

(28) a. ?A는 {조금, 꽤, 매우} {남자/여자}이다.
    b. ?A는 B보다 더 {남자/여자}이다.

넷째, 평가의 기준이 절대적이다. 곧 '남자'와 '여자', '살다'와 '죽다' 등의 대립은 언어적으로 뚜렷이 구별되는 절대적 사항이다.

3.2.3. 방향대립어

'방향대립어(directional opposite)'는 맞선 방향을 전제로 하여 위치·관계·이동 및 동작의 측면에서 대립을 이루는 경우이다. 방향대립어의 전형적 보기는 공간적 위치의 '위/아래, 앞/뒤, 오른쪽/왼쪽', 인간관계의 '부모/자식, 남편/아내, 스승/제자', 이동 및 동작의 '가다/오다, 사다/팔다, 입다/벗다' 등이다. 그중 위치나 관계의 대립은 기준점을 중심으로 한 상대적 개념이다.

방향대립어의 하위 유형에는 다음과 같은 네 가지가 있다.

첫째, '역동어(reversive)'이다. 이것은 맞선 방향으로 이동이나 변화를 나타내는 대립어이다. 역동어의 보기는 '가다/오다', '들어가다/나오다', '오르다/내리다', '올라가다/내려오다', '전진하다/후퇴하다', '입다/벗다', '묶다/풀다' 등에서 보듯이 동사가 주류를 이룬다.

둘째, '역의어(converse)'이다. 이것은 어떤 축을 중심으로, 한 요소의 방향을 다른 요소에 상대적으로 명시함으로써 두 대상 간의 관계를 나타내는 대립어이다. 즉, 두 대상물 A, B에서 B에 상대적인 A의 방향은 A에 상대적인 B의 방향과 정반대에 놓이게 된다. 따라서 기준점을 중심으로 (29a)와 같은 논리적 등치가 성립된다. (29b)와 같이 인간관계의 역의어에서 '조상/후손', '부모/자식', '형/동생' 등은 가계나 혈연의 축을 따라서, '남편/아내'는 혼인의 축을 따라서, '상관/부하'는 신분의 축을 따라서 대립되고 있다.

(29) a. A는 B의 {위·앞}에 있다. = B는 A의 {아래·뒤}에 있다.
　　b. 그분은 내 형이다. = 나는 그분의 동생이다.

한편, 동사류의 '팔다/사다', '주다/받다', '빌리다/빌려주다', '가르치다/배우다' 등은 (30)과 같이 세 개의 논항을 갖는다.

(30) A는 B에게 C를 {팔다·주다·빌리다·가르치다}.
　　 = B는 A에게 C를 {사다·받다·빌려주다·배우다}.

셋째, '대척어(antipodal)'이다. 이것은 방향의 양 극단을 나타내는 대립어로서, 대립쌍의 한 요소는 어떤 방향의 축을 따라 한쪽의 극단을 나타내고 다른 한 요소는 맞선 방향의 극단을 나타낸다. 예를 들어, 두 끝점을 X와 Y라고 한다면 '꼭대기/밑바닥', '출발선/결승선', '남극대륙/북극대륙' 등은 공간상에서, '시작/끝', '출발하다/도착하다' 등은 시간상에서 대척어가 된다. 또한, X에서 Y까지를 대척어가 미치는 범위로 볼 때 '하나/열', '머리/발끝', '요람/무덤'을 비롯하여, '천당/지옥', '천재/천치', '우등생/열등생', '공자/도척' 등도 대척어가 된다.

넷째, '대응어(counterpart)'이다. 이것은 어떤 균일한 표면이나 상태에서 방향이 역전된 대립어이다. 예를 들어, 지표면에서 '언덕'은 튀어나온 부분이며, '구렁'은 들어간 부분이므로 대응어를 이룬다. 이 밖에도 습곡 지형의 '배사부/향사부', 이랑의 '두둑/고랑', 파고의 '마루/골'을 비롯하여, '요/철', '곶·갑/만', '암나사/수나사', '양각/음각', '볼록거울/오목거울' 등이 대응어이다. 또한, 성격에 있어서 '외향성/내향성'도 대응어라 하겠다.

3.2.4. 자기대립어

'자기대립어(auto-opposite, contronym)'는 한 단어가 두 개의 대립적 의미를 갖는 경우를 가리킨다. 그 자체가 대립어인 단어는 하나의 머리에 두 얼굴을 가진 야누수 신처럼 '두 얼굴 단어(Janus word)'라고 일컬어진다.[9]

먼저, 자기대립어의 양상을 보기로 한다.

첫째, 반의대립을 이루는 자기대립어이다. '기막히다'는 (31a)의 경우 '어떠한 일이 놀랍거나 언짢아서 어이없다'를 뜻하지만, (31b)의 경우 '어떻다고 말할 수 없을 만큼 좋거나 정도가 높다'를 뜻한다. '시원하다'가 음식과 관련하여 사용될 경우 "수박이 시원하다."처럼 '차고 산뜻하다'와 "국물이 시원하다."처럼 '뜨거우면서 속을 후련하게 하다'의 의미로 대립한다.

> (31) a. 나는 그의 제안이 너무 **기막혀** 아무 말도 못 했다.
>   b. 음식 맛이 **기막히다.**

둘째, 상보대립을 이루는 자기대립어이다. '끊다'는 (32a)에서는 '그만두다'의 의미이지만, (32b)에서는 '등록하다'의 의미이다. '쫓다'는 "연기를 피워 모기를 쫓나."와 같이 '대상이 떠나도록 몰아내다.'와 "사냥꾼이 멧돼지를 쫓다."와 같이 '대상을 잡기 위해 따르다'라는 의미로, '지다'는 "새 옷이 흙탕물로 얼룩이 졌다."처럼 '좋지 않게 이루거나 만들다'와 "여러 번 빨았더니 얼룩이 졌다."처럼 '닦이거나 씻겨 없어지다'라는 의미로 대립한다. '주책'은 "주책이 없다."처럼 '일정하게 자리 잡힌 주장이나 판단력'과 "주책을 부리다."처럼 '일정한 줏대가 없이 되는대로 하는 짓'이라는 의미로 대립한다.

---

9   영어의 경우 'temper'는 '*temper* your comments(논평을 부드럽게 하다)/*tempering* metal(금속을 단단하게 하다)'처럼 '부드럽게 하다/단단하게 하다'를 뜻한다. 또한, 'cleave'는 '굳게 결합하다/분열시키다', 'sanction'은 '인가하다/제재하다'를, "He switched the light *out*."/"The sun is *out*."의 'out'은 각각 '출현/소멸'를 뜻한다 (Murphy 2003: 173, Tyler and Evans 2003: 206-207, Reimer 2010: 139 참조).

(32) a. 스스로 공부해 보고 싶어서 학원을 **끊었다**.

　　b. 혼자 공부하기 힘들어서 학원을 **끊었다**.

셋째, 방향대립을 이루는 자기대립어이다. '팔다'는 (33a)에서는 '값을 받고 물건이나 권리 따위를 남에게 넘기다'라는 의미지만, (33b)에서는 '돈을 주고 곡식을 사다'를 의미한다. '앞'은 시간과 관련하여 '10년 앞'처럼 장차 올 시간'과 '앞 시대'처럼 이미 지나간 시간'이라는 의미로 대립한다.

(33) a. 시장에서 **파는** 화분을 하나 샀다.

　　b. 아버지는 늘 다니는 가게에서 쌀을 **팔아** 오셨다.

다음으로, 자기대립어의 특징 세 가지를 들면 다음과 같다.

첫째, 대립관계가 일반적으로 둘 이상의 단어 사이에 형성되는 데 비해, 자기대립어는 한 단어 안에 대립적 의미를 갖는 '모순어'이다. 이 현상에 주목하면 자기대립어는 기본의미와 파생의미로 이루어진 다의어로 분류될 수 있다. 다의어는 일반적으로 상호간에 의미적 관련성을 갖는 반면, 자기대립어의 파생어는 기본의미와 정반대의 의미로 대립된다.

둘째, 자기대립어는 대립이 특정한 문맥에서 이루어진다. '시원하다'는 음식과 관련하여, '팔다'는 곡물과 관련하여, '끊다'는 학원이나 헬스장과 관련하여 그 기본의미와 대립을 이룬다. 곧 다의어로서 자기대립의 기본의미 쪽에서는 의미 폭이 풍부한 반면, 대립을 이루는 파생의미 쪽은 의미 폭이 폐쇄적이며 그 용법이 의미적으로나 통사적으로 관용화되는 경향을 드러낸다.

셋째, 자기대립어는 중의성을 띤다. "학원을 끊다."는 '학원을 등록하다'와 '학원을 그만두다'를 의미한다는 점에서 중의적이며, "얼룩이 지다."는 '얼룩이 생기다'와 '얼룩이 사라지다'로 중의적이며, "쌀을 팔다."는 글자 그대로 '쌀을 팔다'와 '쌀을 사다'의 중의적 의미를 지닌다. 이러한 중의성은 문맥 정보가 보충되면 해소된다.

3.3. 대립어의 의미 특성

의미 이론의 발전과 함께 대립어의 해석에 큰 변화가 동반되었다. 대립어의 경계, 비대칭성, 머릿속 작용 양상, 문장 및 상황 맥락 속의 작용 양상을 중심으로 그 의미 특성에 대해서 기술하기로 한다.

3.3.1. 대립어의 경계

대립어의 유형에 대한 종래의 관점은 뚜렷한 경계가 전제되었다. 그러나 대립어 유형의 경계 간에는 불명확성이 존재한다. 먼저, '반의어'와 '상보어' 간에 이러한 보기들을 들면 (34)와 같다.

> (34) a. 깨끗하다/더럽다, 옳다/그르다, 맞다/틀리다, 익다/설다, 곧다/굽
> 다, 안전하다/위험하다
> b. 편하다/편찮다, 성실하다/불성실하다, 순수하다/불순하다, 완전하
> 다/불완전하다, 정직하다/부정직하다, 공평하다/불공평하다

(34)이 용례는 '(등급) 반의어'나 '상보어'의 속성을 공유하여 어느 한쪽으로 분류하기 곤란하므로 '등급상보어'로 일컫는다. '깨끗하다/더럽다'는 (35)와 같이 정도어의 수식이 가능하며, (36a)와 같이 비교 구문에서 쓰일 수 있다는 점에서 반의어의 성격을 지닌다. 한편, (37)과 같이 중립 지역이 존재하지 않는다는 점에서 상보어의 성격을 지닌다.

> (35) 이 옷은 매우 {깨끗하다/더럽다}.

> (36) a. 이 옷은 더럽지만, 저 옷보다 더 깨끗하다.
> b. ?이 옷은 깨끗하지만, 저 옷보다 더 더럽다.

(37) ?이 옷은 깨끗하지도 더럽지도 않다.

이상과 같이 반의어 및 상보어와 비교하여 등급상보어의 성격을 도식화하면 〈그림 8〉과 같다.

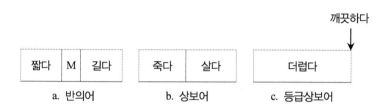

〈그림 8〉 반의어, 상보어, 등급상보어의 도식

〈그림 8〉에서 b의 '상보어'는 의미 영역을 1:1로 양분한다. 그 반면, c의 등급상보어 '깨끗하다/더럽다'에서 '더럽다'는 적극적인 양을 지니며, '깨끗하다'는 소극적인 양을 지닌다. 즉, 어떤 것이 '깨끗하다'라고 할 때 '더럽다'라는 요소는 배제되지만, 그 역이 성립되지는 않는다. 따라서 '더럽다'는 그 범위나 양이 넓고 큰 반면, '깨끗하다'는 제한적이다.

또한, 상보어 '살다/죽다'의 경우 법의학적으로는 그 경계가 뚜렷하지만, (38)의 '반쯤 죽다', '죽지도 살지도 않은 상태', '살아도 산 게 아니고, 죽어도 죽은 게 아니다', '산송장'과 같은 표현에서는 '살다/죽다'의 경계인 상보성이 약화된다.

(38) a. **반쯤 죽었다 산** 목숨.

b. 이대로 눈을 감고, **죽지도 살지도 않은 상태로** 시간을 견뎌낸다면, 과연 그 끝에 무엇이 있을까 …. (주원규의 '불의 궁전'에서)

c. 티베트에서는 **살아도 산 게 아니고, 죽어도 죽은 게 아니다.** (손미선의 '작은 박물관 101곳: 티벳박물관'에서)

d. 올케까지도 … **산송장** 상태에서 기지개를 켜고 일어나 … 생기를
보이기 시작했다. (박완서의 '나에게 소설은 무엇인가'에서)

3.3.2. 대립어의 비대칭성

종래 대립어 쌍은 구조나 의미에 있어서 대칭적인 것으로 간주되어 왔다.
그러나 대립어는 그 작용 양상이 다음과 같이 비대칭적이다.

첫째, 반의어의 경우이다. (39a)는 명사형, (39b)는 부사형, (39c)는 형용사
이다. '-이' 파생에 의한 (39a)의 명사형과 (39b)의 부사형에서 '가벼이' 외에는
'길다' 쪽에서, (39c)의 '-다랗-/-직하-'에 의한 파생형용사에서 '기다랗다/짤
따랗다' 및 '얄찍하다' 외에는 '길다' 쪽의 파생형이 생산적이며 적극적이다.

(39) a. 길이/*짧이, 높이/*낮이, 깊이/*얕이, 넓이/*좁이, 굵기/*가늘이,
　　두께/*얇이, 크기/*작이, 무게/*가볍이
　b. 길이/*짧이, 높이/*낮이, 깊이/*얕이, 널리/*좁이, *무거이/가벼이
　c. 기다랗다/짤따랗다, 높다랗다/*낮다랗다, 깊다랗다/*얕다랗다, 커
　　다랗다/*작다랗다, 널찍하다/*좁직하다, 굵직하다/*가늘직하다, 큼
　　직하다/*작직하다, 묵직하다/*가볍직하다, *두껍직하다/얄찍하다

또한, (40)에서 '길다' 쪽은 중립적인 물음으로 사용되지만, '짧다' 쪽은 '막
대기가 짧다'라는 것이 전제된 물음이다.

(40) a. 그 막대기가 어느 정도 깁니까?
　b. 그 막대기가 어느 정도 짧습니까?

따라서 분포상 '길다' 쪽이 '짧다' 쪽에 비해 적극적인데, 반의어의 이러한
비대칭성은 지각 대상의 현저성 정도와 상관성을 갖는다. 유표성[10]의 관점에

서 '길다' 쪽은 무표항이 되며 '짧다' 쪽은 유표항이 된다.[11] '길다'와 '짧다'의
관계는 〈그림 9〉와 같이 도식화된다(Leech 1981: 114 참조).

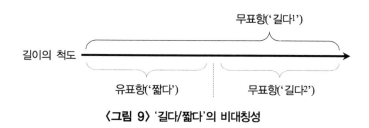

〈그림 9〉 '길다/짧다'의 비대칭성

둘째, 상보어의 경우이다. 성별의 분포를 보면, '남성'이 '여성'에 비해 적극
적이다. 곧 (41)에서 '소년'은 '소년'과 '소녀'를 아우르며, '청소년'은 양성을
아우르는데, 남성으로서 '청소년'에 대응되는 '청소녀'는 존재하지 않는다.

(41) a. 소년법/*소녀법, {소년부/*소녀부} 판사, 소년원/*소녀원
 b. {청소년/*청소녀} 자원봉사, {청소년/*청소녀} 감호소

또한, (42)에서 성별 대립의 경우 (42a)의 '기자/여+기자' 형이 (42b)의 '간
호사/남자+간호사' 형보다 한층 더 생산적이며, 양성을 아우르는 '기자' 형은
종래에 '남성' 중심의 선호된 직업 명칭이다. 따라서 분포상으로 볼 때 '남성'
이 '여성'에 비해 적극적인데, 유표성의 관점에서 '남성'은 '무표항'이 되며
'여성'은 유표항이 된다. 상보어의 이러한 비대칭성은 우리 사회의 전통적 가
치인 남존여비 의식에 기인한 것이라 하겠다.

---

10 '유표성(markedness)'은 대립의 두 극 사이에 존재하는 '비대칭적(asymmetrical)'
 이며 '계층적((hierarchical)'인 관계를 말한다(Waugh 1982: 299, Battistella 1990:
 1 참조). 대립 쌍에서 단순하고 일반적이며 원형적인 요소를 '무표항(unmarked
 term)'이라고 하며, 복잡하고 특수하며 주변적인 요소를 '유표항(marked term)'이
 라고 한다.
11 '길다'의 경우 '중화(neutralization)'가 실현된 '길다1'만 무표항으로, '짧다'와 대
 립을 이루는 '길다2'를 유표항으로 볼 수도 있다(임지룡 1992: 173-175 참조).

(42) a. 기자/여기자, 시인/여류시인, 국회의원/여성국회의원, 운전수/여
        자운전수
     b. 간호사/남자간호사, 미용사/남자미용사

셋째, 방향대립어에서 '착탈(着脫)'의 경우이다. (43)에서 '착(着)'에 관한
이휘는 분화되고 생산적인 반면, '탈(脫)'에 관한 어휘는 제한적이며 비생산적
인 데서 보듯이, '착탈(着脫)'의 방향대립어는 비대칭적이다. 이러한 비대칭성
은 동작 발생에 필요로 하는 에너지의 양과 상관성을 갖는데, 에너지의 양이
많이 드는 '착(着)'이 적게 드는 '탈(脫)'에 비해 더 활성화된 것이다.

(43) a. 입다·신다·쓰다·두르다·끼다 ⇄ 벗다
     b. 꽂다 ⇄ 빼다
     c. 끼우다·차다·매다·치다·드리다 ⇄ 풀다·끄르다

또한, 방향대립어의 '위/아래', '앞/뒤', '오른쪽/왼쪽'은 (44)에서 보듯이
선행 요소는 긍정적, 후행 요소는 부정적이다. 이러한 가치론적 비대칭성은
우리의 신체적 경험에 기반을 두고 있다.

(44) a. 상하관계, 상전·윗전/아랫것, 고수/하수
     b. 의식 수준이 앞서다/뒤쳐지다, 전진하다/후퇴하다
     c. 옳다/외다, 오른손/왼손, 그는 내 오른팔이다./왼새끼 꼬다.

한편, 대립어는 빈도에 있어서 비대칭성을 드러낸다. 1,531,966어절을 대상
으로 한 『현대국어 사용 빈도 조사』(국립국어연구원)에서 대립어에 대한 빈
도수를 보면 (45)와 같다. 즉, 대립어 쌍의 빈도수 및 한 쌍의 대립어 속에서
빈도의 비대칭성이 나타나는데, 이러한 비대칭성은 대립어의 활성화 정도를
보여 주는 척도가 된다.

(45) 주다/받다(6,418/2,566), 가다/오다(5,861/5,024), 크다/작다(2,835/
738), 좋다/나쁘다(2,661/256), 살다/죽다(2,297/843), 여자/남자
(1,645/1,160), 사다/팔다(957/332), 입다/벗다(550/207), 밝다/어둡
다(174/155), 기쁘다/슬프다(139/94)

3.3.3. 대립어의 문장 및 상황·맥락 속 작용 양상

정형화되고 규범적인 대립어가 있지만, 대립어의 역동성을 포착하는 데는
한계가 있다. 아래에서는 대립어의 문장 및 상황·맥락 속의 작용 양상에
대해서 살펴보기로 한다.

먼저, 말뭉치를 통한 대립어의 문장 속 공존 양상에 대해서이다. 대립어는
반복 구문의 통사적 틀로 포착할 수 있는데, '~과~', '~랑~'에 의한 (46)의
명사, '~다~다', '~거니~거니'에 의한 (47)의 동사, '~든~든', '~건~건'에 의
한 (48)의 형용사가 있으며, 'A보다 B' 구문에 의한 (49)가 있다.[12]

(46) a. 우리는 또다시 **삶과 죽음**을 생각하게 됩니다.
   b. 함께 피란을 오던 **아버지랑 어머니**를 떠올렸습니다.

(47) a. 선장 소유로 **오다가다** 관선을 만나면 뇌물을 바친다.
   b. 될 때까지 **주거니 받거니**를 계속했다.

(48) a. 강의 하구는 **크든 작든** 삼각주를 이루었다.
   b. **좋건 나쁘건** 동의 없이 저지른 일엔 관여하지 않는다.

---

[12] 존스 외(Jones *et al*. 2012: 58)에서는 말뭉치를 대상으로 다음과 같은 '통사적 틀
(syntactic frame)'로써 대립어를 포착한 바 있다. ①X and Y alike ②both X and
Y ③either X or Y ④whether X or Y ⑤from X to Y ⑥between X and Y ⑦X
versus Y

(49) 이번 축제에는 많은 시민들이 몰릴 것으로 예상된다. 따라서 **자가용보다 대중교통** 이용이 더 편리할 것으로 보인다.

다음으로, 대립어의 상황·맥락 속의 작용 양상에 대해서이다. 대립어는 어휘 항목 간의 고착화된 의미 관계가 아니라, 다양한 상황·맥락 속의 작용 양상을 화자가 역동적으로 해석하는 관계이다.[13] 예를 들어, '부모/자식', '학부모/학생'이 규범적 대립어이지만, (50)에서는 '부모/학부모'가 대립어를 이룬다.

(50) **부모**는 멀리 보라 하고 **학부모**는 앞만 보라 합니다. **부모**는 함께 가라 하고 **학부모**는 앞서 가라 합니다. **부모**는 꿈을 꾸라 하고 **학부모**는 꿈꿀 시간을 주지 않습니다. 당신은 **부모**입니까? **학부모**입니까? ⋯ (공익광고협의회의 '부모의 모습' 편에서)

(51)은 '황소개구리'와 '우리말'이 '개념적 혼성(conceptual blending)'에 의해 대립어를 이룬 것이다. '도입종 공간'에 '황소개구리, 유럽산 찌르레기, 블루길, 영어'가 있고 '토종 공간'에 '청개구리, 참새, 붕어, 우리말'이 있는데, 혼성공간에서 가 공간의 힌 구성원을 명멸해 '황소개구리/우리말'의 대립을 형성하게 되었다.

(51) **황소개구리**와 **우리말** (최재천 2002, 『고등학교 국어(상)』)

또한, '차갑다/뜨겁다'가 규범적 대립어이지만, (52)에서는 '차갑다/부드럽다', '뜨겁다/미지근하다'가 대립을 이루고 있다.

---

[13] 동일한 식물을 대립적으로 이름 붙인 예도 흥미롭다. '**앉은좁쌀풀**'을 '**선좁쌀풀**'이라고도 하는데, 이는 우리나라 각 곳의 깊은 산에서 자라는 반기생 일년초로서 '앉다/서다' 대립의 관형형이 사용된 것이며, '**참죽나무**'를 '**가**(假)죽나무'라고도 하는데, '참/가(假)'의 접두어로서 대립을 이룬 것이다.

(52) a. 형은 인상이 **차가운** 반면, 동생은 **부드럽다**.

b. 총선을 맞아 각 정치 세력의 각축이 **뜨겁다**. 그러나 유권자들의
반응은 **미지근하다**.

3.3.4. 대립어의 머릿속 작용 양상

'단어 연상', '혼성', '말실수'는 대립어의 머릿속 사전의 작용 양상을 유추
할 수 있는 실마리이다. 아래에서 이들 세 가지의 작용 양상을 살펴보기로
한다.

첫째, '단어 연상 실험(word association experiment)'은 자극어가 제시될
때 가장 먼저 머릿속에 떠오르는 반응어를 찾아내는 실험이다. (53)은 대립어
실험에서 선행어를 자극어로 했을 때 대립어인 후행어가 반응어로 나타난 보
기를 연상 강도의 순서대로 배열한 것이다. 또한, (54)는 빈도수가 높은 110개
의 대립어 쌍에 대한 5단계 평가 실험에서 피험자의 인식을 정리한 것이다(임
지룡 2015c: 74-76 참조).

(53) 남자-여자(86.67%), 크다-작다(80%), 가다-오다(73.33%), 위-아
래(73.33%), 좋다-싫다·나쁘다(73.33%), 주다-받다(73.33 %), 가
을-봄(33.33%), 어머니-아버지(33.33%), 아름답다-추하다·못생
기다(26.67%), 읽다-쓰다(26.67%), 사랑하다-미워하다(20%), 붉다
-푸르다(13.33%), 슬프다-기쁘다(13.33%), 심다-뽑다·캐다
(13.33%), 둥글다-모나다(6.67%), 흐르다-멈추다(6.67%)

(54) a. '기혼/미혼', '남자/여자', '살다/죽다', '참/거짓'과 같은 상보어가
가장 좋은 대립어로 반응되었다.

b. '사다/팔다', '가다/오다', '주다/받다'와 같은 동사형 방향 대립어
가 '크다/작다', '넓다/좁다', '무겁다/가볍다', '깊다/얕다'와 같은

형용사의 척도 대립어보다 더 좋은 대립어로 반응되었다.

c. '달/별', '맵다/달다', '소설/잡지', '차/커피', '군인/경찰'은 대립성의 정도가 낮은 것으로 반응되었다.

d. 동일한 의미장에 속한 대립어 쌍에서 대립성 정도의 순서는 다음과 같이 반응되었다: 하늘/땅〉육지/바다〉산/바다, 뜨겁다/차갑다〉덥다/춥다〉따뜻하나/서늘하다,　입다/벗다〉신다/벗다〉쓰다/벗다, 자가용/버스〉버스/기차

단어 연상 실험에서 피험자들은 자극어에 대해 대립어로 반응하는 경향이 현저하다. 또한, 대립어 가운데 좋은 대립어와 그렇지 않은 대립어 간, 그리고 동일한 의미장에 속한 대립어 간에 정도성을 띤다.

둘째, '혼성(blending)'은 두 단어의 일부가 합쳐져서 새말을 만드는 것을 말한다. 혼성은 근원어 A(wx), B(yz)에서 α형(wz)과 β형(xy)으로 이루어지는데, 대립어의 혼성 (55a)는 α형(wz)이며, (55b)는 β형(xy)이다.

(55) a. 엄빠: **엄**마×아**빠**

포카락: **포크**×숟**가락**

라볶이: **라**면×떡**볶이**

디지로그: **디지**털×아날**로그**

슬러브: **슬라**이더×커**브**

웃프다: **웃**기다×슬**프다**

b. 토감: 토마**토**×**감**자

기호(지방): 경**기**×**호**서

구마(고속도로): 대**구**×**마**산

대립어 혼성은 α형(wz)이 β형(xy)보다 월등히 많은데, 이러한 경향성은 단어의 기억과 관련하여 맨 앞이나 뒤에 있는 형태가 두드러지기 때문에 더 활

발히 생산되는 것으로 해석된다. 또한, 새말에서 '*아마(아빠×엄마)' 형이 아닌, '엄빠' 형은 '엄마'에 초점이 놓인 것으로 국어 공동체의 경향성을 엿볼 수 있다.

셋째, '말실수(speech error)'는 자발적인 발화에서 무의식적으로 나타나는 실수를 가리킨다. (56)-(58)은 대립어에 의한 말실수의 보기인데, 그중 (56)은 목표어를 잘못 검색한 '선택 실수'이며, (57)은 목표어는 제대로 선정되었으나 조립 순서가 잘못된 '조립 실수'이며, (58)은 말하는 상황이나 선행 발화에 영향을 받은 '점화 실수'이다.

(56) a. 오늘 신입생 **환송회**(→환영회)가 있으니 꼭 참석해 주십시오.
   b. 손님 **마중**(→배웅)을 마치고 돌아왔다.

(57) a. 낮말은 **쥐**(→새)가 듣고 밤말은 **새**(→쥐)가 듣는다.
   b. 이제 우리는 **졌다고**(→이겼다고) 자만하지 말 것이며 **이겼다고**
      (→졌다고) 실망하지 말 것입니다.

(58) a. 날씨는 춥지만 바람이 **차서**(→따뜻해서) 괜찮아.
   b. 미국은 전○○ 장군을 적극 **저지할**(→지지할) 것이라고 했습니다.

말실수에서 '실제 발화'는 종종 '목표 발화'와 밀접하게 관련된 단어로 대치된다. 이것은 대립어가 머릿속 사전에서 매우 긴밀하게 저장되어 있음을 시사해 주며, 우리가 어떻게 발화를 준비하고 생산하는지에 관해 중요한 정보를 제공해 준다.

4. 마무리

이 장에서는 의미의 계열관계 가운데 동의관계와 대립관계를 중심으로 그 성격, 양상, 의미 특성에 대하여 살펴보았다. 그 주요 내용에 따라 마무리하기로 한다.

첫째, 동의관계는 둘 이상의 단어 간에 의미가 같거나 비슷한 의미 관계이다. 동의관계에 있는 단어들을 동의어라 하며, 절대적 동의어와 상대적 동의어로 나뉜다. 상대적 동의어 또는 유의어는 지루함을 덜고 변화와 생동감, 풍부함을 더해 주는 문체적 효과를 갖는다.

둘째, 동의어의 생성 유형은 방언, 문체, 전문성, 내포, 완곡어법 등이 있다. 동의어는 교체·대립·배열 검증으로 그 의미 차이를 확인할 수 있다. '기쁘다'와 '즐겁다'는 '유쾌한 감정'을 공유하면서 동기, 신체적 반응, 감각기관별 호응관계 등에서 의미 차이를 지니고 있다. 동의어는 개념적·빈도적·인지적·분포적으로 비대칭성을 띠며, 단어 연상 및 혼성을 통해서 볼 때 머릿속 사전에서 긴밀하게 저장되는 것으로 보인다. 또한, 동의어는 하나의 대상·상황을 대안적인 방식으로 파악해서 표현하는 화자의 전략, 즉 해석 작용이다.

셋째, 대립관계는 단어들 간에 공통적인 속성을 많이 가지면서 한 가지 현저한 속성이 다를 때 성립되는 의미 관계이며, 대립관계에 있는 단어들을 대립어라고 한다. 대립어는 반의대립어, 상보대립어, 방향대립어, 자기대립어로 대별된다.

넷째, 대립어의 의미 특성은 다음과 같다. 즉, 대립어는 경계가 불명확하며, 작용 양상이 비대칭적이며, 규범적인 대립어도 그 범위를 넓히면 역동적인 양상을 띠게 된다. 또한, 단어 연상, 혼성, 말실수의 사례를 통해 대립어가 머릿속 사전에서 긴밀하게 저장되는 것으로 유추할 수 있다.

제7장
의미의 계열관계 Ⅱ

1. 들머리

　이 장은 의미의 계열관계 가운데 분류관계, 하의관계, 부분관계의 성격을
이해하는 데 목적이 있다. 이들 관계는 모두 단어들을 계층적으로 연관시킨다
는 점에서 공통된다.
　이들 관계를 기술하는 데는 다음 세 가지 관점이 있다. 첫째, '분류관계'
아래에 '하의관계'와 '부분관계'를 포함하는 관점이다(Hamawand 2016). 둘째,
'하의관계' 아래에 '분류관계'를 포함하는 관점이다(Cruse 1986, 2011,
Murphy 2010). 셋째, '분류관계', '하의관계', '부분관계'를 대등하게 다루는
관점이다(Löbner 2002, Riemer 2010). 여기서는 이들 관계의 독자성을 고려하
여 세 번째 관점을 취하기로 한다.
　이 장에서는 다음 세 가지 사항에 대해서 다룬다.
　첫째, 분류관계에 대해서이다. 분류관계는 어휘의 분류적 계층을 가리킨다.
분류관계의 정의, 과학적 분류관계와 민간 분류관계에 대해서 살펴본다. 또한,
분류관계에서 가장 현저한 층위인 기본층위에 대해서 살펴본다.
　둘째, 하의관계에 대해서이다. 하의관계는 의미적 계층에서 한 쪽이 다른

쪽을 포함하거나 다른 쪽에 포함되는 관계로서 하위어와 상위어로 나뉜다. 하의관계의 정의를 외연적·내포적 관점에서 기술하고, 하의관계의 논리적 특성, 자기 하의관계, 그리고 하의관계의 기능에 대해서 살펴본다.

셋째, 부분관계에 대해서이다. 부분관계는 전체와 부분의 관계를 가리키며 부분어와 전체어로 나뉜다. 부분관계의 정의와 의의, 자기 부분관계, 부분관계 의 유형과 의미 특성에 대해서 살펴본다.

2. 분류관계

분류관계의 정의, 과학적 분류관계와 민간 분류관계의 성격과 그 불일치 현상, 그리고 기본층위에 대해서 살펴보기로 한다.

2.1. 분류관계의 정의

'분류관계(分類關係, taxonomy)'는 '분류적 계층(taxonomic hierarchy, classificatory hierarchy)'을 말하는데, 어휘 항목을 범주의 계층 속에 배열하 는 '어휘적 계층(lexical hierarchy)'을 가리킨다. 이 경우, '어휘적 계층'은 관 련된 어휘 항목들의 의미를 나뭇가지 그림에 의해서 표시할 수 있다. 분류관 계의 전형적인 보기는 동물명, 식물명, 광물명을 들 수 있다. 그중 〈그림 1〉 은 '동물명'의 분류관계로 그 의미 관계가 수직 및 수평적으로 관련됨을 보 여 준다.

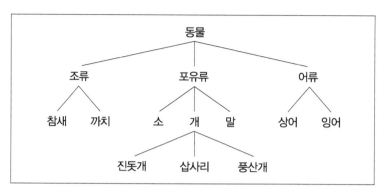

〈그림 1〉 '동물명'의 분류관계

분류관계에서 계층의 구성원을 '분류어(taxonym)'라고 한다. 분류어는 대체로 자의적인 종속어로서, 계층 속에 있는 한 교점의 '하위 종류(sub-kind)'를 지시한다. 〈그림 1〉에서 보듯이 '조류·포유류·어류'는 '동물', 그리고 '참새·까치'는 '조류'의 '공(共) 분류어(co-taxonym)'인데, 분류관계의 수평적 층위는 공통적인 특성을 지닌다. 분류관계는 범주화와 관련하여 과학적 분류관계와 민간 분류관계로 나뉜다.

2.2. 과학적 분류관계

'과학적 분류관계(scientific taxonomy)'의 대표적인 사례 두 가지를 들면 다음과 같다.

첫째, 과학적 분류관계의 효시는 18세기 중엽 스웨덴의 식물학자 린네(Carl von Linné, 1707~1778)에 의한 동식물의 분류이다. 이 개념은 '종-속-과-목-강-문-계'에서 상당히 확장되어 오늘날 13가지 층위로 된 매우 복잡한 체계로 발전했다.

둘째, 로제[1]에 의해 1852년에 출판된 『영어 단어와 구의 시소러스(*Thesaurus*

---

1   로제(Peter Mark Roget, 1779~1869)는 영국인 의사, 작가, 물리학자, 발명가로서 동의어 사전인 '시소러스'의 창시자이다.

of English Words and Phrases)』도 과학적 분류관계의 전형적인 사례이다. 이는 영어의 모든 단어를 계층구조로 배열하려는 시도이다. 로제(Roget 1988, 4th edition)에서는 영어 어휘 25만여 개를 '추상관계, 공간, 물리적 현상, 물질, 감각, 지성, 의지, 애정'의 8개 부류로 나누고, 그 아래에 절, 표제어, 하위 부문에 따라 1,042개의 의미 범주로 세분하였는데, 그 체제는 (1)과 같다.

(1) 시소러스(*Thesaurus*)의 체제

　Ⅰ. 추상관계: 존재, 관계, 양, 순서, 수, 시간, 변화, 사건, 원인, 능력

　Ⅱ. 공간: 공간, 일반 차원, 구조·형태, 운동

　Ⅲ. 물리적 현상: 물리학, 열, 빛, 전기 및 전자공학, 역학, 물리적 속
　　　성, 색

　Ⅳ. 물질: 물질 일반, 무기물, 유기물

　Ⅴ. 감각: 일반감각, 촉각, 미각, 후각, 시각, 청각

　Ⅵ. 지성: 지적 능력 및 과정, 심리 상태, 관념의 전달

　Ⅶ. 의지: 의지 일반, 상태, 자발적 행동, 권위·통제, 지지 및 대립,
　　　소유관계

　Ⅷ. 애정: 일반어, 개인적 감정, 호의적 감정, 도덕적 감정, 종교적 감정

　로제(Roget 1852)의 시소러스(*Thesaurus*)는 원래 Ⅲ, Ⅴ가 빠진 6류 1,000 항목으로 출발되었는데, 저자가 91세로 세상을 떠날 때까지 28판이 거듭되었으며, 그 뒤 많은 이들의 손에 의해 개정, 증보, 축소판이 출판되었다. 그 중 'Ⅴ. 감각(sensation)'을 중심으로 '감각⊃청각⊃소리'의 분류관계를 보면 〈그림 2〉와 같다.

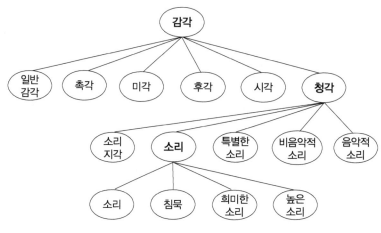

〈그림 2〉 '감각'의 분류관계

또한, 시소러스에는 〈그림 2〉의 맨 아래 층위인 '소리', '침묵', '희미한 소리', '높은 소리'의 범주를 중심으로 관련된 어휘 항목들이 품사별로 배열되어 있다.

로제는 시소러스를 통해 인간의 지식을 과학적으로 엄격하게 조직하려는 오랜 꿈을 실현하고자 하였다. 시소러스는 표현사전의 일종으로 창작·번역·십자말풀이와 같은 실생활의 언어활동에 유용한 것으로 판명되었다. 그런데 개별적 어휘 항목뿐만 아니라 어휘 항목들 간의 의미 관계에 대해 구체적인 정보가 없고 서로 다른 종교적, 사회적, 직업적 다양성에서 유래된 각 항목들을 별다른 설명 없이 병렬시킴으로써 그 가치가 제한될 수밖에 없었다.

요컨대 린네와 로제에 의한 과학적 분류관계는 고안된 분류 체계로서 복잡성과 엄격성을 특징으로 삼는다. 이 분류관계는 층위가 너무 많고 범주에 대한 인간의 경향성이 배제됨으로써 우리의 인식과 삶에 동떨어져 있다고 하겠다.

2.3. 민간 분류관계

'민간 분류관계(folk taxonomy)'는 한 문화 공동체가 일상생활 속에서 형성해 온 경험과 직관에 바탕을 둔 분류이다. 이는 인지적 및 문화적 요인의 산물로서 계층적으로 다섯 개의 층위를 넘어서는 경우가 드물다. 민간 분류의 전형적인 보기는 멕시코 남부의 마야어 사용 공동체인 '첼탈 사람들(Tzeltal people)'의 〈그림 3〉과 같은 식물 분류이다.

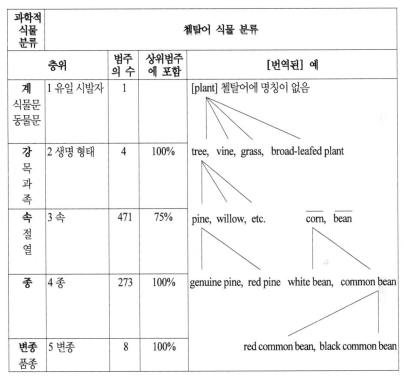

과학적 식물 분류	첼탈어 식물 분류			
층위	범주의 수	상위범주에 포함	[번역된] 예	
계 식물문 동물문	1 유일 시발자	1		[plant] 첼탈어에 명칭이 없음
강 목 과 족	2 생명 형태	4	100%	tree, vine, grass, broad-leafed plant
속 절 열	3 속	471	75%	pine, willow, etc. corn, bean
종	4 종	273	100%	genuine pine, red pine white bean, common bean
변종 품종	5 변종	8	100%	red common bean, black common bean

〈그림 3〉 첼탈어의 식물 분류[2]

〈그림 3〉에서 '과학적 식물 분류'는 '계(界, regnum · kingdom)'[3]를 시작으로

---

2   영어로 번역된 첼탈어 단어와 그 뜻은 다음과 같다. tree(나무) · vine(덩굴식물) · grass(풀) · broad-leafed plant(잎 넓은 식물), pine(소나무) · willow(버드나무), corn(옥수수) · bean(콩), genuine pine(순종 소나무) · red pine(붉은 소나무), white bean(흰콩) · common bean(보통 콩), red common bean(붉은 보통 콩) · black common bean(검은 보통 콩)
3   TV의 '동물의 왕국(王國)'은 영국의 BBC 등에서 제작한 동물 다큐멘터리 'Animal Kingdom'을 우리말로 더빙하여 소개한 프로그램인데, 그 올바른 번역은

13가지의 층위로 이루어져 있다. 그 반면, 첼탈의 '민간 식물 분류'는 '유일 시발자(unique beginner)⊃ 생명 형태(life form)⊃ 속(generic)⊃ 종(specific)⊃ 변종(varietal)'의 5가지 층위로 이루어져 있다(Ungerer and Schmid 2006: 68 참조).

이 가운데 '속(屬) 층위(genus · generic level)'는 한층 더 중요한 의의를 갖는다. 즉, 첼탈의 식물 명칭 총 757개 가운데 '속 층위'는 471개로서 '생명 형태' 4개, '종' 273개, '변종' 8개에 비해 수적으로 매우 우월하다. '속 층위'의 수적 우월성은 인지적 · 언어적 · 문화적 중요성에 의해 뒷받침된다. 곧 '속 층위'는 첼탈 사람들이 상위층위나 하위층위 범주를 사용할 수 있는데도 불구하고 가장 일반적으로 선택하는 범주인데, 이것은 그 명칭이 가장 먼저 떠오르기 때문이다. 게다가 그 명칭이 짧고 더 이상 분석되지 않는 반면, 하위층위의 명칭은 '형용사+속 명칭'으로 구성된다. 또한, 각 층위에서 상위층위 범주에 범주가 포함되는 정도는 75%인 속 층위 외에는 모두 100%이다. 첼탈어의 속 층위 명칭의 4분의 3은 생명 형태에 연결되어 있으며, 4분의 1은 'corn(옥수수), bean(콩)'과 같이 '무계통적 속' 20% 및 그 나머지는 두 가지 생명 형태의 경계선상에 있다.

요컨대 민간 분류는 비공식적 관찰, 전통적 믿음, 심지어는 미신에 근거하기도 하지만, 그 속에는 언중들의 경향성, 지혜, 예측력이 집약되어 있다는 점에서 큰 의의를 갖는다.

2.4. 기본층위

민간 분류의 '속 층위'를 범주의 계층 관계에서 '기본층위(basic level)'라고 부른다.[4] '기본층위'의 특징, 보기, 그리고 의의에 대해서 살펴보기로 한다.

'plant kingdom(식물계)', 'mineral kingdom(광물계)'처럼 '동물계(動物界)'이다.
4 심리학자 로시 외(Rosch et al. 1976) 및 로시(Rosch 1978)는 인류학자 벌린 외(Berlin et al. 1974)의 '속 층위'를 상위층위 및 하위층위에 대응되는 '기본층위(basic level)'로 부르고, '악기 · 과일 · 공구 · 의복 · 가구 · 수송수단 · 나무 · 물고기 · 새'의 9개 범주를 중심으로 지각적, 기능적, 언어 및 의사소통적, 지식 구조

먼저, 범주의 계층구조에서 중간 층위에 해당하는 '기본층위(basic level)'는 다음과 같은 특징을 지닌다.

첫째, 인지적인 측면에서 기본층위는 사람들이 보편적으로 사물을 지각하고 개념화하는 층위이다. 예를 들어, 한 사물을 보고 "저것이 무엇이냐?"라는 질문에 대답할 때 '동물- 개- 삽살개- 청삽사리' 가운데 일반적으로 '개'를 선택하게 되는데, 계층구조에서 이 층위가 곧 기본층위에 해당한다. 기본층위는 우리의 머릿속에서 그 영상을 명확히 떠올릴 수 있다는 점에서 인식의 기준점이 된다.

둘째, 기능적인 측면에서 기본층위는 발생 빈도가 높다는 점에서 가장 빈번히 사용되며 어린이의 언어 사용 단계에서 가장 이른 시기에 습득된다.

셋째, 언어적인 측면에서 기본층위는 형태가 단순하다는 점에서 무표적이며 고유어인 경우가 대부분이다. 대조적으로 하위층위는 합성어나 파생어가 많고 형태가 길다는 점에서 유표적이며, 상위층위나 하위층위는 다른 언어에서 차용되는 경우가 흔하다. 한국어에서 기본층위 용어는 〈표 1〉과 같다(임지룡 2011b: 171-172 참조).

〈표 1〉 한국어의 기본층위 용어

층위	용어														
상위층위	곤충	포유류	조류	어류	과일	채소	곡물	균류	가구	공구	악기	옷	음식	무기	차	운동경기
기본층위	나비	개	새	붕어	배	무	옥수수	버섯	의자	톱	북	바지	밥	총	버스	씨름
하위층위	호랑나비	진돗개	참새	참붕어	돌배	총각무	찰옥수수	송이버섯	흔들의자	양날톱	큰북	청바지	오곡밥	권총	2층버스	왼씨름

적 측면에서 그 우월성을 실험적으로 입증하였다.

넷째, '과학적 분류'나 '전문 분류'에서는 속성이나 정보의 측면에서 상위
층위가 가장 적고 단순하며, 하위층위가 가장 많고 풍부하다고 보았으며, 언
어 습득에서도 상위층위가 가장 먼저 발달할 것으로 보았다. 그러나 '민간
분류'에서는 기본층위가 정보 및 지식이 가장 풍부한 층위임을 실증하였다.
이 관계를 도식화하면 〈그림 4〉와 같은데, 팽창된 부분은 개념과 정보의 풍부
함을 나타낸다.

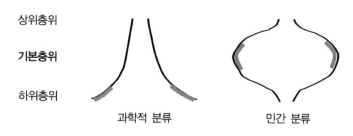

〈그림 4〉 과학적 분류와 민간 분류의 정보량

다음으로, 기본층위의 기능에 대해서이다. 이것은 곧 기본층위가 왜 필요한
가 하는 문제이기도 하다. 이에 대해 기본층위는 범주 구성원들 사이의 차이
를 최소화하는 동시에 인접한 범주들 사이의 차이를 최대화하는 모순적 압력
을 동시에 만족시키려는 최상의 타협책이라 하겠다.

요컨대 범주의 계층적 분류관계에서 우리에게 더 친근하고 우월한 기본층
위는 최소의 인지적 노력으로 최대의 정보를 제공하는 인지적 경제성의 원리
에 기초하고 있다. 이와 더불어, 자연계의 범주에 고유하거나 예정된 계층적
순서가 존재하는 것이 아니라는 점에서 범주의 분류관계는 본질상 개념적이
다. 곧 계층적 분류관계는 인간의 경험과 유용성에 바탕을 둔 범주화의 발현
이며, 그 한 특성으로서 상위층위나 하위층위가 아니라 '기본층위'에 우월성
을 부여한 것이라 하겠다.

2.5. 두 분류관계의 불일치

과학적 분류와 민간 분류 간에는 서로 다른 관점이 존재한다. 두 가지 분류의 불일치 현상에 대해서 살펴보기로 한다.

첫째, '고래'는 과학적 분류에서 '포유류'이지만, 민간 분류에서는 '물고기'이다. '고래'를 중국어에서는 '鯨', 독일어에서는 'Walfisch', 영어에서는 'whale'라고 한다. 이들 단어에서 '魚-', '-fisch'는 '물고기'를 뜻하며, 'whale'도 물고기를 뜻하는 라틴어의 'squalus'에서 유래한 것이다.

둘째, '흰개미(termite)'는 과학적 분류에서 '흰개미목(isoptera)'에 속한 것으로 '개미'와 별개의 곤충으로 분류되며, '개미'는 '벌'과 함께 '벌목(hymenoptera)'에 속한다. 형태상으로 볼 때, 개미의 더듬이는 약간 굽어 있지만, 흰개미의 더듬이는 곧으며, 개미는 가슴과 배의 구분이 명확하지만, 흰개미는 두 부분의 구분이 불명확하다(김종원 외 1992: 217 참조). 한편, 민간 분류에서는 '흰개미'를 땅속이나 고목 속에서 생활하며, 무리를 짓고 계급을 이루어 생활한다는 점에서 개미의 일종으로 보고 있다. 흰개미를 영어권의 민간에서는 'white ant'라고 부른다.

셋째, '박쥐'는 과학적 분류에서 '익수목(翼手目, chiroptera)'에 속하는 포유류이다. 그 반면, 민간 분류에서는 특이한 '새'나 나는 '쥐'로 간주한다. (2)에서 '박쥐'는 민간 분류의 양상을 잘 드러내고 있다.

(2) 너는 본래 기는 즘생 / 무엇이 싫어서 / 땅과 낮을 피하야 / 음습한 폐가(廢家)의 지붕 밑에 숨어 / 파리한 환상과 괴몽(怪夢)에 / 몸을 야위고 / 날개를 길러 / 저 달빛 푸른 밤 몰래 나와서 / 호올로 서러운 춤을 추려느뇨. (유치환의 '박쥐')

넷째, '감자'나 '토마토'는 과학적 분류에서 '채소'이지만, 민간 분류에서는 차이가 난다. 영어권에서 'potato(감자)'는 채소로 분류하는 반면, 독일어권에서 'Kartoffel(감자)'은 주식이기 때문에 채소로 취급하지 않는다. 또한, '토마토'는 과학적 분류에서 채소로 분류하지만, 우리 문화권에서는 '일년감' 또는 '땅감'이라고 하여 과일로 분류한다.

3. 하의관계

하의관계의 정의, 논리적 특성, 자기 하의관계, 기능에 대해서 살펴보기로 한다.

3.1. 하의관계의 정의

'하의관계(下義關係, hyponymy)'는 단어의 의미적 계층구조에서 한쪽이 의미상 다른 쪽을 포함하거나 다른 쪽에 포함되는 비대칭적 관계를 말한다.[5] 하의관계에서 보다 더 구체적 의미를 지닌 것을 '하위어(hyponym)'라고 하며, 일반적 의미를 지닌 것을 '상위어(superordinate, hyperonym)'라고 한다. 또한, 동위 관계에 있는 하위어의 무리를 '공(共) 하위어(co-hyponym)'라고 한다.[6]

예를 들어, '새'와 '참새·까치·오리'는 하의관계를 이루는데, 그중 '참새·까치·오리'는 '새'의 하위어이며, 역으로 '새'는 '참새·까치·오리'의 '상위어'이다. 이 관계는 상대적이므로, '새'는 '동물'의 하위어이며 '청둥오리·고방오리·쇠오리'는 '오리'의 하위어가 된다. 또한, '참새·까치·오리'는 '새'의 '공 하위어' 또는 '동위어'가 된다.

하의관계는 '포함(inclusion)'에 의해서 설명된다. 하의관계의 특성을 외연

---

5   크루스(Cruse 2011: 134)에서는 개념적 장을 구성하는 가장 중요한 관계 가운데 하나가 '하의관계'라고 하였다. 또한, 크루스(Cruse 2002: 544)에서는 '분류관계(taxonymy)'를 '하의관계'의 하위 유형으로 간주할 수 있다고 하였다.

6   'hyponym', 'hyperonym'은 그리스에서 파생된 접두사 'hypo(아래의)+nym(이름)', 'hyper(위의)+nym(이름)'에서 유래하였다(Murphy 2010: 113 참조).

적·내포적 관점에서 기술하면 다음과 같다. '외연적 관점(extensional perspective)'은 세계의 사물을 범주화하는 사고방식으로, 이 관점에 따르면 상위어는 하위어를 포함한다. 즉, '새'의 범주는 '참새'의 범주를 포함하므로 어떤 것이 '참새'이면 그것은 반드시 '새'이다. 한편, '내포적 관점(intensional perspective)'은 의미에 대한 사고방식으로, 이 관점에 따르면 하위어가 상위어보다 의미가 더 풍부하다. 즉, '참새'의 의미는 '새'의 의미보다 더 풍부하므로 '참새'는 '새'의 의미를 포함한다. 따라서 '상위어'는 의미의 외연이 넓고 내포가 좁은 반면, '하위어'는 의미의 외연이 좁고 내포가 넓다. 이 관계는 하위어-상위어 쌍의 기호 삼각형을 통합한 〈그림 5〉에서 볼 수 있다(Löbner 2002: 86 참조).

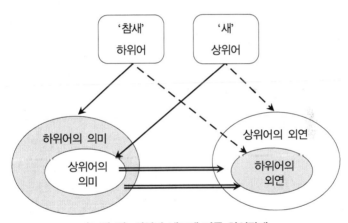

〈그림 5〉 외연과 내포에 따른 하의관계

하위어의 의미가 상위어보다 더 풍부하다는 것은 의미 성분을 비교해 보면 한눈에 드러난다. '동물', '새', '참새'의 의미 성분은 개략적으로 (3)과 같다.

(3) a. 동물: [+생명체] [+움직임]
     b. 새:　[+생명체] [+움직임] [+날개]
     c. 참새: [+생명체] [+움직임] [+날개] [+갈색]

3.2. 하의관계의 논리적 특성

'하의관계'의 논리적 특성 두 가지를 살펴보면 다음과 같다.

첫째, '함의'와 관련된 하의관계의 논리이다. 하의관계는 일방적 함의가 성립되는데, (4)와 같은 함의관계가 유지된다면 B는 A의 하위어이다.

> (4) a. '이것은 B이다'는 '이것은 A이다'를 일방적으로 함의한다.
>
> b. '이것은 A가 아니다'는 '이것은 B가 아니다'를 일방적으로 함의
> 한다.

(4)에 따라 '이것은 개(B)이다'는 '이것은 포유류(A)이다'를 일방적으로 함의하며, '이것은 포유류(A)가 아니다'는 '이것은 개(B)가 아니다'를 일방적으로 함의하는 경우, '개(B)'는 '포유류(A)'의 하위어가 된다. 곧 하위어는 상위어를 함의하지만, 역으로 상위어는 하위어를 함의하지 않는다. 따라서 이 관계는 비대칭적이다.

둘째, 하의관계의 '이행성(transitivity)'이다. 논리적인 관점에서 볼 때 하의관계는 이행적 관계이다. 즉, A가 B의 하위어이고 B가 C의 하위어이면 A는 반드시 C의 하위어이다. 예를 들어, '과일-사과-홍옥'의 계층구조에서 하위어는 상위어에 대해 이행적이다.

3.3. 자기 하의관계

'자기 하의관계(auto-hyponymy)'는 한 어휘 항목이 일반적인 의미와 특정한 의미로 다의관계를 이룰 때 나타나는 현상이다. 다의관계와 관련하여 자기 하의관계의 세 가지 사례를 들기로 한다.

첫째, 우리말에서 '형제'는 형과 아우의 '형제²', 그리고 형제와 자매를 통틀어 이르는 '형제¹'의 의미를 모두 갖는 다의어로서 〈그림 6〉과 같이 자기

하의관계를 이루고 있다(임지룡 1992: 156 참조).

형제¹	
형제²	자매

〈그림 6〉 '형제'의 자기 하의관계

둘째, 크루스(Cruse 2011: 117-118)에서는 (5)의 사례를 '체계적 다의관계 (systematic polysemy)'라고 하였는데, 이것은 다의관계에서 해석들 간의 관계 가 의미적 근거로부터 예측 가능한 어휘 항목에 걸쳐 되풀이된다. 이 경우 체계적 다의관계는 자기 하의관계를 형성한다.

(5) a. 과일/나무 종: 사과, 배
    b. 꽃/식물: 장미, 진달래
    c. 짐승/고기: 돼지, 소

셋째, 민간 분류에서 '쑥', '굴', '개구리', '쥐' 등의 동식물 명칭은 상위어인 동시에 하위어로 사용된다(김령환 2016: 220-225 참조). 이 경우 민간 분류의 다의관계는 자기 하의관계를 형성한다. '쑥'의 『고려대 한국어대사전』 풀이 를 보면 (6)과 같다.

(6) ① 국화과에 속한 쑥, 산쑥, 덤불쑥, 참쑥, 물쑥 등을 통틀어 이르 는 말.
    ② 국화과에 속한 여러해살이풀.

'쑥'에 대한 (6)의 ①과 ②는 다의어로서, '쑥' ①은 '속' 또는 '기본층위'에 해당되며, '쑥' ②는 '종' 또는 '하위층위'에 해당된다. 자기 하의관계를 이루 는 '쑥¹'과 '쑥²'의 관계는 〈그림 7〉과 같다(김령환 2016: 222 참조).

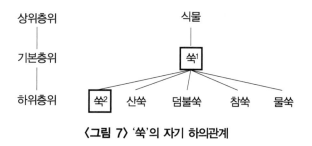

〈그림 7〉 '쑥'의 자기 하의관계

〈그림 7〉에서 '쑥¹'은 상위어이며, '쑥²'는 하위어로서 '산쑥, 덤불쑥, …'과 공 하위어 관계를 이룬다.

3.4. 하의관계의 기능

하의관계는 일련의 상위어와 하위어로 구성되어 있다. 의미의 계층관계에서 상위어와 하위어의 세 가지 기능에 대해서 살펴보기로 한다.

첫째, 상위어의 '의사소통 기능(communicative function)'이다. 우리는 어떤 대상물에 대해 정확한 명칭을 모르거나, 상대방이 그 대상물에 대해 모를 것을 우려하는 경우 상위어를 사용한다. 예를 들어, '색버트'라고 하는 트롬본과 비슷한 악기에 대해서 이야기하게 될 때 (7)과 같이 그 상위어인 '악기'를 사용한다.[7]

　(7) 그는 (색버트라는) 이상한 **악기**를 배우고 있다.

---

[7]　리머(Riemer 2010: 142-143)에서는 특정 문화권의 용어가 영어의 단어로 번역되지 않을 경우 상위어에 수식어를 결합한 사례를 소개하고 있다. 영어에 없는 일본어의 'wasabi(와사비)'는 'horseradish condiment(서양고추냉이 양념)'로 표현하며, 무슬림 국가의 여성용 겉옷인 'khimar(얼굴을 제외한 머리와 어깨부분을 가리는 의상)'를 'long veil'로, 'chador(얼굴을 제외하고 머리부터 발까지 몸 전체를 가리는 의상)'를 'full-body cloak'로 표현한다.

둘째, 상위어의 '수집 기능(collecting function)'이다. 이것은 하의관계의 많은 구성원들을 쉽게 다룰 수 있도록 하나의 명칭 아래에 모으는 것이다. (8)의 사설시조에서는 상위어 '물것'이 '이, 벼룩, 빈대, 등에, 갈따귀, 바퀴, 사마귀, 바구미, 거저리, 모기, 그리마, 비루, 쇠파리' 등 다양한 하위어를 망라하는데 그중에서도 '쇠파리'가 가장 괴롭힌다는 내용이 담겨 있다.

(8) 일신이 살자 하니 **물것** 겨워 못 살리로다.
    피겨 같은 가랑니 보리알 같은 수퉁니 주린 이 갓 깬 이 잔 벼룩 굵은
    벼룩 강벼룩 왜벼룩 기는 놈 뛰는 놈에 비파 같은 빈대 새끼 사령
    같은 등에아비 갈따귀 사마귀 센 바퀴 누른 바퀴 바구미 거저리 부리
    뾰족한 모기 다리 기다란 모기 살진 모기 야윈 모기 그리마 뾰록이
    주야로 빈틈없이 물거니 쏘거니 빨거니 뜯거니 심한 당비루에 어려워라.
    그중에 차마 못 견딜 손 오뉴월 복더위에 쇠파린가 하노라.

(9)는 리어(Edward Lear)의 '5행 희시'인 '턱수염을 기른 노인(The Old Man with a Beard)'이다.[8]

(9) There was an Old Man with a beard,
    Who said, "It is just as I feared!
    Two Owls and a Hen,
    Four Larks and a Wren,
    Have all built their nests in my beard!"
    (턱수염을 기른 노인이 있었는데,
    그가 말하기를, "그것은 내가 바로 두려워했던 바이다!
    올빼미(Owl) 두 마리와 암탉(Hen) 한 마리,

---

8   이 시는 영국의 시인 겸 아동문학가 리어(Edward Lear, 1812~1888)의 『난센스 시집(1846)』에 실린 '오행 희시(戱詩, limerick)'이다.

종다리(Lark) 네 마리와 굴뚝새(Wren) 한 마리,

모두가 그들의 둥지를 내 턱수염 속에 지었다!")

이 시의 원문을 읽어 주고 그 내용을 요약하라는 과제에서 "턱수염을 기른 노인이 있었으며, 많은 새가 날아와서 턱수염 속에 둥지를 만들었다."와 같은 반응을 확인했다. 이 시에서는 'owl, hen, lark, wren'과 같은 하위어가 제시되었을 뿐인데도 구체적으로 언급되지 않은 'bird(새)'라는 상위어로 요약하는데(Aitchison 1987/2003: 96 참조), 이것은 상위어의 수집 기능을 상징적으로 보여 준다.

셋째, 하위어의 '부각하기 기능(highlighting function)'이다. (10)에서 보듯이 '꽃'에 대한 '줄기, 잎, 꽃' 등의 공통된 속성에 대해 양산 모양을 하고 노란색 꽃의 꽃부리가 짧고 5갈래로 갈라지는 것을 부각하기 위해서 '마타리꽃'이라는 하위어를 사용하게 되었는데, 이것은 하위어가 범주의 특정한 속성을 강조하거나 부각하는 기능이다.

> (10) 소녀가 산을 향해 달려갔다. 이번은 소년이 뒤따라 달리지 않았다. 그러고도 곧 소녀보다 더 많은 꽃을 꺾었다. "이게 들국화, 이게 싸리꽃, 이게 도라지꽃,……" "도라지꽃이 이렇게 예쁜 줄은 몰랐네. 난 보랏빛이 좋아!…… 그런데 이 양산같이 생긴 노란 꽃이 뭐지?" "**마타리꽃.**" 소녀는 마타리꽃을 양산 받듯이 해 보인다. 약간 상기된 얼굴에 살포시 보조개를 떠올리며. (황순원의 '소나기'에서)

4. 부분관계

부분관계의 성격, 자기 부분관계, 유형, 의미 특성에 대해서 살펴보기로 한다.

4.1. 부분관계의 성격

부분관계의 정의와 의의를 중심으로 그 성격을 기술하기로 한다.

4.1.1. 부분관계의 정의

'부분관계(部分關係, meronymy)'는 전체와 부분의 관계이며,[9] 이 관계를 이루는 어휘 항목을 '부분어(meronym)'와 '전체어(holonym)'라고 한다. 예를 들어, '코'는 '얼굴'의, '씨'는 '과일'의, '날'은 '칼'의 '부분어'이다. 역으로 '얼굴'은 '코'의, '과일'은 '씨'의, '칼'은 '날'의 '전체어'이다. 또한, '눈', '코', '입'은 '얼굴'의 '공(共) 부분어(co-meronym)'이다. 부분관계는 공간적 인접성 또는 가까움, 그리고 실세계에서 개별적 사물의 연속성 또는 연결에 의해서 기술될 수 있다.

부분관계는 분류관계와 같이 어휘의 계층적 부류를 반영하는데, '신체어' 구조를 보면 〈그림 8〉과 같다. 이 경우 부분관계의 계층은 분류관계에 비해 체계성의 정도가 균일하지 않다. 즉, 부분관계는 부분이 전체에 얼마나 필요한가에 따라 강한 부분관계와 약한 부분관계의 다양한 양상을 띠게 된다.[10]

명사를 포함하는 부분관계는 "A는 B의 부분이다." 및 "B에는 A가 있다." 의 틀로 기술할 수 있으며, 그 보기는 (11), (12)와 같다. 그러나 이 틀은 제한적인데, 모든 사람에게 '어머니, 친구, 조국' 등이 있지만, 이것들이 사람의 부분은 아니다.

---

9 'meronymy(부분관계)'라는 용어는 그리스어 'meros(부분)+nym(이름)'에서 유래한 것이다(Riemer 2010: 140 참조). 또한 'partonymy(전체관계)'라는 용어가 쓰이기도 한다(Löbner 2002: 96, Aitchison 1987/2003: 106, Ungerer and Schmid 2006: 88 참조).

10 크루스(Cruse 2011: 138-140)에서는 더 좋은 보기를 형성하는 부분관계의 원형적 자질로 '필연성, 완전성, 불연속성, 동기화, 일치성'을 들고 있다.

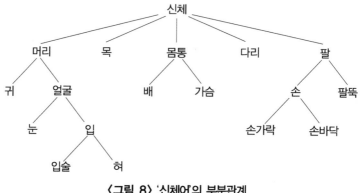

〈그림 8〉 '신체어'의 부분관계

(11) a. 얼굴은 머리의 부분이다.

b. 머리에는 얼굴이 있다.

(12) a. 손가락은 손의 부분이다.

b. 손에는 손가락이 있다.

'부분관계'는 '환유(metonymy)' 또는 '제유(synecdoche)'와 관련이 있다. 예를 들어, "영화계에 새 얼굴이 나타났다."에서 '얼굴'은 '사람(→배우)'을 뜻하는데, 이것은 부분이 전체를 지칭하는 '환유' 또는 '제유'이다. '얼굴'이 외연에 의해 '사람(→배우)'으로 간주될 수 있으므로, '환유'와 '부분관계' 간에 유사성이 존재한다.[11] 그런데 '환유'는 현저한 어떤 실체를 언급하여 다른 실체를 지시하는 화자의 지시 전략이다. 즉, '환유'는 화자에 의해 지시 행위의 한 부분으로 사용되는 과정인 반면, '부분관계'는 어휘 속에 명시된 '부류 도식(classification schema)'을 기술한다는 점에서 구별된다.

---

[11] 이와 관련하여 웅거러 & 쉬미트(Ungerer and Schmid 2006: 90)에서는 "부분관계적 연결은 환유의 필수적인 토대이다. The university needs more clever heads(그 대학은 더 많은 영리한 머리들을 필요로 한다)와 같은 환유 표현은 머리·두뇌가 사람과의 부분 관계에 기초를 둔다. 여기서 부분은 전체를 '대표한다'."라고 하여 부분관계와 환유의 상관성을 밝히고 있다.

4.1.2. 부분관계의 의의

부분관계는 다음 네 가지 측면에서 흥미롭다.

첫째, 부분관계는 다양한 다의관계 유형의 근원이라는 점에서 주목을 끈다 (Riemer 2010: 140 참조). 예를 들어, 세계 여러 언어에서 '눈'과 '얼굴', '손' 과 '팔', 그리고 '씨'와 '과일'에서 부분어인 '눈, 손, 씨'가 전체어인 '얼굴, 팔, 과일'을 가리키며 따라서 양자의 관계는 다의어라는 점이 보고된 바 있다 (4.2. 참조).

둘째, 부분관계 즉, 잠재적인 층 구조는 워드넷을 이루는 명사의 핵심적 특징이다. 부분관계는 1990년대에 '워드넷(WordNet)'이 개발되면서 그 중요 성이 새롭게 환기되었다. 명사에서 기본층위는 복합적인 정신적 영상이 형성 되며 사물을 보편적으로 지각하고 사용하는 층위라는 점에서 다른 층위에 비 해 한층 더 중요하다. 이와 관련하여, 사람들은 기본층위에 속하는 대상물에 대해 질문을 받을 경우 흔히 그 구성 부분들로 대답하는 경향을 보인다 (Tversky 1990: 337-340, Aitchison 1987/2003: 106 참조). 예를 들어, 사람들 은 '셔츠'에 대해 '소매, 앞판, 옷깃' 등을 언급하며, '몸'에 대해 '머리, 몸통, 팔, 다리'를, '다리'는 '넓적다리, 무릎, 종아리, 발'을, '발'은 '발등, 발가락, 발목'을 언급한다. 또한, 부분들은 사물의 겉모습과 행동을 이어 주는 개념적 다리 역할을 한다. 예를 들어, '망치'는 '손잡이'와 '머리'로 이루어지는데 이 부분들을 통해 망치를 잡고 때리게 된다. 또한, '톱'의 '날'이나 '피아노'의 '건반'은 명확한 부분들로서 사용 부위로 작용한다.

셋째, 앞(4.1.1.)에서 보았듯이, 부분관계는 환유를 설명하는 핵심적 역할을 한다는 점에서 주목된다(Ungerer and Schmid 2006: 91 참조).

넷째, 부분관계는 합성어의 형성에 중요한 역할을 한다. 예를 들어, '외투 깃', '와이셔츠소매', '구두끈', '상(床)다리', '비옷' 등은 '전체어+부분어'의 구조로 된 합성어이다. 그중 '외투깃'의 속성을 보면 (13) 및 〈그림 9〉와 같다 (Ungerer and Schmid 2006: 94 참조). 이를 통해서 볼 때 부분관계에 의한 합성어는 전체어의 기능 및 비중이 크다는 점에서 다른 합성어와 차별적이다.

> (13) a. 현저한 특징적 속성: 외투의 부분이다
> b. 외투에서 온 속성: 따뜻하게 해 주다, 바람을 막아 주다, 눈비를
>   막아 주다, 겨울에 입다
> c. 깃과 외투에서 온 속성: 천으로 만들다
> d. 깃에서 온 속성: 더러워지거나 기름이 묻는 경향이 있다

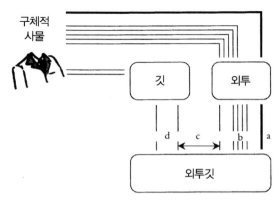

〈그림 9〉 '외투깃'의 속성 연결

요컨대 부분관계는 다의어, 워드넷, 그리고 환유 및 합성어와 관련이 있으며, 부분관계에 의해 명사와 기본층위의 특징이 규정된다는 점에서 중요하다. 이러한 부분관계는 의미 관계의 새로운 탐구 영역으로서 주목된다.[12]

4.2. 자기 부분관계

'자기 부분관계(auto-meronymy)'는 부분어가 전체어와 다의관계를 형성하

---

12 윈스틴 외(Winston *et al.* 1987: 418)에서는 "부분관계는 우리가 '어휘사전(lexicon)'의 구조를 이해하는 데 특별히 중요하고, 의미 공간을 구조화한다."라고 하였다.

는 경우를 가리킨다. 자기 부분관계는 신체어에서 그 사례가 흔하다. 이것은 신체어의 특징적인 한 부분이 전체를 가리키는 현상이다.

예를 들어, (14)에서 a의 '두뇌'는 '부분어(두뇌→두개골 속의 대뇌, 소뇌 등의 중추신경)'이며, b의 '두뇌'는 '전체어(두뇌→인재)'인데, 이들 사이에는 환유에 의한 자기 부분관계가 성립된다. 이 관계는 〈그림 10〉과 같이 도식화 된다(임지룡 2008: 196 참조).

(14) a. **두뇌**는 사용하면 할수록 좋아진다고 한다.
　　 b. 그는 우리 회사의 젊은 **두뇌**이다.

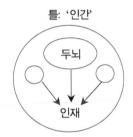

〈그림 10〉 '두뇌'의 부분관계

또한, '(우두)머리'가 '대표'를, '(새) 얼굴'이 '배우'를, '입'이 '대변인'을, '(오른)팔'이 '(중요한) 조력자'를, '손'이 '일꾼'을, '왼손잡이'가 '투수'를, '(준)족((駿)足)'이 '축구선수'를, '(젊은) 피'가 '(새) 인물'을 지칭하는 다의관계 역시 자기 부분관계에 해당한다.

부분어와 전체어의 다의적 현상은 범언어적으로 확인된다. 브라운 & 윗콥스키(Brown and Witkowski 1983: 72-89)에서는 세계 언어 118개를 조사하여, 'eye(눈)-face(얼굴)', 'seed(씨)-fruit(과일)', 'eye-seed', 'eye-fruit'의 관계를 지시하는 데 동일한 단어를 사용한다는 것을 입증하였는데, 이 관계는 〈그림 11〉로 도식화된다(Brown and Witkowski 1983: 73 참조).

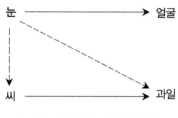

〈그림 11〉 '눈'의 다의적 확장

〈그림 11〉에서 실선 화살표는 흔한 확장이며, 점선 화살표는 드문 확장을 가리킨다. 그중 '눈'이 가장 현저한 지시물이며, '얼굴', '씨', '과일'은 상대적으로 현저성이 낮다. 무표어인 '눈'은 유표어인 '얼굴', '씨', '과일'로 확장하는 경향을 보이며 이들을 포괄적으로 지칭한다.13 구체적으로, 118개 언어에서 'eye-face', 'seed-fruit', 'eye-seed', 'eye-fruit' 쌍의 앞쪽 단어가 뒤쪽 단어 가운데 어느 하나를 포괄하는 경우가 49개인 42%로 집계되었다. 세부적으로, '눈-얼굴'의 다의관계는 25개인 25%이며, '씨-과일'의 다의관계는 21개인 18%이다. '눈-씨'의 다의관계는 6개 언어 5%이며, '눈-과일'의 다의관계는 4개인 3%이다.

또한, 윗콥스키 & 브라운(Witkowski and Brown 1985: 197-214)에서는 세계 언어 109개를 조사하여, 59개인 46%가 'hand(손)-arm(팔)', 그리고 49개인 29%가 'foot(발)-leg(다리)'에서 앞쪽 단어가 뒤쪽 단어를 포괄한다는 것을 밝혔다.

요컨대 범언어적으로 부분어가 전체어를 포괄하는 자기 부분관계가 확인되며, 이것은 또한 다의관계 및 의미 변화와 관련하여 주목되는 현상이라 하겠다.

---

13 이 가운데 덜 현저한 지시물도 시간이 지남에 따라 문화적으로 중요성이 크게 증가하게 되었다(Brown and Witkowski 1983: 73 참조).

4.3. 부분관계의 유형

부분관계는 형상의 다양한 정도에 따라 구별된다. 윈스턴 외(Winston *et al.* 1987: 421-426)에서는 부분관계를 관계 요소에 따라 여섯 가지 유형으로 나누었는데, 그 내용을 간추리면 〈표 2〉와 같다.[14]

〈표 2〉 관계 요소에 의한 부분관계의 유형

관계	보기	관계 요소		
		기능적	동종의	분리 가능성
성분 - 전체 물체	손잡이 - 컵	+	-	+
원소 - 집합	나무 - 숲	-	-	+
부분 - 덩어리	조각 - 파이	-	+	+
물질 - 물체	강철 - 자동차	-	-	-
특성 - 활동	지불 - 쇼핑	+	-	-
장소 - 지역	오아시스 - 사막	-	+	-

〈표 2〉는 관계 요소 세 가지와 그 유무의 '±기능적', '±동종의', '±분리 가능성'과 같은 여섯 가지 의미 성분에 따라 관계를 여섯 가지로 유형화한 것이다. 여기서 '기능적(functional)'은 부분이 전체에 기능적 관계를 지니며, 부분들은 그 기능에 의해 공간적·시간적으로 제약되는 것을 뜻한다. '동종(同種)의 (homeomerous)'는 부분이 전체와 동일한 종류의 사물이라는 것을, 그리고 '분리 가능성(separable)'은 부분이 전체와 분리 가능한 것을 뜻한다.

첫째, '성분(component) - 전체 물체(integral object)'는 (15)와 같이 부분관계에서 가장 쉽게 마음속에 떠오르는 관계로서, [+기능적][+분리 가능성]의 특성을 갖는다.

---

14 밀러(Miller 1991: 164-165)에서는 이 유형에 '단계(phase) - 과정(process)'의 '유년기 - 성장'을 추가하여 일곱 가지 유형으로 나누고 있다.

(15) a. 손잡이는 컵의 부분이다.

　　 b. 바퀴는 자동차의 부분이다.

　　 c. '장(chapter)'은 책의 부분이다.

둘째, '원소(member) - 집합(collection)'은 (16)과 같이 한 집합의 원소성이 공간적 인접성이나 사회적 연결에 근거하여 결정된다. 이 관계는 [+분리 가능성]의 특성을 갖는다.

(16) a. 나무는 숲의 부분이다.

　　 b. 배심원은 배심원단의 부분이다.

　　 c. 이 배는 선단(船團)의 부분이다.

셋째, '부분(portion) - 덩어리(mass)'는 (17)과 같이 덩어리의 부분은 유사함에 있어서 집합체의 물체와 구성 요소로부터 다른 관계로서, [+동종의][+분리가능성]의 특성을 갖는다.

(17) a. 이 조각은 파이의 부분이다.

　　 b. 야드는 마일의 부분이다.

　　 c. 흙덩이는 흙더미의 부분이다.

넷째, '물질(stuff) - 물체(object)'는 (18)과 같이 '-의 부분이다' 틀에서 가장 자주 표현되는 관계로서, [-기능적][-동종의][-분리 가능성]의 특성을 갖는다.

(18) a. 강철은 자동차의 부분이다.

　　 b. 알코올은 포도주의 부분이다.

　　 c. 고무는 타어어의 부분이다.

다섯째, '특성(feature)-활동(activity)'은 (19)와 같이 '부분'이 활동 및 소유의 특성이나 국면을 가리키는 데 사용되는 관계로서, [+기능적]의 특성을 갖는다.

　(19) a. 지불하기는 쇼핑의 부분이다.
　　　 b. 패(霸)씨움은 바둑 경기의 부분이다.
　　　 c. 터파기는 집짓기의 부분이다.

여섯째, '장소(place)-지역(area)'은 (20)과 같이 특정한 장소와 지역 간의 관계로서, [+동종의]의 특성을 갖는다.

　(20) a. 오아시스는 사막의 부분이다.
　　　 b. 울릉도는 경상북도의 부분이다.
　　　 c. 페널티 에어리어는 축구장의 부분이다.

4.4. 부분관계의 의미 특성

'부분관계'의 의미 특성 세 가지를 살펴보면 다음과 같다.

첫째, 부분관계는 하의관계처럼 단어들의 어휘적 형태에 의존하는 것이 아니라 단어들의 의미에 대한 직접적인 반영이다(Murphy 2010: 122-123 참조).

둘째, 부분관계의 비대칭성이다. 먼저, '손가락⊂손'의 관계에서 보듯이 부분어는 전체어에 포함된다. 또한, 부분관계의 유형에서 그 긴밀성은 비대칭적이다. 예를 들어, '장소-지역' 관계는 '특성-활동' 관계보다 상호 간에 점화 효과가 더 높다. 이것은 이들 관계가 의미적으로 더 유사하기 때문이다.

셋째, '부분관계'에서 '이행성(transitivity)'의 특이성이다. 만약 A가 B의 부분어이고 B가 C의 부분어이면, A도 C의 부분어이다. 이것은 부분관계의 논리적 구조에서 기인한다. 하의관계의 경우 '청삽사리'가 '삽사리'의 하위어이고

'삽사리'가 '개'의 하위어이면 '청삽사리'는 '개'의 하위어로 이행성이 항상 준수된다. 그런데 '부분관계'의 이행성은 제한되어 있다. '부분관계'의 경우, '혀'가 '입'의 부분어이며 '입'이 '얼굴'의 부분어이지만 '혀'가 '얼굴'의 부분 어는 아니다. 이렇게 부분관계의 이행성이 지켜지지 않는 것은 본질적으로 부분이 전체를 구성하는 데 기여하는 구성적 의미이기 때문이며, 부분과 전체 의 구성 방식이 균일하지 않음을 뜻한다.

부분관계의 이행성 여부는 〈표 2〉의 '관계' 및 '관계의 요소'와 관련된다. 부분관계의 유형 가운데 '성분(component)-전체 물체(integral object)' 유형 의 부분관계를 포함한 (21)에서처럼 동일한 유형의 부분관계가 그 연쇄의 모 든 부분들에 관련되어 있을 때 이행적이다(Winston *et al.* 1987: 431 참조).

(21) a. 진우의 손가락은 진우 손의 일부분이다.
b. 진우의 손은 진우 몸의 일부분이다.
c. 진우의 손가락은 진우 몸의 일부분이다.

대조적으로, (22a)의 '성분-전체 물체' 부분관계와 (22b)의 '원소(member) -집합(collection)' 부분관계를 포함하는 경우 이행성이 적용되지 않는다(Winston *et al.* 1987: 431 참조).

(22) a. 진우의 손가락은 진우의 일부분이다.
b. 진우는 철학과의 일부분이다.
c. *진우의 손가락은 철학과의 일부분이다.

5. 마무리

이 장에서는 의미의 계열관계 가운데 분류관계, 하의관계, 부분관계를 중심으로 그 성격, 양상, 의미 특성 등에 대하여 살펴보았다. 그 주요 내용에 따라 마무리하기로 한다.

첫째, 분류관계는 분류적 계층 또는 어휘적 계층 관계로서, 그 구성원을 분류어라고 한다. 과학적 분류는 고안된 분류 체계로서 복잡성·엄격성·객관성을 특징으로 삼는데, 이 분류법은 인간의 삶, 경향성, 눈높이에 동떨어져 있다. 그 반면 민간 분류는 우리의 삶에 바탕을 둔 것으로 언어공동체의 경향성, 지혜, 예측력이 집약되어 있다. 민간 분류의 '속 층위'는 기본층위에 해당하는 것으로 인지적, 기능적, 언어적 우월성을 갖는다.

둘째, 하의관계는 의미적 계층에서 한쪽이 다른 쪽에 포함되는 관계로서 하위어와 상위어로 나뉜다. 포함의 관점에서 상위어는 의미의 외연이 넓고 내포가 좁은 반면, 하위어는 의미의 외연이 좁고 내포가 넓다. 함의의 관점에서 하의관계는 일방적 함의관계가 성립되는 이행적 관계이다. 하의관계는 어휘 항목이 일반적 의미와 특정한 의미 간에 다의관계가 성립되는 자기 하의관계를 갖는다. 또한, 하의관계는 상위어의 의사소통적 기능, 수집 기능, 그리고 하위어의 부각하기 기능을 갖는다.

셋째, 부분관계는 전체에 대한 부분의 관계를 가리키며 부분어와 전체어로 구성된다. 부분관계의 계층은 분류관계보다 체계성의 정도가 균일하지 않으며, 부분관계는 환유와 상관성을 깃는다. 또한, 부분관계의 합성어는 전체어의 기능이 부각되며, 신체어를 중심으로 부분어가 전체어를 포괄하는 자기 부분관계를 갖는다. 부분관계는 관계와 관계 요소에 따라 '성분-전체 물체', '원소-집합', '부분-덩어리', '재료-물체', '특성-활동', '장소-지역'으로 유형화되며, 유형 간의 이행성 정도가 차별적이다.

제8장
의미의 결합관계

1. 들머리

이 장은 의미의 결합관계를 이해하는 데 목적이 있다. 의미의 결합관계는 문장이나 발화 안에서 선형 순서로 이루어진 단어들 간의 의미 관계이다. 즉, 단어들이 수평적으로 결합하는 '병치(竝置, juxtaposition)'의 기준에 근거한다.

'바지'와 '저고리'는 '옷 한 벌'을 구성하는데, 이 경우 '옷 한 벌'은 결합적 구성 관계인 '결합체'이며, '바지'에 대치되는 '치마'는 계열적 구성 관계인 '계열체'라 할 수 있다. 이 장에서는 합성 표현, 혼성 표현, 연어, 관용 표현, 공기 제약 및 변칙성을 중심으로 의미의 결합관계에 대해서 다룬다.

첫째, 구성 요소가 대등한 자격으로 결합관계를 이룬 합성 표현에서, 그 어순과 사고방식의 상관성에 대해서 살펴본다.

둘째, 혼성 표현은 구성 요소의 일부가 결합관계를 이룬 것으로, 그 정의, 유형, 생성 원인, 양상에 대해서 살펴본다.

셋째, 연어는 두 단어가 결합할 때 한 단어의 범위가 예측 가능한 결합관계로, 그 성격에 대해서 살펴본다.

넷째, 관용 표현은 둘 이상의 구성 요소가 결합체를 이루게 될 때 내용적으로 의미가 특수화되어 있고, 형식적으로 구성 방식이 고정되어 있는 결합관계로, 그 성격과 새로운 인식에 대해서 살펴본다.

다섯째, 공기 제약은 결합관계에서 단어들 간의 정상적인 결합 조건으로, 선택 제약과 연어 제약에 대해서 살펴본다.

여섯째, 변칙성은 단어가 사용된 문맥과 조화를 이루지 못하는 것으로, 용어법, 의미직 충돌, 액어법에 대해서 살펴본다.

2. 합성 표현

합성 표현 또는 합성어의 구성 요소 A, B가 대등한 자격으로 결합관계를 이룰 때, 그 어순은 고정되어 있다. 곧 A와 B가 합성될 때 'AB'형이나 'BA'형이 아무렇게나 선택되는 것이 아니라 언중의 인지적 경향성에 따라 특정한 형태로 어순이 고정된다. 합성어의 어순에 나타난 양상별 원리와 의미 특성 여섯 가지를 살펴보면 다음과 같다.

첫째, 시간의 경과나 동작의 변화에 대한 합성 표현이다. 시간에 대한 우리의 사고방식은 물이 위에서 아래로 흐르듯이 연속적인 과정으로 인지하게 된다. ㄱ 결과 (1ɑ)의 같이 '신행 시간+후행 시간', 그리고 (1b)와 같이 '선행 사건+후행 사건'의 어순이 형성된 것이다.

(1) a. 어제오늘/*오늘어제, 작금(昨今)/*금작, 금명간(今明間)/*명금간

  b. 밀당¹/*당밀, 나들목/*들나목, 여닫다/*닫열다, 오르내리다/*내리오르다, 쥐락펴락/*펴락쥐락, 개폐(開閉)/*폐개, 송수신(送受信)/*수송신, 문답(問答)/*답문, 인과(因果)/*과인

---

1 '밀당'은 "연인이나 부부, 또는 경쟁 관계에 있는 두 사람이나 기관 사이에 벌어지는 미묘한 심리 싸움을 밀고 당기는 줄다리기에 비유하여 이르는 말"이다('우리말샘').

둘째, 수의 크고 작음에 따른 합성 표현이다. 수에 대한 우리의 사고방식은 작은 수에서 큰 수의 차례로 인지하게 된다. 그 결과 (2)에서 보듯이 '작은 수+큰 수'의 어순이 형성된 것이다.

(2) 하나둘/*둘하나, 예닐곱/*일곱여섯, 일이등(一二等)/*이일등, 오륙도 (五六島)/*육오도, 천만리(千萬里)/*만천리

셋째, 거리의 원근에 따른 합성 표현이다. 거리 개념에 대한 우리의 사고방식은 가까운 거리를 먼 거리보다 더 잘 인지하고 중시하는데, 이러한 경향성을 '나 먼저 원리'[2]라고 한다. (3)의 어순은 공간적, 시간적, 심리적 거리의 측면에서 나 먼저 원리가 적용된 것이다. 그중 (3a)의 '이'는 화자 근칭, '그'는 '청자 근칭'이며, '저'는 '원칭'으로, '이-저', '그-저'의 근칭-원칭 합성을 보여 준다. 그 반면, '이-그'의 합성은 불가능한데, 둘 다 근칭으로서 거리 개념이 충돌되기 때문이다. 또한, (3d)는 화자의 관찰 지점에 따라 어순이 상대적임을 보여 준다. 즉, 관찰 지점에 따라 남한의 화자는 '남북 회담'을, 북한의 화자는 '북남 회담'을 선호한다.

(3) a. 이곳저곳/*저곳이곳, 여기저기/*저기여기, 이리저리/*저리이리, 그 럭저럭/*저럭그럭
b. 엊그제/*그제어제, 오늘내일하다/*내일오늘하다
c. 나남/*남나, 자타(自他)/*타자, 안팎/*밖안, 국내외(國內外)/*국외내

---

[2] '나 먼저 원리(Me First Principle)' 또는 '자아 중심 원리(ego-centric principle)'는 사물이나 현상에 대하여 나에게 가까운 요소를 중심으로 지각하고 파악해 나가는 인간 본유적 성향을 말한다. 쿠퍼 & 로스(Cooper and Ross 1975: 65-67, 93) 및 로스(Ross 1982: 282)에서는 '나(Me)'를 발화시 공간과 시간에 놓여 있는 '사람', '어른', '남성'으로 규정하여 '나 먼저 원리'에 적용을 받는 20개의 유형을 제시한 바 있다. 예를 들어, 화자에 가까운 요소(this and that), 발화 시간에 가까운 요소(now and then), 화자의 세대에 가까운 요소(father and grandfather), 집에 있는 요소(home and abroad), 단단한 요소(solid, liquid and gas), 살아 있는 요소(living or death), 사람(man and beast), 단수(one or more) 등이 앞자리에 놓인다.

d. 남북/북남(고위급 회담), 연고전/고연전, 부관연락선(釜關連絡船)/
관부연락선(關釜連絡船)

넷째, 적극적인 요소와 소극적인 요소의 합성 표현이다. 공간 감각어, 힘, 가치 등에 대해 우리는 더 현저하고 중요한 쪽에 주목한다. 그 결과 (4)에서 보듯이 '적극적 요소+소극적 요소'의 어순을 이루게 된 것이다. (5)는 (4)와 달리 그 어순이 뒤바뀐 보기이다.

(4) a. 높낮이/*낮높이, 장단(長短)/*단장, 원근(遠近)/*근원, 심천(深淺)/
*천심, 광협(廣狹)/*협광, 대소(大小)/*소대
  b. 해달/*달해, 주종(主從)/*종주, 여야(與野)/*야여, 금은(金銀)/*은
금, 책걸상/*걸책상

(5) *중경/경중(輕重), *급완/완급(緩急)

다섯째, 긍정과 부정의 합성 표현이다. 우리 자신은 긍정적인 요소를 선호하는 경향성을 지니고 있다. 그 결과 (6a)와 같이 '긍정 요소+부정 요소'의 어순이 일반적이다. (6b)는 어순이 뒤바뀐 사례로서, 그 용례는 제한되어 있다. 이 경우는 '죽기 아니면 살기'에서 보듯이, 부정적 항목에 한층 더 민감성을 드러낸 것으로 볼 수 있다.

(6) a. 잘잘못/*잘못잘, 행불행(幸不幸)/*불행행, 가부(可否)/*부가, 진위
(眞僞)/*위진, 찬반(贊反)/*반찬, 승패(勝敗)/*패승
  b. 사활(死活)/*활사, 화복(禍福)/*복화, 빈부(貧富)/*부빈, 고락(苦
樂)/*낙고, 손익(損益)/*익손, 애경(哀慶)/*경애

여섯째, 남성과 여성의 합성 표현이다. 성별에 관한 우리의 전통적인 사고

방식은 남존여비 의식인데, 합성 표현의 어순도 이 같은 인식을 반영하고 있다. 곧 (7a)는 남성을 중시하는 언중의 사고방식에 따라 '남성+여성'의 어순을 형성하게 된 것이다. 이와 달리 (7b)의 비속어, 비천한 신분, 그리고 짐승의 경우 '여성+남성'의 어순을 이룬다. 그중 '아비어미', '어버이(어비<아비+어 싀)', '부모'와 비속어 '에미애비', '남녀'와 비속어 '연놈', '부부(夫婦)'와 비속어 '가시버시'의 어순이 다른데, 동일한 지시 대상을 두고 사람됨의 격을 어순으로 구분하고 있다. 한편, (7c)는 (7a)와 대조적으로 '여성+남성'의 어순인데, 이것은 오늘날 한국 사회에서 남존여비 의식이 사라지면서, 여성의 지위 상승을 보여 주는 상징적인 사례이다.

(7) a. 아비어미/*어미아비, 부모(父母)/*모부, 장인장모(丈人丈母)/*장모장인, 남녀(男女)/*여남, 신랑신부(新郎新婦)/*신부신랑, 신사숙녀(紳士淑女)/*숙녀신사, 자녀(子女)/*여자

    b. 연놈/*놈년, 가시버시/*버시가시, 에미애비/*애비에미, 계집사내/*사내계집, 비복(婢僕)/*복비, 암수/*수암, 자웅(雌雄)/*웅자

    c. "'엄마아빠' 사랑해요.", "요새 누가 '딸아들' 가려 낳아요?", 처총회(처녀총각의 모임)/*총처회

요컨대 대등한 자격의 합성 표현에서 그 어순은 우리의 사고방식과 긴밀히 동기화되어 있다.

3. 혼성 표현

혼성 표현의 정의, 유형, 생성 원인, 양상에 대해서 살펴보기로 한다.

3.1. 혼성 표현의 정의

'혼성(混成, blending)'은 두 단어의 일부를 결합해 새말을 만드는 기제이
며, 혼성으로 만들어진 새말을 '어휘적 혼성어(lexical blend)' 또는 '혼성어'라
고 한다. 합성어는 '논밭', '파고들다', '여기저기', '곤드레만드레'와 같이 두
단어가 온전히 결합하는 반면, '혼성어'는 두 단어의 일부가 결합한다. 예를
들어, (8)의 '연개'는 '연기'와 '안개'의 혼성이다.

(8) 중부와 호남 일부 지역에는 옅은 **연개**가 낀 곳이 있지만 차량 운행에
불편을 줄 정도는 아니다. (YTN 2014.11.20.)

또한, '구마고속도로'의 '구마'는 '대구'와 '마산'의 혼성이다. 혼성어는 형
태가 축소된 합성 표현으로, 표현 효과가 높은 새말이다.

혼성어의 구조를 보기로 한다. 단어 A(wx)와 B(yz)가 혼성될 경우 〈그림
1〉과 같이 α형(wz), β형(xy)과 같은 두 가지 유형의 혼성어가 생성된다. 여기
서 혼성의 근간이 되는 A, B를 '근원어(source word)'라고 하며, 혼성의 구성
요소를 '조각(splinter)' 또는 '조각 어휘소(fracto-lexeme)'라고 한다(Lehrer
1996: 359, Renner et al. 2012: 2 참고). 곧 (9a)는 α형(wz)이며, (9b)는 β형
(xy)이다.[3]

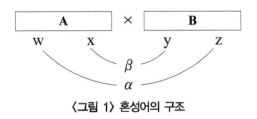

〈그림 1〉 혼성어의 구조

---

[3] 혼성어와 달리, '아점(아침 겸 **점**심)'의 wy형은 '머리결합어(頭文字語, acronym)'
이며, '면볶이(라**면**×떡**볶이**)'의 xz형은 꼬리결합어이다. 또한, '학사모(**학교**를 사
랑하는 사람들의 **모**임)'는 '준말(abbreviation)'이다.

(9) a. 연개: **연기**×안개

　 b. 구마(고속도로): 대**구**×**마**산

3.2. 혼성 표현의 유형

혼성어의 유형에는 다음과 같은 세 가지가 있다.

첫째, '동의적 혼성어'는 동의관계의 두 단어가 혼성된 것으로, (10a)의 '뜸닭'은 충북방언과 경북방언의 점이지역에서 나타난 혼성이며(이상규 1991: 620 참조), (10b)의 '사플'은 영어 조기교육을 받은 3세 어린이의 혼성이다(임지룡 2010: 290 참조).

(10) a. 뜸닭: **뜸**북이×무**닭**

　 b. 사플: **사**과×애**플**

둘째, '등위적 혼성어'는 등위관계의 두 단어가 혼성된 것으로, (11a)의 '취집'은 여성들이 '취직'대신에 '시집'가는 것을 통해 경제적 안정을 꾀하는 것을 뜻하며, (11b)의 '휴말'은 '휴일'과 '주말'의 혼성이다.

(11) a. 취집: **취**업×시**집** "○○○, **취집**하려 아나운서 됐단 편견, 너무
　　　속상해" (뉴스엔미디어 2014.11.23.)

　 b. 휴말: **휴**일×주**말** "즐거운 **휴말**을 보내시기 바랍니다." (이계진
　　　2010: 23)

셋째, '종속적 혼성어'는 종속적 관계의 두 단어가 혼성을 이룬 것이다. (12a)의 '컴맹'은 '컴퓨터 문맹자', 즉 컴퓨터를 다룰 줄 모르는 사람이며, (12b)의 '텔레톤'은 텔레비전 생방송 프로그램으로 선거나 재해 모금 운동과 같이 장시간 동안 하나의 주제로 방송되는 것을 이른다.

(12) a. 컴맹: **컴**퓨터×문**맹**

　　 b. 텔레톤: **텔레**비전×마라**톤**

3.3. 혼성 표현의 생성 원인

동의적 혼성어와 등위 및 종속적 혼성어는 그 생성 원인이 구별된다.

첫째, 동의적 혼성어의 경우이다. 동의어는 우리 머릿속의 동일한 공간에서 긴밀한 관계를 맺으며 저장되는 것으로 보인다. 화자가 목표어를 발화할 경우, 머릿속에는 하나의 개념에 대한 둘 이상의 형태가 활성화되는데, 상호 경쟁관계에 있는 동의어 가운데 어느 것을 선택해야 할지에 대한 망설임이 동의적 혼성으로 나타나게 되는 것이다. 예를 들어, 동의관계의 '거지·거러지·비렁이·비렁뱅이' 가운데 어느 하나를 목표어로 선정하는 과정에서 이들 모두가 경쟁과 상호 간섭으로 '거렁이'나 '거렁뱅이'의 혼성어가 생성된다. 이러한 현상은 언어 접촉에서 흔한데, '뜸닭'이나 '부치럽다'는 방언 점이지대에서 나타난다. 또한, '계랄'은 '계란(鷄卵)'과 '달걀'이 무의식적으로 혼성된 것이며, '깔뚝질(깔딱질×딸꾹질)' 및 '가르키다(가르치다×가리키다)'와 같이 의미와 소리까지 비슷한 혼성형이 생성되기도 한다.

둘째, 등위적 혼성어의 경우이다. 등위관계의 혼성은 언중의 의식적이고 적극적인 필요성에서 이루어진다. 예를 들어, '짜장면과 스파게티의 장점을 딴 식품'을 '짜파게티', '포크 겸용 숟가락'을 '포카락', '사무실 겸용 호텔'을 '오피스텔'이라고 하는 데서 보듯이 합성어의 필요성에 부응하면서 형태를 최소화함으로써 경제성의 원리에 따라 새말을 만들게 된 것이다.

셋째, 종속적 혼성어의 경우이다. 예를 들어, 증권가의 '시장 상황'을 '시황', '홍보 동아리'를 '홍아리', '컴퓨터의 유토피아'를 '컴퓨토피아', '컴퓨터 문맹'을 '컴맹', '과별 미팅'을 '과팅'이라고 하는 바와 같다. 종속적 혼성어 역시 형태 축약을 통한 경제성의 원리와 문체 효과를 갖는다.

요컨대 동의적 혼성어는 등위적 혼성어 및 종속적 혼성어와 구별된다. 곧

동의적 혼성어는 무의식적이고 수동적인 반면, 등위적 및 종속적 혼성어는
의도적이고 능동적이다.

3.4. 혼성 표현의 양상

혼성 표현의 어순은 합성 표현과 마찬가지로 언중의 사고방식과 경향성을
반영하고 있다. 아래에서 혼성 표현의 유형별 어순의 양상을 살펴보기로 한다.
첫째, 동의적 혼성어의 경우이다. 그 구조는 α형(wz)이다. (13a)의 한자어와
고유어의 혼성에는 대체로 '한자어×고유어'의 어순을 이루는데, 이것은 한자
어에 대한 언중의 편향성에 따른 것이다. (13b)의 표준말과 방언 간 혼성은
힘의 원리에 따라 '표준말×방언'의 어순을 이룬다.

  (13) a. 개살이(개가×후살이), 탁걸리(탁주×막걸리), 계랄(계란×달걀)
      b. 연갈(연기×냉갈), 썩갈리다(썩이다×헷갈리다), 껄끔거리다(껄끄
        럽다×뜨끔거리다), 부치럽다(부끄럽다×비치럽다), 틀부다(틀리
        다×달부다)4

둘째, 등위적 혼성어의 경우이다. 그 구조는 (14)-(17)에서 (15b)를 제외하
면 모두 α형(wz)이다. 그 어순은 (14)의 인명, (15)의 지명, (16)의 음식명,
(17)의 제품명에서 대체로 힘의 원리나 나 먼저 원리에 따라 '힘센 요소×약한
요소', '나에게 가까운 요소×먼 요소'의 어순을 이룬다.

  (14) 하빠(할아버지×아빠), 엄빠(엄마×아빠), 아나테이너(아나운서×엔터

---

4 '연갈'은 전남 장흥지방에서 사용되는 말로서 표준말의 '연기'와 전남 지역의 방
   언형 '냉갈'의 혼성이다(이기갑 1990: 146 참조). 또한, 제주방언의 '부치럽다'는
   육지에서 들어간 '부끄럽(恥)-'과 이에 해당하는 제주방언의 고형 '비치럽-'이
   혼성된 것이다(이기문 1980: 463 참조). '틀부다'는 전북 서부지역의 방언형으로
   서, '틀리다'와 '달부다(다르다)'에 의한 혼성이다(이승재 1983: 35-52 참조).

네이너), 코메리칸(코리안×어메리칸), 개그운서(개그맨×아나운서), 탤런서(탤런트×아나운서), 탤런페서(탤런트×프로페서)

(15) a. 여천(여수×순천)공단, 전상(전라×경상)도/경라(경상도×전라)도
   b. 구마(대구×마산)고속도로, 구안(대구×안동)국도

(16) 짜파게티(짜장면×스파게티), 라볶이(라면×떡볶이), 소텐(소주×써 니텐), 칼제비(칼국수×수제비), 무추(무(우)×배추)

(17) 포카락(포크×숟가락), 캠코더(카메라(camera)×리코더(recorder)), 텔레퓨터(텔레비전×컴퓨터)

셋째, 종속적 혼성어의 경우이다. 그 구조를 보면 (18a)는 α형(wz)이며, (18b)는 β형(xy)이다. 두 경우 모두 무게 중심이 뒤쪽에 있는데, 이는 앞의 조각이 뒤의 조각을 한정·수식하기 때문이다.

(18) a. 고가차(고가사다리×자동차), 코오롱(코리아×나일롱), 모텔(모터 리스트×호텔), 컴맹(컴퓨터×문맹), 컴시인(컴퓨터×원시인)
   b. 넷동(인터넷×동우회), 넷맹(인터넷×맹인)

이상에서 혼성 표현의 양상은 다음 두 가지 특성을 보여 준다.

첫째, 동의적 혼성과 등위적 혼성은 앞자리에 의미의 초점이 놓이는 반면, 종속적 혼성은 의미의 초점이 뒷자리에 놓인다.

둘째, 혼성 표현의 구조를 보면, 대부분 외심 구조의 α형(wz)이며, (15b)와 (18b)는 내심 구조의 β형(xy)이다. 이것은 단어를 기억할 때 첫 부분과 끝 부분이 중간보다 더 잘 기억되며, 또한 첫 부분이 끝 부분보다 더 잘 기억된다는 '욕조 효과'[5]에 따른 것이다.

4. 연어

'연어(連語, collocation)'는 두 단어가 서로 나란히 결합하여 하나의 공통적 표현을 형성하는 어휘 관계로서, 그 속에서 한 단어의 범위가 예측 가능하다 (Hamawand 2016: 33, 189 참조). 퍼스(Firth 1957: 11)는 "한 단어의 의미는 그 단어가 사귀는 친구에 의해 알게 된다."라고 하였는데, 이 경우 연어가 핵심 개념이 된다.

예를 들어, 형용사 '짙다'는 대상의 '빛깔·액체·맛·향기·느낌' 중 어디에 해당하느냐에 따라 섬세한 의미 차이를 갖는데, 이를 '연어적 의미'라고 한다. 또한, '추적하다'와 '추구하다'는 '뒤쫓다'라는 의미를 공유하지만, '추적하다'는 '범인'이나 '달아난 사냥감'과 같이 구체적이며 부정적인 대상과 연어적 선호 관계를 형성하는 반면, '추구하다'는 '지혜·지식·이상'과 같이 추상적이며 긍정적인 대상과 연어적 선호 관계를 형성한다.

연어관계의 예측 가능성을 (19)의 예에서 보기로 한다.

> (19) a. 저 사람은 인상이 ____ .
>
> b. ____ 곯다.
>
> c. 몸부림을 ____ .

(19a)의 빈칸에 기대되는 형용사는 '좋다, 나쁘다' 등이다. 곧 '인상'과 연어 관계에 놓이는 결합체는 '좋다, 나쁘다' 등으로 예측이 가능하지만, 역으로 '좋다, 나쁘다' 등에서 '인상'을 기대하기는 어렵다. 연어적 결합체 A, B 가운데 그 제약이 더 쉽게 규정되고 한정되는 쪽을 '선택자(selector)'라고 하며, 그렇지 않은 쪽을 '피선택자(selectee)'라고 한다. 선택자는 가능한 결합체에

---

5   '욕조 효과(bathtub effect)'란 1인용 욕조 안에서 사람의 머리와 발이 노출되고, 특히 머리 부분이 확연히 드러나는 것처럼, 단어를 기억할 때도 이 원리를 따른다는 것이다(Aitchison 1987/2003: 138 참조).

대해 의미적 조건을 부과하는 반면, 피선택자는 그 조건을 충족하는 결합체이
다. 따라서 '인상'은 '선택자'이며, '좋다, 나쁘다'는 '피선택자'이다. 한편,
(19b)의 '체언+용언' 형의 연어에서 '코를 골다'는 용언이 선택자이고, (19c)
의 '몸부림을 치다'는 체언이 선택자이다.

최근 들어, 말뭉치를 활용하여 '연어 가능성(collocability)' 또는 '연어 범위
(collocational range)'에 대한 탐색이 활발히 이루어지고 있다. 이와 관련하여
'의미 운율(semantic prosody)'은 특정한 의미 집합에 속하는 다른 단어들과
전형적으로 '공기(共起, co-occurrence)'하는 단어를 가리키는 것으로, 긍정
및 부정적 운율이 대립을 이룬다. 예를 들어, '착하다'에 대한 (20)은 긍정적
운율의 연어이며, (21)은 부정적 운율의 연어이다.

> (20) a. 우리 고장을 밝게 만드는 지름길은 '**착한** 댓글' 달기
>
> b. 나눔을 실천하는 **착한** 가게

> (21) a. **착한** 국민 콤플렉스
>
> b. 울림이 없는 '**착한** 영화'

다음으로, '착한+명사'의 언어관계에서 모순어법적 연어도 존재한다.[6]
(22a)는 '착한+행위(자)'의 모순어법적 결합형이며, (22b)는 '착한+신체병리'
의 모순어법적 결합형이다. 이들 명사는 모두 부정적인 의미를 지니고 있지만,
'착한'이 결합되어 부정적인 의미가 희석된다.

> (22) a. 착한 도둑, 착한 마녀, 착한 해커, 착한 반항아, 착한 좀비, 착한
>
> 전쟁, 착한 일탈, 착한 거짓말, 착한 적자, 착한 규제
>
> b. 착한 암, 착한 바이러스, 착한 지방

---

6 '모순어법(oxymoron)'은 '소리 없는 아우성', '달콤한 슬픔', '시끄러운 침묵', '절
규하는 침묵', '텅 빈 충만'과 같이 모순 관계 간의 연어적 결합을 뜻한다.

5. 관용 표현

관용 표현의 성격과 관용 표현의 새로운 인식에 대해서 살펴보기로 한다.

5.1. 관용 표현의 성격

관용 표현의 정의, 형성 과정, 그리고 사용 동기를 중심으로 그 성격을 기술하기로 한다.

5.1.1. 관용 표현의 정의

'관용 표현(idiomatic expression)'은 '관용구'라고도 하는데, 둘 이상의 구성 요소가 결합체를 이루게 될 때 내용적으로 의미가 특수화되어 있고, 형식적으로 구성 방식이 고정되어 있는 결합관계를 말한다. 관용 표현의 두 가지 특성을 '미역국을 먹다'라는 용례를 통해서 살펴보기로 한다.

첫째, 의미적인 측면에서, 관용 표현의 의미는 구성 요소의 의미 총합이 아닌 제3의 새로운 의미를 지니게 된다. 곧 관용 표현의 의미는 합성적인 구의 의미와 달리 대체로 비합성적이다. '미역국을 먹다'는 '미역으로 끓인 국을 먹다'라는 글자 그대로의 의미와 '실패하다' 또는 '낙방하다'라는 관용적 의미를 지니고 있다. '미역국을 먹다'가 관용 표현인 경우 그 의미는 '미역국'이라는 명사와 '먹다'라는 동사의 개별적 의미의 합성을 넘어선다. 관용 표현의 이러한 특성으로 말미암아 외국어를 학습하면서 그 어려움과 일화를 경험하지 않은 사람이 없을 정도이다.[7]

둘째, 형식적인 측면에서, 관용 표현의 구성은 고정된 표현 형식을 띠게 된다. '미역국 먹다'는 글자 그대로의 의미인 경우 변형이 자유로우나, 관용

---

[7] 깁스(Gibbs 1994: 265)에서는 속어, 진부한 표현, 관용 표현은 좋은 의도를 지닌 영어 교사들에게 최대의 적이라고 한 바 있다.

표현인 경우에 '미역국'과 '먹다'의 결합관계는 고정되어 통사적 변형이 허용되지 않는다. 먼저, 성분을 확장해 보면 (23)과 같다.

> (23) a. 미역국을 맛있게 먹다.
>   b. 뜨거운 미역국을 먹다.
>   c. 식낭에서 미역국을 먹다.

(23)과 같이 통사적 변형을 통하여 문장 구조를 확장하게 되면 '실패하다 · 낙방하다'라는 의미가 나타나지 않는다. 다음으로, 성분을 대치해 보면 (24)와 같다.

> (24) a. 미역을 먹다.
>   b. 떡국을 먹다.
>   c. 미역국을 끓이다.

(24)에서처럼 '미역국'이나 '먹다' 대신에 다른 요소로 대치하면 관용 표현의 의미가 보존되지 않는다.

이상에서 볼 때 관용 표현은 의미가 특수화되어 있고 형태가 고정되어 있는 동결된 의미 단위임을 알 수 있다.

5.1.2. 관용 표현의 형성 과정

관용 표현은 본래 구체적인 상황에서 쓰이던 것인데, 그 연원이 잊힌 채 유사한 일반적 상황에 적용되면서 관용적 의미와 구조를 갖게 된 것이다. '시치미를 떼다'의 경우를 보기로 한다.

매사냥이 성행하던 시절에 주인은 네모난 뿔에다 자신의 표식을 적어 매의 꽁지 속에다 매어 두었는데, 이를 '시치미'라고 한다. 사냥용 매가 귀하였으므로, 누군가가 그 시치미를 떼고 태연히 주인 행세를 하게 된 것이다. 곧 '시치미를 떼다'는 매의 시치미를 떼는 것과 유사한 상황에서 관용 표현으로 쓰였는데, 시간이 지나면서 그 의미가 불투명해졌다.

따라서 관용 표현은 그 기원적 의미를 가늠할 수 있는 정도에 따라 관용성의 정도가 다양하다. '무릎을 꿇다' 및 '손을 씻다'는 관용적 의미를 글자 그대로의 의미로 유추하기 쉬우며, '개밥의 도토리' 및 '국수 먹다'는 관용적 의미를 글자 그대로의 의미로 어느 정도까지는 유추할 수 있다. 그 반면, '용빼는 재주' 및 '오지랖이 넓다'는 관용적 의미를 글자 그대로의 의미에서 유추하기 어렵다.

5.1.3. 관용 표현의 사용 동기

관용 표현을 왜 사용하는 것인가? 우리는 일상생활을 하면서 직설적인 표현뿐만 아니라, 적지 않은 관용 표현을 사용한다. 그 까닭은 다음과 같다.

첫째, 글자 그대로의 표현으로는 전달하기 어려운 생각을 표현하기 위해서이다. 예를 들어, '발이 넓다'는 '사귀어 아는 사람이 많고 활동하는 범위가 넓다.'라는 관용적인 의미이다. 그런데 "저 사람은 사귀어 아는 사람이 많고 활동하는 범위가 넓어."라고 한다면 '다른 사람과 사귀기 좋아하는 성격이거나 쉽게 친해지는 성격이어서, 교제의 폭이 넓어 의외의 친분을 가졌다'라는 의미를 다 담기가 어렵다. 여러 사람들과 두루두루 친하고 싹싹하거나 활발한 성격으로 인맥이 넓은 사람에게 '발이 넓다'라고 한다면 글자 그대로의 표현으로는 전달하기 어려운 생각을 효과적으로 표현할 수 있다.

둘째, 빠르고 간결하게 생각을 표현하기 위해서이다. 관용 표현은 그 쓰임이 고착화되어 하나의 고정된 구로 사용되므로 표현이 간결하다. 예를 들어, '그림의 떡'이라고 하면 '아무리 좋아도 이용할 수 없다'라는 의미를 빠르고 간결하게 전달할 수 있다. 또한, 어떤 일에 대해 거리낌 없을 정도로 아주 쉽게 할 수 있을 때 "그 일은 내가 해결하기에 아주 쉬운 문제다."라고 하기보다

"그 일은 식은 죽 먹기다."라고 하면 쉽고 빠르게 생각을 전달할 수 있다.

셋째, 문체적인 효과를 위해서이다. 예를 들어, '들리는 말에 선뜻 마음이 끌리다'라는 의미를 표현하기 위해 단순히 뜻을 풀어쓰는 것보다 '귀가 번쩍 뜨이다'라는 관용어를 사용함으로써 문체적 효과를 거둘 수 있다. 또한, 관용 표현에는 비유와 과장이 많이 사용되는데, 이를 통해 표현의 강렬함과 함께 흥미를 유발할 수 있다. 예를 들어, '애타게 기다리다'라는 의미를 표현하기 위해 '눈이 빠지게 기다리다', '목이 빠지게 기다리다'라는 관용 표현을 사용 하거나, 특정 대상에 대한 애정이 넘쳐나는 것을 보여 주기 위해 '눈에서 꿀이 떨어지다'라는 표현을 사용함으로써 재미와 웃음을 부여할 수 있다.

넷째, 전달 내용에 대한 화자의 책임이나 부담을 줄이기 위해서이다. 관용 표현은 글자 그대로의 표현에 비해서 간접적으로 내용을 표현하게 된다. (25a) 에서 보듯이, 화를 내는 것은 자기 절제를 못했다는 점에서 대인관계에 부담 이 되지만, (25b)의 '열을 받다'는 화에 대한 신체 생리적 반응의 관용 표현으 로서 그러한 책임이나 부담이 줄어든다.

(25) a. 나는 화가 나서 견딜 수가 없었다.
　　　 b. 나는 열을 받아서 견딜 수가 없었다.

다섯째, 상황을 완곡하게 표현하기 위해서이다. 예를 들어, '시험에 낙방하 다'의 의미를 전달하기 위해 '미역국을 먹다', '고배를 마시다'와 같은 표현을 사용한다거나, 이성 관계에서 '눈이 맞다', '정을 통하다'와 같은 표현을 사용 함으로써 상황을 직접적으로 표현하지 않고 완곡하게 표현하는 효과를 거둘 수 있다.

5.2. 관용 표현의 새로운 인식

종래 관용 표현은 내용이나 형식에 있어서 동결된 표현이라는 점이 지나치게 강조됨으로써, 관용 표현의 유연성에 주목하지 못했다. 관용 표현 탐구의 새로운 접근에 대해서 기술하기로 한다.

5.2.1. 관용 표현의 설명 가능성

관용 표현의 개념화 과정에 대한 해명이다. 관용 표현을 '구성 요소가 관용 표현의 의미를 구성하는 데 기여하는 표현'으로 규정하고, 그 과정을 환유와 은유로 설명하는 데 초점을 둔다.

먼저, 한 표현이 글자 그대로의 의미와 관용적 의미를 이중적으로 갖는 경우를 보기로 한다. 신체어 가운데 (26)은 ①의 글자 그대로의 의미와 ②의 환유적 관용 의미를, (27)은 ①의 글자 그대로의 의미와 ②의 은유적 관용 의미를 갖는다.

(26) a. 눈이 뒤집히다: ①눈(알)이 아래 위가 뒤바뀌다.
　　　　　　　　　　②화가 나서 이성을 잃다.
　　 b. 귀가 따갑다: ①귀를 찌르는 듯이 아픈 느낌이 있다.
　　　　　　　　　　②너무 여러 번 들어서 듣기가 싫다.
　　 c. 이를 갈다: ①윗니와 아랫니를 맞대고 문질러 소리를 내다.
　　　　　　　　　②몹시 화가 나거나 분을 참지 못하여 독한 마음을 먹
　　　　　　　　　 고 벼르다.

(27) a. 눈이 {밝다/어둡다}: ①시력이 {좋다/나쁘다}.
　　　　　　　　　　　　②어떤 분야에 {정통하다/무지하다}.
　　 b. 귀가 {밝다/어둡다}: ①청력이 {좋다/나쁘다}.
　　　　　　　　　　　　②세상 정보 등에 {정통하다/무지하다}.
　　 c. 턱이 {높다/낮다}: ①문턱 · 걸림 방지턱이 {높다/낮다}.
　　　　　　　　　　　　②규제의 수위가 {높다/낮다}.

(26), (27)에서 글자 그대로의 표현과 관용적 표현 간에는 상관성이 존재하는데, (26)의 경우 그 둘은 인과관계를 가지며, (27)의 경우 그 둘은 구체성·개별성과 추상성·일반성의 상관성을 가진다.

관용 표현의 개념화 양상을 더 구체적으로 살펴보면 다음과 같다.

첫째, '결혼하다'에 해당하는 관용 표현은 '화촉을 밝히다', '국수를 먹다', '머리를 올리다', '상가를 가다', '시집을 가다', '면사포를 쓰다' 등이 있다. 이들 표현은 결혼 과정의 다양한 사건 가운데 하나이다. 이들 표현이 결혼하다라는 의미를 갖게 되는 것은 사건의 현저한 한 부분이 사건 전체를 지칭하는 확대 지칭, 즉 환유에 의해 그 관용적 의미가 표현된 것이다.

둘째, '가시밭길을 가다'는 힘겹고 험한 삶을 살아간다는 의미의 관용 표현이다. 곧 '길을 가다(A)'는 '삶을 살아가다(B)'를 의미한다. 두 가지 사건 A, B는 하나의 영상 속에 겹쳐지는 이동 은유, 즉 시간의 축을 따라 이동하는 사건이다. A, B의 구성 요소는 대응 관계를 이루므로 '길'은 '삶'이며, '가시밭-길'은 '가시밭-삶'이다. 따라서 '가시밭길을 가다'는 힘겹고 험한 삶을 산 것으로서 물리적인 길과 비유적인 길이 은유에 의해 그 관용적 의미가 표현된 것이다.

셋째, '물꼬를 트다'는 글자 그대로의 의미와 관용적 의미를 함께 지니고 있다. 이 표현의 글자 그대로의 의미는 (28a)와 같이 '물꼬', 즉 '논에 물이 들어오고 나가도록 만든 좁은 통로'를 여는 것이며, 그 관용적 의미는 (28b)와 같이 '어떤 중요한 일을 시작함'이다.

(28) a. 물꼬를 터서 논에 물을 댔다.
　　　b. 남북 교류의 물꼬를 텄다.

우선, '물꼬를 트다'가 글자 그대로의 의미에서 관용적 의미로 확장되는 데는 '논농사(의 성공)'와 '남북 교류(의 성공)' 간에 닮음의 은유적 기제가 작용하고 있다. 또한, '논농사'는 농경 사회에서, 그리고 '남북 교류'는 분단 상황에서 중대사이며, 그 성공적 수행을 위한 과정 가운데 하나가 물꼬를 트는 것인데, 이는 현저한 사건의 한 부분으로 사건 전체를 지칭하는 환유이다. '물 꼬를 트다'는 글자 그대로 의미의 경우 완결된 단위이지만, 관용 표현의 경우 '남북 교류의, 대화의, 관계 개선의' 등의 관형어가 보충되어야 한다.

5.2.2. 관용 표현의 수식 가능성

관용 표현은 그 형식이 대체로 고정되어 있으나 수식이 가능한 경우도 있다 (김진해 2010: 45-57 참조).

첫째, 의성어나 의태어와 같은 부사어에 의해 수식이 가능한데, (29)에서 보는 바와 같다.

(29) 시치미를 {뚝} 떼다, 바가지를 {박박} 긁다, 가슴에 (대)못을 {꽝꽝} 박다, 간이 {퉁퉁} 붓다, 뜸을 {살짝} 들이다

둘째, 관형어에 의한 부분 수식이 가능한데, (30)에서 보는 바와 같다.

(30) {일의} 매듭을 풀다, {새끼 작가의} 꼬리표를 떼다, {부정부패의} 꼬 리표를 떼다, {국민의} 피를 빨아먹다

셋째, 수량화의 수식이 가능한데, (31)에서 보는 바와 같다.

(31) a. 둘이 앉아서 호박씨를 {닷 되는} 깠다.
     b. 채용 시험에서 미역국을 {세 번, 다섯 그릇} 먹었다.

(29)-(31)의 수식 가능성은 1차적으로 글자 그대로의 의미를 대상으로 하며, 2차적으로 관용 표현의 의미로 전이된다. 이것은 관용 표현의 구성 요소가

관용 표현의 의미와 관련성을 지닌다는 것을 뜻한다.

5.2.3. 관용 표현의 용법 탐구

관용 표현의 정보를 얻기 위해 용법기반 모형과 말뭉치 언어학의 방법론을 접복할 수 있다. 즉, 말뭉치에서 추출한 다수의 용법을 통하여 관용 표현에 유익한 정보를 제공하게 된다. 예를 들어, 의식주와 관련하여 '호주머니, 탈, 밥, 떡, 문턱, 벽'을 포함한 문장 2,397개를 살펴보면 해당 단어가 관용적 의미로 사용된 경우는 〈표 1〉과 같다.[8]

〈표 1〉 의식주 관용 표현의 사용 빈도

범주	단어	빈도(건)	비율(%)
의생활	호주머니	612	25.5
	탈	656	27.4
식생활	밥	170	7.1
	떡	516	21.5
주생활	문턱	1,009	42.1
	벽	753	31.4

〈표 1〉에서 보면 의생활 및 주생활과 관련된 관용 표현의 사용 빈도가 식생활과 관련된 관용 표현의 사용 빈도에 비해 높다.

또한, '호주머니'와 '탈'을 포함한 문장에서 관용 표현이 사용된 경우는 전체의 26% 안팎으로 비슷하지만, '탈'에 비해 '호주머니'는 보다 더 다양한 유형이 사용된다. 즉, '호주머니'를 포함한 관용 표현은 "호주머니를 털다/털리다(382), 호주머니가 가볍다(58), 호주머니가 두둑하다(39), 호주머니가 얇

---

8   여기에서 관용 표현의 용법을 살펴보기 위해 사용한 말뭉치는 Trends21(물결21) 코퍼스인데, 6억 어절 규모의 21세기(2000~2013) 문어 자료로서 조선일보, 중앙일보, 동아일보, 한겨레의 4대 일간지로 구성된 말뭉치이다. 관용 표현의 추출 및 분석을 위한 구체적 방법은 송현주(2017: 191-192) 참조.

다(39), 호주머니를 채우다(33), 호주머니를 열다(22), 호주머니를 닫다(10)"
등으로 다양한 반면, '탈'을 포함한 관용 표현은 "탈을 쓰다/씌우다(622), 탈
을 벗다/벗기다(34)"에 국한된다. 이를 통해, '호주머니'에 비해 '탈'을 포함한
관용 표현은 상대적으로 소수의 표현 형식으로서 자주 사용됨을 알 수 있다.

5.2.4. 관용 표현의 문화적 특성

관용 표현은 언어공동체의 사회와 문화적 특성을 반영하고 있다. 따라서
언어 및 문화권에 따라 관용 표현의 양상을 살펴볼 필요가 있다.

예를 들어, '국수를 먹다'는 결혼식에서 국수를 대접해 온 한국어 사용자의
경험에 기초한 것이다. 중국어로는 '결혼하다'에 대해 '(결혼)사탕을 먹다(吃
喜糖)'라는 표현을 사용하는데 이는 약혼이나 결혼식에서 친구들에게 사탕을
선물하는 문화에서 유래한 것이다.

또한, 아는 사람이 많거나 교제의 폭이 넓다는 의미로 한국어에서는 '발이
넓다'라고 표현하지만, 일본어에서는 '얼굴이 넓다(顔が広い)'를 쓰고, 물에
흠뻑 젖은 모습에 대해 한국어에서는 '물에 빠진 생쥐'라고 하지만, 중국어로
는 '국에 빠진 닭(落汤鸡)'이라고 한다. 매우 적거나 짧은 것을 한국어에서는
'쥐꼬리만 한 수입'과 같이 '쥐꼬리'로 비유하는 반면, 태국어에서는 '맹꽁이
꼬리', 영국 영어에서는 'lamb's tail(새끼 양의 꼬리)'라고 한다. '가슴이 넓
다'는 한국어의 경우 '아량이 넓다'의 관용 표현이지만, 중국어에서는 글자
그대로의 의미이다.

이와 같이 언어와 문화 간의 관용 표현의 상관성을 탐구하는 것은 서로
다른 언어공동체에 대한 사고방식의 해명뿐만 아니라 의사소통에 도움이
된다.

6. 공기 제약

정상적인 발화나 문장은 그 구성 요소들 간에 조화를 이루어야 한다. 결합 관계에서 단어들 간의 정상적인 결합 조건, 즉 제약을 일반적으로 '공기 제약 (共起制約, co-occurrence restriction)'이라고 한다. 공기 제약에는 선택 제약 과 연어 제약이 있다. 이 두 가지에 대하여 살펴보기로 한다.

6.1. 선택 제약

'선택 제약(selection restriction)'은 결합관계에서 단어들의 가능한 결합의 제약을 가리킨다. 예를 들어, '겁먹은 소년'에서처럼 '겁먹다'는 사람에게 그 쓰임이 한정되고 '?겁먹은 의자'에서처럼 사람이 아닌 경우에 쓰이지 않는 것 이 선택 제약이다. '겁먹은 소년'의 경우 '겁먹다'가 '소년'과 같이 공기할 수 있는 다른 단어를 선택하게 되는데, '겁먹다'는 선택자이며, '소년'은 피선택 자이다.

선택 제약의 구체적인 사례 두 가지를 들면 다음과 같다. 첫째, 동사 '마시 다'의 경우를 보기로 한다.

(32) a. 영수가 {물·술·주스}를 마신다.
  b. *영수가 {밥·과자·빵}을 마신다.
  c. 영수가 {공기·연기·가스}를 마신다.

(32)에서 '마시다'는 선택자로서 a의 '액체'와 c의 '기체'로 제약되는 반면, b의 '고체'에 대해서는 제약을 갖지 않는다. 또한, '마시다'는 목적어뿐만 아 니라, 주어에 대한 제약을 갖는다.

(33) a. {소년·낙타·고래·나무}가 {물·공기}를 마신다.

b. *돌이 {물·공기}를 마신다.

즉, (33a)와 같이 '마시다'는 주어가 대체로 '생물'이지, (33b)의 '돌'과 같은 무생물은 아니다. 이렇게 볼 때 선택 제약은 결합관계에서 상호 관련된 구성 요소 간에 정상적인 결합을 이루게 하는 의미 조건이다. 동사 '마시다'와 결합 관계를 이루는 선택 제약, 즉 의미 조건은 (34)와 같이 목적어가 액체나 기체이며, 주어가 생물이 되어야 한다.

(34) 〈생물〉주어＿＿＿＿＿   〈액체·기체〉목적어＿＿＿＿＿

둘째, '쓰다·입다·신다'의 선택 제약을 보기로 한다. 먼저, '쓰다'는 '모자·헬멧'에, '입다'는 '옷(저고리·바지·치마)'에, '신다'는 '신·양말'에 대하여 사용되므로, 사용 대상인 목적어의 선택 제약으로 볼 수 있다. 또한, '쓰다'는 '머리'에, '입다'는 '몸통'에, '신다'는 '발'에 대하여 사용되므로, 사용 부위인 부사어의 선택 제약으로도 볼 수 있다. 이 두 가지 제약 가운데 어느 것이 타당한가를 검증하기 위해서 (35), (36)과 같은 비정상적 상황을 설정해 보기로 한다.

(35) a. *추운 교실에서 아이들이 발에 털모자를 쓰고 있다.
    b. 추운 교실에서 아이들이 발에 털모자를 신고 있다.

(36) a. *강도가 머리에 스타킹을 신고 들어왔다.
    b. 강도가 머리에 스타킹을 쓰고 들어 왔다.

(35), (36)에서 a가 어색한 것은 각각 '발'과 '쓰다', 그리고 '머리'와 '신다'의 선택 제약에 어긋났기 때문이다. 그 반면, b의 경우는 대상이 '털모자' 및 '스타킹'이지만, '발'과 '신다' 및 '머리'와 '쓰다'의 선택 제약이 충족되어 적

절하다. 이 경우 a는 선택 제약에 어긋나 '변칙적'이며, b는 선택 제약을 충족해 '정상적'이다. 이상에서 볼 때, '쓰다·입다·신다'는 (37)과 같이 목적어가 아니라 장소인 부사어에 대해, 그리고 대상인 '의류'가 아니라 그 의류가 착용되는 '신체 부위', 즉 '장소'에 대해 선택 제약을 갖는다.

(37) 쓰다 : 〈머리〉장소_____

입다 : 〈몸통〉장소_____

신다 : 〈발〉장소_____

요컨대 선택 제약은 문장 가운데 주어, 목적어, 부사어 표현이 당연히 충족시켜야 할 의미적 조건을 뜻한다.

6.2. 연어 제약

'연어 제약(collocational restriction)'은 의미의 결합관계에서 연어적 의미 조건을 가리킨다. 예를 들어, (38)에서 '두껍다'와 '두텁다'의 용법을 보기로 한다.

(38) a. {두꺼운/두터운} 옷

b. {두꺼운/?두터운} 책

c. {?두꺼운/두터운} 우정

(38a)에서 '두껍다'와 '두텁다'는 동의적이다. 그런데 (38b) 및 (38c)에서 '두껍다'와 '두텁다'는 '책'과 '우정'에 대해 연어의 제약이 상호 역전됨을 알 수 있다. 즉, '두껍다'가 물리적 두께에 사용되는 반면, '두텁다'는 주로 정신적 차원에 사용된다. 이것은 '두껍다' 및 '두텁다'의 연어 제약, 즉 연어의 의미 조건을 뜻하는 것으로, 동의어의 의미 차이를 검증해 주는 기능을 한다.

연어 제약은 앞에서 본 선택 제약과 다음 두 가지 측면에서 구별된다. 첫째, 제약이 단어의 의미와 필연적인 경우는 '선택 제약'인 반면, 그 제약이 단어의 핵심적 의미와 무관한 경우는 '연어 제약'이다. 예를 들어, (39)의 동사 '죽이다'의 목적어는 죽임의 행위가 일어날 때 살아 있어야 한다. 이미 죽어 있거나 생명이 없는 '책상'을 죽인다는 것은 무의미하다는 점에서 선택 제약을 어긴 것이다.

(39) a. *영수는 책상을 죽였다.
　　 b. *그들은 해적의 시체를 죽였다.

연어 제약을 어긴 (40)을 보기로 한다.[9] (40a)에서 '빨간 거짓말'이나 '얼굴이 덥다'는 연어로서 어색한 반면, '새빨간 거짓말'과 '얼굴이 뜨겁다'는 적합하다. 이것은 '빨갛다'와 '새빨갛다', '덥다'와 '뜨겁다' 간에 개념적 의미는 동일하지만 연어적 의미가 다른 데 그 원인이 있다.

(40) a. 그녀는 {?빨간/새빨간} 거짓말을 했다.
　　 b. 그 광경을 보고 얼굴이 {?더워서/뜨거워서} 고개를 들지 못했다.

둘째, 선택 제약을 어기면 '모순(contradiction)'이나 '불일치(incongruity)'를 유발하는 반면, 연어 제약을 어기면 '부적절성(inappropriateness)'을 유발한다. 이것은 공기 관계에서 선택 제약의 구속력이 연어 제약보다 더 강하다는 것을 뜻한다.

9　크루스(Cruse 1990a: 162)에서는 연어 제약을 어긴 보기로 "The Vice-chancellor's {?wages · salary} are hardly enough to make ends meet.(그 대학 부총장의 {?임금 · 보수}는 도저히 수지 균형을 맞출 수 없다.)"를 들고 있다. 'wage'와 'salary'는 '소득'의 공통성을 지니고 있지만, 'vice-chancellor'의 경우 'wage'는 부적절하다는 것이다.

7. 변칙성

'변칙성(anomaly)'은 한 단어가 그 단어가 사용된 문맥과 조화를 이루지 못하는 어휘 관계이다(Hamawand 2016: 32 참조). 앞에서 본 '?겁먹은 의자'는 '관형어+체언'의 구조로 문법적으로는 허용될 수 있지만, 선택 제약의 측면에서 볼 때 사용 규칙에 어긋나기 때문에 의미적으로 변칙적이다. 결합관계의 변칙성에는 용어법, 의미적 충돌, 액어법이 있는데 이 세 가지에 대하여 살펴보기로 한다.

7.1. 용어법

'용어법(冗語法, pleonasm)'은 결합관계에서 한 요소가 가지는 잉여적 변칙성을 가리킨다. 즉, 결합체의 구성 요소 간의 새로운 의미적 정보를 제공하지 않음으로써 그 어휘 항목이 없어도 문제가 되지 않는다.

예를 들어, (41a)는 고유어 부사어와 한자어, (41b)는 고유어 관형어와 한자어, (41c)는 장소 및 방향의 부사어와 중심어, 그리고 (42)는 감각기관의 부사어와 감각동사 간에 잉여성이 나타난다.

(41) a. 달게 감수(甘受)하다, 미리 예습(豫習)하다, 둘로 양분(兩分)하다,
　　　 다시 재론(再論)하다, 서로 상충(相衝)하다
　　 b. 아는 지인(知人), 다 큰 성인(成人), 높은 고지대(高地帶), 큰 대문
　　　 (大門), 젊은 청년(靑年)
　　 c. 배에 승선(乘船)하다, 바다에 해수욕(海水浴) 가다, 앞으로 전진
　　　 (前進)하다, 산으로 등산(登山)가다

(42) 눈으로 보다, 코로 냄새 맡다, 혀로 맛보다, 손으로 만지다, 발로 차다

(43a)에서 '발로 차다'는 새로운 의미 정보를 제공하지 않는데, '차다'로부터 차는 신체 부위가 무엇인지 알기 때문이다. 이 경우 (43b)와 같이 '발로'를 생략하거나, (43c)와 같이 '차다'를 '치다'로 대체함으로써 용어법이 해소된다. 한편, (43d)에는 용어법이 나타나지 않는데, '왼발로'라는 새로운 정보를 담고 있기 때문이다. 이 경우 '왼(쪽)'이 다른 방식으로는 통합될 수 없기 때문에 '발'에 포함된 반복은 불가피하다.

(43) a. 그는 발로 공을 찼다.
　　 b. 그는 공을 찼다.
　　 c. 그는 발로 공을 쳤다.
　　 d. 그는 왼발로 공을 찼다.

그런데 '용어법'은 때때로 강화 기능을 수행하기도 한다. (44a)의 '빠르게 돌진하다'는 '돌진(突進)하다'에 이미 '빠르다'라는 의미가 포함되어 있지만 의미상 강화 효과를 나타낼 수 있다. 한편, '빠르게'와 대립적인 (44b)의 '느리게 돌진하다'는 모순적이다.

(44) a. 공격수는 골문을 향해 빠르게 돌진했다.
　　 b. ?공격수는 골문을 향해 느리게 돌진했다.

7.2. 의미적 충돌

'의미적 충돌(semantic clash)'은 결합체 구성에서 공기 제약에 어긋나는 변칙성이다.

먼저, '연어 제약' 또는 '연어적 선호(collocational preference)'에 위배될 경우 의미적 충돌로 인해 '부적절함(inappropriateness)'이 유발된다. (45)와 같은 연어적 선호에 어긋난 부적절함은 가장 낮은 정도의 충돌이며, 동의어의 대치에 의해 충돌을 해소할 수 있다.

(45) a. ?두터운 책/두꺼운 책

　　 b. ?두꺼운 우정/두터운 우정

　　 c. ?빨간 거짓말/새빨간 거짓말

한편, '선택 제약' 또는 '선택적 선호(selectional preference)'에 위배될 경우 충돌의 수위는 한층 더 높은데, 이것을 '역설(paradox)'이라고 한다. (46a), (47a)는 역설에 의한 의미적 충돌이다. 이 경우 충돌의 원인이 된 한 요소를 비양립어나 상위어로 대치함으로써 충돌을 해소할 수 있다.

(46) a. *고양이가 짖었다.

　　 b. 개가 짖었다.

　　 c. 동물이 짖었다.

　　 d. 고양이가 (야옹하고) 울었다.

(47) a. *밥을 쑤고 죽을 끓이고 국을 지었다.

　　 h 밥을 짓고 죽을 쑤고 국을 끓였나.

역설은 앞의 (44), 그리고 다음의 (48) 및 (49)와 같이 용어법에서 강화 기능을 유발하는 어휘 항목을 대립어로 대치하는 경우에 나타난다.

(48) a. 아내는 남편의 귀에다 대고 조용하게 소곤거렸다.

　　 b. ?아내는 남편의 귀에다 대고 시끄럽게 소곤거렸다.

(49) a. 거대한 거인이 문을 지키고 있었다.

　　 b. ?작은 거인이 문을 지키고 있었다.[10]

7.3. 액어법

'액어법(軛語法, zeugma)'[11]은 문장 속에서 하나의 표현이 동시에 두 개의 변별적인 의미를 수행을 함으로써 의미 전달이 불투명하거나 어색한 표현을 가리킨다. 이것은 소속이 다른 개념들을 교차시키거나 결합시킬 때 일어나는 변칙성이다.[12] (50)-(52)의 사례를 보기로 한다.

(50) a. 비와 바람이 몰아친다.
　　 b. ?비와 바람이 분다.

(50a)의 '몰아치다'와 달리 (50b)는 '불다'라는 동사가 '바람'과 '비' 둘 다의 서술어가 될 수 없으므로 액어법이 된다.

(51) a. **학마을**은 한껏 즐겁고 풍성하였다. (이범선의 '학마을 사람들'에서)
　　 b. **학마을 사람들**은 한껏 즐겁고 **학마을**은 한껏 풍성하였다.
　　 c. ?**학마을 사람들**은 한껏 즐겁고 풍성하였다.

(52) a. 그 **치킨집**은 친절하고 맛있어요.
　　 b. 그 **치킨집 사장님**은 친절하고 그 **치킨집**은 맛있어요.
　　 c. ?그 **치킨집 사장님**은 친절하고 맛있어요.

10　"인터파크가 꼽은 '작은 거인'을 만나보자."(2016.2. '인터파크 북DB'에서)의 '작은 거인'은 은유적 표현이다.

11　'zeugma(액어법)'는 '멍에'를 뜻하는 그리스어에서 유래한 용어이다(Riemer 2010: 165 참조).

12　예를 들어, "Arthur and his driving licence **expired** last Thursday."에서 'expire'는 '죽다'와 '만기되다'를 뜻하는 '액어법' 표현인데, "Arthur **expired** last Thursday; his driving licence **expired** that day, too."라고 하여 'expire'를 분리함으로써 액어법의 이상함을 해소하게 된다(Cruse 1986: 21, Cruse 2011: 102 참조).

(51a), (52a)의 '학마을'과 '그 치킨집'은 환유 표현으로서 (51b), (52b)의 '학마을 사람들'과 '학마을', 그리고 '그 치킨집 사장님'과 '그 치킨집'을 뜻한다. 그런데 (51c)의 '학마을 사람들'은 '즐겁다'와 '풍성하다'라는 서술어를, (52c)의 '그 치킨집 사장님'은 '친절하다'와 '맛있다'라는 서술어를 동시에 망라할 수 없으므로 액어법이 된다. 이 과정에서 액어법은 종종 익살스러운 효과를 유발할 수 있다.

(53) a. 우리 **아버님과 딸애**는 함께 과일을 {?드셨어요./?먹었어요.}
 b. 우리 **아버님**은 딸애와 함께 과일을 드셨어요.
 c. 우리 **딸애**는 아버님과 함께 과일을 먹었어요.

(53a)는 주어와 서술어 간에 높임의 불일치에 따른 액어법이다. 곧 서술어 '들다·드시다'나 '먹다'는 대우 주체의 지위가 다른 복수 주어 '우리 아버님과 딸애'를 동시에 포괄할 수 없다. (53b)는 '우리 아버님'과 '드시다'로, (53c)는 '우리 딸애'와 '먹다'로 주어와 서술어가 일치하여 액어법이 해소된다.

8. 마무리

이 장에서는 의미의 결합관계를 중심으로 유형별 성격, 양상, 의미 특성에 대하여 살펴보았다. 그 주요 내용에 따라 마무리하기로 한다.

첫째, 합성 표현의 어순은 시간 표현이나 동작의 변화, 수의 크고 작음, 거리의 원근, 적극적인 요소와 소극적인 요소, 긍정과 부정, 남성과 여성 등 언중의 인지적 경향성 또는 사고방식을 반영해 결정된다.

둘째, 혼성 표현은 구성 요소의 일부가 결합관계를 이룬 것으로서, 그 유형은 동의적·등위적·종속적 혼성으로 나뉘며, 그 생성 원인으로 동의적 혼성어는 무의식적이고 수동적인 반면, 등위적 및 종속적 혼성어는 의도적이고 능동적이다. 의미 초점이 동의적 · 등위적 혼성은 앞자리에 놓이는 반면, 종속적 혼성은 뒷자리에 놓인다. 그 용례는 욕조 효과에 따라 외심 구조의 α형(wz)은 생산적인 반면, 내심 구조의 β형(xy)은 비생산적이다.

셋째, 연어는 두 단어가 결합할 때 한 단어의 범위가 예측 가능한 결합관계로서, 연어적 결합체 A, B 가운데 그 제약이 더 쉽게 규정되고 한정되는 쪽이 선택자이며 그렇지 않은 쪽이 피선택자이다. 연어에 의한 의미 운율은 특정한 의미 집합에 속하는 단어들과 전형적으로 공기하는 단어를 가리키는 것으로, 긍정 및 부정적 운율이 대립을 이룬다.

넷째, 관용 표현은 둘 이상의 구성 요소가 결합체를 이루게 될 때 내용적으로 의미가 특수화되어 있고, 형식적으로 구성 방식이 고정되어 있는 결합관계이다. 이는 구체적인 상황에서 쓰이던 용법이 그 연원이 잊힌 채 유사한 일반적 상황에 적용되면서 관용적 의미와 구조를 지니게 된 것이다. 최근 들어, 관용 표현의 설명 가능성, 수식 가능성, 용법 및 문화적 특성을 통해 새로운 접근이 이루어지고 있다.

다섯째, 공기 제약은 결합관계에서 단어들 간의 정상적인 결합 조건이다. 그중 선택 제약은 문장의 주어, 목적어, 부사어 등이 상호 충족해야 할 의미 조건이며, 연어 제약은 연어적 의미 조건인데, 선택 제약이 연어 제약보다 그 강도가 더 높다.

여섯째, 변칙성은 단어가 사용된 문맥과 조화를 이루지 못하는 것을 이른다. 그중, 용어법은 한 요소가 잉여적인 변칙성을 가리키며, 의미적 충돌은 공기 제약에 어긋나는 변칙성이며, 액어법은 하나의 표현이 동시에 두 개의 변별적인 의미를 수행함으로써 의미 전달이 불투명하거나 어색한 것이다.

제4부
의미의 확장

제9장
의미의 습득

1. 들머리

이 장은 의미 확장의 일환인 의미의 습득을 이해하는 데 목적이 있다. 의미 습득을 포함한 언어 습득[1]에 대해서는 세 가지 견해가 있다.

첫째, 행동주의 심리학에서는 어린이가 백지 상태에서 어른의 말을 모방하고 칭찬과 교정의 강화 경험을 통해 언어를 습득한다고 본다. 둘째, 생성언어학의 경우 어린이는 자율적인 언어 능력, 곧 보편문법을 선천적으로 가지고 태어나며, 어린이의 선천적인 '언어 습득 장치(LAD)'가 일정한 언어 환경에 노출되면 자연스럽게 언어 습득이 이루어진다고 본다. 셋째, 인지언어학에서는 선천성으로서 보편문법을 부정하고, 인간의 기본적인 인지능력의 바탕 위

---

[1] 언어의 습득은 사람에게만 가능한 일이며, 언어를 습득하고서야 비로소 사람이 될 수 있다. 아프리카 동부지방의 스와힐리어(Swahili)에서는 말을 할 줄 모르는 신생아를 'kuntu(사물)'라고 부르며, 그 신생아가 말을 깨치게 되었을 때 'muntu(사람)'라고 부른다(Fromkin and Rodman 1983: 3 참조). 거의 같은 보기로서 '유아'를 뜻하는 영어의 'infants'는 말을 할 수 없다는 라틴어 'infans'에서 유래한 것이다(Farb 1974: 276 참조). 또한, 영어의 3인칭 대명사에서 남성을 'he', 여성을 'she'라고 하는 반면, 유아는 성별 구분 없이 사물을 가리킬 때 사용하는 'it'로 취급하고 있다(김진우 2004: 9 참조). 이러한 몇 가지 사례를 통해서 보더라도 언어의 습득은 사람에게 제2의 탄생이라고 할 만큼 경이적인 사건이 아닐 수 없다.

에 학습이 어우러져 언어가 습득된다고 본다.

의미 습득의 분야는 매우 흥미롭지만 그 원리와 양상은 빙산과 같이 물속에 잠긴 부분이 더 많이 존재하는 분야이기도 하다. 이 장에서는 이와 관련하여 다음의 다섯 가지 사항에 대해서 다룬다.

첫째, 의미 습득의 이해를 출발점으로 삼는다. 어린이가 하나의 발화를 듣고 어떤 과정을 통해서 의미를 파악하는지 살펴본다.

둘째, 의미 습득의 가설 가운데, 객관주의와 인지주의 접근법의 주요 쟁점에 대해서 살펴본다.

셋째, 의미 습득의 과제로서 이름 붙이기 과제, 포장하기 과제, 망 만들기 과제에 대해서 살펴본다.

넷째, 의미 습득의 양상에 대해서이다. 구체적으로 어휘 발달, 영상 도식, 혼성어, 은유에 대해서 살펴본다.

다섯째, 유아를 대상으로 의미 습득의 사례에 대해서 살펴본다.

2. 의미 습득의 이해

어린이는 의미를 어떻게 습득하는가? 의미를 습득한다는 것은 단어, 즉 음성 형태에 일정한 의미가 있음을 알고, 그 단어를 듣거나 말하면서 음성 형태와 의미를 자유롭게 환기해 낼 수 있음을 뜻한다. 예를 들어, 18개월 난 아이가 공원의 연못가에서 엄마에게 (1)과 같은 발화를 들으면서 '오리'라는 단어를 익히게 되는 상황을 고려해 보기로 한다.

(1) "저기 오리가 있다!"

(1)의 발화를 통해 '오리'라는 단어를 포착하기 위해서는 적어도 다음과 같은 세 가지 과정이 필요하다.

첫째, 아이는 발화의 흐름을 쪼개어서 단어의 경계를 식별하고 '오리'라는 단어를 추출할 수 있는 언어적 능력이 필요하다.

둘째, 아이는 잔디, 나무, 연못, 돌, 새 등이 있는 환경 속에서 '오리'라는 단어의 지시물을 식별해 낼 필요가 있다. 이 과정에는 목표어를 식별해 내는 단서로서 엄마의 시선이나 손가락의 가리킴과 같은 사회-화용적 기술의 이해가 필요하다.

셋째, 아이가 지시물을 식별한 경우, '오리'라는 단어가 표현하는 전체 모습뿐만 아니라, 부리, 날개, 발 등의 여러 부분에 대한 이해가 필요하다. 이 과정에서 어린이에게 '오리'라는 단어가 갖는 다양한 가능성에 대해 범위를 좁혀 지시물 전체를 가리키는 인지적 능력이 요구된다.[2]

이처럼 단어의 의미 습득은 언어적, 인지적, 사회-화용적인 요인을 포함하는 복합적 과정이다. 이와 관련하여 19세기의 영국 심리학자 설리(James Sully)는 어린이에게 "단어의 의미 습득 과제는 어마어마한 일이며, 너무나 어마어마해서 어린이는 미지의 지역에서 고군분투하는 '어린 탐험가'에 비유될 수 있다."라고 하였다(Aitchison 1987/2003: 189 참조). 의미 습득의 많은 부분은 여전히 신비의 장막 속에 싸여 있다. 아래에서는 의미 습득에 대한 주요 가설, 의미의 발달 과정, 의미 습득의 과제, 의미 습득의 양상을 살펴보면서 '어린 탐험가'이 의미 습득에 대해 한걸음 더 가까이 다가서 보기로 한다.

3. 의미 습득의 가설

지난 반세기에 걸쳐 의미 습득의 본질을 밝히려는 여러 가지 탐구가 이루어져 왔다. 의미 습득에 대한 두 가지 가설을 살펴보기로 한다.

---

2   마크만 외(Markman *et al.* 1988)에 따르면 어린이들은 사물이 오직 하나의 이름만을 가지고 있다고 가정하는 '배타성 가정(exclusivity assumption)'의 경향을 지니는데, 이것은 일종의 '선험성 가정(a priori assumption)'이다.

3.1. 객관주의 접근법

1970년대에서 1980년대 중반까지 '객관주의' 또는 '보편주의 접근법 (universalist approach)'이 의미 습득의 원리로 인정되었다. 이 접근법은 당시의 주류 언어 이론인 촘스키의 '보편문법(universal grammar)'에 기반을 둔 것으로, '자질 이론(feature theory)'으로 의미를 기술하는 것이 특징이다.

'의미 자질 이론(semantic feature theory)'에 따르면, 우리의 머릿속 사전에서 단어의 의미는 개념 차원에서 본원적인 자질의 집합으로 이루어지며, 이 자질들이 모여 단어 의미를 구성한다(H. Clark 1973, E. Clark 1973 참조). 예를 들어, '개'에 대해 구성원 범주가 공유하는 의미 자질은 (2)와 같이 표시된다.

    (2) 개 = [+네 다리] [+가축] [+짖다] […]

객관주의 또는 보편주의 접근법의 의미 자질 가설은 다음과 같은 네 가지 특징을 갖는다.

첫째, 범주를 정의할 때, 어린이가 가진 범주의 자질들은 어른이 가진 자질들의 부분집합이라고 가정한다. 즉, 어린이는 어른이 가진 '개'의 의미 자질 (2) 가운데 일부만을 가진 채 '개'라는 단어를 사용하다가 학습에 따라 의미 자질이 첨가되고 마침내 어른의 의미 자질과 동일시된다는 것이다. 실제로, 18개월 난 어린이가 주변의 성인 남성 전체를 '아빠'라고 하고, 네 발 달린 동물을 '개'라고 하는데, 이러한 '과대 확장'의 오류는 어린이가 지닌 의미 범주 자질의 불완전성 때문이라고 본다.

둘째, 어린이가 처음 배우는 범주는 최소의 자질에 의해서 명시되는 범주일 것으로 예상한다. 예를 들어, 범주화의 층위에서 '동물-개-진돗개' 가운데 의미 자질이 상대적으로 적은 '동물'이 먼저 습득될 것으로 본다.

셋째, 어린이의 '머릿속 어휘사전'은 어른의 '머릿속 어휘사전'에 대한 양적 축소판으로 간주한다. 만약 의미 자질들이 추상적인 본원어라면, 어린이가 가진 자질의 의미 내용은 어른이 되어도 동일할 것이다. 도서관 서가에 비유해 보면, 어린이는 빈 서가로 이루어진 커다란 방을 가지고 태어나며, 새로운 의미를 습득할 때마다 그 단어를 예정된 서가에 배치하게 된다.

넷째, 의미 습득의 보편적 인지 기반을 발견하는 데 관심이 집중된다. 영어로 대표되는 특정 언어의 발견 사실이 다른 언어에도 동일할 것으로 가정하며, 의미 습득에 대한 '교차 언어적 탐구(crosslinguistic study)'에서 언어 간의 유사성이 차이점보다 더 부각되었다.

3.2. 인지주의 접근법

1980년대부터 의미 습득에서 자질 이론에 대해 대안적인 접근법들이 등장하였다. 그중 하나가 인지주의 접근법이다. 이 접근법은 의미 습득을 '용법기반 모형'과 '원형 모형'으로 탐구한다.

먼저, 언어 지식의 형성에 대해서이다. 생성언어학의 '생득설(nativism)'에서는 어린이가 언어 지식(능력)을 타고 나며, 이 언어 지식(능력)이 언어 사용(운용)을 결정한다고 본다. 이와는 달리, 인지언어학의 '경험설(empiricism)'에서는 언어 지식이 언어 사용의 지식으로부터 나온다고 본다. 인지주의의 용법기반 모형에 따르면, 어린이의 언어 지식은 언어가 사용되는 방식에 관한 지식으로서 언어 사용이 언어 지식을 결정한다.

다음으로, '원형 모형(prototype model)'은 의미 범주가 원형의 '정신적 표시(mental representation)'를 중심으로 구체화된다고 본다. 이 경우 원형은 지각적이고 정신적인 속성의 덩어리 형태로 이해된다. 원형 모형은 다음에서 보듯이 의미 자질 이론과 대조를 이룬다.

첫째, 의미 습득 과정에 나타나는 '과대 확장'의 오류는 원형의 적용 과정에 나타나는 확장의 일환으로 본다. 즉, '과대 확장'은 의미 범주가 원형에서부터 주변 요소로 확장되는 중간 단계의 한 양상이다.

둘째, 범주의 층위에서 어린이는 기본층위를 상위층위보다 먼저 습득한다. 로시 외(Rosch *et al.* 1976: 414-415)에 따르면 영어권의 유아는 2.5세경부터 기본층위의 '개'에 대한 개념화를 시작하여 3세까지 습득이 완성되는 반면, 상위층위 '동물'은 4.5세부터 개념화되며, 하위층위의 개념화는 5~6세경부터 시작된다고 한다. 이 가설은 클라크(E. V. Clark 1993: 50-54)를 비롯하여 언어 발달과 관련된 대부분의 실험에서 확인되었다.

셋째, 어린이의 '머릿속 어휘사전'은 어른과 다소 다를 것이며, 특히 초기에 그러할 것으로 본다. 도서관 서가에 비유하면, 초기 단계의 어린이는 책을 아무렇게나 정리해도 쉽게 찾을 수 있는 작은 서가와 유사하게 머릿속 어휘사전을 조직해 나간다. 그러다가 그 서가가 감당할 수 없을 만큼 어휘량이 많아지거나 원하는 단어를 찾는 데 문제가 생기게 되면, 새로운 서가를 설치하고 여러 유형의 단어를 다양한 서가에 배열함으로써 머릿속 사전의 체계를 재조직하게 된다는 것이다(Aitchison 1987/2003: 188-189 참조).

넷째, 어린이들은 이른 시기부터 단어 의미 습득에서 언어 특정적 양상을 보인다. 즉, 최 & 바우어만(Choi and Bowerman 1991), 최(Choi 2016)에서는 영어나 한국어와 같은 특정한 언어적 입력과 어린이의 인지 능력이 의미 습득의 초기부터 역동적인 방식으로 상호작용한다는 것을 보여 주었다.

4. 의미 습득의 과제

에이치슨(Aitchison 1987/2003: 188-199)에서는 어린이의 단어 의미 습득 과정에서 당면하게 되는 세 가지 과제로 〈그림 1〉과 같이 '이름 붙이기 과제', '포장하기 과제', '망 만들기 과제'를 들고 있는데 이 세 가지에 대하여 살펴보기로 한다.

포장하기

이름 붙이기

망 만들기
닭 - 꼬끼오
오리 - 꽥
개 - 멍멍
소 - 음매

꽥!

〈그림 1〉 의미 습득 과제

4.1. 이름 붙이기 과제

'이름 붙이기 과제(labelling task)'는 어린이가 일정한 의미를 지닌 사물에 대해 소리의 연속체인 명칭을 붙이는 것이다. '이름 붙이기'는 특정한 소리의 구성이 어떤 사물을 의미하는 '상징화(symbolization)'를 뜻하는데, 이 과제는 매우 복합적인 기술이므로 어린이는 소리의 연속체가 사물의 이름으로 사용된다는 것을 깨달아야 한다. 범언어적으로 1년 미만의 아이들이 '엄마', '아빠'를 말하곤 하지만, 이것은 어린이가 의식 없이 내뱉은 구강 운동의 일종이며, 의미 있는 음성 실현이라고 보기 어렵다. 곧 어린이의 근육 운동인 "마~엄마", "바~압바"에 대하여 부모가 '엄마', '아빠'로 생각하여 의미를 부여한 것이지, 실제로 의미를 동반한 이름 붙이기는 아니다.

서양의 경우 유아의 단어에 대한 이름 붙이기 과정은 12개월 난 아담이라는 아이의 사례에서 포착된 바 있다. 이름 붙이기의 첫째 단계는 저녁 목욕 시간에, 노란 오리 인형을 욕조 가장자리에 부딪치면서 '오리(duck)'를 뜻하는 '덧(dut)'이라고 소리치곤 한 일이다. 그런데 욕조 속에서 오리가 헤엄치는 경우에 대해서는 '덧'이라고 하지 않았다. 여기서 아담이 '덧'이라고 한 것은 오리 인형을 두드릴 때 내는 미분화된 외침이지, 특정한 상황의 한 부분을 의도적으로 지칭한 것은 아니다. 이 점은 다른 초기의 단어에서도 마찬가지였다. 곧 장난감 기차를 밀 때만 '첩첩'이라고 했으며 정지된 경우는 그렇게 말하지 않았다. 또한, 아빠가 아담의 턱받이에 그려진 개 그림을 가리키면서 그것이 무엇인지를 물을 때만 '독(dog)'이라고 하였다.

둘째 단계는 이같이 특정한 발화 상황을 확장하기 시작할 때 일어났다. 예를 들어, 그의 턱받이에 그려진 '개'를 보고 아빠뿐만 아니라, 엄마나 자기 스스로 그것을 가리킬 때도 '독(dog)'이라는 단어를 사용하였다.

셋째 단계는 각 단어를 전체의 사건으로부터 분리시켜서, 구체적인 사물이나 사건의 이름으로 사용하기 시작할 때 일어났다. 이 단계에서 노란 오리 인형에 대하여 욕조 가장자리를 두드려서 떨어질 때는 물론, 장난감 오리를 지칭하는 다른 여러 가지 상황에서도 '덧'으로 부르게 되었으며, 나중에는 진짜 오리뿐 아니라, 백조, 거위에 대해서도 사용되었다. 마찬가지로, '첩첩'이나 '독'도 실제의 '기차' 및 '개'를 포함하는 것으로 확장되었다.

아담의 경우, 위와 같이 특정한 상황에 매이지 않고 자유롭게 단어를 사용함으로써 이름 붙이기 단계가 완성되었다. 그 시기는 만 1~2세 무렵이었는데, 이때 그는 사물이 이름을 갖는다는 깨달음에 이른 것이며, 이러한 인식이 그가 만나게 되는 사물에 이름을 붙이도록 유도한다고 볼 수 있다.

4.2. 포장하기 과제

'포장하기 과제(packaging task)'는 특정한 이름 아래 일련의 사물을 묶는 것이다. '포장하기 과제'에서 어린이는 하나의 이름 아래 어떤 사물들이 포장될 수 있는지를 알아야 한다. 이 과정에서 어린이들이 겪게 되는 시행착오에는 '과소 확장'과 '과대 확장'이 있다.

4.2.1. 과소 확장

'과소 확장(underextension)'은 단어를 실제 사물의 범주보다 좁게 사용하는 것으로서, 관찰하기가 쉽지 않다(Miller 1991: 241 참조). 과소 확장의 원인은 어떤 단어를 특정한 맥락에서 익혔을 때 일어나는데, 대략 9개월에서 20개월 사이에 이런 시행착오가 나타나는 것으로 보고된 바 있다.[3]

예를 들어, '차(car)'라는 단어를 거리에서 움직이는 차로만 생각하고 서있는 차, 그림 속의 차, 자신이 타고 있는 차에 대해서는 사용하지 않은 경우라든가, '희다'라는 단어를 '눈' 이외의 경우인 책의 여백 등에 사용하기를 거부하는 경우가 그러하다.

특정한 맥락에서 의미를 습득함으로써 비롯된 과소 확장은 시간이 지남에 따라 그 말의 더 넓은 적용 범위를 깨치게 되어 교정이 이루어진다.

4.2.2. 과대 확장

'과대 확장(overextension)'은 하나의 이름 아래 더 많은 사물을 포함시키는 것으로서, 어린이의 언어 습득에서 매우 흥미로운 사항이다.[4] 과대 확장 현상에 대해 네 가지 주요 견해를 들면 다음과 같다.

첫째, 심리학자 비고츠키(Vygotsky 1962: 70)에 의해서 제안된 '연쇄 복합체(chain-complex)' 이론이다. 이는 의미가 연쇄적으로 작용한다는 관점이다. 비고츠키는 연못에서 헤엄치는 '오리', 우유가 담긴 '잔', 독수리가 새겨진 '동전', 곰 인형의 '눈' 등에 대해서 모두 '오리(duck)'의 유아어인 '꽈(qua)'를 사용한 어린이에 주목하였다. 그의 견해에 따르면 어린이는 이들 각각을 완벽

---

3 과소 확장의 시기를 생후 9개월에서 포착한 경우는 블룸(Bloom 1973)이며(H. H. Clark and E. V. Clark 1977: 491 참조), 20개월에서 포착한 경우는 바–아돈 & 리어폴드(Bar-Adon and Leopold 1971)이다(Aitchison 1987/2003: 192 참조).
4 넬슨 외(Nelson *et al.* 1978)에 따르면 과대 확장의 출현은 과소 확장에 비하여 늘 이하이지만(Aitchison 1987/2003: 193 참조), 과소 확장보다 관찰하기가 더 쉽다.

하게 분석을 할 수 있으나, 한 번에 어떤 상황의 한 면에만 집중해서 그것을 일반화하는 경향이 짙다는 것이다. 맨 처음, 어린이는 연못 안에 있는 오리를 보고 '꽈'라고 부르기 시작했을 것이며, 다음으로 액체 요소가 그의 관심을 사로잡아서 우유가 담긴 잔으로 이어졌다. 새의 특성이 유지된 채 '꽈'는 다시 독수리가 새겨진 동전을 지칭하는 데 사용되었으며, 끝으로 새의 의미는 무시된 채 동전의 동그란 성격에만 집중하여 곰 인형의 눈으로까지 전이된 것이다. 이로써 비고츠키는 '꽈'의 과대 확장을 '연쇄 복합체'라고 하였다.

둘째, '지식의 부족' 때문이라는 견해이다. 바- 아돈 & 리어폴드(Bar-Adon and Leopold 1971: 98)에 따르면 단어의 결핍이 어린이로 하여금 아직 적응되지 않은 사물에 대해 과대 확장을 일으키게 한다는 것이다. 예를 들어, 어린이가 '오리(duck)'와 '공작(peacock)'의 차이를 인식하고 있을지라도, 'peacock'이라는 단어를 몰랐거나 이름은 알았지만 발음할 수 없었기 때문에 둘 다에 대해서 'duck'으로 불렀을 것으로 보았다. 이 설명은 과대 확장의 일부 원인에 대해서는 타당할 수 있겠지만, 과대 확장 전체에 대해서는 설명할 수 없다. 곧 '오리'와 '우유 잔'에 대해서 같은 단어를 사용하는 등의 특이한 현상을 설명해 내지 못한다.

셋째, 클라크(E. V. Clark 1973: 72)가 제안한 '자질 이론'[5]이다. 어린이가 처음에 단어를 사용할 때 어른만큼 충분한 의미를 알지 못하다가 점차 의미 지식이 확충됨에 따라 완전한 의미의 이해로 나아간다고 보았다. 예를 들어, 어린이는 '개'에 대하여 '다리가 네 개인 것'으로 파악함으로써 '고양이', '소', '양', '얼룩말'도 '개'의 범주에 포함시키게 된다는 것이다. 시간이 지남에 따라 이들 각각의 어휘 항목들은 어른의 자질에 근접하는데, '개'에 대해서는 세부 목록인 '짖다', '다소 작다'를 첨가할 것이며, '얼룩말'에 대해서는 '줄무늬가 있다', '크다'를 첨가함으로써 과대 확장을 교정한다는 설명이다.

그런데 의미 자질이 세분된다는 가설은 몇몇 단어에 대해서 적용될 수 있으

---

5   자질 이론은 '어린이의 의미가 흐릿하고 모호한 상태에서 점차적으로 명확해진다'라는 '정신적 안개(mental fog)' 이론의 일종이다(Aitchison 1987/2003: 192-193 참조).

나 다음 두 가지 사실을 설명하지 못한다. 첫 번째는 자질의 세분화가 일반적이라면 어린이의 의미 습득에서 모든 단어가 과대 확장의 적용을 받게 될 것이지만, 실제로 과대 확장은 과소 확장에 비하여 소수의 단어에서만 나타난다. 두 번째는 많은 과대 확장은 기이하여 어른의 단어에서 하위 구분의 결핍과 연관되지 않는다. 이것은 어린이가 단지 넓은 윤곽만을 볼 수 있는 정신적 안개 속에서만 작용하고 있지 않다는 것을 시사하며, 따라서 '꽈'와 같은 과대 확장을 자질 이론으로서 설명할 수 없다.

넷째, 바우어만(Bowerman 1978, 1980)에서 제안된 의미 습득의 '원형 이론'은 어린이가 원형으로부터 어떤 단어를 사용하기 시작한다는 것이다. 곧 어린이는 전형적 보기인 '원형'을 포착하여 단어의 의미를 익히며, 그 뒤 새로운 대상에 원형의 특성을 대조시켜서 충분히 일치하면 동일한 범주로 분류하게 된다. 이 이론은 어린이가 어른과는 다른 방식으로 원형을 분석하는 데 주목하였다.

예를 들어, 만 2세경의 여자아이 에바에게 '달'은 많은 것을 뜻한다. 에바는 '레몬 조각', '반짝이는 녹색 잎', '굽은 소의 뿔', '초승달 모양의 종이 조각', '완두콩의 그림'을 지칭하는 데 '달(moon)'이라는 단어를 사용했다.

에바는 보름달, 반달, 초승달 등 모든 형태의 '달'을 인식할 수 있었는데 그중 '초승달'을 원형으로 파악했다. '달'이라고 이름 붙인 레몬 조각은 색깔이, 녹색 잎은 반짝이는 특성이 달과 유사하다. 또한, 굽은 소뿔과 완두콩은 초승달의 모양을 하고 있다. 곧 어떤 사물이 실제 달의 모양이나 특성을 가지기 때문에 '달'이라고 부르게 된 것이다. 〈그림 2〉는 에바가 '달'로 표현한 대상이다(Aitchison 1987/2003: 193 참조).

거의 같은 시기에, 에바는 공을 차는 사람의 행위를 '차다(kick)'라는 단어의 원형으로 생각했다(Bowerman 1978). 에바는 이 행위를 '사지의 흔듦', '신체의 일부분과 사물 사이의 갑작스럽고 날카로운 접촉', '사물을 향한 추진력'의 세 가지 주요 특성을 지닌 것으로 생각했다. 이 분석은 에바가 실뭉치를 앞발로 건드리는 새끼 고양이, 캉캉 춤, 날개짓 하는 나방, 발로 병을 차는 행위에 '차다'로 이름 붙인 것을 설명해 줄 수 있었다. 즉, 이들 모두가 원형적인 '차다'의 세 가지 특성을 가지고 있었다. 〈그림 3〉은 에바가 '차다'로 표현한 대상이다.

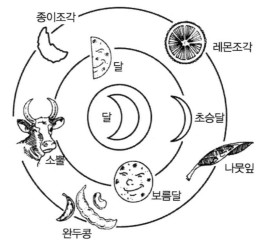

〈그림 2〉 에바가 사용한 '달'

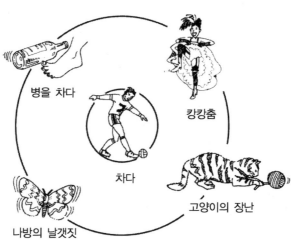

〈그림 3〉 에바가 사용한 '차다'

요컨대 '원형 이론'은 과대 확장에 대한 가장 설득력 있는 설명으로, 연쇄 복합체 이론 및 자질 이론의 장점을 망라할 뿐 아니라, 그 한계까지도 설명해 준다. 곧 어린이는 어른과 다른 방식의 원형을 통하여 사물을 범주화하며, 그 원형에 대한 폭넓은 적용을 통해서 과대 확장을 일으키게 된 것이다. 언어 습득의 초기에 나타나는 이 독특한 원형 인식은 성장함에 따라 점진적인 교정을 통하여 어른의 원형 인식과 일치하게 된다.

4.3. 망 만들기 과제

'망 만들기 과제(network building task)'란 포장된 단어에 대해 수용할 망을 만드는 일이다. '망 만들기' 과제와 관련하여 계열관계와 결합관계, 차원 형용사, 평가 형용사에 대해서 기술하기로 한다.

4.3.1. 계열관계와 결합관계

어린이들의 의미 망은 계열관계의 '등위적 망'과 결합관계의 '연어적 망'으로 나뉜다. 먼저, '등위적 망'은 '크다', '깊다', '높다'와 같은 차원 형용사의 적극적인 단어와 '크다-작다', '깊다-얕다', '높다-낮다'와 같은 대립어를 들 수 있는데 이들은 동일한 계열체를 이룬다. 다음으로, '연어적 망'은 '밥-먹다', '꽃-붉다', '선물-받다'와 같이 주어 및 목적어와 서술어의 결합체를 이룬다.

어린이에게 연어적 망은 등위적 망에 앞서 나타난다. 그 까닭은 초기의 의미 습득이 특정한 문맥에서 이루어지기 때문이다. 예를 들어, '붉은 장미'가 '붉다-희다'나 '장미-개나리'보다 더 일찍 조직화되는 것이다. 그 다음 단계로 '장미'는 '붉다'라는 특정한 문맥에서 분리되어 계열적 관계로 이행된다.[6]

---

6 클라크(H. H. Clark 1970: 275-285)에서는 어린이에 비해 어른이 계열적 반응이 우세한데, 어린이는 5~9세경에 결합적 반응에서 계열적 반응으로 이행되며, 그

연어적 망에서 등위적 망으로의 이행은 단어의 저장 및 검색의 능률성과 관련이 있다(Aitchison 1987/2003: 198-199 참조). 어린이는 어휘 양이 늘어남으로써 단어를 빠르게 조직하고 검색할 필요성에 따라 품사라는 일종의 의미 망 속으로 어휘를 재조직하게 된다. 이러한 재조직은 이미 습득되었거나 장차 습득될 단어를 효율적으로 관리하고 사용하기 위해서 꼭 필요하다. 이러한 사실은 어린이의 머릿속에 있는 망은 생득적으로 형성된다기보다 후천적으로 형성되고 조정될 가능성이 높다는 것을 뜻한다. 곧 이른 시기에 어린이의 의미 저장 방식은 어른과 다를 것이며, 저장을 확대하고 재조직하는 과정은 어린이의 성장과 더불어 계속될 것이다. 따라서 의미 망을 만드는 일은 아주 천천히 일어나며, 끊임없이 체계를 재조정한다.

4.3.2. 차원 형용사

'차원 형용사(dimensional adjective)'의 습득에 관한 실험은 많은 심리언어 학자들이 진행해 왔고 그 결과도 퍽 흥미롭다. 이에 대한 실험 결과는 두 가지 측면으로 간추릴 수 있다.

첫째, 어린이들이 차원 형용사를 습득함에 있어서 일정한 발달의 차례를 나타낸다는 점이다. 클라크(E. V. Clark 1972: 750-758)는 4.0~5.5세 어린이 30명(남녀 각 15명)을 대상으로 '크다/작다', '키 크다/키 작다', '높다/낮다', '길다/짧다', '넓다/좁다', '두껍다/얇다', '깊다/얕다' 등과 같은 대립어의 습득 단계를 실험하면서 (3)과 같은 차례가 지켜질 것으로 예측하였다.

(3) a. '크다/작다'는 '키 크다/키 작다', '높다/낮다', '길다/짧다'보다 먼저 습득된다.

차례는 '명사>형용사>동사>부사'의 과정으로 진행된다고 하였다. 또한, 케스 (Kess 1976: 78-79)에서도 어린이가 6~8세가 넘으면 결합적 반응보다 계열적 반응이 더 많이 나타난다고 하였다.

b. '길다/짧다'는 '넓다/좁다', '두껍다/얇다', '깊다/얕다'보다 먼저 습득된다.

이러한 발달상의 차이를 클라크(E. V. Clark 1972: 751)는 '의미적 복잡성 (semantic complexity)'[7]에 따른 것으로 보았으며, 의미적 복잡성은 인지적 요인에 근거한다고 하였다. 실제로 의미싱으로나 인지상으로 단순한 쪽이 복잡한 쪽보다 먼저 습득되는 것으로 드러났다.

둘째, 차원 형용사의 대립어 간에 나타나는 습득의 차례에 대해서도 매우 광범위한 실험이 이루어진 바 있다(Clark and Clark 1977: 505-506 참조). 이에 따르면 '크다'와 같은 적극적인 항목이 '작다'와 같은 소극적인 항목보다 먼저 습득된다. 그 까닭은 어린이들이 일반적으로 '크다'와 같은 적극적인 항목을 '작다'와 같은 소극적인 항목보다 빨리 지각하고, 개념상으로 더 좋아하는 경향이 있기 때문이다.

4.3.3. 평가 형용사

어린이들의 언어 발달에서 긍정적 단어가 부정적 단어보다 더 일찍 나타나고 습득된다.[8] 디베스타(DiVesta 1964, 1965, 1966)는 7~11세인 100명의 소년들을 대상으로 실질명사 100개의 수식어로 사용된 형용사에 관하여 조사한 바 있는데, 그중 빈도수가 높은 '평가 형용사(evaluative adjective)' 5쌍은 〈표 1〉과 같다(Boucher and Osgood 1969: 5-7 참조).

---

7   '의미적 복잡성'과 관련하여, '크다/작다'는 1 · 2 · 3차원에 제약이 없는 [n 공간] 으로서 가장 단순하며, '길다/짧다'는 [1차 공간]이다(Bierwisch 1967: 32-34 참조).

8   부처 & 오스굿(Boucher and Osgood 1969: 1-8)에서는 13개 언어 · 문화 공동체의 용례를 통해 사람들이 인생의 밝은 면을 보려 하고 말하려 하는 경향이 있다는 '폴리아나 가설(Pollyanna hypothesis)'을 제시하였다. 그 내용은 범언어적으로 긍정적(E+) 단어가 부정적(E-) 단어보다 더 자주 사용되며, 긍정적 단어에 부정 접사가 붙어 부정적 단어를 이루는 경향이 그 역보다 더 일반적이며, 긍정적 단어가 부정적 단어보다 더 일찍 습득된다는 것이다.

<표 1> 평가 형용사의 빈도 순위

나이 · 평가 척도	7세		8세		9세		10세		11세	
	E+	E-	E+	E-	E+	E-	E+	E-	E+	E-
좋다/나쁘다(good/bad)	1	2	1	3	1	3	1	3	1	3
예쁘다/추하다(pretty/ugly)	5	98	6	79	9	48	9	74	4	78
옳다/그르다(right/wrong)	55	-	29	61	59	68	41	68	71	-
달다/시다(sweet/sour)	68	-	-	-	63	-	82	-	-	-
우습다/슬프다(funny/sad)	27	61	16	38	19	35	29	60	36	57

〈표 1〉에서 숫자는 실질명사 100개에 대한 형용사의 빈도 순위를 가리키며, '-'는 수식어로 나타나지 않음을 뜻하는데, 어린이들은 긍정적인 단어를 부정적인 단어보다 4배 더 많이 사용하고 있다. 이것은 어린이들의 폴리아나 경향성과 어른들의 말에서 긍정적인 단어에 대한 언어 자극 양이 많기 때문인 것으로 풀이된다. 이를테면 '예쁘다/추하다'에 대해 7세의 어린이가 둘 다 충분히 알고 있지만, '예쁘다'를 '추하다'보다 더 많이 사용한다. 이러한 사실은 어린이들이 긍정적인 단어를 부정적인 단어보다 먼저 배우는 근거가 될 것이다. 한편, 부정 접사가 붙어서 평가상의 부정을 나타내는 단어는 복잡성의 측면에서 보더라도 긍정적인 단어에 비하여 늦게 습득될 것이다.

5. 의미 습득의 양상

어린이 어휘 습득의 구체적인 양상을 어휘 발달, 영상 도식, 혼성어, 은유를 중심으로 살펴보기로 한다.

5.1. 어휘 발달

어린이의 어휘 발달에 대해 양적인 증가와 구체적인 어휘 발달 사례를 보기로 한다.

먼저, 클라크(E. V. Clark 2009: 75)에서는 어린이의 초기 어휘 발달에 대하여 다음과 같이 기술하고 있다. 만 1세가 되기 전에 단어를 산출하는 어린이는 거의 없으며, 15개월 무렵에 처음으로 인식 가능한 단어들을 사용하며, 2세에는 100개에서 600개의 단어를 생산할 수 있으며, 6세에는 14,000개의 이해 어휘를 가지는데, 표현 어휘는 이해 어휘보다 다소 적다고 하였다. 이 수치에 따르면 2~6세 어린이들이 하루에 9-10개의 단어를 습득하는 셈이다.

다음으로, 한국어 사용 어린이의 어휘 발달에 대한 세 가지 조사 내용을 보기로 한다.

최은희(2000)에서는 13~30개월의 유아 180명을 대상으로 어휘의 양적 증가를 조사하였는데, 13~15개월에서 13개, 16~18개월에서 54개, 19~21개월에서 166개, 22~24개월에 256개, 25~27개월에 325개, 28~30개월에 488개로 나타났다.

장유경(2004a)에서는 8~17개월의 어린이 563명을 대상으로 월령별 표현 어휘와 이해 어휘를 조사하였는데, 그 내용은 다음과 같다. 첫째, 이해 어휘는 표현 어휘보다 3배 정도 더 많았으며, 표현 어휘가 50개 되는 시점은 17개월이었다. 둘째, 여아가 남아보다 표현 어휘가 많았으며, 이해 어휘에는 성별 차이가 없었다. 셋째, 초기 표현 어휘는 명사류가 반 이상을 차지하였으며, 명사류와 함께 일상생활에 관련된 어휘가 90%를 자지하였고, 동사는 4.2%를 차지하였다. 8개월부터 17개월까지 가장 많이 표현하는 어휘 50개는 (4)와 같고, 가장 많이 이해하는 어휘 50개는 (5)와 같다.

(4) 엄마, 아빠, 맘마, 까꿍, 멍멍, 네/응, 빠이빠이, 물, 과자/까까, 개/멍멍
   이(10), 뽀뽀, 안녕, 짝짜꿍, 어흥, 곤지곤지, 잼잼, 도리도리, 붕(부릉
   부릉), 얌얌, 만세(20), 밥, 아가, 지지, 코, 음매, 뜨거워, 빵빵, 할머니,
   공, 양말(30), 줘/주세요, 우유, 꽃, 응가/똥, 쉬, 이거/요거, 아니, 야옹,
   신/신발, 없어/없다(40), 눈, 안돼, 손, 책, 언니, 차/자동차, 꿀꿀, 사랑
   해, 오빠, 이모(50)

(5) 짝짜꿍, 까꿍, 빠이빠이, 하지마, 잼잼, 곤지곤지, 아빠, 뽀뽀, 도리도
리, 안돼(10), 할머니, 전화, 기저귀, 공, 맘마, 사랑해, 컵, 만세, 지지,
책(20), 엄마, 안녕, 줘/주세요, 박수쳐, 과자/까까, 물, 누워, 목욕, 손,
뜨거워(30), 밖/바깥, 숟가락, 텔레비전, 차/자동차, 신/신발, 먹어, 양
말, 할아버지, 앉아, 모자(40), 개/멍멍이, 밥, 입, 코, 안아, 일어나, 베
개, (잠)자, 우유, 와(50)

장유경(2004b)에서는 18~36개월의 어린이 1,138명을 대상으로 월령별 어
휘 발달을 조사하였는데, 그 내용은 다음과 같다. 첫째, 20~21개월 사이에 100
개의 어휘를 습득하며, 23~24개월 사이에는 어휘 폭발이 일어나 하루 평균
3−4개의 어휘를 습득하였으며, 36개월 무렵에는 약 500개의 표현 어휘를 가
지며 여아가 남아보다 더 많은 표현 어휘를 가지고 있었다. 둘째, 어휘의 구성
비율은 명사가 동사와 형용사보다 2배가량 더 많았으며 문법적 기능어의 비
율은 전체 어휘 수에 따라 증가하였다. 여기서 '문법적 기능어'는 '양·정도를
나타내는 말, 의문사, 끝맺는 말, 조사, 연결하는 말, 위치를 나타내는 말, 대명
사, 돕는 말'로 규정하였는데, 자주 산출하는 20개는 (6)과 같다.

(6) 또, 많이, 이거, 빨리, 더, -요, 무엇, 뭐, 하나, 어디(10), 왜, 가, 이,
밖, 나, 다시, 앞, 다(양, 정도), 네, 위(20)

5.2. 영상 도식

'영상 도식(image schema)'은 유아기에 습득하는 세계 인식의 기본 요소
또는 틀이다. 어린이는 반복적인 감각 및 지각 경험을 통해 개념적 체계 내에
서 영상이라는 추상적 도식을 형성하는데, 이러한 영상 도식에는 '그릇[9]', '경

---

9   "이야기를 꺼내다."에서 '꺼내다'는 '그릇' 안의 물체를 밖으로 나오게 하는 것이
전제된다. 이는 '통, 주머니, 가방'과 같은 '그릇'에서 '장난감, 돈, 책'과 같은 물체
를 꺼내는 반복적 경험에서 '그릇 도식(container schema)'이 형성되어 '이야기,

로', '연결', '힘', '균형' 도식, 그리고 '위-아래', '앞-뒤', '오른쪽-왼쪽' 도식 등이 있다. 〈그림 4〉의 신체적 경험에 바탕을 둔 '균형'의 영상 도식을 범주 삼각형을 통해서 살펴보기로 한다.

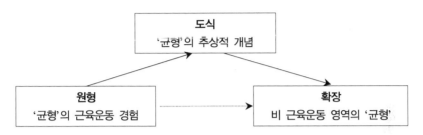

〈그림 4〉 '균형'의 범주 삼각형

첫째, '균형' 개념의 '원형(prototype)'은 신체화에 의한 근육운동 경험이다. 균형의 개념은 직립 자세를 유지하고자 하는 어린이의 신체적 경험을 통해서 발생한다. 즉, 아기는 서고 비틀거리고 넘어지는 과정을 통해 균형 잡힌 직립 자세를 유지하게 된다. 이와 같이 균형이라는 개념은 규칙을 이해하는 것이 아니라 신체적 경험으로 학습하는 것이다.

둘째, 반복되는 균형과 불균형의 신체적 경험을 통해 균형의 추상적 개념인 '도식(schema)'을 확립하게 된다. 이 경우 도식은 서로 다른 경험들 간의 유사성을 추상화한 것이다.

셋째, 균형의 개념은 비 근육운동 영역·비 신체적 영역으로 '확장 (extension)'이 일어난다. 즉, 신체적 균형의 영상 도식은 성장함에 따라 '균형 있는 발전', '수요 공급의 균형', '여야 간 힘의 균형', '마음의 균형'에서 보듯이 심리적 상태, 판단, 재정 상태, 권력 관계, 예술적 구도 등을 망라한다.

요컨대 유아의 반복되는 신체적 경험의 축적이 영상 도식을 형성하고, 이를 통해 세계를 인식하며, 이 세계 인식이 언어 의미의 기초가 된다.

말, 기억'과 같은 언어 및 사고가 담긴 도식적이고 추상적인 그릇에 확장·적용한 것이다(임지룡 2017a: 86-87 참조).

5.3. 혼성어

어린이의 의미 발달 과정에서 '혼성어'의 양상에 대해 살펴보기로 한다. 오늘날 조부모 육아가 늘어나면서 생긴 새말 가운데 (7)의 '하빠', '할마'가 있다.

> (7) 보건복지부 통계에 따르면 조부모가 손자를 돌보는 가정의 비율은 2009년 33.9%에서 2012년 50.5%로 증가했다. '엄마, 아빠'보다 '**할마, 하빠**'를 더 익숙하게 말하는 아이들이 늘어나고 있는 것이다. (헤럴드경제 2016.5.8.)

(7)의 '하빠'는 '할아버지×아빠', 그리고 '할마'는 '할머니×엄마'의 혼성어인데, 그 의미는 손주를 돌보는 아빠 같은 할아버지, 엄마 같은 할머니이다. 이 새말은 일반어에서 유래하여 유아어가 되었지만, (8)의 '사플'은 어린이에 의한 혼성어이다.

> (8) 사플: **사**과×애**플**

즉, (8)의 '사플'은 영어 조기교육을 받은 3세 아이에 의한 혼성어이다. 방문객을 맞이한 부모가 영어 조기교육을 받은 아이에게 '사과'를 가리키면서 "저것이 영어로 무엇이지?"라고 물었는데, 방문객 앞에서 당황한 아이는 "사플!"이라고 대답하였다. 이것은 '사과'와 '애플'이 혼성된 말로서, 머릿속 사전에 두 개의 형태가 저장되었다가 혼성 형태로 표현된 것이다. (9)의 '메뚜라미', '귀뚜기'도 어린이의 발화에 나타난 혼성어이다.

> (9) a. "아빠, 우리 **메뚜라미** 잡으러 가요."
>   b. "형은 **귀뚜기** 많이 잡았네!"

(9)의 '메뚜라미', '귀뚜기'는 도시에서 자란 8.5세, 7세의 두 어린이가 여름철 농촌에서 '메뚜기'와 '귀뚜라미'를 보고 그 음과 의미의 유사성에 따라 '메뚜라미(**메뚜**기×귀뚜**라미**)', '귀뚜기(**귀뚜**라미×메뚜**기**)'로 혼성어를 발화한 것이다.

5.4. 은유

어린이는 시인이라고 하는데,[10] 이 점은 은유 사용에서 입증된다. (10)의 "아빠는 곰팡이야!"는 네 살 난 아이가 사용한 은유이다.

> (10) 우리 집에 네 살배기 아기가 있다. 요즘 한창 말을 배운답시고 하도 떠들어대는 통에 옆에 있으면 귀가 얼얼할 지경이다. ⋯ 어저께는 녀석이 저녁 늦게 들어오는 나를 보더니 "**아빠는 곰팡이야!**" 하고 일성을 내쏘았다. 내가 뜨악하게 있으니 아내가 낮에 식빵에 곰팡이가 슬었는걸 보더니 그러는 모양이라고 웃는다. 요즘 들어 자기랑 자주 놀아주지 않아 토라진 듯했다. 내가 재미난 표현이다 싶어 아기를 껴안고 되물었다. "경중아, 곰팡이가 뭔지 알아?" 네 살배기 녀석이 하는 말 "어, **곰팡이가 밀을 하네.**" 녀석의 반짝이는 재치에 기가 막혔다. 물론 녀석은 자기가 재치 있는 표현을 했는지 알 리가 없다. 아기의 입은 말을 만드는 성능 좋은 기계와 같다는 생각이 문득 문득 든다. (엄창석 '아빠는 곰팡이야', 매일신문 1999.11.20.)

(10)에서 "아빠는 곰팡이야!", "곰팡이가 말을 하네."에서 이 아이는 "아빠는 곰팡이다."라는 개념적 은유를 사용하고 있다. 곧 낮에 엄마가 곰팡이 슨 식빵을 먹지 못하게 하고 버리는 것을 통해, 곰팡이를 나쁜 것으로 간주하게

---

10 이오덕(2017). 『어린이는 모두 시인이다』(양철북), 안성진(2016). 『어린이는 모두 시인: 우리는 모두 작가』(가나북스) 참조.

된 것이다. 그러다가 저녁 늦게 들어와서 놀아 주지 않는 아빠를 보고 토라져서, 아빠를 곰팡이로 부른 것이다.

아이를 키우면서 부모들은 종종 이와 유사한 경험을 하게 된다. 예를 들어, 서너 살 난 아이가 아빠의 머리에서 비듬이 떨어지는 것을 보고 "눈이 온다!"라고 하였으며, 실제로 눈이 내리는 것을 보고 "밥이 내려온다."라고 하였다.[11] 또한, 세발자전거 바퀴에 녹이 슨 것을 보고 "피가 묻었다!"라고 한 사례 역시 어린이가 사용한 은유이다. (11)은 윤서(27개월)의 은유 표현 사례이다.

(11) "함머니, **포 잔다**."(→할머니, **폭포 잔다**.)

윤서가 가족들과 함께 식당에 저녁을 먹으러 갔을 무렵, 식당 앞에 오색 빛깔의 인공 폭포가 흘러내리고 있었다. 윤서가 흥미를 느껴서 할머니가 궁금한 사항을 설명해 주었는데, 식당을 나오면서 그 폭포가 멈춘 것을 보고 윤서가 "포 잔다."라고 하였다. 이는 폭포가 흘러내리지 않는 것을 잠자는 것으로 표현한 것이다. 색연필의 껍질 까기에 대한 (12)의 '옷 벗기기'의 은유도 흥미롭다.

(12) 가윤(30개월)이가 색연필의 껍질을 벗기고 있다. 내가 하지 말라고 하니까 "가윤이가 **색연필 옷 벗겨 주고 있는 거야~**" 하면서 계속한다. (http://sosiu.blog.me/50121654451)

다음의 (13)은 유아의 은유 표현 양상의 사례들이다(이종열 2007: 194-204 참조).

(13) a. 24개월: "(**구름**을 보면서) **하얀 비누 거품**이다."
b. 48개월: "**낙엽**이 **이불**이다."

---

[11] 35개월 된 종혁은 '눈이 내려 쌓이는 것'을 보고 "팥빙수다!"라고 한 바 있다.

c. 52개월: "사람의 **이**는 **톱**이죠?"

d. 54개월: "우와 저 **연못** 봐라. **거울**이다."

e. 58개월: "**산**은 아빠 **머리**이고, **나무**는 아빠 **머리카락**이고."

f. 61개월: "(**색연필**을 까며) 와 정말 길다. **뱀**이다, 뱀."

g. 68개월: "(**바가지**를 보며) 뽈록한 게 **엉덩이**네."

h. 72개월: "이 **실**이 완전 **뱀**이다."

(13)의 사례는 어린이집 1곳, 유치원 2곳을 대상으로 유아들의 발화를 관찰하고 면담하면서 포착한 은유 표현들이다. 그 양상은 '구름=하얀 비누 거품', '산=머리', '나무=머리카락', '색연필 껍질=뱀', '바가지=엉덩이', '실=뱀'의 경우 목표영역과 근원영역 간 형태의 유사성에 의한 은유이며, '낙엽=이불', '이=톱', '연못=거울'은 형태뿐만 아니라 기능의 유사성에 의한 은유이다.

(14)는 은유 사용의 시기와 서구의 어린이에 의한 은유 사용 사례이다.

(14) 은유의 사용은 언제 시작되는가? 아주 어렸을 때부터인 것처럼 보인다. 어린이들은 매우 의도적으로 비유를 사용하며, 그들이 단지 관련된 단어를 알지 못하기 때문이 아니다. 예를 들어, 아프리카풍의 머리 모양[12]을 묘사해 보라고 요청 받은 어린이는 "많은 **뱀이 그의 머리에서 기어 나오고 있어요.**(Lots of snakes are coming out of his head.)"라고 말했다. 이것이 정말이냐고 했을 때, 그 어린이는 "물론 아니지요, 그러나 **그의 머리카락은 온통 뱀처럼 꿈틀거려요.**(Of course not, but his hair's all wiggly like snakes are.)"라고 말했다. (Aitchison 1987/2003: 169-170).

(14)에서는 아프리카풍의 머리 모양에 대해 아주 어린 나이의 어린이가 많

---

12 '아프리카풍의 머리 모양(Afro hairstyle)'은 1970년대에 유행했던 흑인들의 둥근 곱슬머리 모양이다.

은 뱀이 머리에서 기어 나오고 있다고 하였다.[13] 이것은 머리카락이 뱀처럼 꿈틀거리는 모양에 바탕을 둔 은유이다. 어린이 마음의 창에 비친 이런 유형의 창의적 은유는 나이가 듦에 따라 사라진다는 것이다.

요컨대 어린이의 은유 사용은 의미 습득에 대한 창의성의 발현이다. 그 발달 양상은 2세 이후에서 나타나며, 그 양상은 형태적 유사성에서 기능적 유사성으로 확장되며, 6세에 이르면 한층 더 활성화되는 것으로 보인다.

6. 의미 습득의 사례

의미 습득과 관련하여 여아 윤서의 언어 발달을 태어나서 24개월까지 관찰한 주요 내용에 대해 살펴보기로 한다.[14]

6.1. 제1단계

윤서의 언어 발달에서 8개월부터 18개월을 제1단계로 부른다. 이 단계에서는 옹알이에서 소리 형태와 뜻이 어우러진 단어를 사용하기 시작하였다.

첫째, 8개월 때 '~아빠~(→남자)'를 처음으로 발화하였으며, '아빠'의 제대로 된 사용은 11개월이었다. 또한, 자신을 부르면 응답으로 "으응"을 사용하였다. 9개월 때 '엄마(→여자)'를 발화하였으며, 12개월에 제대로 사용하였다.

둘째, 12개월 때 '빠빠(→밥)', '맘마(→우유)'를 사용하였으며, '할(→할머니·할아버지)'을 발화하였다.

셋째, 16개월 때 한두 달 앞에 발화한 '이모(→여자)'를 제대로 사용하였으

---

13 "추운 겨울이었는데 어머니 손에서 땀이 아주 많이 났어. 내가 신기해서 그랬어.
"어머니, 어머니 **손에서 눈물이 나요**."(MBC 드라마 '역적' 7회 2017.2.21.)의 "어머니 **손에서 눈물이 나요**."도 은유 표현이다.
14 윤서는 글쓴이의 손녀로서 엄마가 언어 발달을 월별로 관찰 기록하였으며, 글쓴이가 월 4회 만나 그 발달 정도를 눈여겨보았다.

며, '암(→물)', '우유', '치~(→치즈)', '몽(→인형)'을 사용하였다.

넷째, 18개월 때 '발', '꽃', '빵', '시~(오줌)', '뽀뽀', '좋아'를 사용하였다.

제1단계에서는 '~아빠(→남자)', '엄마(→여자)', '할(→할머니·할아버지)'과 같은 과대 확장을 거쳐 제대로 된 의미에 접근하며, 1-2음절로 된 16개의 표현 어휘로 가장 기초적인 의사소통을 하며 친교관계를 확보하였다. 또한, 표현 어휘의 3-5배 되는 이해 어휘로써 주변의 대상을 인지하였다.

6.2. 제2단계

윤서의 언어 발달에서 19개월부터 21개월을 제2단계로 부른다. 이 단계에서는 어휘가 현저히 증가하며, 서술어나 서술어를 포함한 두 단어 문장에서 잇따라 세 단어 문장을 사용하였다.

첫째, 19개월 때 어휘의 경우 '달', '폰(→휴대폰)', '멍(→멍멍이)', '아가(→아기)', '코코(→코끼리)', '포카(→양치질)'를 사용하였다. 또한, "오리 꼬꼬"와 "돼지 꾸꾸"처럼 두 단어를 사용하여 동물의 울음소리를 표현하였다. 이 시기에 두 가지 특이 사항이 포착되었는데, "아빠야!"는 아빠를 부르면서 사용한 표현으로 격조사 '야'를 붙인 것은 "윤서야"라는 표현에 이끌린 것이며, '힐이빠(→힐아버지)'는 '할아버지×아빠'의 혼성형이다. 이 두 사례는 언어 발달에서 자기 스스로 개발한 규칙으로 주목된다.

둘째, 20개월 때 어휘의 경우 '아저씨', '포크', '말치(→멸치)'를 사용하였다. 이 시기에 특이한 사항으로는 '우와!', '야!'라는 감탄사를 사용하며, "주세요."를 비롯하여 "잔 자요.(→잘 자요.)", "폰 없다.", "할 없다(→할머니 없다)."라는 두 단어 문장과 "아빠 이리 와봐.", "아빠 빨리 와봐."라는 전보문[15] 형식의 세 단어 문장을 사용하였다.

셋째, 21개월 때 어휘의 경우 '머리, 어깨, 무릎, 발'을 노래 부르면서 해당

---

15 '전보문(telegraphic sentence)'은 유아 언어의 특징으로서 문장에서 기능어를 생략한 것을 이른다(조명한 1982: 103 참조).

부위를 가리키며, '언니', '오빠', '칭구(→친구)', '돈'을 사용하기 시작하였다. 문장의 경우 "껌 주세요.", "많이(→많이 주세요)."를 사용하기 시작하였다. 또한, "윤떠 꺼(→윤서 것)./아빠 꺼./엄마 꺼."를 통해 물건의 소유 개념을 정확히 사용하였으며, "가자!"라는 청유문을 사용하기 시작하였다.

제2단계는 표현 어휘가 크게 증가하였으며, 2단어 및 3단어 문장을 사용하기 시작한 것이 주목된다. 이해 어휘는 표현 어휘의 3~5배로 풍부하며, 상황에 대한 인지가 한층 넓어지고 정밀해졌다. 윤서의 경우 2단계의 시작인 19개월 때 어린이집에 다니기 시작하였는데, 또래 집단 및 선생님과 사회생활을 하면서 한층 더 유의미한 발달을 가져온 것으로 보인다.

6.3. 제3단계

윤서의 언어 발달에서 22개월부터 24개월을 제3단계로 부른다. 이 단계에서는 어휘가 폭발적으로 증가하며, 3단어의 전보문을 사용하기 시작하였다.

22개월 때 유아어의 특징적인 모습으로 '땀춘(→(외)삼촌)', 그리고 '뜬발·은발(→신발)', '뚜박·으박(→수박)'과 같이 '시옷' 발음을 '쌍디귿' 또는 '으'로 발화하였다. 이것은 시옷을 발음하기 어려워서 '뜬발·은발', '뚜박·으박'의 공존형을 사용한 것으로 혀를 잇몸에 붙인 것이 '뜬발', '뚜박'이며, 붙이지 않은 것이 '은발', '으박'이다.

'할머니, 할아버지'에 대한 발달 과정을 보면 〈그림 5〉와 같은데, 12개월 때 '할'로서 할머니·할아버지를 통칭하였으며, 19개월 때 할아버지를 '할아빠'라 하고 할머니는 '할'을 그대로 사용하였으며, 22개월 때 '함머니'와 '하바지'로 분화시켰으며, '하바지'는 24개월 때 '하버지'가 되었다. '할'에 대해 19개월에 '할아빠'로서 할아버지를 분리한 반면, 12개월부터 21개월까지 할머니로 사용한 것은 할머니가 기본적임을 뜻한다.

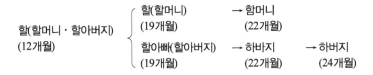

〈그림 5〉 '할머니 · 할아버지'의 습득 과정

이 밖에도, '칼', '곤부(→공부)' 등 어휘가 크게 증가하였다. 문장의 경우 주변 사물을 볼 때마다 (15)와 같이 묻곤 하는데, 이 발화를 통해 주변 사물을 확인하기도 하지만 발화 그 자체를 즐기는 것 같았다.

(15) 엄마, 이게 뭐야?

이 시기에 문장으로써 의사소통한 보기에는 (16)을 들 수 있다.

(16) a. "아니야!(→싫어!)"
  b. "축하해."
  c. "응가(→휴대용 변기에서 대변을 보고 싶다)"
  d. "이거 사줘."
  e. "아프다! 약 주세요(→벌레 물린 자리에 약을 발라 주세요)"

23개월에는 혼잣말을 하면서 놀고, 어휘의 경우 '숫자'를 '하나'에서 '열'까지 세게 되었다. 이 시기에 특이한 사항 두 가지는 다음과 같다. 첫째, '큰아버지' 대신에 '아기아빠'를 사용하였는데, 글자 그대로 아기의 아빠를 합성한 것이다. 둘째, '단어 맞추기 카드' 놀이와 관련한 범주화에서, '장미, 개나리, 코스모스, 진달래' 각각의 카드를 보고 '꽃'이라고 하며, '비둘기, 참새, 까치' 각각에 대해 '새'라고 하는 반면, '수박, 참외, 바나나, 딸기' 각각에 대해서는 '뚜박, 참외, 바나나, 딸기'로 표현하였다. 일반적으로 '꽃', '새', '과일'은 기본층위인데, 윤서의 경우 '꽃', '새'와 달리 '과일'은 그 하위층위를 사용하였다. 이것은 경험의 빈도와 관련된 것으로, 유아의 범주화에서 시사하는 바가 크다.

이 시기에 사용한 문장은 (17)과 같다. (17a)는 평서문, (17b)는 의문문, (17c)는 청유문, (17d)는 감탄문이다. 특히 (17c)의 "~주세요."와 같은 문장 틀로써 수많은 요청을 시작하였다.

> (17) a. "무서워.(→벌레를 보고 무섭다고 함)", "냄새 난다.", "엄마 꺼 포
> (→엄마 폰).", "함머니 꺼 폰(→할머니 폰).", "함머니, 응가 다 했
> 다고요."
> b. "하바지 언제 와?(→ 할아버지 언제 와?)", "하머니, 차 어디 있
> 어?", "하머니 포카했어?(→할머니, 양치했어?)"
> c. "마이쭈(→사탕 이름) 많이 주세요.", "함머니, 빨리 와 봐.", "하바
> 지! 아침(→할아버지 아침 드세요).", "함머니 씻어.", "가자! 함머
> 니 집에."
> d. "맛있겠다!", "아이, 깜짝이야!"

(18)-(20)은 1주일 간격으로 윤서와 대화한 내용이다. (18)은 윤서네 집에서 놀다가 할아버지가 할머니를 향해 귀가하자고 한 발화에 대해 윤서가 반응한 부정 표현이다. (19)는 할머니의 "잘 잤니?"에 대해 윤서의 "잘 잤어요?"라고 존대 표지를 사용한 응답이다. (20)은 놀이터에서 놀고 있는 윤서와 통화한 내용인데, 부정문과 존대 표지가 사용되고 있다. 이 세 가지 사례에서 부정문과 존대 표지의 발달 과정에 자기 규칙의 양상을 보여 준다.

> (18) 할아버지: (할머니를 향해) 이제 집에 가 보자!
> 윤서: 함머니, 집에 가 보자 아니야!

(19) 할머니: 윤서, 잘 잤니?

　　윤서: 함머니, 잘 잤어요?

(20) 할머니: 윤서야, 추워?

　　윤서: 아니야, 안 추워요.

(21)은 우유를 달라는 표현의 발달 과정으로, 13개월에는 '으'로, 19개월에는 '으유'로, 그리고 24개월에는 완전한 문장 형태를 갖추게 된 것이다.

(21) "으"(13개월)→"으유"(18개월)→"우유 주세요."(24개월)

제3단계는 어휘가 크게 증가하였으며, 조사나 어미와 같은 기능어가 없는 전보문을 사용하였다.

이상에서 윤서의 언어 발달을 지켜보면서, 1단계(8~18개월), 2단계(19~21개월), 3단계(22~24개월)의 유의미한 변화, 그리고 어휘나 문장의 의미 사용에 자기 규칙을 포착할 수 있었다. 이러한 양상은 유아의 본성, 그리고 보호자의 사용 언어와 자극 어휘, 또래 집단과의 공동체 생활 등 유아가 경험하는 주변 환경에 따라 개인차가 적지 않을 것이다.[16] 언어, 특히 의미 발달은 인지 발달과 긴밀한 상관성을 가지며, 초기 단계에는 인지 발달이 의미 발달을 촉진하는 것으로 보인다.

7. 마무리

이 장에서는 의미 습득을 중심으로 그 가설, 과제, 양상에 대하여 살펴보았

16　어린 아이들 간에 언어를 습득하는 속도와 방식에 큰 차이가 있다는 것은 널리 인정되고 있다(Dąbrowska 2015: 651 참조).

다. 그 주요 내용에 따라 마무리하기로 한다.

첫째, 의미 습득은 언어적 · 인지적 · 사회-화용적인 요인을 포함하는 복합적인 과정이다.

둘째, 의미 습득의 객관주의 모형은 의미 자질 가설이다. 이는 어린이의 범주를 정의하는 자질들은 어른 범주를 정의하는 자질들의 부분집합이라는 가정으로, 이에 따라 과대 확장, 범주 습득, 머릿속 어휘사전의 문제를 설명한다. 대조적으로, 인지주의 모형은 의미의 습득을 원형의 습득으로 보며, 원형을 중심으로 의미 범주가 확장되어 간다는 관점이다. 원형 모형은 과대 확장을 원형의 폭넓은 적용에서 비롯된 것이며, 기본층위가 상위층위보다 먼저 습득되며, 머릿속 어휘사전을 양보다 질의 문제로 간주한다.

셋째, 의미 습득의 '이름 붙이기 과제'는 상징화로서, 사물이나 사건에 이름을 붙이는 단계이다. '포장하기 과제'는 특정한 이름 아래 일련의 사물이 묶이는 것으로서, 과소 확장과 과대 확장의 시행착오를 겪는다. '망 만들기 과제'는 포장된 단어에 대한 수용할 공간을 만드는 과제로, 연어적 망이 등위적 망에 앞선다. 차원형용사는 적극적인 항목이, 그리고 평가형용사는 긍정적 항목이 더 일찍 습득된다.

넷째, 의미 습득의 양상에서 어휘 발달을 보면 어린이는 하루에 9-10개의 단어를 습득한다. 사례 보고에 따르면 28~30개월에서 488개의 어휘를 습득하며, 또 다른 보고에 따르면 8~17개월에 50개, 18~36개월에 500개의 표현 어휘를 습득하는 것으로 나타났다. 유아는 신체적 경험을 통해 영상 도식을 형성하고 이를 통해 세계를 인식하며, 이 세계 인식이 언어 의미의 기초가 된다. 언어 발달에서 혼성어와 은유 표현은 어린이의 역동성을 보여 주는 사례이다.

다섯째, 8~24개월의 여아를 대상으로 한 언어 발달 조사에서, 8~18개월의 제1단계에서는 옹알이에서 소리 형태와 뜻이 어우러진 단어를 사용하며, 과대 확장을 보여 준다. 19~21개월의 제2단계에서는 어휘가 현저히 증가하며, 서술이나 서술어를 포함한 두세 단어 문장을 사용하기 시작하며, 혼성형을 사용한다. 22~24개월의 제3단계에서는 크게 증가한 어휘와 3단어의 전보문을 사용하면서 가족 및 또래 집단과 유아 나름의 소통을 한다.

요컨대 의미 발달 양상은 유아가 경험하는 주변 환경에 따라 차별적이며, 의미 발달은 인지 발달과 긴밀한 상관성을 갖는데, 초기 단계에는 인지 발달이 언어 발달을 촉진하는 것으로 보인다.

제10장
비유의 의미

1. 들머리

이 장은 비유를 통한 의미의 확장을 이해하는 데 목적이 있다. 단어의 의미를 확장하는 두 가지 주요 기제로 환유와 은유를 들 수 있다.

종래 환유와 은유는 비유법 또는 수사법으로서 시적, 미적, 문체적 효과를 가져오는 화장술 같이 여겼다. 비유의 전통적 관점에서는 언어 표현을 일상 언어의 '글자 그대로의 의미'와 예술 언어의 '비유적 의미'로 구분하였다. 그중 비유는 언어적 현상으로서 주로 단어의 문제이며, 특별한 능력을 지닌 사람이 미적 · 수사적 목적을 위해 사용하며, 문체적 효과를 가져올 뿐 인간은 비유 표현 없이도 언어생활을 잘 수행할 수 있다는 것이다. 또한, 생성언어학적 관점에서는 선택 제약에 어긋난 비문법적 표현으로 간주하였다.

비유의 인지언어학적 관점을 보면, 일상 언어에는 비유, 즉 환유와 은유가 무수히 나타날 뿐 아니라, 환유와 은유 없이는 제대로 사고하고 표현할 수 없다. 또한, 일상 언어의 비유는 예술 영역을 포함하여 모든 표현 영역의 비유와 일맥상통하며, 환유와 은유는 비문법적인 표현이 아니라 정상적인 문장으로서 의미 확장의 주요 기제로 간주한다.

이와 관련하여 이 장에서는 다음 네 가지 사항에 대해서 다룬다.

첫째, 새말의 조어 유형을 바탕으로, 다의적 의미 확장을 이끄는 개념적 전이의 환유와 은유의 기제를 살펴본다.

둘째, 개념적 환유의 성격, 유형별 양상, 기능에 대해서 살펴본다.

셋째, 개념적 은유의 성격, 유형별 양상, 기능에 대해서 살펴본다.

넷째, 환유와 은유에 의한 신체어, 감정 표현, '착하다'의 의미 확장에 대해서 살펴본다.

2. 개념적 전이

개념적 전이의 주요 인지 기제인 개념적 환유와 은유에 대해서 살펴보기로 한다.

2.1. 의미의 생성과 대응

우리의 삶에서 새로운 경험이 이루어질 때 새로운 개념 또는 의미가 만들어 진다. 이 새로운 개념 또는 의미에 대치하는 방식 중 하나는 새로운 단어, 즉 '새말'을 만드는 일이다.

언어공동체는 새로운 개념 또는 의미에 대해 두 가지 방식으로 새말을 만들어 대응한다. 그 하나는 새로운 형태를 창조하는 것이다. 그런데 새로운 의미를 전혀 새로운 형태에 담는 사례는 매우 드물다. 그 까닭은 이러한 유형의 새말을 언어공동체가 수용하기를 꺼리기 때문이다. 그 대신, 언어공동체는 기존의 형태를 활용하여 의미를 확장하는 방식을 선호한다.

실제로 2016년의 '새말'의 조어법별 분포를 보면 〈표 1〉과 같다(남길임 2017: 38 참조).

<표 1> 2016년 새말의 조어법별 분포

분류		단어 수	비율(%)	예
단일어	생성	6	2.43	노오력, 수구리
	차용	23	9.31	닙스터, 런드로이드, 브릭피커, 스몸비
복합어	합성어 합성	71	28.74	갓백수, 과즙상, 처발처발, 흙수저
	합성어 혼성	47	19.03	랩툰, 리모콘크리트, 있어빌리티
	합성어 축약	42	17.00	바알못, 이생망, 짬짜봊, 행특
	파생어 접두파생	4	1.62	무근본, 무수저, 신흥상성, 탈사축
	파생어 접미파생	54	21.86	노케이족, 몰세권, 아재체, 혼바비언
계		247	100	

〈표 1〉에서 새말은 단일어가 약 12%이며, 복합어가 약 88%이다. 단일어 가운데도 차용이 생성보다 더 높은 비율을 차지하고 있다. 이것은 새말이 주로 기존의 형태를 활용해서 형성된다는 점을 보여 준다. 즉, 형태상으로 새말은 '합성, 혼성, 축약, 파생'의 복합어에 의해 이루어진다.

새말을 만드는 또 다른 방법은 다의어를 통해서인데, 이는 기존의 형태에 새로운 의미를 추가하는 일이다. 예를 들어, '사이다'는 '답답한 상황을 속시원하게 해결해 주는 사람이나 상황을 비유적으로 이르는 말'('우리말샘'에서)인데, 기존 형태인 청량음료 '사이다'에 새로운 의미를 더해 확장한 것이다. 곧 다의어는 의미상의 새말이다.

이상에서 보듯이 새말 형성의 두 가지 주된 방식은 '복합어'와 '다의어'인데 이들은 모두 기존의 형태와 의미를 활용하여 확장한 것이다. 이것은 새말이 언어의 문제일 뿐 아니라 인지의 문제임을 뜻한다. 즉, 새로운 개념과 의미를 늘 새로운 형태와 짝지어서 새말을 만들게 되면 우리의 기억용량이 초과되어 의사소통이 불가능해 질 것이다.

2.2. 개념적 환유와 은유

다의어에 의한 의미 확장은 매우 효율적인 인지 전략이다. 다의적 의미 확장을 이끄는 '개념적 전이(conceptual shift)'의 기제는 환유와 은유이다. 예를 들어, 단어 '두뇌'의 개념적 전이에 대해 살펴보기로 한다.

(1) a. 그는 왼쪽 **두뇌**를 다쳐 기억력이 떨어지고 말이 어눌하게 됐다.
    b. 최근 들어 해외로 고급 **두뇌** 유출이 심각하다.
    c. 기획실은 이 회사의 **두뇌**이다.

(1a)에서 '두뇌'는 근육의 운동을 조절하고 감각을 인식하며, 말하고 기억하며 생각하고 감정을 일으키는 머릿속 기관이다. 그 반면, (1b)와 (1c)의 '두뇌'는 '글자 그대로의 의미(literal meaning)'가 아니라 '확장된 의미(extended meaning)'이다. 즉, (1b)의 '두뇌'는 '인재(人才)'를, (1c)의 '두뇌'는 회사의 핵심 부서인 '기획실'을 의미한다. '머릿속 기관'에서 '인재' 및 '기획실'로 의미가 전이되는 인지 과정을 '사상(寫像, mapping)'이라고 하는데, 사상은 개념적 실체의 한 집합을 다른 개념적 실체의 한 집합으로 투사하는 인지 과정을 말한다. 이러한 개념적 전이 또는 의미의 확장이 일어나는 과정을 도식화하면 〈그림 1〉과 같다.

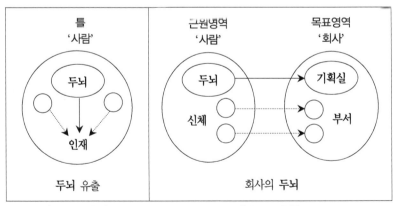

〈그림 1〉 '두뇌'의 개념적 환유와 은유

〈그림 1〉에서 보듯이 (1b)의 '두뇌'는 '사람'이라는 하나의 '틀(frame)' 속에 놓여 있는데, '사람'의 한 부분으로서 지적 능력에 관한 '두뇌'에 의미적 현저성을 부여함으로써 '두뇌'라는 '매체(vehicle)'를 통해 '인재'라는 '목표(target)'에 정신적 접근을 가능하게 해 준다. 이처럼 동일한 틀 또는 영역 안에서 인접성에 의한 개념적 전이를 '개념적 환유(conceptual metonymy)'라고 한다.

한편, (1c)의 '두뇌'는 '사람'이라는 '근원영역(source domain)'과 '회사'라는 '목표영역(target domain)'의 두 가지 개념 영역 간에 유사성이 확보된다. 이를 바탕으로 회사의 기획실이 기능하는 방식을 인간의 두뇌가 기능하는 방식으로 해석한 것이다. 이처럼 두 가지 영역 간의 유사성에 의한 개념적 전이를 '개념적 은유(conceptual metaphor)'라고 한다.

요컨대 〈그림 1〉은 '두뇌'에 대해 동일한 영역 안에서 인접성에 의한 환유적 전이, 그리고 다른 두 영역들 간에 유사성에 의한 은유적 전이를 설명해 준다. 곧 개념적 환유는 하나의 영역 안에서, 개념적 은유는 두 영역 간에 관련된 항목의 사상을 통해 의미 확장이 일어난다.

3. 개념적 환유

환유의 성격, 유형, 기능을 중심으로 개념적 환유의 의미 작용에 대해서 살펴보기로 한다.

3.1. 환유의 성격

'개념적 환유'는 동일한 영역 또는 틀 안에서 '매체(vehicle)', 또는 '근원(source)'이라는 한 개념적 실체가 '목표(target)'라는 다른 개념적 실체에 정신적 접근을 제공하는 인지 과정을 가리킨다. 한편, '개념적 환유'와 '환유적 표현'은 다음과 같이 구별된다. '개념적 환유'는 동일한 영역 또는 틀 안에서 근원과 목표 간에 일어나는 정신적 사상, 즉 사고하는 방식이며, '환유적 표현' 은 이 사상을 예시하는 개별적 언어 표현, 즉 말하기 방식이다. 그러면, 개념적 환유의 작용 원리를 살펴보기로 한다.

개념적 환유의 요체는 근원과 목표 간에 어떻게 정신적 접근, 즉 사상이 이루어지는가 하는 문제이다. 이것은 '참조점 능력'으로 설명할 수 있다. '매 체' 또는 '근원'인 '참조점'은 지각상 현저한 개념적 실체로서 덜 현저한 실체 에 정신적인 접근을 제공한다. 이 경우 참조점을 활성화하는 환유적 능력에 의해 근원과 목표 간에 정신적, 심리적 접근이 이루어진다. 〈그림 2〉의 '참조 점 모형'을 보기로 한다.

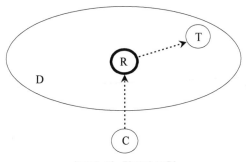

〈그림 2〉 참조점 모형

〈그림 2〉에서 '참조점'이 활성화되는 과정을 보면 '개념화자(conceptualizer, C)'가 '지배영역(domain, D)' 안에서 점선으로 된 '심리적 경로(mental path)' 를 따라 현저한 개념적 실체인 '참조점(reference point, R)'을 기준으로 덜 현저한 실체인 '목표(target, T)'에 접근하게 된다. 이 과정은 '찌'를 활용해 물고기를 잡는 낚시의 원리와 같다. 즉, '낚시꾼(C)'이 '찌(R)'를 참조점으로 삼아 물속에 있는 '물고기(T)'가 미끼를 물었는지 여부를 가늠하는 것이다. 이 경우 '매체', 즉 '근원'은 현저한 것으로서 두드러지며, 목표에 정신적 접근 을 제공하는 참조점이다.

환유의 '근원-목표' 사상 과정에서 '근원'은 이해, 기억, 인식의 상황에서 특정한 목표에 이르는 실마리를 제공해 주는 참조점이다. (2)에서 참조점을 통한 근원과 목표의 정신적 접근을 살펴보기로 한다.

(2) a. 그는 마침내 **태극 마크를 달았다.**
    b. **대한민국**이 먼저 한 골을 넣었다.

(2a)의 경우 '근원'인 '태극 마크(를 달다)'는 '국가 대표 선수(가 되다)'를 상징하는 가장 현저한 참조점으로서, '목표'인 '국가 대표 선수(가 되다)'를 환기한다. (2b)의 경우 '근원'인 '대한민국'은 영토·국민·주권의 다면적 측면을 가지며, 개념적으로 현저한 참조점이다. 따라서 근원으로서 '대한민국'은 올림픽 경기와 같은 상황에서 '목표'인 '선수'를 활성화하게 된다.

3.2. 환유의 유형

환유의 확대 및 축소 지칭 양상에 대해서 기술하기로 한다.

3.2.1. 확대 지칭 양상

환유의 확대 지칭 양상은 인접한 두 요소 중, 부분이 근원이 되어 보다 더 큰 목표를 지칭하는 것을 말한다. 이 경우 부분은 특징적이고 현저하므로 전체에 대하여 정신적 접근을 수행하게 된다. 그 전형적인 사례를 들면 다음과 같다.

첫째, '신체의 한 부분'이 '사람'을 지칭한다. (3)에서 '얼굴'은 '배우'를, '눈'은 '사람'을, '손'은 '일꾼'을 가리킨다.

(3) a. 영화계에 새 **얼굴**이 등장하였다.

b. 여기는 **눈**이 너무 많다.

c. 농사철에 **손**이 모자란다.

둘째, '하나의 사물'이 '사물 부류 전체'를 지칭한다. (4)에서 '빵'은 '양식'을, 그리고 '칼'은 '무력'을, '황금'은 '재물'을 가리킨다.

(4) a. 사람은 **빵**만으로 살 수 없다.

b. 아아, 온갖 윤리, 도덕, 법률은 **칼**과 **황금**을 제사 지내는 연기인 줄을 알았습니다. (한용운의 '당신을 보았습니다'에서)

셋째, '소유물'이 '소유자'를 지칭한다. (5)의 '선글라스'는 '선글라스를 낀 사람'을, '제1바이올린'은 '제1바이올린 연주자'를 가리킨다.

(5) a. **선글라스**가 문밖에서 서성거렸다.

b. **제1바이올린**이 과로로 입원했다.

넷째, '시간의 한 부분'이 '시간 전체'를 지칭한다. (6)에서 '어제, 오늘, 내일'은 각각 '과거, 현재, 미래'의 더 큰 시간을 가리킨다.

(6) 이 책은 인류 문화의 **어제**와 **오늘**을 이해하고 **내일**을 내다볼 수 있는 길잡이의 역할을 한다.

다섯째, '사건의 한 부분'이 '사건 전체'를 지칭한다. (7)의 '면사포 쓰다'는 '결혼식을 올리다'를, '첫 삽을 뜨다'는 '공사가 시작되다'를 가리킨다.

(7) a. 그녀가 드디어 **면사포를 썼다**.

b. 도서관 건립의 **첫 삽을 떴다**.

여섯째, '신체 부위의 한 반응'이 '그 반응에 관한 감정 전체'를 지칭한다. (8)에서 '얼굴이 붉으락푸르락해지다'는 '화나다'를, '등골에 소름이 끼치다'는 '두렵다'를 가리킨다.

(8) a. 그의 **얼굴이 붉으락푸르락해졌다.**
b. 그는 **등골에 소름이 끼쳤다.**

3.2.2. 축소 지칭 양상

환유의 축소 지칭 양상은 인접한 두 요소 가운데 전체가 현저한 매체가 되어 부분인 목표를 지칭하는 것을 말한다. 전체는 부분의 여러 요소를 포함하고 있는데, 우리는 상황이나 맥락에 따라 전체에 인접한 목표를 환기하는 정신적 접근을 수행하게 된다. 그 전형적인 사례를 들면 다음과 같다.

첫째, '사물이나 신체의 전체'가 '사물이나 신체의 한 부분'을 지칭한다. (9)에서 '연필'은 '연필심'을, '팔'은 '팔의 **뼈**'를 가리킨다.

(9) a. **연필**에 침을 묻혀가며 편지를 쓰고 있었다.
b. 눈길에 미끄러져 **팔**이 부러졌다.

둘째, '그릇'이 '내용물'을 지칭한다. (10)에서 '주전자'는 '주전자의 물'을, '술병'은 '술병 속의 술'을 가리킨다.[1]

(10) a. **주전자**가 끓고 있었다.
b. 그는 술병을 들이켰다.

1　한 코미디 프로그램에서 식당에 들어온 손님이 "저 식탁 좀 치워 주세요."라고 하자 종업원이 '식탁'을 바깥으로 옮겨 웃음을 자아내게 한다. 이것은 '식탁'을 '글자 그대로의 의미'로 해석한 경우이다.

셋째, '지명' 또는 '건물'이 사람을 지칭한다. (11)의 '안동'은 '안동 사람'을, '옆집'은 '옆집 사람'을 가리킨다.

(11) a. **안동**은 인심이 좋다.
  b. **옆집**이 이사를 갔다.

넷째, '생산지·생산자'가 '생산품'을 지칭한다. (12)의 '순창'은 '순창산 고추장'을, '이중섭'은 '이중섭의 그림'을 가리킨다.

(12) a. **순창** 하나 주세요.
  b. 부산에서 **이중섭**을 만나다.

다섯째, '차량'이 '운전자'를 지칭한다. (13)에서 '택시'는 '택시 기사'를, '인력거'는 '인력거꾼'을 가리킨다.

(13) a. 그 **택시**가 친절했다.
  b. 뒤에서 "**인력거!**" 하고 부르는 소리가 났다. (현진건의 '운수 좋은 날'에서)

여섯째, '계절'이 계절에 관련된 '산물' 등을 지칭한다. (14)에서 '봄'은 '봄 나물'을, '겨울'은 '겨울 곶감'을 가리킨다.

(14) a. **봄**을 씹어요.
  b. 상주의 **겨울**은 달디 달다.

일곱째, '시점, 명절'이 '시점의 식사, 명절 제사상'을 지칭한다. (15)에서 '저녁'은 '저녁 식사'를, '추석'은 '추석 상'을 가리킨다.

(15) a. 봉순이 언니가 **저녁**을 먹으라고 나를 부르러 갔다.

b. 대추 밤을 돈사야 **추석**을 차렸다. (노천명의 '장날'에서)

3.3. 환유의 기능

환유의 다섯 가지 기능을 들면 다음과 같다.

첫째, 환유는 '인지적 도구' 역할을 한다. 환유는 어떤 영역의 현저한 국면을 사용하여 그 영역 전체를 지시하거나, 어떤 영역 전체를 언급하여 하위 부분의 현저한 국면을 지시하는 인지적 장치이다. 예를 들어, 앞의 (2a)에서는 부분 국면의 현저한 '태극 마크'를 지시점으로, (2b)에서는 전체 국면의 현저한 '대한민국'을 지시점으로 '국가 대표 선수'를 환기하듯이, 환유는 '부분⇄전체'의 틀로서 '근원'과 '목표' 간에 정신적 접근을 확립해 주는 인지적 장치이다.

둘째, 환유는 '추론' 기능을 한다. 우리는 범주의 전형적·비전형적 구성원에 대해 환유 모형을 사용하여 추론한다. 예를 들어, 작은 섬에 사는 어떤 새가 전염병에 걸린 경우, 전형적 새가 전염병에 걸리면 비전형적 새가 전염될 것이라고 추론하는 반면, 반대의 추론은 하지 않는다.

또한, (16)과 같은 대화의 성공적 소통에도 환유적 추론이 관여하고 있다. 즉, (16)에서 갑의 물음에 대한 을¹의 대답을 성공적으로 해석하기 위해서는 을²와 같이 추론 과정을 거쳐야 한다.

(16) 갑 : 학회까지 어떻게 왔습니까?

을¹ : **고속철(KTX)을 탔습니다.**

을² : 집을 나서서 도로로 걸어갔습니다. 택시를 타고 기차역에 도착했습니다. 서울행 기차표를 샀습니다. **고속철(KTX)을 탔습니다.** 기차역에서 택시 승강장까지 걸었습니다. 택시에서 내려 학회장까지 걸어왔습니다.

셋째, 환유는 '경제성' 및 '유연성'의 기능을 한다. (17a)의 '첫 삽을 뜨다'는 (17b)의 '기공식을 개최하다'의 많은 양상 가운데 하나로서, 그 한 부분이 '기공식' 전체를 지칭하므로 경제적이다. 또한, (18a)의 '추석'은 전체로서 그 한 부분인 (18b)의 '추석 상'을 지칭하므로, 경제적인 동시에 유연성의 효과를 갖는다.

(17) a. 물방울 화가 김창열 제주미술관 **첫 삽 떴다.**

   b. 제주자치도는 19일 오후 제주시 한경면 저지문화예술인마을 내 '김창열 제주도립미술관' 건립부지에서 **기공식을 개최했다.**

(18) a. 대추 밤을 돈사야 **추석을 차렸다.** (노천명의 '장날'에서)

   b. 이번에는 평화봉사단 측이 송편과 떡을 마련하고 **추석 상을 차렸다.**

넷째, 환유는 '사실성' 및 '완곡 효과'의 기능을 한다. (19)-(21)은 부분이 전체를 지칭하는 환유로서 '일손', '두뇌', '등산화'는 '사람', 즉 농촌의 '자원봉사자', 연구소의 '인재', 그리고 '등산객'이다. 노동 현장에는 일꾼이 필요하며 일꾼에게 가장 두드러진 '일손'을 부각하고, 연구 기관에는 인재가 필요하며 인재에게 가장 두드러진 '두뇌'를 부각함으로써 사실성의 효과를 낳는다. 또한, '등산객'에 의해 산이 파괴되는 것을 '등산객'이 신은 '등산화'를 부각함으로써 산의 파괴에 대해 직접적이고 사실적인 효과를 거둔다.

(19) a. 감자 캘 **일손**을 구합니다.

   b. 인제군 남면 남전2리 주민들이 감자를 수확할 수 있는 **자원봉사자**를 찾고 있다.

(20) a. 민간 연구기관과 대학도 고급 **두뇌**를 유치하려면 연구 환경의 선진화를 도모해야 한다.

b. 고급 **인재**를 유치하기 위해서는 정부 예산만으로는 충분치 않다.

(21) a. **등산화**에 앞산이 무너진다. (매일신문 2005.5.24.)
  b. **등산객**이 앞산을 무너뜨린다.

또한, (22)-(24)는 전체가 부분을 지칭하는 환유로서 완곡 효과를 발휘한다. 즉, (22)의 '육체(肉體)를 거세당하고'의 '육체'는 '남근'을 지칭한다. 그리고 (23a)와 (24a)의 '청와대', '북한'은 (23b)와 (24b)에서 '문대통령', '김정은'으로 표현하는 것과 비교해 완곡 효과를 거두고 있다.

(22) ··· **육체(肉體)**를 거세(去勢)당하고 / **인생(人生)**을 거세(去勢) 당하고2··· (박경리의 '사마천'에서)

(23) a. 정무수석·감사원장 후보자, 7대 기준 '첫 타깃' ··· 장고 들어간 **청와대** (뉴스웨이 2017.11.24.)
  b. **문대통령**, 감사원장·청(靑) 정무수석 인선에 고심 또 고심 (연합뉴스 2017.11.27.)

(24) a. 시진핑 주석이 북한을 건너뛴 것 때문인지 **북한**의 심사가 단단히 틀어져 있습니다. (KBS 뉴스 2014.7.3.)
  b. 드레스덴 제안을 받은 **김정은**의 속마음 (동아일보 2014.7.23.)

다섯째, 환유는 감정 표현을 위한 매체 기능을 한다. 감정의 생리적 효과는 감정을 대표하는데, 이를 '생리적 환유(physiological metonymy)'라고 한다. (25)는 감정의 효과, 즉 결과로 신체 생리적 현상 또는 반응이 나타난다. 즉,

---

2 '인생(人生)을 거세(去勢) 당하고'는 은유 표현인데, 이는 '육체(肉體)를 거세(去勢) 당하고'라는 환유 표현에 바탕을 둔 것이다.

(25a)의 '화'는 원인이며, '얼굴이 붉어짐'은 결과이다. 동일하게, (25b)의 '두려움 – 몸이 떨림, 가슴이 뜀', (25c)의 '미움 – 치를 떪', (25d)의 '사랑 – 전신이 달아오름, 숨이 가빠짐', (25e)의 '슬픔 – 목울대가 뜨거워짐', (25f)의 '기쁨 – 온몸에 생기가 넘쳐흐름', (25g)의 '부끄러움 – 얼굴이 빨개짐'은 각각 원인으로서의 감정과 결과를 나타낸다. 이와 같이 환유는 부분 – 전체, 또는 원인-결과에 의해 감정을 표현하는 주요 매체 기능을 수행한다.

(25) a. 김범우는 정말 **화**가 나서 **얼굴이 붉어지고** 목소리가 커졌다. (조정래 1988: 168, 『태백산맥』 7, 한길사.)

　　 b. **두려움**으로 **몸이 떨리고 가슴이 뛰기** 시작했다. (김주영 2001: 38, 『홍어』, 문이당.)

　　 c. 나는 그녀에 대한 **미움**으로 **치를 떨었다.** (박완서 1987: 54, 『나목』, 작가정신.)

　　 d. **윤회를 생각**하기만 하면 **전신이** 불덩이처럼 **달아오르고 숨이 가빠지기도** 했다. (이병주 1985: 101, 『지리산』 1, 기린원.)

　　 e. 그러나 나는 그 **슬픔**으로 갑작스럽게 **목울대가 뜨거워졌다.** (이병천의 '고려장 소고'에서)

　　 f. 모닥불처럼 피어오르는 벅찬 **기쁨**으로 말미암아 그니의 온몸은 **생기가 넘쳐흐르고** 있었다. (윤흥길 1983: 175, 『완장』, 현대문학.)

　　 g. 한주가 내 자랑을 떠벌릴 때 나는 **부끄러워 얼굴이 빨개졌다.** (김원일 1998: 82, 『마당 깊은 집』, 문학과 지성사.)

4. 개념적 은유

은유의 성격, 유형, 기능을 중심으로 개념적 은유의 의미 작용에 대해서 살펴보기로 한다.

4.1. 은유의 성격

'개념적 은유(conceptual metaphor)' 이론에서는 '은유'를 본질적으로 언어의 문제가 아니라 개념 차원의 문제로 간주한다. 은유의 중심은 언어에 있는 것이 아니라, 다른 정신 영역에 의해서 한 정신 영역을 개념화하는 방식에 있다. 예를 들어, '논쟁'에 대해서 이야기할 경우 '공격하다', '방어하다', '이기다', '지다', '무승부' 등과 같은 '전쟁'의 어휘를 활용하는데, 이것은 우리의 머릿속에서 "논쟁은 전쟁이다."라는 틀이 존재함을 뜻한다. 요컨대 '개념적 은유'는 '근원영역(source domain)'이라고 부르는 한 구조화된 영역(예, '전쟁')에서 나온 개념적 요소를 '목표영역(target domain)'이라고 부르는 또 다른 영역(예, '논쟁')으로 투사하는 '단일 방향적 사상'이다.[3]

위의 정의를 중심으로 다음 두 가지 사항을 고려해 보기로 한다. 첫째, '근원영역'과 '목표영역'의 비대칭적 성격에 대해서이다. '근원영역'은 우리에게 익숙하고 구체적이어서 구조화된 경험인 반면, '목표영역'은 낯설고 추상적이어서 구조화되지 않은 경험이다. 둘째, '개념적 은유'와 '은유적 (언어) 표현'의 구별이다. '개념적 은유'는 구체적인 근원영역에서 추상적인 목표영역으로의 정신적 사상, 즉 사고하는 방식이며, '은유적 표현'은 이 사상을 예시하는 개별적 언어 표현, 즉 말하는 방식이다.

다음으로, 개념적 은유의 작용 원리를 살펴보기로 한다. 개념적 은유가 성립되는 것은 추상적인 목표영역을 개념화하는 데 구조화된 근원영역의 개념적 요소들이 체계적인 대응 관계를 맺어주기 때문이다. 이 대응 관계는 앞에서 언급한 '사상(mapping)'인데, 〈그림 3〉에서 보듯이 '사상'은 근원영역에서 목표영역으로의 개념적 전이를 뜻한다(Ungerer and Schmid 2006: 119 참조).

---

3   종래 '내 마음은 호수'와 같은 은유 표현에서 '내 마음'을 '원관념(tenor)'이라 하고 '호수'를 '보조관념(vehicle)'이라고 하였는데, 이는 리차즈(Richards 1936: 93)의 "X(tenor)는 Z(ground)와 관련하여 Y(vehicle)이다."의 틀에 따른 것이다. 개념적 은유 이론에서는 '원관념'을 '목표영역', '보조관념'을 '근원영역', '그라운드'를 '사상 작용'이라고 한다.

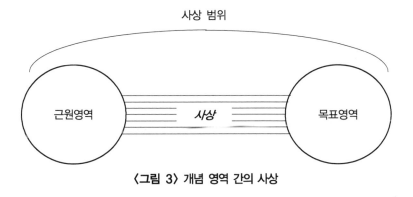

〈그림 3〉 개념 영역 간의 사상

4.2. 은유의 유형

개념적 은유는 그 수행하는 인지적 기능에 따라 구조적·존재론적·방향적 은유의 세 가지로 나뉜다. 이 경우 인지적 기능이란 목표영역에 대한 개념적 구조의 충실성 정도를 말하는 것으로서, '구조적 은유> 존재론적 은유> 방향적 은유'의 차례로 알려져 있다. 이 세 가지에 대하여 기술하기로 한다.

4.2.1. 구조적 은유

'구조적 은유(structural metaphor)'는 근원영역이 목표영역에 대하여 상대적으로 풍부한 지식 구조를 제공함으로써 추상적인 목표영역이 근원영역의 수준으로 구조화되는 것을 말한다. 구조적 은유의 실례를 '토론' 및 '시간'을 통해서 살펴보기로 한다.

먼저, (26)의 관습적 표현은 "토론은 전쟁이다."라는 개념적 은유에 의해 구조화된다. 곧 (26)에서 추상적인 '토론'은 '공격하다, 방어하다, 완패하다'와 같은 구체적인 '전쟁' 용어를 통하여 개념화되고 있다. '전쟁'은 우리의 일상적인 경험에서 매우 익숙한 개념으로서 그 경험이 '토론'에 이용됨으로써 '토론'의 세계를 정밀하게 구조화하게 된다. 이 뿐만 아니라, '전쟁의 구조'는 '사랑, 선거, 사업, 입시, 운동경기'의 영역에도 사상되는데, 이 경우 이들 목표 영역은 보다 더 생생하고 극적인 효과를 낳게 된다.

(26) a. 그들은 서로 상대편 주장의 허점을 **공격했다.**
　　b. 그는 자신의 논지를 잘 **방어했다.**
　　c. 이번 토론에서 그쪽이 **완패했다.**

다음으로, (27)-(29)의 관습적인 시간 표현은 "시간은 공간이다.", "시간은 자원이다.", "시간은 사물이다."라는 개념적 은유를 통해 구조화된다. 곧 추상 적인 '시간'은 기본적으로 '공간, 자원, 사물'에 대해 사용되는 동사를 통해 그 개념이 명확하게 구조화됨을 알 수 있다.

(27) a. 내일은 시간이 **빈다.**
　　b. 대기 시간이 **길다.**
　　c. 정오에 **가깝다.**

(28) a. 시간을 아껴서 **써야겠다.**
　　b. 시간이 많이 **남아 있다.**
　　c. 시간이 **부족하다.**

(29) a. 추석이 **다가온다.**
　　b. 연말에 **가서** 봅시다.

(29)는 '시간'이라는 추상적 개념을 구체적인 '사물'로 간주한 것이다. 그중 (29a)는 '움직이는 시간' 은유로서[4] 〈그림 4〉와 같이 시간이라는 사물이 미래

---

[4]　'움직이는 시간' 은유에는 "마감 시간이 다가온다.", "가요무대 시간이 돌아왔다.",

를 보면서 정지해 있는 관찰자를 향해 움직이는 것으로 개념화된다.

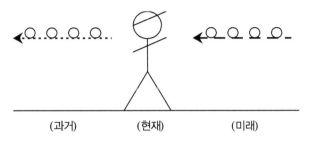

〈그림 4〉'움직이는 시간' 은유

대조적으로, (29b)의 '움직이는 관찰자' 은유[5]는 〈그림 5〉와 같이 정지해 있는 미래의 시간을 향해 관찰자가 이동하는 것으로 개념화된다.

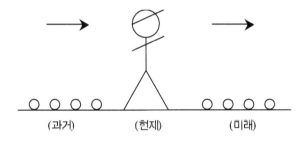

〈그림 5〉'움직이는 관찰자' 은유

실제로 '시간'은 매우 추상적인 개념 영역이지만, 우리가 '시간'을 어려움 없이 이해해서 살아가는 것은 개념적 은유의 작용에 의해서이다.

    "시간 가는 줄 몰랐다.", "점심시간이 지나갔다." 등이 있다.

5 '움직이는 관찰자' 은유에는 "우리는 21세기 초에 와 있다.", "옛날로 돌아가 보자.", "희망찬 미래가 우리를 기다린다.", "그 시대를 지나오면서 눈을 떴다." 등이 있다.

4.2.2. 존재론적 은유

'존재론적 은유(ontological metaphor)'는 추상적인 목표영역에 대하여 사물, 실체, 그릇과 같은 존재론적 지위를 부여하는 것을 말한다. 존재론적 은유의 실례를 '사랑', '마음'을 통해서 살펴보기로 한다.

먼저, (30)의 은유적 표현은 "사랑은 액체가 담긴 그릇", (31)의 관습적 은유는 "마음은 액체가 담긴 그릇"임을 알 수 있다. (30), (31)에서 사용된 동사는 일차적으로 '그릇'이나 '그릇 속 액체'에 사용되는 것인데, 추상적인 '사랑'이나 '마음'은 그릇이나 그릇 속에 담긴 액체로 이해된다.

> (30) a. 학생 때는 시험이 두렵고, 누군가 사랑할 땐 그 **사랑이 깨질까** 봐
>   두렵다. (여훈 2005: 84, 『최고의 선물』, 스마트비지니스)
>   b. 아마도 그들이 **사랑에 빠진** 지 얼마 되지 않았던 여름날이었다.
>   (공지영 1999: 45, 『고등어』, 푸른숲.)

> (31) a. 마음이 {솟구치다 · 가라앉다 · 잠잠해지다}.
>   b. 마음을 {가라앉히다 · 담다 · 비우다}.
>   c. 마음이 {무겁다 · 가볍다 · 상하다 · 식다 · 허전하다}.
>   d. 마음을 {열다 · 닫다 · 닦다 · 놓다}.
>   e. 마음에 들다.

한편, '의인화(擬人化, personification)'도 존재론적 은유의 일종이다. 곧 (32)의 관습적 표현은 '사랑, 삶, 시간'과 같은 추상적인 대상물을 '사람'으로 인식하고 있다.

> (32) a. 사랑에 속고 돈에 운다.
>   b. 삶이 나를 속였다.
>   c. 시간이 해결해 줄 것이다.

4.2.3. 방향적 은유

'방향적 은유(orientational metaphor)'는 공간적 방향과 관련하여 하나의 전체적 개념 구조를 이루는 것을 말한다. 방향적 은유는 수직 방향과 수평 방향에서 잘 드러난다.

먼저, 수직 방향의 은유를 보면 다음과 같다. (33)의 은유적 표현을 통해서 볼 때 '위'는 '많음, 지배, 활성, 좋음, 고온, 건강, 기쁨'을 지향하는 반면, '아래'는 '적음, 피지배, 침체, 나쁨, 저온, 질병, 슬픔'을 지향하고 있다.

(33) a. 봉급이 {올라가다/내려가다}.
　　 b. 신분이 {높다/낮다}.
　　 c. 사기가 {올라가다/내려가다}.
　　 d. 수준이 {높다/낮다}.
　　 e. 열이 {오르다/내리다}.
　　 f. 그는 몸이 **날아갈** 듯이 가벼웠다./그는 과로로 **쓰러졌다.**
　　 g. **부풀어 오르는 기쁨**으로 내 가슴은 금방 터질 것 같았다. (강신재 1996: 394, 「젊은 느티나무」, 『한국현대대표소설선』 7, 창작과 비평사.)
　　 h. 그래서 나의 괴롬과 **슬픔**은 좀 더 무거운 것으로 변하면서 가슴속으로 **가라앉아** 버리는 것이다. (강신재 1996: 377, 「젊은 느티나무」, 『한국현대대표소설선』 7, 창작과 비평사.)

다음으로, 수평 방향의 은유를 '앞/뒤, 오른쪽/왼쪽, 가까움/멂'의 양상을 통해 살펴보기로 한다. (34)-(36)의 관습적 표현에서, (34)의 '앞'은 '긍정적', '뒤'는 '부정적' 성향을 지향하며, (35)의 '오른쪽'은 '긍정적, 보수적', '왼쪽'은 '부정적, 진보적' 성향을 지향하며, (36)의 '가까움'은 '닮음, 친밀함, 현재 시점'을 지향하는 반면, '멂'은 '다름, 소원함, 미래 시점'을 지향하고 있다.

(34) a. 의식 수준이 십 년 {앞섰다/뒤처졌다}.

   b. 전진하다/후퇴하다.

(35) a. 그는 내 오른팔이다./왼새끼를 꼬고 있다.

   b. 우파 인사/좌파 인사.

(36) a. 이 그림은 거의 사실에 **가까운** 세밀한 묘사가 돋보인다./너의 그림
      솜씨는 화가가 되기엔 아직도 **멀었다.**

   b. 우리는 서로 흉허물 없이 **가깝게** 지내는 사이다./그가 **멀게** 느껴진다.

   c. 시험이 **가까워서인지** 도서관에 자리가 꽉 찼다./동이 트려면 아직
      도 **멀었다.**

4.3. 은유의 기능

은유의 세 가지 기능을 들면 다음과 같다.

첫째, 은유는 '인지적 도구'의 역할을 한다. 이것은 은유가 우리의 '생각'
을 언어로 표현해 주는 방식일 뿐 아니라, 사물에 대해 사고하는 방식임을
뜻한다. 예를 들어, "시간을 {아껴 쓰다・낭비하다}.", "시간이 {아깝다・소
중하다}."와 같은 일상 표현에서 "시간은 자원이다."라는 개념적 은유를 추
출할 수 있는데, 이 장치를 통해 '시간'에 대한 우리의 '생각', 또는 '개념'
을 '자원'으로 표현하는 동시에 '자원'의 관점에서 '시간'을 사고하고 개념
화하게 된다.

둘째, 은유는 '추론' 기능을 한다. 은유의 핵심은 추론이며, 우리는 은유
를 사용해서 추론하기 때문에 우리가 사용하는 은유는 우리가 살아가는 방
식에 대해 많은 것을 결정해 준다. 은유적 추론에 의한 (37)의 표현을 보기
로 한다.

(37) 김요일 시인은 **"야구가 소설**이라면 **축구는 시**"라고 한다. 장편 소설에 매수 제한이 없듯이 야구는 시간제한이 없다. 소설은 이야기가 긴박하게 흐르다가도 숨을 고르는 대목이 있다. 야구도 경기가 자주 끊어진다. 그러나 축구는 제한된 시간 안에 숨 가쁘게 진행된다. 축구 선수는 순발력을 이용해 치고 나가고 강렬한 슈팅으로 마무리한다. 시인은 짧은 순간에 떠오른 영감을 거머쥐곤 단숨에 한 행이라도 써야 한다. 퇴고를 하더라도 결구(結句)에선 독자의 영혼을 벼락처럼 와락 때리는, 간결하고 명료한 이미지와 노래가 튀어나와야 한다. 축구와 시는 모두 형식이 단순하다. 그러나 아무나 골을 넣지 못하듯이, 누구나 시인이 되는 건 아니다. (박해현 '지구촌 시(詩)를 읽듯이 월드컵 축구를 음미하는 시간', 조선일보 2014.6.24.)

(37)은 "스포츠는 문학이다."라는 개념적 은유이다. 그중 '야구는 소설이다', '축구는 시이다'라는 은유를 이해하려면 근원영역과 목표영역의 사상 구조를 추론해야 한다. 즉, '소설'과 '야구'는 시간제한이 없으며, 숨 고르는 대목이 있다는 점에서 유사성이 확보된다. 한편, '축구'와 '시'는 시간의 제약을 받으며, 형식이 단순하며, 누구나 골을 넣을 수 없듯이 누구나 시를 쓸 수는 없다는 점에서 유사성이 확보된다.

셋째, 은유는 '의사소통적 기능'을 하는데, 여기에는 다음 세 가지 기능이 있다.

먼저, '표현 불가능 가설'로서, 이는 은유가 글자 그대로의 표현으로는 전달하기 어려운 개념을 표현해 주는 기능이다. 예를 들어, '마음', '인생', '감정', '이론'과 같이 추상적이고 심리적인 개념을 은유가 아니면 쉽고 분명히 표현해 낼 수 없다. 우리는 추상적인 '사랑'을 "사랑에 빠졌다.", "사랑이 {뜨겁다·넘치다·깨지다·식다}."와 같은 은유적 표현을 통해 "사랑은 액체가 담긴 그릇이다."로 개념화하게 된다.

다음으로, '압축성 가설'로서, 이는 은유가 글자 그대로의 표현으로는 복잡하고 장황해지는 설명을 간결하고 명료하게 표현해 주는 기능이다. 예를 들어, 눈에 보이지 않는 전기의 작용 방식을 "전기는 (유압 장치를 통해) 흐르는 물이다." 및 "전기는 (경기장을 빠져나와) 이동하는 군중이다."와 같은 은유로 표현할 때의 간명함이다. 또한, '컴퓨터'를 '사람'("말을 안 듣다.", "다운되다", "바이러스에 감염되다", "치료하다"), '사무실'("윈도우", "스크린", "휴지통") 은유를 통해 압축적으로 기술하게 된다.

마지막으로, '선명성 가설'로서, 이는 은유가 우리의 주관적 경험을 글자 그대로의 표현보다 더 풍부하고, 상세하고, 생생한 영상으로 전달해 주는 기능이다. 예를 들어, 다음은 '조사'의 하위 갈래를 은유로 형상화한 것인데(문무학 2009.『낱말』. 동학사.), 객관성·체계성·엄밀성으로 상징되는 품사에 대해 (38)에서 '조사'는 '종', '격조사'는 '격을 가진 종', '접속조사'는 '중매쟁이', '보조사'는 도우미의 영상으로 그 성격의 일단을 선명히 형상화하고 있다.

> (38) a. 애당초 나서는 건 꿈꾸지도 않았다 / 종의 팔자 타고 나 말고삐만 잡았다 / 그래도 격이 있나니 내 이름은 / 격조사.
>
> b. 이승 저승 두루 이을 그럴 재준 없지만 / 따로따로 있는 것들 나란히 앉히는 난 / 오지랖 오지게 넓은 중매쟁이 / 접속조사.
>
> c. 그래, / 나를 도우미로 불러라 그대들이여 / 내 있어 누구라도 빛날 수만 있다면 / 피라도 아깝다 않고 흘리리라 / 보조사.

5. 의미 확장의 양상

환유와 은유에 의한 의미 확장을 신체어, 감정 표현, 그리고 '착하다'를 중심으로 살펴보기로 한다.

5.1. 신체어

신체어의 의미 확장에 나타난 주요 특성 두 가지에 대해서 살펴보기로 한다. 첫째, '개념적 환유'의 기제에 의한 확장이다. 이것은 앞의 〈그림 1〉에서 보듯이 하나의 의미 범주 안에서 인접성에 의한 확장이다. 신체어의 경우 그 의미 확장은 신체어의 영역 안에서 이루어지며, 인접성은 (39a) '얼굴－얼굴색'에서 보듯이 공간적 인접성, (39b) '얼굴－배우'의 '부분－전체', (40a) '머리－두뇌의 지적 능력'의 '전체－부분', (40b) '머리－참석자'의 '부분－전체'의 인접성에 의한 의미 확장이 일어난다.

(39) a. **얼굴**이 {밝다 · 어둡다}.
　　b. 영화계에 새 **얼굴**이 등장하였다.

(40) a. **머리**가 {좋다 · 명석하다 · 나쁘다 · 우둔하다}.
　　b. **머리**를 {헤아리다 · 맞추다 · 채우다}.

또한, (41)과 같이 '신체어＋서술어' 구조의 많은 관용 표현이 개념적 환유에 의한 의미 확장이라는 점이 주목된다.

(41) a. **머리**를 맞대다. (어떤 일을 의논하거나 결정하기 위하여 서로 마주 대하다.)
　　b. **얼굴**이 두껍다. (부끄러움을 모르고 염치가 없다.)
　　c. **눈**이 뒤집히다. (화가 나서 이성을 잃다.)
　　d. **귀**가 따갑다. (너무 여러 번 들어서 듣기가 싫다.)
　　e. **입**이 귀에 걸리다. (기쁘거나 즐거워 입이 크게 벌어지다.)
　　f. **턱** 떨어지는 줄 모른다. (어떤 일에 몹시 열중하여 정신이 없다.)
　　g. **목**에 힘이 들어가다. (자신의 권위나 능력 따위를 뽐내다.)

h. **고개**가 수그러지다. (존경하는 마음이 일어나다.)

　(41)은 개념적 환유에 의한 관용 표현이다. a의 '머리를 맞대다'는 일련의 사건 틀 가운데 현저한 한 장면을 통해 그 사건 전체를 대표하는 환유이다.[6] b의 '얼굴이 두껍다'는 얼굴이 두꺼우면 부끄러운 반응이 잘 나타나지 않으며, d의 '귀가 따갑다'는 같은 말을 여러 번 들으면 귀가 따가울 정도가 되어 듣기 싫어지는 것이며, f의 '턱 떨어지는 줄 모르다'는 어떤 일에 열중한 결과의 인과관계에 의한 환유이다. c의 '눈이 뒤집히다'는 '화'의, e의 '입이 귀에 걸리다'는 '기쁨'의 한 가지 신체적 증상으로 그 감정 전체를 대표하는 환유이다. g의 '목에 힘이 들어가다'나 h의 '고개가 수그러지다'도 현저한 신체적 증상으로써 자만심이나 존경심의 상태를 대표하는 환유이다. 이처럼 신체어의 관용 표현은 한 가지 현저한 신체적 반응을 통해 그 사태나 상황을 대표하는 개념적 환유에 기반을 둔 것이다.

　둘째, '개념적 은유'의 기제에 의한 확장이다. 이것은 〈그림 1〉에서 보듯이 두 가지 의미 범주 간의 유사성에 의한 확장이다. 신체어의 경우 그 의미 확장은 위치, 형태, 기능의 유사성에 의해 비신체적 영역으로 뻗어 나간다.[7] 예를 들어, '산'의 부분에 대한 명칭인 '산머리, 산이마, 산턱, 산주름, 산등(성이), 산허리, 산발'[8]은 사람의 신체어와 위치, 형태의 유사성에 의한 은유적 의미 확장으로, 이 관계를 도식화하면 〈그림 6〉과 같다.

---

[6]　예를 들어, "북부지방산림청이 강원 인제군 인제읍 원대리 소재 '자작나무 숲' 명품화를 위해 전문가들과 머리를 맞댔다."(아시아투데이 2016.5.19.)에서 '머리를 맞대다'는 해결책을 찾기 위해 상의하는 것을 뜻한다. '자작나무 숲 명품화'라는 과업을 위해 북부산림청 관계자들과 전문가들이 만나서 머리를 맞대는 단계는 그 해결책 모색의 출발 단계이자 가장 현저한 단계로서 과업 실행의 전체 과정을 대표한다.

[7]　예외적으로, 'palm'은 고대영어에서 '야자나무, 종려잎'의 의미로 사용되다가 1300년경에 '손바닥'의 의미로 사용되었는데, 의미 확장에서 특이하게 비신체적 용어가 신체어로 확장된 예이다.

[8]　영어에서는 '발(foot)'을 'the **foot** of a mountain(산자락)', 'the **foot** of a mast(돛대의 밑뿌리)'와 같이 사용한다.

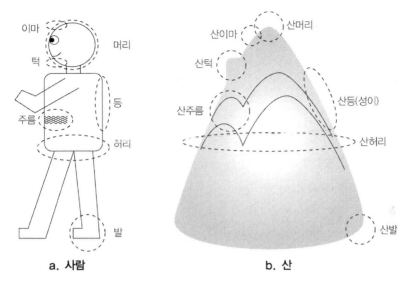

<그림 6> '사람'의 신체어와 '산' 명칭의 상관성

5.2. 감정 표현

감정 표현의 기제인 환유와 은유, 이에 바탕을 둔 기쁨과 슬픔의 개념화 양상을 기술하기로 한다.

5.2.1. 감정 표현의 기제

감정은 환유와 은유에 의해 개념화된다.

먼저, 감정 상태에서 우리의 신체는 생리적 반응을 일으키며, 이 반응은 언어로 포착된다. 예를 들어, '얼굴이 붉으락푸르락하다' 및 '부아가 치밀다' 는 '화'를 나타내며, '등골이 오싹하다' 및 '간이 콩알만 해지다'는 '두려움'을 나타낸다. 이처럼 특정한 감정과 그 신체 생리적 반응 간에는 원인과 결과의 인과관계가 성립된다. 곧 "특정한 감정의 신체 생리적 반응은 특정한 감정을 대표한다."라는 것을 뜻하는데, 이 관계를 감정의 '생리적 환유(physiological metonymy)'라고 한다.

또한, 감정은 개념적 은유에 의해 개념화된다. 예를 들어, '기쁨이 넘치다' 및 '기쁨을 맛보다'는 '기쁨'을 표현하며, '슬픔에 잠기다' 및 '슬픔을 삼키다'는 '슬픔'을 표현한다. 이 경우 추상적인 기쁨과 슬픔은 그릇 속의 액체가 작용하는 방식을 활용하거나, 음식물에 대한 경험을 활용하고 있다.

5.2.2. 기쁨과 슬픔의 개념화

기쁨과 슬픔이 개념화되는 양상 여섯 가지를 살펴보기로 한다. 각 경우에서 생리적 환유를 제시하고, 그 결과 개념적 은유를 추출하기로 한다.

첫째, 방향과 관련한 생리적 환유 (42) 및 (43)을 통해 "기쁨은 '위', 슬픔은 '아래'이다."

> (42) 내 마음은 **기쁨에 부풀어 올랐다.** (박완서 2004: 87, 『그 남자네 집』, 현대문학.)

> (43) 아이는 **슬픈** 얼굴이 되며 **고개를 떨구어버렸다.** (조정래 1994: 50, 『아리랑』 5, 해냄.)

둘째, 무게와 관련한 생리적 환유 (44) 및 (45)를 통해 "기쁨은 '가벼움', 슬픔은 '무거움'이다."

> (44) 이가 덜덜 갈리고 가슴이 떨리며 몹시도 추웠으나 **마음은 알 수 없이 둥실둥실 가벼웠다.** (이효석 1996: 338, '메밀꽃 필 무렵', 『한국현대대표소설선』 4, 창작과 비평사.)

(45) 그래서 나의 괴롬과 **슬픔은** 좀더 **무거운 것으로 변하면서** 가슴속으로 가라앉아 버리는 것이다. (강신재 1996: 377, '젊은 느티나무', 『한국현대대표소설선』 7, 창작과 비평사.)

셋째, 밝기와 관련한 생리적 환유 (46) 및 (47)을 통해 "기쁨은 '밝음', 슬픔은 '어두움'이다."

(46) 순이의 **눈은 기쁨에 이글이글 빛났다.** (정비석 1996: 343, '성황당', 『한국현대대표소설선』 5, 창작과 비평사.)

(47) "아닐세, 사람을 알아보지 못하시니까 그대로 괜찮네." 송중원의 **얼굴이 어두워졌다.** (조정래 1994: 330, 『아리랑』 8, 해냄.)

넷째, 기력(氣力)과 관련한 생리적 환유 (48) 및 (49)를 통해 "기쁨은 '활기참', '슬픔'은 '무기력함'이다."

(48) 모닥불처럼 피어오르는 벅찬 **기쁨**으로 말미암아 그니의 **온몸은 생기가 넘쳐흐르고** 있었다. (윤흥길 1983: 175, 『완장』, 현대문학.)

(49) 아낙네들은 해순이마저 떠난다는 것이 진정 섭섭했고 **맥이 풀렸다.** (오영수 1996: 412, '갯마을', 『한국현대대표소설선』 7, 창작과 비평사.)

다섯째, 온도와 관련한 생리적 환유 (50) 및 (51)을 통해 "기쁨은 '체온 상승', 슬픔은 '체온 하강'이다."

(50) 그동안 가슴에 묻었던 서러움과 한스러움이 너무 많았다. 그런데 만

세소리를 듣게 되자 **가슴이** 울렁거리고 **뜨거워지면서** 뛰쳐나가고 싶어졌다. (조정래 1994: 162, 『아리랑』 6, 해냄.)

(51) 아까는 심진학 선생을 뜻밖에 만난 기쁨으로 빈 하늘이 가득했는데, 지금은 저 거러지와 다를 바 없이 남루한 일가족의 비참한 정경이 눈에 들어온 순간 **가슴이 시렸다.** (최명희 1996: 64, 『혼불』 10, 한길사.)

여섯째, 개폐(開閉)와 관련한 생리적 환유 (52) 및 (53)을 통해 "기쁨은 '열림', 슬픔은 '닫힘'이다."

(52) "여보게들, 오늘 참 들병이 온 것을 아나?" 이 말에 나이찬 총각들은 **귀가 번쩍 띄었다. 기쁜** 소식이다. (김유정 2003: 55, '총각과 맹꽁이', 『김유정 전집』 1, 도서출판 가람기획.)

(53) 가련한 동무를 이별하고 나온 나는 무겁고 **울적한** 기분에 잠기어서 **입을 다물고** 구두코를 내려다보며 무심히 걸었다. (염상섭 1990: 139, '표본실의 청개구리', 『한국 명단편선』, 민성사.)

5.3. '착하다'의 의미 확장

'착하다'는 사람이나 그 마음 또는 행동이 곱고 바르고 어질다라는 의미를 가진 단어이다. 이 단어는 1993년을 기점으로 의미에 변화가 일어나고,[9] 2000년 이후에 의미 확장의 다양성이 변화무쌍하기 짝이 없는데, 그 양상을 보기

---

9 '착하다'의 대상이 사람이 아닌 경우로 의미 확장이 일어난 첫 사례는 '네이버 뉴스' 검색에서 연합뉴스의 1993년 8월 25일 기사 "비망록(備忘錄): '순하고 착한 술' 평양소주 대(大) 인기"에 등장하는 '착한 술'이다.

로 한다(임지룡 2014: 986-991 참조).

우선, '착하다'의 기본용법을 들면 (54)와 같다.

(54) **'흥부는 착하다'**라는 의견에 대해 '흥부는 동네 사람들에게 **착한 일**을 했다' '흥부는 욕심 많은 형을 욕하지 않았다' '흥부는 제비 다리를 고쳐 주었다'라는 근거를 들 수 있다. (한국어읽기연구회 2014, eBook 26./경향신문 2011.10.17.)

(54)를 바탕으로 '착하다'의 의미 확장 양상의 한 측면을 보면 (55)와 같다.

(55) a. 주인을 구한 이 어미 소는 수년전 오른쪽 다리를 다쳐 세 다리만으로 밭가는 일을 마다않는 등 심성이 **착한 소**라고 장씨는 눈물을 흘리며 고마워했다는 것. (연합뉴스 1993.6.10.)

b. 유실수를 심은 후 6~7년차에 접어들자, 퇴비 외에 별다른 수고를 안 하더라도 열매를 맺어주는 **착한 나무들**. (네이버 블로그 '한산 섬' 2014.7.15.)

c. 이 지역 역시 우물이 없는 지역으로 하루하루를 어렵게 살아가는 마을 사람들에게 물 걱정을 해소시켜주는 **'착한' 우물**이 됐다. (중앙일보 2012.12.18.)

d. 다소 촌스러운 피아노 솔로로 시작하는 그의 노래는 아무리 거지같이 끝난 인연이라도 코끝 찡한 기억이 되게 한다. 참 **착한 노래**다. (조선일보 2013.11.1.)

e. 누구도 소외받지 않는 **착한 세상**을 꿈꾸던 괴짜 영화감독 고 김동춘 경위 (KBS 뉴스 2014.7.14.)

(54)-(55)의 '착하다'는 은유의 기제에 의해 '착한 사람→착한 소→착한 나무→착한 우물→착한 노래→착한 세상'으로 확장된다. 곧 '사람→동물→

식물→무생물'에 관한 은유적 확장에 기초하여 '사람'에서 '소', '나무', '우물', '노래', '세상'으로, 그 중심의미 또는 기본의미를 유지한 채 적용 영역이 확장되었다. 이러한 용법은 동화에서 이른바 '의인화 기법'으로 오랫동안 자연스럽게 사용되어 왔다.

한편, 최근 20여 년간 진행되어 온 '착하다'의 의미 확장 양상을 보면 (56) 과 같다.

(56) a. "**착한 기업** 많아져 대구 기부문화 확산을" (매일신문 2013.1.14.)

b. 종방 앞둔 드라마 '굿닥터'의 흥행 요인, 막장 드라마 범람 속 '**착한 드라마**'의 역설 (경향신문 2013.9.30.)

c. 『떡 만들기가 정말 쉬워지는 **착한 책**』 (강숙향 2013, 황금부엉이.)

d. **착한 콜레스테롤** 수치 높이는 음식은? (중앙일보 2014.4.13.)

e. 탄소 제로 '**착한 건물**' 지었다. (동아일보 2011.4.22.)

f. 유라 … 몸매만큼 **착한 그림 실력** (아시아경제 2014.2.13.)

g. 이곳에서는 계란, 빵, 커피 등을 … '**착한 가격**'에 판다. (문화일보 2011.6.17.)

h. **착한 몸매** 가인, 가만히 있어도 매력 발산 (스포츠한국 2014.1.2.)

i. 김민경 "**착한 남자**보다 나쁜 남자에 끌려"[10] (방송엔 2014.7.25.)

(54)-(56)의 '착하다'에 대한 의미 확장의 궤적을 보면, "착한 흥부→착한 기업〈선행적〉→착한 드라마〈윤리적〉→착한 책〈학습자 중심적〉→착한 콜레스테롤〈친건강적〉→착한 건물〈친환경적〉→착한 그림 실력〈우월적〉→착한 가격〈경제적〉→착한 몸매〈미적〉→착한 남자〈몰개성적〉"으로 나타낼 수 있다. 이 과정을 나누어 보면 다음과 같다.

---

[10] '착한 남자'는 세간에서 '자신이 원하는 바를 솔직하게 표현하지 못하는' 또는 '자신의 욕구를 최우선으로 삼지 못하는' 남자로, '나쁜 남자'는 '용모와 능력이 뛰어나고 자존심이 강한' 남자로 정형화되고 있다(한지선 2009: 55 참조).

첫째, '착한 흥부'의 '마음씨와 행동에 대한 긍정적인 평가'를 참조점으로 하여 '선행적', '윤리적', '학습자 중심적', '친건강적', '친환경적' 의미로의 확장이다. 이 유형은 중심의미에 가까운 것으로 확장된 용법을 이해하는 데 큰 어려움이 없다.

둘째, '착한 흥부'의 중심의미를 참조점으로 하여 '우월적', '경제적', '미적' 의미로의 확장이다. 이 유형은 중심의미에서 한결 멀어진 것으로 확장된 용법과 의미가 관용화의 경향을 띤다.

셋째, '착한 흥부'의 중심의미에서 **'몰개성적'** 의미로의 확장이다. 이 유형은 중심의미에서 가장 멀어진 것으로 확장된 용법과 의미에 대해 학습을 필요로 한다.

이상의 의미 확장 양상을 '방사상 망(radial network)'으로 도식화하면 〈그림 7〉과 같다.

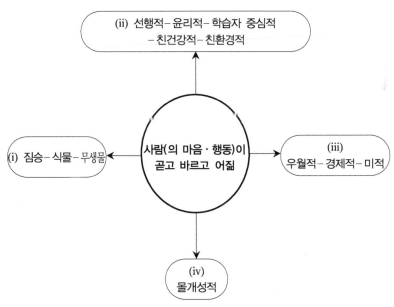

〈그림 7〉 '착하다'의 방사상 의미 확장

6. 마무리

이 장에서는 비유의 의미를 중심으로 개념적 전이, 개념적 환유, 개념적 은유, 의미 확장의 양상에 대하여 살펴보았다. 그 주요 내용에 따라 마무리하기로 한다.

첫째, 의미 확장은 개념적 전이로서 그 주요 인지 기제에는 환유와 은유가 있다. 새말의 대부분은 기존의 형태를 활용한 복합어와 기존의 의미를 확장한 다의어인데, 그 개념적 전이의 기제가 곧 환유와 은유이다.

둘째, 개념적 환유는 동일한 영역에서 근원이 목표에 정신적인 접근을 제공하는 인지 과정이다. 이 경우 사상은 경험적으로 인접해 있는 근원과 목표 간에 참조점을 활성화하는 인지능력에 의해서이다. 환유의 유형은 '부분→전체'의 확대지칭 양상과 '전체→부분'의 축소지칭 양상으로 대별된다. 환유의 기능은 인지적 도구, 추론의 도구, 경제성 및 유연성 기능, 사실성 및 완곡 효과의 기능을 갖는다.

셋째, 개념적 은유는 근원영역의 개념적 요소를 목표영역으로 투사하는 단일 방향적 사상이다. 이 경우 사상은 유사성에 기반을 둔 것이며, 이 유사성의 인지능력은 신체적, 사회 물리적 경험을 통해 동기화된다. 은유의 유형은 구조적, 존재론적, 방향적 은유로 대별된다. 은유의 기능은 인지적 도구, 추론의 도구, 의사소통적 기능을 갖는다.

넷째, 환유와 은유의 기제에 의한 의미 확장의 전형적인 사례로는 신체어와 감정 표현을 들 수 있으며, '착하다'의 방사상 의미 확장 양상도 흥미롭다.

다섯째, 일상 언어는 비유로 가득하며, 몸·마음·문화적 경험에 바탕을 둔 그 비유는 매우 자연스러운 표현이며, 비유 없이는 제대로 사고하고 표현할 수 없는데 사람은 누구나 비유의 자유를 누릴 수 있는 축복을 받고 있다. 비유의 이러한 본질을 제대로 해석해 낸 관점이 인지언어학의 개념적 환유와 은유이다.

제11장
의미의 변화

1. 들머리

이 장은 의미의 통시적 확장인 의미 변화를 이해하는 데 목적이 있다. 이제까지 살펴본 의미 현상은 공시적 관점에 의한 것인 반면, 의미 변화는 통시적 관점에서 의미를 바라본다는 점에서 구별된다. 즉, 어휘의 의미가 시간의 축을 따라 변화해 온 모습에 주목하게 된다.

의미 변화는 수사법과 관련하여 아리스토텔레스 이래로 언어 연구에서 주요한 관심사가 되었지만, 의미론적 측면에서 탐구된 것은 19세기 후반의 역사의미론이라 할 수 있다. 구조의미론에서는 언어의 테두리 안에서 의미장의 변화에 관심을 기울였다. 그런데 의미 변화의 다양한 양상을 전통적 범주인 특수화, 일반화, 타락, 향상의 잣대, 그리고 언어 내적인 자율성의 관점만으로 해명하기는 어렵다. 인지의미론에서는 의미 변화를 범주의 전이와 관련하여 원형 이론, 의미 변화의 기제 및 궤도와 관련하여 은유와 환유뿐만 아니라, 문법화의 관점에서 조망을 시도하고 있다.

이 장에서는 다음 네 가지 사항에 대해서 다룬다.

첫째, 의미 변화의 정의, 성격을 중심으로 그 기본 개념을 살펴본다.

둘째, 의미 변화가 일어나는 원인을 언어적·비언어적 측면에서 살펴본다.

셋째, 환유, 은유, 문법화를 중심으로 의미 변화의 기제를 살펴본다.

넷째, 의미 변화의 결과인 의미 폭과 가치, 대치와 이동, 대립과 중화, 원형 변화에 대해서 살펴본다.

2. 의미 변화의 기본 개념

의미 변화의 정의와 성격을 중심으로 그 기본 개념을 살펴보기로 한다.

2.1. 의미 변화의 정의

언어는 시간의 흐름에 따라 끊임없이 변화한다. 그 가운데서 의미 변화는 단어의 뜻이 바뀌는 현상을 말한다. 단어는 일정한 형태와 의미의 연관 관계로 이루어지는데, 의미 변화는 대체로 단어의 형태가 고정된 상태에서 그 의미가 바뀌는 현상이다. 실제로 어떤 단어도 변화에 자유롭지 않다. 그 까닭은 시간이 흐름에 따라 인간 세상의 온갖 물상이 바뀌고 언어공동체의 삶과 인식에 변화가 일어나기 때문이다. 이 변화의 물결이 언어, 특히 어휘에 직접적으로 영향을 미치고 반영된 것이 의미 변화이며, 역으로 의미 변화는 언중으로 하여금 이 흐름의 물결에 능동적이고 적극적으로 대처하게 해 주는 기능을 수행한다.

그러면 의미 변화의 전형적인 사례로서 (1)의 '어리다'에 대해 살펴보기로 한다.[1]

---

1 이 장에서 이용하는 국어사 문헌의 약호는 한글학회(1992), 『우리말 큰사전』(어문각)을 참고하여 다음과 같이 정한다. 경민중(경민편(중간)), 노번(노걸대/번역노걸대), 노해중(노걸대언해(중간)), 능엄(대불정여래밀인수증요의제보살만행수 능엄경/능엄경), 동신(동국신속삼강행실도), 두해초(분류두공부시/두시언해(초간)), 박번(박통사/번역박통사), 박해(박통사언해), 법화(묘법연화경/법화경), 삼강중(삼강

(1) a. **어린** 빅셩이 니르고져 홀 배 이셔도 (세훈민 2)

　　b. 무디ᄒ고 **어린** 빅셩이 人倫의 중흔 줄을 아디 못ᄒ거든 (경민중
　　서:2)

　　c. **어려셔**부터 효힝이 잇더니 (동신 효6:79)

　　d. 정인은 억지로 눈물을 참으며 **어린** 남매를 한 차례씩 껴안아 주며
　　말했다. (이문열의 '영웅시대'에서)

　'어리다'의 의미를 보면 (1a) 후기 중세국어에서는 〈어리석다(愚)〉를 뜻하
였으며, (1b)와 (1c) 근대국어에서는 〈어리석다(愚)〉뿐만 아니라 〈나이가 적다
(幼)〉를 뜻하다가, (1d) 현대국어에서는 〈나이가 적다(幼)〉만을 뜻하게 되었
다. '어리다'의 의미가 〈어리석다→어리석다·나이가 적다→나이가 적다〉로
변화하는 과정에는 의미적으로 상관성이 존재하는데, 〈나이가 적다〉는 〈어리
석다〉의 한 가지 요인이 될 수 있기 때문이다. '어리다'의 의미 변화 과정은
〈그림 1〉과 같이 도식화된다.

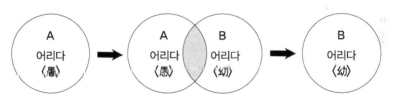

〈그림 1〉 '어리다'의 의미 변화 과정

　〈그림 1〉에서 보듯이 '어리다'는 〈어리석다(愚)〉에서 〈어리석다(愚)·나이
가 적다(幼)〉로의 1단계 변화, 그리고 〈어리석다(愚)·나이가 적다(幼)〉에서
〈나이가 적다(幼)〉로의 2단계 변화가 일어났다. 그중 1단계 변화에는 본래의
의미와 새로운 의미가 공존함으로써 다의관계가 형성된 것인데, 이는 의미

행실도(중간)), 석보(석보상절), 선집(선종영가집), 세훈민(세종어제훈민정음), 신
합(신증유합), 역해(역어유해), 용가(용비어천가), 월석(월인석보), 첩몽(첩해몽어),
한청(한청문감/한한청문감).

변화 과정에서 과도기 과정인 중간 단계에 해당한다.[2] '어리다'에서 보듯이, 의미 변화의 전형적인 과정은 고유한 의미에서 1단계의 다의관계를 거쳐 2단계의 변화된 의미로 진행된다. 이 관계는 (2)와 같이 표시된다.

(2) A $\Rightarrow$ A+B(다의관계) $\Rightarrow$ B

(2)에서 'A$\Rightarrow$A+B', 'A+B$\Rightarrow$B', 'A$\Rightarrow$B'와 같은 경우에는 통시적 측면의 의미 변화로 취급된다.[3] 그 반면, 'A+B'의 중심의미와 확장의미가 A나 B의 변화와 상관없이 다의관계를 형성한 경우에 대해서는 공시적인 측면의 의미 확장으로 처리된다. 예를 들어, (3)의 '떫다'는 (3a)의 구체적인 〈맛〉의 의미와 함께 (3b)와 같이 〈표정·기분〉 등의 추상적 의미가 다의관계를 이루고 있다.

(3) a. 〈설익은 감의 맛처럼 거세고 텁텁한 맛이 있다.〉 "감이 덜 익어 **떫다**."
    b. 〈하는 짓이나 말이 덜되고 못마땅하다.〉 "이 집안사람들은 어찌 모두 시큰둥하고 **떫은** 얼굴들이야." (최일남의 '거룩한 응달'에서)

의미 변화에 대한 논의는 의미의 '통시적 접근(diachronic approach)'을 가리킨다. 언어의 소리, 형태, 통사 규칙뿐만 아니라, 의미와 용법은 인간 사회에서 사용되면서 시간의 축을 따라 끊임없이 생성, 성장, 소멸의 변화 과정을 겪는다. 이와 관련하여 의미 변화의 관심과 탐구는 19세기에서 20세기 초반의 '역사의미론(historical semantics)' 시기에 활성화되었다. 이것은 의미 변화의 논의가 문헌학, 즉 글말 텍스트 자료에 기반을 둔 탐구 경향과 불가분의 관련성을 맺고 있음을 뜻한다. 대조적으로, 입말 사회의 의미 변화에 대해서는 입

---

[2] 이와 관련하여 리머(Riemer 2010: 373)에서는 "의미 변화의 한 가지 중요한 특징은 결정적으로 다의관계를 포함한다."라고 하였다.
[3] 'A$\Rightarrow$B' 유형은 중간 단계인 'A+B(다의관계)'를 통시적인 증거를 통해 찾을 수 없는 경우에 해당한다.

말 고유의 증거 자료가 불충분하기 때문에 잘 알지 못하는 경우가 대부분이다.

요컨대 의미 변화는 '형태/의미'의 짝으로 이루어진 단어에서 의미가 A에서 B로 바뀌는 현상인데, 이 과정에서 A+B(다의관계)인 중간 단계를 거치게 된다.

2.2. 의미 변화의 성격

의미 변화의 주요 성격 다섯 가지를 들면 다음과 같다.

첫째, 의미 변화는 글자 그대로 '변화'인 만큼 언어, 특히 어휘에 미치는 영향이 매우 강하다. 그렇지만 언어가 변화에 압도당하는 일은 거의 없는데, 이것은 언어가 지닌 두 가지 기본적인 성격에서 비롯된다. 그 하나는 언어의 안정성이다. 예를 들어, '차(車)'는 '수레', 즉 바퀴를 달아서 굴러가게 만든 기구로 사람이 타거나 짐을 싣는 기구인데, 그 지시물과 동력원이 '인력거, 달구지, 우차(牛車), 마차(馬車), 자동차, 기차, 전차' 등에서 많은 변화를 겪었음에도 불구하고 '차(車)'의 명칭을 그대로 사용하고 있다. 이것은 〈사람이나 짐을 운송하는 기구〉라는 기능적 속성으로서 '차'의 명칭이 안전판 구실을 해 주기 때문이다. 또 다른 하나는 언어의 유연성이다. 언어는 다양한 의미 변화를 허용하고 수용할 만큼 충분히 유연하다. 그것은 언어가 개신(改新)의 생태학적 변화에 적응할 수 있는 신축성을 지니고 있기 때문이다. 즉, 의미 변화에 직면하여 언어는 내구력과 함께 신축성을 발휘하면서 그 생태를 유지해 나간다.

둘째, 의미 변화의 일반적인 경향은 구체적인 데서 추상적인 데로 진행된다. 이 경우 구체적인 것은 우리가 감각기관으로 지각할 수 있는 신체적, 물리적, 공간적인 대상과 개념이다. 이 구체성은 인지의 기준점으로서, 이를 바탕으로 추상적, 심리적, 시간적 대상이나 개념으로 확장된다. 예를 들어, '이바지하다'의 변화 양상을 보면 근대국어 시기까지 (4a)와 같이 〈(음식을 차려) 잔치하다〉의 의미였는데, 현대국어에서 (4b)와 같이 〈기여하다〉의 의미로 추상화되었다.

> (4) a. 오늘 언약ᄒᆞᄂᆞᆫ **이바디ᄒᆞ더라** (박번 상:45)
> b. 경제 발전에 **이바지하다.**

셋째, 의미 변화는 포괄적인 의미에서 분화된 의미로 진행되는 경향이 있다. 예를 들어, 후기 중세국어의 'ᄀᆞᄅ치다'는 (5a)의 '가르치다〈敎〉'와 (5b)의 '가리키다〈指〉'를 포괄하고 있었는데, 현대국어에서 '가르치다'와 '가리키다'로 분화되었다.

> (5) a. 不賞私勞ᄒᆞ샤 後世ᄅᆞ **ᄀᆞᄅ치시니** (용가 10:28)
> b. 虛無ᄒᆞᆫ ᄃᆡ롤 **ᄀᆞᄅ쳐** 갈 길흘 혀 가리로다 (두해초 22:52)

넷째, 의미 변화는 일반적으로 글자 그대로의 의미에서 비유적 의미로 진행된다. '동궁(東宮)'이 〈왕세자〉를 뜻하게 된 것은 〈세자가 거처하는 동쪽 궁궐〉과 인접성의 환유적 기제에 의한 변화이다. 그리고 '개'가 〈앞잡이〉라는 뜻을 가지게 된 것은 '냄새를 잘 맡다'와 유사성의 은유적 기제에 의한 변화이다.

다섯째, 의미 변화는 본질적으로 의미의 확장이다. '시원하다'의 용법을 통해 이 점을 확인할 수 있다(송지혜 2011: 45-51 참조). (6a)에서 보듯이 '시원하다'는 15세기에 '심사(心事)'와 결합하여 〈답답한 마음이 풀리어 흐뭇하고 후련하다〉를 뜻하였다. 이를 바탕으로 17세기에는 (6b)의 '언행(言行)' 및 (6c)의 '신체어'로 확장되었으며, 19세기에는 (6d)의 '음식어' 및 (6e)의 '공간어'로 확장되었다. 오늘날 '시원하다'가 (6f)의 '온도어'로 확장되어 중심의미로 사용된 것은 20세기에 와서 일어난 변화이다.

> (6) a. ᄂᆞ믜 **ᄆᆞᅀᆞ매 싀훠니** 몯ᄒᆞᄂᆞᆫ 이ᄅᆞᆯ 애ᄃᆞ라 ᄒᆞ가니 (삼강중 열:18)

b. 아ᄋ내 **싀훤이 둣쟈** 또 우리 몸들도 兄의 덕에 오로 죠히 잇다 일
로ᄒᆞ여 삼가 편지ᄒᆞ노라 (첩몽 4:17)

c. 내 **몸이** 이 數日內예 ᄯᅩᄒᆞᆫ ᄀ장 **싀훤치** 아니ᄒᆞ여 속이 답답ᄒᆞ고
포만ᄒᆞ여 (첩몽 2:6)

d. 물도 ᄆᆡ우 묽고 졍흔지라 로곤ᄒᆞ고 **목이** 갈ᄒᆞ야 써 먹은즉 둘고
싀원ᄒᆞ야 졍신이 씩씍ᄒᆞ고 긔온이 나ᄂᆞᆫ지라 (천로역 하:133)

e. 물화 나가ᄂᆞᆫ **길이** 더욱 **시훤ᄒᆞ고** 홍판ᄒᆞ고 슈운ᄒᆞᄂᆞᆫ 길이 더옥 너
를 거시니 (이언언해 2:2)

f. **밤공기가 시원하다.** (『표준국어대사전』)

(6)에서 '시원하다'는 그 의미가 (6a)에서 (6f)까지 누적되어 오면서 의미가
확장된 것이다. 이 양상을 도식화하면 〈그림 2〉와 같다(송지혜 2011: 51 참조).

〈그림 2〉 '시원하다'의 의미 확장

3. 의미 변화의 원인

의미 변화의 다섯 가지 원인에 대해서 살펴보기로 한다.

3.1. 언어공동체의 경향성

의미 변화는 '형태/의미'의 짝에서 새로운 형태를 만들지 않고 기존의 '형

태'에서 '의미'가 바뀌는 현상이다. 이 경우 '의미'의 바뀜은 대부분 본래의 의미와 관련성을 맺고 있다.

그러면 의미 변화가 일어날 때 새로운 형식의 단어를 만들지 않고 기존의 형태를 사용하는 까닭은 무엇인가? 이것은 언어공동체의 두 가지 경향성 때문이다. 즉, 새로운 '형태/의미'의 단어를 만들어 내기가 어려울 뿐만 아니라, 그 새말을 언어공동체가 쉽사리 이해하고 기억하면서 수용하기가 어렵기 때문이다. 그 결과 기존의 의미 및 그것과 관련성을 지닌 새로운 의미를 덧붙여 사용하는 과정에서 의미 변화가 일어나게 된다.

단어의 '형태/의미'에서 공시적으로 의미가 확장되는 다의어나 통시적으로 의미가 바뀌는 현상의 근본적인 원인 가운데 하나는 이와 같은 언어공동체의 경향성에서 비롯된다.

3.2. 지시물과 그 인식의 변화

의미 변화에서 지시물과 그 인식의 변화는 통시적 요인에 의한 것으로서, 사물이나 관념은 시간의 흐름에 따라 끊임없이 바뀌고 있으나 단어의 형태는 그대로 있기 때문에 나타나는 현상이다.

첫째, 지시물의 변화에 따른 것으로, '필통', '역' 등이 있다. '필통(筆筒)'은 본래 '붓'을 꽂아 두는 통이었지만 오늘날에는 연필, 볼펜, 지우개 따위를 넣어 가지고 다니는 기구를 뜻한다. '역(驛)'은 전통 사회에서 중앙 관아의 공문을 지방 관아에 전달하며 외국 사신의 왕래나 벼슬아치의 여행과 부임 때 마필(馬匹)을 공급하던 곳이었는데, 오늘날에는 열차가 발착하는 철도역이 되었다.

둘째, 지시물에 대한 언중의 지식이 변화함에 따른 것이다. '원자'는 그리스 시대에 더 이상 나눌 수 없는 최소 단위로 생각되었으나 과학의 발달에 따라 오늘날에는 원자도 분해될 수 있는 것으로 확인되었다.

3.3. 언어적 원인

의미 변화의 언어적 원인은 어떤 언어 현상 자체가 원인이 되어 의미가 변화하는 것을 이른다.

예를 들어, '아침', '머리', '꽁초', '교회'는 〈아침밥〉, 〈머리털〉, 〈담배꽁초〉, 〈예수교회〉를 뜻한다. 이는 두 단어기 힘께 쓰이나가 한쪽 의미가 다른 쪽에 영향을 받게 되어 한 부분이 생략되고 남은 한 부분이 전체의 의미를 갖게 된 것으로, '감염(contagion)'이라고도 한다.

또한, 단어가 사용되는 환경에 의해 변화하는 경우도 있다. '별로'라는 부사는 근대국어의 (7a, b)에서 〈특별히〉의 의미로 긍정 및 부정 표현에 사용되었다.[4] 그런데 현대국어의 (7c, d)에서 부정어 '없다', '아니다' 등과 결합해 쓰이면서 이제는 긍정 표현에 사용되지 않게 되었으며[5] 그 뜻도 ((부정을 뜻하는 말과 함께 쓰여) 이렇다 하게 따로. 또는 그다지 다르게)로 바뀌었다.

(7) a. **별로** 인ᄉ흘 례도 업스니 (첩해초 8:18)

   b. 우리 **별로** 살 貨物을 의논ᄒ되 엇더ᄒ뇨 (노걸 하:19)

   c. 술기가 있어서 **별로** 겁나는 게 없었다. (하근찬의 '야호'에서)

   d. 나는 그녀가 말하는 것을 **별로** 귀담아듣지 않았다. (김인배의 '방울뱀'에서)

---

4   '별로'는 '심청전'의 "오냐 많이 먹으마. 오늘은 **별로** 반찬이 매우 좋구나, 뉘 집 제사 지냈느냐."에서나 북한어의 "날씨가 **별로** 훈훈하다."에서도 긍정적인 문맥에서 사용된다.

5   이와 유사하게 부사 '전혀'는 부정적인 문맥에서뿐만 아니라, "그것은 **전혀** 개인적인 사건이었지만 마을 사람들 정열에 찬물을 끼얹은 결과가 되었던 것이다. (박경리의 '토지'에서)"와 같이 〈오로지〉의 의미로 긍정 표현과 쓰였으나 오늘날 "**전혀** 갈피를 잡을 수 없다."와 같이 〈도무지〉의 의미로 부정적인 문맥에서만 사용된다.

3.4. 사회적 원인

의미 변화의 사회적 원인은 언어가 서로 다른 사회 계층에서 쓰이면서 의미가 확대되거나 축소된 것이다.

이러한 사례는 종교 용어가 일반 사회에 사용된 경우에서 볼 수 있다. 불교 용어인 '대중(大衆)'은 〈불교 교단을 구성하는 비구, 비구니, 우바새, 우바이 등 사부대중(四部大衆)이나 법회에 참석하는 사람들〉을 총칭해서 부르는 말이었는데, 〈수많은 사람의 무리〉라는 의미로 일반화하였다. 한편, '복음(福音)'은 〈기쁜 소식〉에서 〈예수의 가르침〉이나 〈예수의 가르침을 적은 책〉, 즉 〈복음서〉로 의미의 축소가 일어났다.

또한, 바둑 용어인 '포석(布石), 응수(應手), 승부수(勝負手), 묘수(妙手), 무리수(無理手), 꽃놀이패, 끝내기' 등이 일반 사회에서 사용되면서 비유적인 의미를 더해 의미 변화가 일어났다. 친척 용어가 일반 사회에 쓰이면서 그 의미가 확대된 사례도 흔하다. 예를 들어, '아저씨', '아주머니'는 삼촌과 숙모의 부름말에서 〈성인 남녀〉를 가리키게 되었으며, '삼촌', '이모'와 같이 매우 가까운 촌수의 친척 용어도 친척이 아닌 사이에서 널리 사용되고 있다.

3.5. 심리적 원인

의미 변화의 심리적 원인은 화자의 심리 상태에 기인한 것으로, 금기 표현과 완곡 표현, 환유와 은유가 있다. 예를 들어, '죽다'는 그 사용을 금기시하므로,[6] "할아버지께서 {돌아가셨다·세상 떠나셨다·세상 버리셨다}."와 같은 완곡 표현을 사용한다. 고유어 '동무'는 〈친구(親舊)〉를 뜻하였으나 남북의 분단 상황에서 '동무'가 문화어로 자리 잡자 표준어에서는 부정적인 내포를

---

6   핀란드에서는 '자살'이란 단어를 금기어로 삼아 자살률이 감소했다고 하는데, 자살을 언급해야 할 경우 '병과 관련되지 않았다'라는 완곡 표현을 사용한다. 우리의 경우에도 최근 들어 '자살' 대신에 '극단적 선택'이라는 표현을 사용하고 있다.

지닌 채 거의 사용되지 않는 반면, '친구'가 중립적인 의미로 세력을 넓히게 되었다. 의미 변화의 기제로서 인접성에 의한 환유나 유사성에 의한 은유도 사람의 심리 작용에 의한 의미 변화이다.

4. 의미 변화의 기제

의미 변화의 주요 기제인 환유, 은유, 그리고 문법화에 대해서 살펴보기로 한다.

4.1. 환유

단어의 의미가 인접한 의미로 변화하는 경우를 '환유(metonymy)'에 의한 의미 변화라고 한다. 여기서 '인접성'은 두 단어의 지시물이 공간적으로나 시간적으로 가까이 있거나, 어떤 단어의 기저 의미들이 개념적으로 밀접하게 관련이 있는 경우를 가리킨다. 인접성의 환유적 기제에 따른 의미 변화의 세 가지 유형을 들면 다음과 같다.

첫째, 공간적 인접성의 환유이다.[7] 후기 중세국어에서 '귀밑'은 〈귀밑털〉, 즉 〈구레나룻〉의 의미인데, 이것은 '귀밑'과 '귀밑털'의 공간적 인접성에 의한 변화 결과이다.

둘째, 시간적 인접성의 환유이다. 후기 중세국어에서 '녀름'은 〈여름(夏)〉과 〈농사〉의 다의어였으며, 현대국어에서 그 흔적이 남아 있는 '가을하다'의 '가을'은 〈추수〉를 뜻하는데, 이는 본래 〈가을(秋)〉과 다의어이다.[8] 두 경우

---

[7] 영어의 'board'는 고대영어에서 〈테이블〉을 의미하였으며, 14세기에 'board and lodging(식사를 제공하는 하숙)'의 〈식사〉를, 15세기에 'a board of director(이사회)'의 〈위원회〉를 의미하게 되었는데(Bradley 1904: 186-187 참조), 이것은 〈테이블〉과 〈식사〉, 〈테이블〉과 〈위원회〉의 인접성에 의해 연쇄적으로 의미 변화가 일어난 것이다.

[8] 『표준국어대사전』에서는 '가을'의 두 가지 의미를 동음이의어로 기술하였다.

모두 '여름'에 '농사'를 짓고, '가을'에 '가을걷이'를 하는 시간적 인접성에 기인한다.

셋째, 원인과 결과의 인접성 환유이다. 현대국어의 〈피곤하다〉를 뜻하는 '지치다'는 후기 중세국어 및 근대국어에서 〈설사하다〉를 뜻하는 '즈치다'였다. 이는 설사하는 행위가 신체가 피곤하게 된 것과 인과관계에 따른 것이다.

그런데 인접성에서 단어의 본래 의미와 확장된 의미가 동시에 존재할 경우 의미 변화가 아니라, 다의관계로 취급된다. 예를 들어, 영어의 'tongue'은 〈혀〉를 가리킬 뿐 아니라, 〈언어〉를 의미한다. 발음기관으로서 '혀'와 '언어'는 인접성에 의한 환유 관계가 형성되는데, 두 가지 의미가 공존하므로 공시적 관점의 다의관계로 처리된다. 그 반면, 현대국어의 '지치다'는 〈피곤하다〉를 의미할 뿐 그 본래 의미와 함께 쓰이지 않으므로 의미 변화로 취급된다.

4.2. 은유

단어가 본래의 의미에서 유사성이나 유추에 의해 변화하는 경우를 '은유(metaphor)'에 의한 의미 변화라고 한다.[9] 은유에 의한 의미 변화는 개념적 유사성을 바탕으로 구체적이거나 개별적인 쪽에서 추상적이거나 일반적인 쪽으로 진행되는 경우가 흔하다.

'보람'은 (8a)의 후기 중세국어에서 구체적인 〈표시·표적〉을 뜻하였는데, 근대국어에서 (8b)의 〈표시·표적〉과 (8c)의 좋은 결과인 〈효력·효과·가치〉의 다의관계를 형성하다가, 현대국어 (8d)에서는 〈가치〉를 뜻하게 되었다.[10] 이러한 의미 변화의 과정에는 구체적인 〈표시·표적〉과 추상적인 〈효력·효과·가치〉 간에 개념적 유사성이 작용하기 때문이다.

---

[9] 영어의 'germ'은 19세기에 'seed(씨앗)'를 의미하다가 오늘날 'germ(세균)'으로 의미 변화가 일어났다. 이것은 성장의 근원인 '식물'의 '씨앗'과 병의 '씨앗'인 '세균' 간에 유사성의 은유적 전이에 말미암은 것이다(Riemer 2010: 376 참조).

[10] 이와 관련하여 책의 쪽 표시를 위한 '보람줄'은 '보람'의 구체적인 의미의 흔적을 지니고 있다.

(8) a. 쏨徵은 凶흔 이릴 몬졋 **보라미**니= 쏨徵者ᄂ 凶事ᄋᆡ 前驗이니 (능
엄 8:119)

b. 두 머리에 **보람** 두엇ᄂ나라 (노번 하:55)

c. 아모란 ᄀ만흔 **보람**이 잇고 인(印)은 업ᄂ니 (박해 하:55)

d. 인생에서 뭘가 **보람** 있는 일을 한 가지라도 하면서 살아야 한다.

또한, '틈'은 후기 중세국어 및 근대국어에서 〈벌어진 사이〉의 공간적인 뜻
으로 쓰이다가 현대국어에서는 '문 틈', '놀 틈이 없다'의 공간 및 시간 영역을
아우르게 되었다. '힘'은 '훈민정음해례본'(1446)에서 〈힘줄(筋)〉을 뜻하다가
오늘날 '힘이 세다'나 '나라의 힘'에서처럼 〈근력〉이나 〈영향력〉을 의미할 뿐
만 아니라 '이성(理性)의 힘'에서처럼 〈감정이나 충돌 따위를 다스리고 통제
할 수 있는 능력〉을 의미하기도 하는데, 이는 유사성에 의해 의미가 확장된
것이다. 과실에서 단단한 부분의 '핵(核)'이 〈핵심〉과 같이 사물의 중심이 되
는 알맹이, 〈원자 핵〉, 〈핵무기〉 등으로 확장된 과정이나, 〈잔치하다〉를 뜻하
던 '이바지하다'가 〈공헌하다〉로 바뀐 과정에도 유사성의 은유적 기제가 작용
하고 있다.

4.3. 문법화

'문법화(grammaticalization)'는 한 언어에서 문법 형태들이 발전하는 것으로,
'의미 탈색(semantic bleaching)' 또는 '화용론적 강화(pragmatic strengthening)',
그리고 범주 변화의 과정이다(Riemer 2010: 384 참조). 구체적으로, 어휘적 기능
을 하던 언어 요소가 어떤 문맥에서 문법적 기능을 하게 되는 것뿐 아니라,
문법적 기능을 하던 언어 요소가 새로운 문법적 기능으로 추상화되어 가는 현상
을 말한다.

예를 들어, 에웨어(Ewe)[11]에서 'megbé'는 (9a)에서 신체어 〈등〉을 의미하였
는데, (9b)에서 〈공간〉과 (9c)에서 〈방향의 뒤〉를 가리키며 (9d)에서 〈시간의

뒤〉로 사용되다가 (9e)에서 추상적 개념인 〈뒤처지다・우둔하다〉로 확장된다
(Heine *et al.* 1991: 65-69 참조).

(9) a. épé   **megbé**   fá.

      3SG. POSS   back   be.cold (그의 **등**은 차갑다.)

   b. é-le   xɔ   á   **megbé**.

      3SG-be   house   DEF   behind (그는 집 **뒤에** 있다.)

   c. é-nɔ   **megbé**.

      3SG-stay   behind (그는 **뒤에** 있다.)

   d. é-kú   le   **é-megbé**.

      3SG-die   be   3SG-POSS-behind (그는 그 사람 **뒤에** 죽었다.)

   e. é-tsí   **megbé**.

      3SG-remain   behind (그는 **뒤처진다.**/우둔하다.)

(9)에서 보듯이 'megbé'는 신체 부위(9a)의 보통명사에서 부사(9c), 후치사
(9b, d)로 변화되며, 〈뒤처지다・우둔하다〉(9e)로 추상화된다. 이 변화는 구체
적인 의미에서 추상적인 의미로, 그리고 내용어에서 기능어로의 문법화를 나타
낸다. 이것은 곧 문법화가 범언어적으로 의미에 있어서 '구체적>추상적'으로,
범주에 있어서 '어휘적>문법적'으로 그 변화의 방향이 '단일방향성 가설
(unidirectionality hypothesis)'을 띤다는 것을 의미한다(이성하 2016: 205-206
참조).

후기 중세국어에서 'ᄀᆞᆺ'은 〈가・변두리〉 및 〈끝〉을 뜻하는 보통명사였다.
'ᄀᆞᆺ'은 (10a)의 '가'에서 〈변두리〉의 뜻이 유지되고 있으며, (10b)의 '가장'에
서 부사, (10c, d)의 '까지'에서 조사로 문법화 과정을 보여 준다.[12]

---

11   '에웨어(Ewe)'는 아프리카 서부의 가나와 토고 남부의 에웨 족이 쓰는 언어로,
    수단기니어군에 속하며, 예전에는 오늘날의 '하우사어(Hausa)'를 대신하는 공통
    어였다.

(10) a. 참기름을 따를 때 **가**에 흘리지 않도록 조심해라.

b. 할아버지께서는 형을 **가장** 사랑하셨다.

c. 서울에서 부산**까지** 고속버스로 가면 시간이 얼마나 걸리지요?

d. 우리가 할 수 있는 데**까지** 해 봅시다.

또한, 현대국어에서 조사로 쓰이는 '따라', '부터', '조차'는 (11)-(13)에서 보듯이 후기 중세국어나 근대국어에서 '뜰오다', '븥다', '좇다'와 같은 동사에서 문법화가 일어난 것이다.

(11) a. 追 **뜰올** 튜 (신합 하:5)

b. 오늘**따라** 택시도 안 잡힌다.

(12) a. 附는 **브틀** 씨라 (세훈민 12)

b. 그는 처음**부터** 끝까지 말썽이다.

(13) a. 뉘 아니 **좇줍고져** 흐리 (용가 9:1)

b. 그는 편지는커녕 제 이름**조차** 못 쓴다.

5. 의미 변화의 결과

의미 변화의 결과는 다양한 모습을 띠고 있는데, 의미 폭의 확대와 축소, 의미 가치의 하락과 상승, 그리고 의미 내용의 대치와 이동, 대립과 중화, 원형 변화로 나누어 살펴보기로 한다.

---

12 하이네 & 쿠테바(Heine and Kuteva 2002: 297)에서는 한국어의 완료상 표지 '버리다'와 일본어 완료상 표지 'sutsu(utsu, tsu)'는 둘 다 'throw away(버리다)'를 의미하는 어휘적 동사에서 문법화한 보기라고 하였다.

5.1. 의미 폭의 변화

의미 폭의 변화에는 의미의 확대와 축소가 있다. 이 두 가지 현상에 대해서 기술하기로 한다.

5.1.1. 의미의 확대

의미의 '확대(extension)' 또는 '일반화(generalization)'는 기존의 의미보다 그 폭이 넓어진 것이다. 의미 확대의 전형적인 몇 가지 보기를 들면 다음과 같다.

'겨레'는 (14a)의 근대국어에서 〈친족〉을 뜻하다가 (14b)의 현대국어에서 〈민족〉으로 확대되었다.

> (14) a. **겨레** 수랑ㅎ기롤 슝상ㅎ며(崇宗族之愛) (경민중 25)
>
> b. 시조는 천년의 역사를 지닌 우리 **겨레**의 전승문학이다. (경남일보 2017.2.2.)

'구실'은 후기 중세국어에서 〈관직·공무〉와 〈조세·부역〉의 의미로 사용되었다. 〈관직·공무〉의 의미는 '선종영가집언해'(1464, 서:13)에 '그위실'의 형태로 나타나며, '한청문감'(1779, 3:1)에 "公務 通稱 구실"로 나타난다. 〈조세·부역〉의 의미는 후기 중세국어의 "구실을 물다."에서 볼 수 있다. '구실'은 현대국어에서 〈책임〉이나 〈소임〉으로 의미가 확대되었는데, "사람 구실", "제 구실을 하다."에서 〈관직·공무〉와 〈조세·부역〉을 뜻하는 본래 의미의 자취가 남아 있다. '부엌'은 본래 〈아궁이〉를 뜻하였으나, 〈아궁이〉를 포함한 〈음식물을 장만하고 차리는 곳〉의 의미로 확대되고, 오늘날은 그 양상이 많이 바뀐 〈주방(廚房)〉이 되었다. '사모(師母)님'은 본래 〈스승의 부인을 높여 이르는 말〉이었는데, 〈윗사람의 부인〉 또는 〈남의 부인을 높여 이르는 말〉이 되어 의미가 확대되었다.

5.1.2. 의미의 축소

의미의 '축소(narrowing)' 또는 '특수화(specialization)'는 의미의 확대와 대립되는 것으로, 의미 변화의 결과 본래의 뜻보다 의미 폭이 좁아지게 된 것이다. 의미 축소의 전형적인 몇 가지 보기를 들면 다음과 같다.

'얼굴'은 (15a)의 후기 중세국어에서 몸 전체를 가리키는 〈형체(形體)〉를 뜻하였는데, (15b, c)의 근대국어에 접어들어서는 〈형체(形體)〉뿐만 아니라 〈낯(顔)〉을 뜻하는 다의관계를 형성하다가, (15d)의 현대국어에서 〈낯(顔)〉으로 축소되었다.

> (15) a. 믜본 사ᄅᆞᆷㅣ 일훔 쓰며 **얼구를** 딩ᄀᆞ라 모딘 呪術로 빌며 (석보
>   9:17)
>
>   b. 어딕 가 뎌리 됴흔 옷과 됴흔 鞍馬를 가져와 **얼굴**을 비언ᄂᆞ고, 那
>   裏將那般好依服好鞍馬來撇樣子 (박해 중:30)
>
>   c. 瞼胖平了(**얼굴** 술져 편편ᄒᆞ다 pimpinahabi 顔が肥えて平べつた
>   い) (한청 155)
>
>   d. 그는 주민등록증의 사진과 내 **얼굴**을 번갈아 보더니 뒤쪽에 놓인
>   빈 의자를 가리켰다. (김원일의 '노을'에서)

'짐승'은 '즁싱'에서 온 말로서, 〈생물 전체〉를 가리키는 불교 용어이던 것이 오늘날 〈사람을 제외한 동물〉을 가리키는 것으로 의미가 축소되었다. '보조개'는 '훈몽자회'(1527)에서 〈볼 전체〉, 즉 〈뺨(頰)〉을 가리켰는데 오늘날 〈볼우물(笑印)〉로 의미가 축소되었다. '여위다'는 후기 중세국어에서 〈(몸이) 마르다(瘦)〉와 〈(물이) 마르다(渴·乾)〉의 다의어였지만, 〈(물이) 마르다〉의 의미는 근대국어에서부터 그 용례가 퍽 제한되어 쓰이다가 현대국어에서 〈(몸

이) 마르다), 즉 〈수척하다〉의 의미로 축소되어 쓰인다. '가난하다'는 15세기의 두시언해 초간본에서 〈어렵다〉를 뜻하다가 오늘날 〈경제적으로 어렵다〉를 뜻하게 되었다.

5.2. 의미 가치의 변화

의미 가치의 변화에는 의미의 하락과 상승이 있다. 이 두 가지 현상에 대해서 기술하기로 한다.

5.2.1. 의미의 하락

의미의 '하락(下落, degeneration)'은 단어의 의미 가치가 원래의 의미 가치보다 낮아지거나 나쁜 쪽으로 바뀌는 현상을 말한다. 의미 하락의 전형적인 몇 가지 보기를 들면 다음과 같다.

'겨집'은 후기 중세국어에서 (16a)의 〈여자〉와 (16b)의 〈아내〉를 지칭하였으며, 근대국어에서도 마찬가지였다. '계집'은 현대국어에서 (17a)의 〈여자의 비칭〉, (17b)의 〈아내의 비칭〉으로 사용된다.

(16) a. 女子는 **겨지비**라 (월석 1:8)

　　　 b. 如來 太子ㅅ 時節에 나를 **겨집** 사무시니… (석보 6:4)

(17) a. 당찬 **계집**

　　　 b. **계집**과 자식

사람과 관련된 어휘에서 '겨집'과 같이 가치가 하락된 보기에는 '놈', '마누라' 등이 있다. '놈'은 후기 중세국어에서 〈사람〉을 지칭하였는데, 현대국어에서는 〈남자의 비칭〉으로 사용된다. '마누라'는 후기 중세국어에서 〈영감님·

마나님〉을 뜻하였는데, 오늘날은 〈중년이 넘은 아내〉를 허물없이 이르거나 〈중년이 넘은 여자〉를 속되게 이르는 말이다. '영감'은 〈정삼품과 종이품의 벼슬아치〉를 이르던 말이었는데, 오늘날은 〈나이가 많은 남자〉를 홀하게 부르는 말이 되었다.

의미의 하락 가운데 불교 용어의 일반화를 들 수 있다(조항범 1991: 270 참조). '내연(內緣)'은 〈의식 속에서 우주 간에 존재하는 유무형의 모든 사물을 분별하는 일〉을 뜻하였는데, '내연의 처' 및 '내연 관계'처럼 〈떳떳하지 못하게 맺은 연고〉로 사용된다. '외도(外道)하다'는 〈불교 이외의 종교를 받드는 것〉을 뜻하였으나 오늘날 〈아내나 남편이 아닌 상대와 성관계를 가지는 것〉을 뜻한다.

5.2.2. 의미의 상승

의미의 '상승(上昇, amelioration)'은 한 단어의 의미 가치가 높아지고 좋은 쪽으로 바뀌는 현상을 말한다. 의미 변화에서 상승은 하락에 비해 그 수가 많지 않은데 전형적인 보기를 들면 다음과 같다.[13]

'일꾼'은 (18a)의 본래 〈품삯을 받고 남의 일을 해 주는 사람 또는 농가에서 새경을 받고 일을 해 주는 사람〉을 뜻하였는데, (18b), (18c)의 〈일을 능숙하고 솜씨 있게 잘 처리하거나 일정한 부문에서 어떤 일을 맡아서 하거나 할 사람〉을 뜻한다. (18a)에서보다 (18b), (18c)의 '일꾼'은 그 의미가 향상되었다.

> (18) a. 마당가에선 품앗이 온 상호네 **일꾼** 동칠이를 놓고 젊은 패들 장난
> 이 한창이었다. (한수산의 '유민'에서)
> b. 김 선생이야말로 우리 학교의 **일꾼**이다.

---

13 영어에서 〈좋은·멋진〉을 뜻하는 'nice'는 본래 〈무식한·어리석은〉을 뜻하였으며, 〈육군 원수〉를 뜻하는 'marshal'은 〈말을 돌보는 사람〉을 뜻하였다(Hilpert 2015: 353 참조). 또한, 영어의 〈귀여운·아름다운〉을 뜻하는 'pretty'는 〈비겁하다〉를 뜻하였다.

c. 그는 장차 이 나라를 이끌어 갈 또 한 명의 큰 **일꾼**이 될 것이다.

이 밖에도 사람과 관련된 어휘에서 가치가 상승된 경우에는 다음과 같은 예들이 두드러진다. '스승'은 후기 중세국어에서 〈가르쳐 이끌어 주는 사람〉 이외에도 〈남자 무당〉을 뜻하였으며, 그 흔적이 평북방언 및 함경방언에 남아 있다. 오늘날 '스승'은 〈선생님을 한층 더 존경하는 용어〉로 가치가 향상되었다. '장인(匠人)'도 의미가 상승되었는데, 조선시대에 '장인(匠人)'은 <장인바치>의 천한 신분이었지만, 현대사회에서는 '장인정신(匠人精神)'이라는 용어에서 보듯이 <기술인·기능인>으로 우대받는 존재이다.14

'말씀'은 (19a)의 후기 중세국어에서 〈말〉을 뜻하였으나, 오늘날 그 쓰임을 보면 (19b)에서는 〈남의 말을 높여 이르는 말〉로 (19c)에서는 〈예의를 갖추어 정중하게 하는 자신의 말〉로 변화하였다. 이러한 변화에 대해 조선어학회가 편찬한『조선말 큰 사전 2(1949)』에서는 〈높은 사람의 말이나, 또는 높은 사람에게 하는 말〉로 풀이하고 있다.15

(19) a. 나랏 **말ᄊᆞ미** 中國에 달아 (세훈민)
　　 b. {성경·선생님} **말씀**
　　 c. **말씀**을 {올리다·드리다}, 선생님께 드릴 **말씀**이 있다.

---

14 전통사회에서 〈배우〉를 뜻하는 '광대', '사당' 역시 미천한 신분으로 푸대접을 받았지만, 오늘날 이 용어를 대신하여 사용되는 '배우' 및 '연예인'은 〈대중적인 스타〉로서 젊은이들에게 선망의 대상이 되고 있다.

15 『표준국어대사전』에서는 (19c)의 '말씀'을 〈자기 말을 낮추어 이르는 말〉로 기술하고 있다. 한편,『우리말 큰사전』에서는 〈상대방을 높이어 자기의 '말'을 일컫는 말〉로,『조선말대사전』에서는 ((주로 '드리다', '올리다'와 함께 쓰이어) 상대편을 높이어 '자기의 말'을 이르는 말〉로, '우리말샘'에서는 '한 말씀'을 〈짧으면서도 예의를 갖추어 정중하게 하는 말〉로 풀이하고 있다. "제가 할아버지께 {말씀/?말}드리겠습니다."의 '말씀'은 "제가 할아버지께 {진지/?밥} 올리겠습니다."의 '진지'와 같은 층위의 용법으로, 낮춤이라 할 수 없다.

5.3. 대치와 이동

의미 변화의 결과로서 의미 폭이나 가치 변화 이외의 현상인 대치와 의미
이동에 대해서 기술하기로 한다.

5.3.1. 대치

'대치(代置, substitution)'는 단어의 대상, 즉 지시물의 내용이나 기능이 변
화함에도 불구하고 같은 형태를 사용하는 경우를 이른다. 예를 들어, '솔'은
원래 〈소나무 뿌리〉로 만들었으나 그 재료가 짐승의 털, 합성수지로 바뀌었으
며, '칠판(漆板)'은 원래 〈검은 판〉이었으나 〈녹색 판〉에서 〈흰 판(화이트보
드)〉으로 바뀌었다. '역(驛)'은 본래 〈말을 바꿔 타거나 유숙하던 장소〉였는데
오늘날 〈열차가 발착하는 곳〉이 되었으며, '감투'는 전통사회에서 〈남자의 머
리카락을 묶는 헝겊 또는 의관〉이었는데, 그 지시물이 사라진 채 "감투를 쓰
다/벗다."로 관용 표현이 되었다.

5.3.2. 의미 이동

'의미 이동(semantic shift)'은 의미 변화의 결과 본래의 의미와 상당 부분
달라진 것을 가리킨다. 이것은 의미 변화의 과정에서 중간 단계인 다의관계
의 연원이 잊힌 경우에 나타나는 현상이다. 즉, 의미 변화는 'A⇒A+B⇒B'
의 연쇄적 과정을 거치게 되는데, A+B의 과도기적 단계를 포착하지 못한
채 A⇒B로 나타날 경우 상호 관련성을 놓치게 된다. 현대국어의 동음이의
어 가운데 의미 변화의 과정에서 다의적 연쇄의 고리를 잃어버린 경우가 적
지 않다.

'어여쁘다'는 후기 중세국어에서 (20a)의 〈불쌍하다〉를 뜻하였으나 오늘날
(20d)의 〈예쁘다〉를 예스럽게 이르는 말로 의미 이동이 일어났다. 그런데 근대

국어에서 (20b)의 '어여쁘다〈불쌍하다〉'와 (20c)의 '어여쁘다〈예쁘다〉'는 다의 관계를 형성하였는데 이 과정을 놓치는 수가 있다. 실제로, '불쌍하다'는 처지나 형편이 안됐고 애처로운 뜻의 〈예쁘다〉로 쉬이 전이될 수 있다.

(20) a. 如來 닐오딕 **어엿브니라** ᄒᆞᄂᆞ니 = 如來ㅣ 說爲可**哀憐**者ㅣ니 (능엄 9:38)

b. 아비는 올히 ᄒᆞ고 어미는 **어엿비** 너기며 (경민중 19)

c. 하 영민ᄒᆞ니 **어엿브이다** (계축일기 34)

d. 잠들어 있는 그 아이의 얼굴은 참으로 소줏빛으로 투명하게 맑고 **어여뻐서**… (김성동의 '먼 산'에서)

'세수(洗手)하다'는 글자 그대로 〈손을 씻다〉를 뜻하였는데, 〈손이나 얼굴을 씻다〉로 의미가 확대되었다가 〈얼굴을 씻다〉로 의미가 이동되었다. '씩씩하다'는 후기 중세국어에서 〈엄(嚴)하다〉를 뜻하였는데, 근대국어에서 〈엄(嚴)하다〉와 〈씩씩하다(莊)〉의 다의관계를 거쳐 오늘날 〈씩씩하다〉만을 뜻하는 것으로 의미가 이동되었다.

5.4. 대립과 중화

의미 변화 과정에서 본래의 의미와 대립관계를 형성하거나 대립이 중화되는 경우에 대해서 기술하기로 한다.

5.4.1. 대립

의미가 대립적 관계로 변화하는 경우를 보기로 한다. '싸다'는 (21a, b)의 후기 중세국어에서 근대국어에 이르기까지 〈(얼마만큼의) 값이 있다·나가다 (値)〉를 뜻하였으며, 그 흔적이 현대국어의 (21e) 및 북한어에 남아 있다. 그런데 (21c)에서는 〈비싸다(高價)〉로 사용되었으며, 현대국어의 (21d)에서는 〈값이 헐하다(低價)〉로 사용되어 대립적으로 의미가 바뀌었다.[16] 한편, (22a)의 '빋ᄊᆞ다'는 '빋(값)+ᄊᆞ다((얼마만큼의) 값이 있다)'의 합성어로서 'ᄊᆞ다'의 동음이의어들 가운데 변별력을 확보하기 위해 동의중복 형이 된 것인데, (22b)의 현대국어에서 〈비싸다(高價)〉로 정착되었다.

(21) a. 일훔난 됴ᄒᆞᆫ 오시 비디 千金 **ᄊᆞ며** (석보 13:22)
b. 家書ㅣ 萬金 **ᄊᆞ다** ᄒᆞᄂᆞ니라 (노번 하:4)
c. 뵛 갑시 **ᄊᆞ던가** 디던가(布價高低麽) (노번 상:9)
d. **싼** 것이 비지떡.
e. 나쁜 짓을 했으니 혼나도 **싸다**.
f. 한 푼 **싸지도** 않은 자존심. (북한어)

(22) a. 빋낸 사ᄅᆞᄆᆡ 지븨 믈읫 잇ᄂᆞᆫ **빋ᄊᆞᆫ** 거싀라도 (박번 상:61)
b. 그 제품은 값이 **비싼** 만큼 질은 아주 좋다.

'ᄑᆞᆯ다'는 (23a)의 후기 중세국어에서 〈팔다(賣)〉 또는 〈흥정하다〉를 뜻하였다. (23b)의 근대국어에서 'ᄡᆞᆯᄑᆞᆯ다'에 해당하는 '糴米'는 〈쌀을 사늘이다〉를 뜻하였는데, 이 경우 'ᄑᆞᆯ다'는 〈사다〉의 뜻으로 사용되었다. 오늘날 (23c)의 충북방언을 비롯하여 대구방언에서 '팔다'는 '곡식'과 관련하여 〈사다〉를 뜻한다.

(23) a. 金地國에 가 돈ᄋᆞᆯ **ᄑᆞ라** 불어 三千 貫ᄋᆞᆯ 가져오더니 (월석중 23:64-65)

---

16 'Smoke-Free Area'의 영국 찻집이나 "This hotel is 100% smoke free."의 미국 호텔 표지판에서 'free'를 보고 자유롭게 담배를 피울 수 있는 지역으로 오해할 수 있으나, 실제로는 담배를 피울 수 없는 지역이다. 이것은 'free'가 〈자유의〉라는 의미 외에 구속으로의 해방에서 파생된 〈~없는〉을 뜻하기 때문이다.

b. 쌀 **푸라** 드리다(糶米) (역해 하:48)

c. "쌀 **팔루** 간다." (박경래의 '내 고향은 충북이어유'에서)

5.4.2. 중화

의미 변화 과정에서 대립이 중화되기도 한다. 첫째, '주책없다/주책이다', '엉터리없다/엉터리이다'의 경우를 보기로 한다.

(24) a. 생각할수록 운명의 장난이란 **주책**이 없는 것 같다. (심훈의 '영원
　　　 의 미소'에서)

　　b. 그 사람 참 **주책**이야.

　　c. 누가 그런 **주책없는** 소리를 하더냐?

(24)에서 a의 '주책'은 〈일정하게 자리 잡힌 주장이나 판단력〉을 뜻하지만, b의 '주책'은 〈일정한 줏대가 없이 되는대로 하는 짓〉을 뜻하여 a와 대립적인 의미로 사용된다. c의 '주책없다'는 〈일정한 줏대가 없이 이랬다저랬다 하여 몹시 실없다〉를 의미한다. 곧 '주책+있다/없다'의 대립이 중화되었다.

(25) a. 이 물건은 겉만 번드르르했지 사실은 **엉터리**이다.

　　b. **엉터리없는** 수작

(25)에서 a의 '엉터리'는 〈보기보다 매우 실속이 없거나 실제와 어긋나는 것〉을 뜻하는데, b의 '엉터리없다'는 〈정도나 내용이 전혀 이치에 맞지 않다〉를 뜻하여 '엉터리다'와 '엉터리없다' 간에 대립이 중화되었다.

둘째, '우연히·우연하게/우연찮게'를 보기로 한다.

(26) a. 그 친구를 **우연히** 길에서 만났다.

b. 그토록 찾던 그 친구를 오늘 **우연찮게** 길에서 만났다.

(26)에서 a의 '우연히'는 〈어떤 일이 뜻하지 아니하게 저절로 이루어져 공교롭게〉를 뜻하는데, b의 '우연찮게'는 '우연히'를 뜻한다. 따라서 '우연히·우연하게/우연찮게' 간에 대립이 중화되었다.

5.5. 원형 변화

의미 변화에는 종래에 눈여겨보지 않았던 원형의 이동과 분열이 있다. 이 두 가지 현상에 대해서 기술하기로 한다.

5.5.1. 원형 이동

한 단어의 여러 가지 의미에서 가장 중심이 되는 의미를 원형이라고 하며, '원형 이동(prototype shift)'은 의미 변화에서 원형이 교체되는 현상을 가리킨다.[17] '사랑하다'는 의미 변화에서 원형 이동의 양상을 보여 준다.

후기 중세국어에서 'ᄉᆞ랑ᄒᆞ다'는 (27)에서 보듯이 〈思(생각하다)·愛(사랑하다)·慕(그리다)〉의 다의적인 뜻을 지니고 있었다. 그 가운데서 〈思(생각하다)〉는 'ᄉᆞ랑ᄒᆞ다'의 기원적인 의미일 뿐 아니라 주된 용법으로서 원형의미의 기능을 수행하였다.[18]

---

17 영어에서 '원형 이동'은 'coach'의 의미 변화에서 나타난다. 'coach'는 16세기에 morning·glass·hackney·stage coach 등 바퀴가 네 개이고 좌석이 있으며 말이 끄는 밀폐된 마차를 가리켰는데, 16~17세기에는 왕실과 귀족이 사용하는 'state carriage'가, 19세기에는 서민용으로 전국에서 정규적으로 운행된 'stage coach'가, 그리고 20세기에는 버스인 'motor coach'가 원형적인 코치로 부각되었다(Ungerer and Schmid 2006: 316-318 참조).
18 이 시기에 〈愛〉의 의미를 지닌 어형으로 "ᄆᆡ디 아니ᄒᆞ며 **ᄃᆞᆺ디** 아니ᄒᆞ야"(월석 9:42)의 'ᄃᆞᆺ다'가 있었으나 'ᄉᆞ랑ᄒᆞ다'가 〈愛〉의 의미만으로 쓰인 근대국어 시기에 소멸하였다.

(27) 〈思〉·〈愛〉·〈慕〉

    a. 손소 머리 갓고 묏고래 이셔 道理 **스랑ㅎ더니** (석보 6:12)

    b. 어버이 子息 **스랑호문** 아니 한 스싀어니와 (석보 6:3)

    c. 虛흔 므슦미라 오직 내 재조롤 **스랑ㅎ놋다** (두해초 7:34)

    d. 이 經 닐글 싸르믄 … 衆生이 즐겨 보딕 賢聖 **스롱톳** ㅎ며 … =讀

      是經者ᄂᆞᆫ … 衆生이 樂見ㅎ되 如**慕**賢聖ㅎ며 (법화 5:70)

근대국어에서 '스랑ㅎ다'는 (28)에서 보듯이 〈思·愛〉의 의미가 공존하는
데, 17세기 초 '동국신속삼강행실도'에서부터 주변적 의미에 해당하던 〈愛〉의
의미가 중심적 의미로 쓰이게 되어 원형 이동의 양상을 드러낸다. (29)에서
보듯이 〈愛〉는 '스랑ㅎ다'가, 〈思〉는 후기 중세국어에서 그 쓰임이 미약하던
'싱각ㅎ다'가 분담하게 되었다. 이것은 이 시기에 '스랑ㅎ다'가 원형 이동과
함께 의미 변화가 일어난 것을 뜻한다.

(28) 〈思〉·〈愛〉

    a. 오시 업슬새 南州롤 **스랑ㅎ노라**(無衣思南州) (두해중 1:14)

    b. 형 셤기믈 아비 셤김ᄀᆞ티 ㅎ며 권당을 **스랑ㅎ니** (동신 효5:75)

    c. 그 妾을 **스랑ㅎ거든** 안해 쏘흔 **스랑홀** 배니 (여훈언해 하:14)

(29) a. 다른 사름의 거슬 **스랑티** 말며(別人東西休**愛**) (노해중 하:38)

    b. 음식 **싱각** 아니 ㅎᄂᆞ니라(不**思**飮食) (노해중 하:36)

현대국어에서 '사랑하다'는 (30)에서 보듯이 〈愛〉의 측면에서 '사람, 이성
(異性), 유정물, 추상 세계' 등 다양한 대상과 존재를 〈아끼고 소중히 여기다〉
라는 뜻으로 사용된다. 그런데 (31)에서 보듯이 '사랑하다'가 〈이성을 몹시
그리워하거나 좋아하다〉라는 의미로 그 쓰임이 크게 활성화되면서 또 한 번의
원형 이동과 함께 의미 변화가 일어났다. 한편, '사랑하다'는 최근 들어 동성

간에도 사용될 만큼 그 범위를 넓히고 있다.

(30) 〈愛: 아끼고 소중히 여기다〉

　　a. 아버지는 {부모님·형제자매·아내·자식·친구·제자}를 **사랑
　　　하셨다.**

　　b. 그는 항소와 호박넝쿨을 특별히 **사랑했다.**

　　c. 에스토니아는 음악과 평화를 **사랑하여** 독립을 쟁취하였다.

(31) 〈愛: 이성을 뜨겁게 그리워하거나 좋아하다〉

　　갑돌이는 갑순이를 사랑했다.

이상에서 '사랑하다'의 의미 변화 양상을 원형 이동에 따라 도식화하면 〈그림 3〉과 같다.

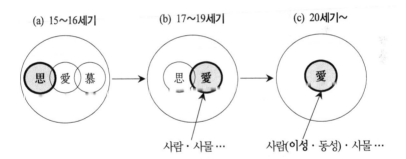

〈그림 3〉 '사랑하다'의 원형 이동

5.5.2. 원형 분열

'원형 분열(prototype split)'은 의미 변화에서 원형이 분열되어 더 세부적인 의미로 진행되는 것을 가리킨다.[19] '양반'은 의미 변화에서 원형 분열을 보이

는데, 그 양상은 다음과 같다.

첫째, '양반(兩班)'은 (32)에서 보듯이, 〈문반(文班)과 무반(武班)〉을 지칭하는 말로, 이는 고려시대(경종 1년, 976년)에 확립되었다.

(32) 〈문반(文班)과 무반(武班)〉
"나라에서는 해동통보를 만들어 문무 **양반** 및 군인들에게 나누어 주어 쓰도록 하였다." (『고려대 한국어대사전』)

둘째, 조선시대에서 '양반(兩班)'은 〈문반(文班)과 무반(武班)〉뿐만 아니라, (33)과 같이 그 가족이나 후손까지를 포괄하여 〈상류 계급의 사람〉을 가리켰다. (33)과 관련하여 『조선말 큰 사전 1(1957)』에서는 "근세 조선 중엽 이후에 있어 상류에 딸린, 또는 지체가 있는 사람을 일컫는 말('상사람'의 대)"로 풀이하고 있는데, 이 용법이 조선 중엽 이후임을 명시하고 있다.

(33) 〈지체나 신분이 높은 상류 계급의 사람〉
"팔이 안으로 굽는다고 이방은 **양반**보다는 돈냥 있는 아랫신분 사람들께 통하게 마련이었다." (황석영의 '장길산 3'에서)

셋째, 갑오개혁(1894년)에서 신분제가 타파된 이후 '양반'의 의미는 큰 변혁을 겪게 되었다. 현대국어에서 '양반'은 네 가지로 분열되었다. 즉, (34a)에서는 〈점잖은 사람〉을 가리키며, (34b)에서는 〈'남편'을 다른 사람에게 높여 부르는 말〉이며, (34c)에서는 〈'남자'를 높이거나 홀하게 부르는 말〉이다. 한편, (34d)에서는 〈나은 형편〉을 가리킨다.[20]

---

19 영어에서 '원형 분열'은 'idea'의 의미 변화에서 나타난다. *Oxford Dictionary*에서 'idea'를 보면 1430~1770년에는 'concept(개념)'를 뜻하였으며, 1770~1830년에는 'concept(개념)·belief(신념)'를 뜻하였으며, 1830년 이후에는 'concept(개념)·belief(신념)·inspiration(영감)·aim(목적)'을 뜻하여 원형 분열을 보인다(Ungerer and Schmid 2006: 318-319 참조).

(34) a. 〈점잖은 사람〉 "그 사람이야 성격을 보나 하는 행동을 보나 그야말로 **양반**이지." (『고려대 한국어대사전』)

　　b. 〈남편의 높임말〉 "보시다시피 우리집 **양반**이 워낙 벌이를 못 하시니" (최인욱 '복을 비는 이 밤에'에서)

　　c. 〈남자를 높이거나 홀하게 이르는 말〉 ㉠"드, 들어가자. 목수 **양반**이 기시지마는", 영말이 등을 민다. (박성리의 '토지 4'에서) ㉡"이 딱한 **양반**아, 장편소설을 써서 신문사에 판다는 것은 미지수의 일이고 밥을 굶는다는 것은 당장 해결지어야 할 문제인데!" (김을한의 '추풍호신'에서)

　　d. 〈나은 형편〉 "그 고생한 일을 생각하면 지금 이렇게 사는 거야 **양반**이죠." ('우리말샘')

(32)-(34)의 '양반'에 대한 의미 변화는 '문무반'의 원형의미에서 분열이 일어났는데,[21] 이 관계는 〈그림 4〉에서 보는 바와 같다.

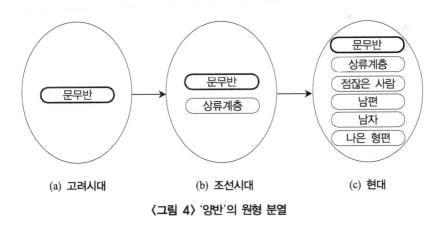

(a) 고려시대　　　　(b) 조선시대　　　　(c) 현대

〈그림 4〉 '양반'의 원형 분열

20　문세영(1953) 『우리말큰사전』(삼성문화사)에서는 "①동반(東班)과 서반(西班) ②상류(上流) 또는 문벌이 높은 사람", 그리고 한글학회(1957)의 『조선말 큰 사전 4』(을유문화사)에서도 이 두 가지 의미만 수록되어 있다.

21　'작자(作者)'도 ①저작자 ②소작인 ③물건을 살 사람 ④다른 사람을 낮잡아 이르는 말 등에서 보듯이 유사한 의미 변화를 겪는다.

〈그림 4〉 (c)의 '문무반'이나 '상류계층'의 의미는 사극이나 책에서 그 용법이 보존되고 있다.

6. 마무리

이 장에서는 의미의 변화를 중심으로 기본 개념, 원인, 기제, 결과에 대하여 살펴보았다. 그 주요 내용에 따라 마무리하기로 한다.

첫째, 의미 변화는 '형태/의미'의 짝으로 이루어진 단어에서 의미가 A에서 B로 바뀌는 현상인데, 이 과정에서 다의관계인 A+B단계를 거치게 된다. 의미 변화의 성격을 보면 변화의 영향이 큼에도 불구하고 언어의 안정성과 유연성에 의해 그 생태를 유지하며, 일반적으로 구체적인 데서 추상적으로, 포괄적인 의미에서 분화된 의미로 진행된다.

둘째, 의미 변화의 원인으로는 새로운 형태/의미에 대한 부담으로 기존의 형태/새로운 의미를 선호하는 언중의 경향성, 그리고 언어적·비언어적 원인을 들 수 있다.

셋째, 의미 변화의 기제로 인접성의 '환유', 유사성의 '은유', 그리고 문법 형태들이 발전하는 의미 탈색과 범주 변화의 '문법화'가 있다.

넷째, 의미 변화의 양상으로는 의미의 확대와 축소에 따른 폭의 변화, 의미의 하락과 상승에 따른 가치의 변화, 대치와 의미 이동, 대립과 중화, 원형 이동과 분열에 따른 원형 변화가 있다.

제5부
문법 · 문장의 의미

제12장
문법의 의미

1. 들머리

이 장은 문법의 의미를 이해하는 데 목적이 있다. 문법은 언어관에 따라 그 현상을 파악하는 방식이 매우 다르다. 종래의 언어관에서는 문법의 범위를 언어 내부의 자율적인 부문으로 간주해 왔다. 즉, 문법 탐구에서 언어 사용의 주체인 사람이나 문화의 측면을 배제하였다. 또한, 의미의 문제를 고려하지 않았으며, 언어의 구조와 기능이 자의적이라는 관점을 취하였다.

그러나 문법은 우리의 생각을 문장으로 엮어 내는 데 관여하는 원리이므로, 문장을 구성하는 사람 또는 사람의 사회 문화적 경험을 고려하지 않을 수 없다. 또한, 문장의 구조와 기능은 언어 주체의 표현 의도를 반영하게 마련이다. 곧 문법과 의미는 밀접한 관계에 놓일 뿐만 아니라, 문법은 의미를 위해 존재한다고 하겠다.

이 장에서는 다음 네 가지 사항에 대해서 다룬다.

첫째, 문법의 의의를 정의, 효용, 문법관의 변화, 문법과 의미의 상관성을 통해서 살펴본다.

둘째, 품사의 의미를 의의, 내용어와 기능어, 내용어의 양상을 중심으로 살펴본다.

셋째, 문장 성분의 의미를 주어와 목적어, 의미 역할, 행동 연쇄 구문을 중심으로 살펴본다.

넷째, 구문의 의미를 구문 문법과 구문, 구문의 양상과 의미를 중심으로 살펴본다.

2. 문법의 의의

문법의 정의, 효용, 문법관의 변화, 문법과 의미의 상관성 등을 통해 문법의 의의에 대해서 살펴보기로 한다.

2.1. 문법의 정의

문법이란 무엇인가? 자연 현상처럼 언어에는 일정한 원리와 규칙이 있다. 이 원리와 규칙의 테두리 안에서 사람들은 생각과 느낌을 주고받게 된다. 우리가 언어를 안다고 하는 것은 말소리, 문법, 의미로 이루어진 언어의 원리와 규칙에 따라 언어생활을 해 나간다는 것을 뜻한다. 그중 문법은 단어들을 엮어 올바른 문장을 구성하는 규칙과 원리이다. 다시 말해서, 문법이란 우리의 생각이나 표현 의도를 드러내기 위해 단어를 조합하여 문장을 만드는 규칙이나 원리이다.

어휘[1]와 문법은 그 역할이 상보적이다. 어휘는 언어의 개별적인 현상을 다루는 반면, 문법은 일반적 법칙 아래 있는 언어 현상을 다룬다(Sweet 1892: 205 참조). 예를 들어, '사람, 하늘, 땅, 나무' 등은 개별적인 차원의 어휘에 관한 문제이며, 단어의 어형 변화나 어순은 일반성 차원의 문법에 관한 문제이다. 이처럼, 단어는 우리 경험의 특별한 양상을 표현하는 데 사용되는 반면,

---

[1] '어휘(語彙, vocabulary)'는 단어를 집합적으로 일컫는 용어이다.

문법은 우리 경험의 고도로 일반화된 양상을 표현하는 데 사용된다. 『표준국어대사전』에는 50만 개, '우리말샘'에는 100만 개가량의 어휘가 수록되어 있는데, 이것은 우리 경험의 특별한 양상을 드러내기 위해서 수많은 어휘가 소용된다는 것을 뜻한다. 실제로, 한 개인으로서 어휘의 양적, 질적 정보는 한평생 동안 학습해도 부족할 정도이다. 그에 비해, 한 언어권의 문법적 개념은 추상적인 동시에 기본적인데, 그 원리의 습득은 비교적 어린 시절에 완성된다.

구체적으로, 문법의 단위는 (1)에서 보듯이 '형태소', '형태적 구성', '통사적 구성', '문장'의 네 가지 층위로 나뉜다(권재일 2012: 35-38 참조).

(1) a. 문법의 단위: 형태소→형태적 구성→통사적 구성→문장
    b. 정원의 꽃이 붉게 피었다.

(1a) 가운데 '형태소'는 가장 작은 문법의 단위로서, 문장 (1b)에서 '정원, 의, 꽃, 이, 붉-, -게, 피-, -었-, -다' 각각이 형태소이다. 형태소가 모여서 '형태적 구성'을 이루는데, '정원'과 '의'가 모여서 '정원의'라는 구성을, '꽃'과 '이'가 모여서 '꽃이'라는 구성을, '붉-'과 '-게'가 모여서 '붉게'라는 구성을, 그리고 '피-', '-었-', '-다'가 모여서 '피었다'라는 구성을 이룬다. 한편, 형태적 구성이 모여서 통사적 구성을 이루는데, '정원의'와 '꽃이'가 모여서 '정원의 꽃이'라는 통사적 구성을, '붉게'와 '피었다'라는 형태적 구성이 모여서 '붉게 피었다'라는 통사적 구성을 이룬다. 이 경우 통사적 구성 '정원의 꽃이'는 '주어'라는 문법 범주를, '붉게 피었다'는 '서술어'라는 문법 범주가 되며 주어와 서술어라는 문법 범주가 모여서 문장을 이루게 된다.

요컨대 문법은 우리의 생각을 표현하기 위해 의미를 가진 언어 단위들을 조합하여 문장을 만드는 규칙 또는 원리이다.

2.2. 문법의 효용

말을 하거나 글을 쓰는 데 문법 규칙이 존재하지 않는다면 어떻게 될까? 화자 또는 필자의 생각이 단순히 단어의 나열에 그칠 경우, 청자 또는 독자는 그 사람의 표현 의도를 파악하기 위해서 많은 시행착오를 겪어야 할 것이다. 즉, 단어 상태로 제시된 생각의 조각들을 짜 맞추기 위해서 단어로 이루어지는 모든 경우를 하나하나 점검해 보는 수밖에 없다. 예를 들어, 다음과 같이 다섯 개의 단어가 제시되었다고 가정해 보자.

(2) 가, 개, 고양이, 를, 쫓다

우선, (2)에서 "가 고양이를 개 쫓다."나 "쫓다 고양이가 개를."과 같이 이상하고 어색한 문장을 걸러내야 하는데, 이 상태에서는 화자의 의도를 제대로 알 수 없게 된다. 다음 단계로 "개가 쫓다 고양이를."과 같은 문장을 배제하게 되면 (3)과 같은 네 개의 문장 가운데 어느 하나를 선택해야 하는데, 이 문제도 결코 단순하지 않다.

(3) a. 개가 고양이를 쫓다.
b. 개를 고양이가 쫓다.
c. 고양이가 개를 쫓다.
d. 고양이를 개가 쫓다.

위의 사례에서 보듯이, 생각이 단어 상태로만 제시된 경우 그 의미를 파악하는 과정은 비효율적일 뿐 아니라, 화자의 정확한 의도를 찾아내기가 쉽지 않다. 이와는 달리, 단어가 문법 규칙에 따라 주어, 목적어, 보어, 부사어, 서술어와 같은 성분을 형성하고 각 성분이 어순에 따라 배열되면 청자는 그 문장의 의미를 곧바로 알 수 있게 된다.

세계의 언어 7천여 개 가운데 1,228개의 어순이 조사되어 그 유형이 밝혀졌다(Dryer 2005a: 330-333 참조). (3a)와 같은 문장에서 '개'(S), '고양이'(O), '쫓다'(V)의 성분에 대한 어순의 유형별 분포를 보면 〈표 1〉과 같다.

〈표 1〉 세계 언어의 어순 유형별 분포(Dryer 2005a: 330 참조)

어순	언어	수치
주어-목적어-동사 (SOV)	한국어, 일본어, 터키어, 아이누어 등	497
주어-동사-목적어 (SVO)	중국어, 영어, 러시아어, 스와힐리어, 베트남어 등	435
동사-주어-목적어 (VSO)	아일랜드어, 웨일스어, 자포텍어(멕시코) 등	85
동사-목적어-주어 (VOS)	피지어, 말라가시어, 바다크어, 타갈로그어 등	26
목적어-동사-주어 (OVS)	힉스카리아나어, 브라질 토박이어, 타밀어 등	9
목적어-주어-동사 (OSV)	와라오어(베네수엘라), 아프리나어(브라질) 등	4
지배적인 어순이 없는 언어	퀼루트어(VSO · SVO 공존), 미야어(SVO · VOS 공존) 등	172
전체		1,228

〈표 1〉에서 보듯이,[2] 6개의 어순 유형 가운데 SOV 형이 40.5%, SVO 형이 35.4%로, 두 유형이 75.9%를 차지한다. 이러한 어순이 우세한 까닭은 무엇인가? 이에 대해서 톰린(Tomlin 1986)은 어순을 지배하는 세 가지 원리를 제시하였다(권재일 2013: 92-93 참조). 첫째, '주제 우선의 원리(the theme first principle)'이다. 이것은 문장에서 화자가 청자의 주의를 집중시키기 위해 의도하는 정보를 앞세우는 것으로, 주어가 문장의 맨 앞에 위치하거나 목적어에 앞선다. 둘째, '동사-목적어 결합의 원리(verb-object bonding principle)'로, 동사가 주어보다 목적어와 더 밀접하게 결합한다. 셋째, '유정물 우선의 원리(the animated first principle)'로, 유정물 명사가 무정물 명사에 우선한다.

한국어는 SOV 형의 어순을 취한다. 국립국어원(2005: 54-55)에서는 한국

2　'주어(subject)'와 '동사(verb)' 어순의 경우 SV 형 1,060개, VS 형 179개, 복합형 105개, 합계 1,344개로 집계되었다(Dryer 2005b: 334-337 참조). 한편, '목적어(object)'와 '동사(verb)' 어순의 경우 OV 형 640개, VO 형 639개, 복합형 91개, 합계 1,370개로 집계되었다(Dryer 2005c: 338-341 참조).

어의 기본 문형을 (4)와 같이 다섯 가지로 나누었다.

> (4) a. 주어＋서술어 (꽃이 핀다.)
> b. 주어＋부사어＋서술어 (영미가 의자에 앉았다.)
> c. 주어＋목적어＋서술어 (영미는 준호를 사랑한다.)
> d. 주어＋보어＋서술어 (준호는 어른이 되었다.)
> e. 주어＋목적어＋부사어＋서술어 (영미는 준호를 천재로 여겼다.)

요컨대 (2)에서 보듯이 문법 규칙에 따른 어순이 없다면 단어를 통해 가능한 조합을 모두 시험해 봐야 하며, 이 과정에서 엄청난 비능률과 혼란이 뒤따를 것이다. 따라서 문법은 문장을 만들고 그 의미를 파악하는 데 없어서는 안 될 유용한 장치라 하겠다.

2.3. 문법관의 변화

문법 현상은 문법을 보는 관점에 따라 매우 다른 양상을 띤다. 여기서는 현대 언어학에서 문법관의 차이를 살펴보기로 한다.

구조주의 및 기술주의에서는 언어 자체의 테두리 안에서 형태 및 통사 부문의 구조나 분포를 체계적이며 객관적으로 기술하려 하였다. 변형생성주의에서는 모국어 화자의 천부적인 언어능력, 즉 '무한수의 문장을 생성할 수 있는 유한한 규칙의 명세화'를 관찰, 기술, 설명하는 데 주력하였다. 또한, 언어에 관한 독자적인 두뇌의 체계를 상정하고 의미론과 상관없이 고유의 원리에 따른 통사론을 중시하였다.

이상의 세 가지 언어관을 '객관주의 언어학'이라고 하는데, 그 특징은 다음 세 가지이다. 첫째, 언어 분석에서 과학적 객관성 및 엄밀성을 추구하기 위해 연구 부문을 분화하고 부문 간의 자율성에 초점을 두었다. 둘째, 언어의 구조와 의미 간에 '자의성'을 전제로 하였다. 셋째, 언어를 사용하는 주체로서 인간의 경험이나 그 배경으로서 문화적인 요인을 철저히 배제하였다.

한편, 인지언어학에서는 문법을 한층 더 개방적이고 역동적으로 해석한다. 즉, 문법을 언어 사용의 주체인 인간의 경험과 사고방식을 개념화하는 매체나 원리로 간주한다. 따라서 문법과 의미가 상호 긴밀히 연관되기 마련이며, 이 세상의 경험과 사고방식이 문법 속에 투영되어 있다고 본다.

이와 관련하여, 라덴 & 디벤(Radden and Dirven 2007: xi-xii)은 인지적 관점에서 한 언어의 문법을 다음과 같이 가정하고 있다. 첫째, 문법은 '인간 인지'의 일부분이며 다른 인지능력(지각·주의·기억 등)과 상호작용한다. 둘째, 문법은 세상의 현상에 관한 '일반화'를 화자가 그 현상을 경험하는 대로 반영하고 제시한다. 셋째, 문법 형태도 어휘 항목처럼 '유의미'하다. 넷째, 문법은 그 언어의 어휘 범주와 문법 구조에 대한 토박이 화자의 '지식'을 나타낸다. 다섯째, 문법은 하나의 특정한 장면에 대한 화자들의 견해를 제시하기 위해 다양한 구조적 선택을 제공한다는 점에서 '용법기반적'이다.

2.4. 문법과 의미

문법과 의미의 관련성을 두 가지 측면에서 살펴보기로 한다.

먼저, 문법의 존재 의의이다. 생성문법을 비롯한 종대의 문법관에서는 문법과 의미가 무관한 것으로 보았다. 즉, 통사부문을 의미부문과 별개의 자율적인 영역으로 간주하였다. 그러나 문법은 의미를 표현하기 위해 존재한다. 이와 관련하여, 래내커(Langacker 1991/2002: 313)에서는 (인지)문법의 본질적인 주장은 개념적 내용에 대한 구조화 및 상징화와 내재적으로 관련이 있다고 하면서, "의미에 유의(留意)하지 않는 문법의 기술은 정의를 제시하지 않은 채 형태를 나열하는 사전과 같이 무의미하다."라고 하였다.

다음으로, 언어의 형식과 의미의 상관성이다. 소쉬르가 기호의 형식과 내용 간의 관계에 대한 '자의성(arbitrariness)'을 주장한 구조언어학에서부터 촘스키의 생성문법에 이르기까지 언어의 '형태-의미' 또는 '구조-기능'의 관계는 자의적인 것으로 간주되어 왔다. 그 반면, '형태-의미' 또는 '구조-기능'에 대한 인지언어학 관점은 다음과 같다. 첫째, 대부분의 언어는 오로지 자의적인 것도, 전적으로 예측 가능한 것도 아니며, 오히려 어느 정도 '동기화되어(motivated)' 있다(Lakoff and Johnson 1999: 464 참조). 둘째, 자의성은 한 언어의 '단일어' 대부분에 대해서는 적용될 수 있지만, 형태 속에서 의미를 찾는 인간의 일반적인 성향과는 일치하지 않는다. 새말이나 기존 단어에 덧붙여진 새로운 의미는 대체로 동기화되어 있으며, 통사구조나 담화구조 역시 오로지 자의적으로 구성된 것이라기보다 언어 기능과 언어 주체의 인지 경향을 반영한 것이라 하겠다(임지룡 2008: 328 참조).

동기화의 일환으로서, 형태와 의미 사이에 구조적 대응 관계가 인정되는 경우를 '도상성(iconicity)'이라고 한다. 내용어와 기능어의 조합으로 이루어진 문장에는 지금까지 생각해 왔던 것보다 한층 더 광범위한 도상성이 확인될 것으로 예상된다.

3. 품사의 의미

품사의 의의, 품사의 내용어와 기능어를 중심으로 그 의미를 살펴보기로 한다.

3.1. 품사의 의의

'품사(parts of speech)'는 '단어 부류(word class)'이다. 한국어의 단어는 줄 잡아도 50여만 개에 이르는데, 이를 형태·기능 및 의미의 공통성 또는 동일성에 따라 9개의 부류로 묶어낸 것이 품사이다. 품사와 인지, 품사의 부류적 동일성이 갖는 의의를 보면 다음과 같다.

먼저, 품사는 언어권마다 다르며, 범언어적으로 공통적인 품사도 존재한다.

예를 들어, 한국어와 영어의 경우 한국어에만 있는 품사는 조사, 관형사, 수사이며, 영어에만 있는 품사는 전치사, 접속사이다. 한국어와 영어에서 공통적인 품사는 명사, 대명사, 동사, 형용사, 부사, 감탄사인데, 그 속내가 다른 경우도 적지 않다. 이처럼 언어마다 품사를 분류하는 방식이 다른 것은 한 언어공동체가 세계를 범주화하고 인식하는 방식이 다르기 때문이며, 역으로 이렇게 분류된 품사의 틀은 그 언어공동체의 사고방식에 영향을 미치게 된다.

한국어에서 조사는 체언에 붙어 격을 나타내거나 화자의 섬세한 의미를 실현하는 표지이다.

(5) a. 버려진 섬마다 꽃이 피었다.
　　 b. 버려진 섬마다 꽃은 피었다. (김훈의 '칼의 노래'에서)

영어에서 "(The) flowers bloomed."가 한국어에서는 (5)에서 보듯이 조사 '이(가)'와 '은(는)'에 의해 "꽃{이/은} 피었다."로 실현되는데, 그 어감은 매우 다르다.[3]

또한, 명사라 하더라도 한국어와 달리 영어에서는 명사를 가산명사와 질량명사로 분류한다. 예를 들어, 꽤 큰 금 조각을 발견하고 이를 범주화하는 경우를 생각해 보기로 한다. 어휘적으로 '금덩이(gold nugget)'는 너 크고, 녹특한 모양이 있으며, 분리된 입자를 통해서 셀 수 있는 반면, '금가루(gold dust)'는 윤곽이 없고 작은 입자로 구성되어서 셀 수 없다. 곧 '금'의 연속체를 두고 어휘적으로는 한국어나 영어에서 '금덩이' 또는 '금가루'로 범주화하는 반면, 문법적으로는 영어에서 '금덩이'는 '가산명사(count noun)'로, '금가루'는 '질량명사(mass noun)'로 범주화한다. 이를 도식화하면 〈그림 1〉과 같다. 이러한

3　'꽃이 피었다'는 꽃이 핀 물리적 사실을 객관적으로 진술한 언어입니다. '꽃은 피었다'는 꽃이 피었다는 객관적 사실에 그것을 들여다보는 자의 주관적 정서를 섞어 넣은 것이죠. '꽃이 피었다'는 사실의 세계를 진술한 언어이고 '꽃은 피었다'는 의견과 정서의 세계를 진술한 언어입니다. (김훈 2008: 140-141, 『바다의 기별: '회상'』, 생각의 나무.)

범주화는 객관적인 현실을 기술하는 것이 아니라, 그 현실에 대한 언어공동체의 경험과 개념화 방식에 기초하고 있다(Radden and Dirven 2007: 6-7 참조).

"금" 연속체	⬤ ⬤ ◯ ◯ ◯ ₒ° °ₒ ° ◦ ˙	
어휘 범주	금덩이	금가루
문법 범주	가산명사	질량명사

〈그림 1〉 '금' 연속체의 범주화

다음으로, 품사는 문장 속에서 단어가 교체될 때 그 기능을 발휘한다. 단어 부류는 전통적으로 명사, 동사, 형용사 등과 같은 명칭이 붙는데, 이들 각각은 문장 속에서 동일한 역할을 수행한다. 즉, 단어는 문장 속에 그 자체의 지정된 '홈(slot)'을 갖고 있으며, 동일한 단어 부류는 같은 홈에 자리를 잡는다.

(6) a. 어린(A) 아이(N)가(P) 노란(A) 나비(N)를(P) 쫓는다(V).
  b. 작은(A) 토끼(N)가(P) 푸른(A) 잎(N)을(P) 먹는다(V).

(6)은 의미가 통하지만, 동일한 단어라도 (7)과 같이 그 순서가 뒤엉킨 경우는 의미가 통하지 않는다.

(7) a. *노란 쫓는다 나비를 아이가 어린.
  b. *푸른 먹는다 잎을 토끼가 작은.

또한, 품사는 단어의 인식과 처리에 영향을 준다. 동일 부류에서 나온 단어는 다른 부류에서 나온 단어보다 우리 머릿속에서 매우 밀접하게 결합되어 있을 것으로 보이는데, 다음 세 가지의 실험이 이를 뒷받침해 준다(Aitchison 1987/2003: 104-105 참조).

첫째, '단어 연상 실험'에서 등위관계의 연관성이 가장 긴밀하다. 단어 연상 실험에 따르면 연상의 강도가 '등위관계 > 연어관계 > 하의관계 > 동의관계' 순서로 나타나는데, 그중 등위관계는 '소금-후추' 및 '나비-나방'(명사), '붉다-희다-푸르다'(형용사)와 같이 동일 부류의 단어이다.

둘째, 단어 연상 실험에서는 어른의 경우 대체로 동일 부류의 단어로 반응하는데, 명사는 약 80% 정도 명사를 유도해 내는 반면, '동사-동사' 및 '형용사-형용사'의 반응은 각각 50%를 약간 넘는다.

셋째, 단어 부류는 TOT[4] 현상에서 유지된다. TOT 실험에서 명사와 동사는 90% 정도 단어 부류를 유지하고, 형용사는 60% 정도를 유지하는데, 대개 단어 부류가 서로 방해를 받을 경우 명사를 유도한다.

3.2. 내용어와 기능어

단어 부류는 한 문장을 만드는 건축용 재료에 비유될 수 있다. 이 재료는 '벽돌'과 '시멘트'의 두 유형으로 구분된다(Aitchison 1987/2003: 102 참조).

(8) 장미가 아름답게 피어 있다.

(8)에서 벽돌은 '장미, 아름답다, 피다, 있다'처럼 어휘적 의미를 갖고 있는 '내용어(content word)'이며, 시멘트는 '가, -게, -어'처럼 내용어를 연관시키는 '기능어(function word)'이다. 내용어를 포함하고 있는 단어 부류는 새로운 요소를 받아들인다는 측면에서 개방적이다. 즉, 우리는 수많은 명사, 동사, 형용사를 만들 수 있다. 대조적으로, 기능어를 포함하고 있는 단어 부류는 새로운 요소를 수용하지 않는다는 점에서 폐쇄적이다.[5]

---

4   'TOT(tip of the tongue) 실험'이란 1966년 미국의 심리학자 브라운 & 맥내일
(Brown and McNeil)에 의해서 어떤 단어가 '혀끝에 뱅뱅 돌지만' 전혀 기억이
나지 않는 상태를 인위적으로 유발하는 실험에서 유래한 용어이다(Aitchison
1987/2003: 90 참조).
5   이와 관련하여 클라크 & 클라크(Clark and Clark 1977: 21-22)에서는 기능어는

단어의 추상적 의미는 그 단어 부류에 밀착되어 있다. 어떤 단어의 추상적 의미와 품사 간에 연관성을 예상할 수 있다. 예를 들어, 단어의 의미 '꽃'의 선택은 자동적으로 명사라는 명칭을 가져오며, 단어의 의미 '피다'의 선택은 필연적으로 동사의 명칭을 포함하게 된다. 또한, 단어 부류의 범주화는 자의적이지 않은데, 이는 기원상으로 볼 때 의미 범주에서부터 생겨났기 때문이다. 곧 원형적 명사는 사람과 사물이 되며, 원형적 동사는 행동을 나타낸다. 그러나 '있다', '알다', '믿다'와 같은 동사는 명시적인 행동을 포함하고 있지 않다.

요컨대 단어는 한쪽 면에는 의미와 단어 부류가 있고 다른 쪽 면에는 음 또는 형태가 있는 하나의 동전에 비유할 수 있다.

3.3. 내용어의 양상

내용어의 성격을 중심으로 그 양상을 알아보고, 워드넷의 내용어를 기술하기로 한다.

3.3.1. 내용어의 성격

내용어의 전형적인 부류는 명사, 동사, 형용사이다. 크롭트(Croft 1991: 55)는 품사의 원형을 의미적 분류와 문장 속에서 사용되는 기능에 의하여 설정한 바 있다. 즉, 전형적으로 '명사'는 사물을 나타내고 지시 기능을 가지며, '동사'는 동작을 나타내고 서술 기능을 가지며, '형용사'는 속성을 나타내고 수식 기능을 갖는다고 하였다.

내용어의 성격을 다음 세 가지 측면에서 기술하기로 한다.

첫째, 기본(Givón 1979: 320-321, 1985: 210-211)은 원형 이론의 관점에서 명사, 동사, 형용사를 '시간 안정성(time stability)'의 기준에 따라 규정한 바

12세경에 습득되며, 어떤 언어에서든지 새로운 기능어가 첨가되는 일은 매우 드물다고 하였다.

있다. 즉, '원형적 명사'는 구체적, 개체적, 뚜렷한 모양과 크기를 지닌 실재물을 나타낸다. 이 실재물은 시간이 흘러도 변하지 않거나 의식할 수 없을 정도로 아주 느리게 변화한다. 그 반면, '원형적 동사'는 행위나 사건을 나타내는데, 개념상 실재물의 현저한 변화를 가져온다. '지진'이나 '운동'처럼 시간 안정성이 약한 지각 대상물과 관련된 명사나 '머물다', '기다리다'처럼 시간 안정성을 보이는 동사들은 척도상에서 각각 원형적인 원소늘로부터 떨어진 주변의 한 점에 놓인다.

시간적으로 볼 때 가장 안정된 지각 대상물은 명사이며, 가장 불안정한 지각 대상물은 동사이다. 곧 명사와 동사는 시간 안정성의 척도에서 지각 대상물의 양극을 형성하고 있다. 한편, 형용사는 명사와 동사 척도상의 중간 영역을 차지하고 있다. 형용사는 명사나 동사와 달리 보편적인 단어 부류를 구성하지 않으며,[6] 하나의 원형을 중심으로 구조화되지 않는 특성을 드러낸다. 곧 시간 안정성의 척도에서, 형용사는 명사의 성질을 띠기도 하며 동사의 성질을 띠기도 한다. 기본(Givón 1985: 211)에서는 그 보기로 (9)를 들고 있다.

(9)		시간 안정성이 높음	시간 안정성이 낮음
a.	동사	'일하다'	'쏘다'
b.	명사	'말(馬)'	'아이'
c.	형용사	'크다'	'바쁘다'

그러면, 명사, 형용사, 동사가 포함된 (10)의 문장을 보기로 한다.

(10) a. 붉은 꽃이 핀다.

　　 b. 달콤한 사탕이 녹는다.

6　범언어적으로 명사와 동사를 갖지 않는 언어는 없는 반면, 아프리카의 벰바어 (Bemba)를 비롯한 반투어족(Bantu languages)에는 형용사가 없거나 적은데, 이 경우 형용사에 대응되는 개념은 명사나 동사에서 발견된다고 한다(Givón 1979: 321 참조).

(10)에서 '꽃'은 시각적으로, '사탕'은 미각적으로 지각된다. (10a)에서 '피다'는 시각적으로 가장 먼저 변하고 '꽃'은 가장 오래 지각되며, (10b)에서도 '녹다'가 가장 먼저 변하고 '사탕'은 가장 오래 지각된다.

둘째, 동사와 형용사는 문법적 기능상으로 '용언(用言)'이라는 점에서 공통점을 지니고 있지만, 의미상으로는 차이점을 지닌다. 동사는 문장에서 가장 중요한 요소이지만 형용사는 그렇지 않다. 동사는 언어의 가장 중요한 어휘 범주이다 (Miller and Fellbaum 1991: 214 참조). 에이치슨(Aitchison 1987/2003: 113-114)에서는 "동사는 전능하며, 매우 강력하며, 힘이 있으며, 문장을 만들어 내는 펌프로서 가장 중요하다.",[7] 그리고 "동사는 성깔이 있고 교만하여 마음대로 할 수 없는 반면, 형용사를 갖고는 어떤 것이라도 할 수 있다."[8]라고 기술한 바 있다. 동사와 형용사의 이러한 대조적 속성은 (11)에서 잘 묘사되어 있다.

(11) a. '동사' 너는 힘이다 견줄 데 없는 힘이다 너 없이 그 어디에 닿 / 을 수 있으랴 널 만난 문장 끝에선 새 한 마리 비상한다. // 네가 계절이라면 언 땅의 봄이겠다. 잠들었던 모든 것 / 깨어나 솟구치는 // 봄이다, // 꿈틀거리는 동작들이 참 많은

b. '형용사' 너는 허풍쟁이 번들번들 가납사니 / 썩어진 모든 것들 꽃빛으로 포장해서 / 온 사람 눈을 호리는 못 말릴 너는 정말. / 그 잘난 미사여구도 너로 하여 태어나고 / 허한 것들 숨겨놓고 화

---

7 빅토르 위고(Victor Hugo 1802~1885)는 "Le mot, qu'on le sache, est un être vivant … let mot est le verbe, et le verbe est Dieu.(말은 살아 있는 것임을 우리는 잘 알고 있다 … 말은 동사이며, 동사는 신이다.)"라고 하였다(Ogden and Richards 1923: 24 참조). 또한, 다음에서 보듯이 실어증에서도 동사는 가장 오래 기억된다. "말을 잊어버리는 데도 순서가 있다. 고유명사, 보통명사, 형용사, 부사, 동사 순으로 기억이 안 난다. 이름이나 전화번호를 먼저 잊어버린다. 형용사를 잊기 때문에 문장 표현이 줄어든다. 동사는 끝까지 잊어버리지 않는다. 배가 고프다든지, 머리가 아프다는 말은 죽을 때까지 뒤따른다." ('김형석의 100세 일기' 조선일보 2018.4.28.)

8 이것은 루이스 캐롤(Lewis Carroll)의 동화 *Through the Looking-Glass*(『거울나라의 앨리스』, 1871, London: Macmillan.)에서 험티 덤티(Humpty Dumpty)가 앨리스(Alice)에게 동사와 형용사에 대해 강의한 내용이다.

려한 무늬만 놓아 / 속내를 비추지 않는 홍등가의 불빛이다.

(문무학 2009.『낱말』. 동학사.)

(11)에서는 객관성·체계성·엄밀성으로 상징되는 품사에 대해 '동사'를 '힘', '형용사'를 '홍등가의 불빛'의 영상으로 그 특성을 형상화하고 있다.

셋째, '부사(副詞)'는 기능에 바탕을 둔 단어 부류이다. 부사는 동사, 형용사, 부사를 수식하는 것으로 정의되는데, 기능의 측면에 의한 이 정의에는 다음 세 가지 측면에서 한계가 드러난다.

먼저, 부사는 동일한 기능을 수행하지 않는다. 일반적으로 동일 단어 부류에서 나온 단어는 기본적 구조를 바꾸지 않고도 상호 교환될 수 있는데, 부사의 경우 위치를 바꾸면 부적격한 문장이 되기도 한다. (12a)에서 '빨리, 무척'은 뒤에 오는 용언을 수식하며, '너무'는 뒤에 있는 '빨리'를 수식하는데, 부사의 위치가 바뀐 (12b)는 부적격한 문장이 된다.

(12) a. 저 자동차는 **너무 빨리** 달려서 **무척** 위험하다.

　　　b. ?저 자동차는 **빨리 너무** 달려서 **무척** 위험하다.

또한, 부사는 수식의 정도가 한결같지 않은데, (13)에서는 용언, 관형사, 다른 부사를 수식한다. 더욱이, (14)의 '그리고, 그러나, 그런데' 등의 접속부사는 문장을 수식하지도 않는다.

(13) a. 단풍 색깔이 **퍽** 곱다.

　　　b. 수빈이는 **아주** 새 책을 읽고 있다.

　　　c. 비행기가 **무척** 높이 날고 있다.

(14) a. 축구를 했다. **그리고** 농구도 했다.

　　　b. 축구를 했다. **그러나** 농구는 하지 않았다.

c. 축구를 했다. **그런데** 농구는 구경만 했다.

이처럼 부사는 공통성을 찾기 어렵고 다른 범주에 넣기 곤란하거나 이질적인 부류가 넝마 주머니처럼 뒤엉켜 있다고 하겠다. 요컨대 부사는 내용어 가운데 매우 이질적인 요소의 집합체로서 기능상으로는 부속성분으로서 부차적이지만 의미상으로 볼 때 문장 속에서 새로운 정보를 나타낸다.

3.3.2. 워드넷의 내용어

전자사전 '워드넷(WordNet)'에는 명사, 동사, 형용사의 특성을 유의미하게 구별하고 있다(Miller 1990b, Aitchison 1987/2003: 102-105 참조).

첫째, 명사의 핵심적인 특징 가운데 하나는 잠재적인 계층을 갖는다는 점이다(Miller 1990a: 참조). 예를 들어, (15)의 경우 '조랑말'은 11개의 층으로 이루어져 있다(Aitchison 1987/2003: 103 참조).[9]

(15) 셔틀랜드 포니⊂조랑말⊂말⊂말과(科) 동물⊂홀수 발굽 포유류⊂
초식동물⊂포유동물⊂척추동물⊂동물⊂유기체⊂실체

둘째, 형용사는 〈그림 2〉와 같이 두 가지 유형으로 나뉜다.

'귀속적 형용사(ascriptive adjective)'는 '무거운/가벼운 여행 가방'의 '무겁다/가볍다'와 같이 그 값이 명사에 의해 정해지는 것이다. 이 경우 '무겁다/가볍다'는 여행 가방의 일반적인 무게에 비추어 결정되는데, 귀속적 형용사는 등급이 있을 뿐 아니라 반의대립어를 갖는다. 또한, '관계적 형용사(pertainym adjective)'는 '수학적 천재', '투쟁적 인간'의 '수학적', '투쟁적'이 이에 해당하는데, 앞의 것은 수학 분야의 천재이며, 뒤의 것은 투쟁을 좋

---

9   계층관계에서 '기본층위', 전체어와 부분어의 '부분관계'에 대해서는 제7장(4.1.2.) 참조.

아하는 인간이다.

〈그림 2〉 형용사의 유형

셋째, 동사는 하위어와 상위어의 두 개 층으로 되어 있는데, 그 관계는 명사의 층과는 다르다. 즉, 하위층위의 동사는 상위층위의 동사가 나타내는 행위를 특별한 방식으로 실행한다. 〈그림 3〉에서 보듯이, 기본층위에 해당하는 '걷다', '먹다', '말하다'의 하위층위 동사들은 그 상위층위 동사에 대해서 특별한 방식으로 행동한다.

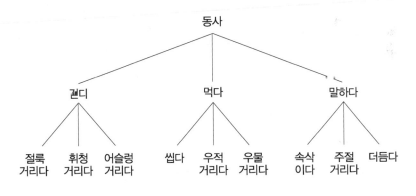

〈그림 3〉 동사의 유형

요컨대 워드넷의 경우 명사, 동사, 형용사는 단어 부류 안에서 특징적인 조직을 가지고 있으며, 우리의 머릿속 어휘사전 속에서 이들 단어 부류는 확연히 구분되어 있을 것으로 가정된다.

4. 문장 성분의 의미

주어와 목적어, 의미 역할, 행동 연쇄 구문을 통해 문장 성분의 의미에 대해서 살펴보기로 한다.

4.1. 주어와 목적어

문장은 문법적 기능을 수행하는 성분들로 이루어진다. 필수적인 성분에는 주어·서술어·목적어·보어가 있으며, 부속성분에는 관형어·부사어가 있고, 독립성분에는 독립어가 있다. 여기서는 주어와 목적어에 대해서 살펴보기로 한다.

문장과 성분의 관계는 연극의 '무대 모형(stage model)'에 비유된다(Langacker 2002: 209-211참조).[10] 이 은유에 따르면 문장은 무대이며, 성분은 배역 또는 배우이다. 또한, 성분을 활용하여 문장이라는 무대를 이루는 연출자와 그 무대를 바라보는 관객은 화자인 우리 자신이다. 무대 모형의 관점에서 보면, 주어는 서술어의 동작 또는 상태나 성질의 주체가 되는 문장 성분으로서 문장의 가장 두드러진 참여자이다. 또한, 목적어는 서술어의 동작에 대해 대상이 되는 문장 성분으로서 주어 다음으로 두드러진 참여자이다.

(16) 아들은 어머니를 닮았다.

(16)에서 '아들'은 이 문장의 주어로서 가장 두드러진 '통사적 전경(syntactic figure)'이며, '어머니'는 목적어로서 '통사적 배경(syntactic ground)'이다. 이처럼 주어는 무대에서 가장 현저한 성분인데, (17)과 (18)의 사례는 주어의 현저성을 뒷받침해 준다.

---

10 '무대 은유(stage metaphor)'는 프랑스의 언어학자 테스니에르(Tesnière 1959: 제 48장)에서 발견되는데, 문장에서 성분의 구성은 무대의 연극에서 발생하는 것과 유사하다(Ungerer and Schmid 2006: 186 참조).

(17) a. 민수는 준기에게 말썽꾸러기 아들에 대해 말했다.

b. 준기는 민수에게 말썽꾸러기 아들에 대해서 말했다.

c. 민수와 준기는 말썽꾸러기 아들에 대해서 말했다.

(17)에서 '말썽꾸러기 아들'은 대체로 주어의 아들, 즉 (17a)에서는 민수의 아들, (17b)에서는 준기의 아들, 그리고 (17c)에서는 민수와 준기 각각의 아들로 해석된다.

(18) a. 남편이 아내와 크게 다투었다. 그 다음날 베란다에서 숨진 채로 발견되었다.

b. 남편이 아내와 크게 다투었다. 그 다음날 (남편이) 베란다에서 숨진 채로 발견되었다.

c. 남편이 아내와 크게 다투었다. ?그 다음날 (아내가) 베란다에서 숨진 채로 발견되었다.

(18a)에서 숨진 사람은 '남편'으로 해석되는데, (18b)에서는 후행문에서 '남편'이 생략될 수 있는 반면, 주어가 다른 (18c)에서는 후행문에서 '아내'가 생략될 수 없다. 이것은 주어가 문맥상에서 복원 가능한 경우에 생략될 수 있음을 뜻할 뿐 아니라, 문장에서 두드러진 성분이라는 증거이다.

4.2. 의미 역할

문장에서 서술어는 중심축이다. 동사 중심의 서술어를 축으로 하여, 명사들과 연결하는 의미 관계를 '논항(argument)'이라고 하며,[11] 문장에서 논항이 하

---

[11] 서술어가 필요로 하는 논항의 숫자를 '서술어의 자릿수'라고 하는데, "해가 솟는다."(1자리 서술어), "영수는 연극을 보았다."(2자리 서술어), "그는 친구에게 메일을 보냈다."(3자리 서술어)에서 보는 바와 같다.

는 역할을 '의미 역할(semantic role)'[12]이라고 한다. 예를 들어, 문장 (19)의 성분들은 동사 '뽑다'가 기술하는 행동과 관련이 있는데, '농부'는 행위자로, '호미'는 도구로, '풀'은 수동자로 일컬어진다.

(19) 농부는 호미로 풀을 뽑았다.

의미 역할은 서술어의 의미를 구성하는 데 반드시 요구되는 '필수적 의미 역할'과 문장에서 서술어의 의미를 보충하는 '수의적 의미 역할'로 나뉜다 (Carnie 2013: 240, Hamawand 2016: 56-57 참조). '필수적 의미 역할'은 (20) 과 같이 일곱 가지가 있다.

(20) a. 행위자(agent): 동사에 의해 표현되는 행동 수행의 주체. (**민수가** 창문을 닦았다.)

b. 경험자(experiencer): 한 행동에 의해 심리적으로 영향을 받는 실체. (**민수는** 행복했다.)

c. 수동자(patient): 행위자에 의해 영향을 입는 실체. (민수가 **창문을** 닦았다.)

d. 수혜자(beneficiary): 한 행동으로부터 이익을 얻는 실체. (민수가 **윤아에게** 꽃을 선물했다.)

e. 사동자(causer): 어떤 것이 일어나도록 만드는 것. (**짙은 안개가** 교통대란을 초래했다.)

f. 목표(goal): 어떤 것이 향하여 나아가는 실체. (민수는 **선생님**이 되고 싶다.)

g. 처소(location): 한 행동이 발생하는 장소. (**파고다공원**이 3.1운동의 시발점이다.)

---

12 '의미 역(할)'은 '기능 역(할)(functional role)', '주제 역(할)(thematic role)', '참여자 역(할)(participant role)'이라고도 한다.

한편, '수의적 의미 역할'은 (21)에서 보듯이 '도구, 시간, 근원', 그리고 '장소, 이유, 목적, 경로, 방법' 등과 같이 문장에서 서술어의 의미를 보충하는 역할을 한다.

(21) a. 도구(instrument): 어떤 것을 수행하는 수단. (민수가 **걸레로** 창문을 닦았다.)
b. 시간(time): 한 행동이 발생하는 시간. (민수가 **아침에** 창문을 닦았다.)
c. 근원(source): 어떤 것이 이동해 나오는 실체. (민수는 **친구로부터** 편지를 받았다.)

문장이 의미를 전달하기 위해서는 문장의 논항들이 각자의 의미 역할을 적절하게 수행해야 한다.

(22) 철수가 책을 샀다.

(22)에서 '철수'는 행위의 주체라는 역할을, '책'은 행위의 대상이라는 역할을 한다. 이러한 의미 역할은 서술어에 의해 기술되는 것으로, 행위나 사태에 대한 명사구들의 의미 내용이다. 즉, 의미 역할은 서술어에 따라 다른 명사구의 의미에서 공통성을 추출한 것이다.

(23) a. 그가 노래를 불렀다.
b. 철수가 집으로 짐을 옮겼다.

(23)에서 '그'는 노래를 부르는 사람이고, '철수'는 짐을 옮기는 사람으로서 실제로 둘이 같은 것은 아니지만, '행위자'라는 공통된 의미 역할을 갖는다. 또한, (24)와 같은 행동 연쇄 구문에서 각각의 주어는 '행위자, 도구, 수동자'

를 상술한다. 이 경우 '자동차 문'은 목적어 또는 주어로 나타나지만, 그 의미 역할은 수동자이다.

> (24) a. **범인이** 못으로 자동차 문을 열었다.
> b. (바로) **이 못이** 자동차 문을 열었다.
> c. **자동차 문이** 열렸다.

또한, 하나의 논항이 둘 이상의 의미 역할을 수행하기도 한다. 예를 들어, (25)에서 '(어머니의) 기도'는 행위자 및 도구의 역할을 하고 있다.

> (25) 어머니의 기도가 하늘을 감동시켰다.

요컨대 의미 역할은 문법 구조에 반영되는 의미의 측면을 파악하기 위해 제안된 것으로, 사태에 대한 고정된 해석을 전제로 한다. 의미 역할은 의미론과 통사론 사이의 상호작용하는 접점을 밝히는 데 기여하며, 여러 서술어 부류의 특성을 기술하는 데 도움이 된다.

4.3. 행동 연쇄 구문

행동 연쇄 구문을 중심으로 문장 성분의 의미 역할을 살펴보기로 한다.

> (26) a. **범인이** 망치로 유리창을 깼다.
> b. (바로) **이 망치가** 유리창을 깼다.
> c. **유리창이** 깨졌다.

(26)의 행동 연쇄 구문은 에너지가 상류에서 하류로 흐르는 '강 은유'[13]나

---

13 래내커(Langacker 1991/2002: 217)에서는 "주어는 시종일관 행동 연쇄에서 윤곽

당구공이 큐의 접촉으로 다른 공을 움직이게 하는 '당구공 은유'에 비유될 수 있다. 즉, (26a)에서는 행위자인 '범인'이 행동 연쇄의 머리로서 주어, 즉 통사적 전경이 되며, 도구인 '망치'와 수동자인 '유리창'이 통사적 배경이 된다. (26b)에서는 도구인 '망치'가 통사적 전경인 주어가 되며, '유리창'이 통사적 배경이 된다. (26c)에서는 수동자인 '유리창'이 통사적 전경인 주어가 되며, 동시에 행동 연쇄의 꼬리로서 에너지가 흡수된다. (26)의 행동 연쇄 구문에서 에너지 흐름을 도식화하면 〈그림 4〉와 같다(Langacker 2002: 217 참조).

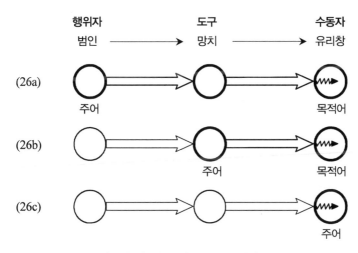

〈그림 4〉 행동 연쇄 구문의 에너지 흐름

〈그림 4〉는 주어의 선호도가 '행위자>도구>수동자'의 순서라는 점을 보여준다.[14] 이것은 문장 속에서 어떤 행위자가 있으면, 우선적으로 주어로 자리매김할 것이며, 행위자가 없을 경우 도구가, 도구가 없을 경우 수동자가 주어의

화된 부분의 머리, 즉 에너지 흐름과 관련하여 가장 '상류'에 있는 참여자이다. 대조적으로, 목적어는 행동 연쇄에서 윤곽화된 부분의 꼬리, 즉 에너지 흐름에서 가장 '하류'에 있는 참여자이다."라고 하였다.

14 영어에서 주어의 선호도 위계는 "행위자>수혜자>경험자>도구>수동자>목표·근원·처소"의 순이다(Riemer 2010: 340 참조)

지위를 부여받는다는 것을 뜻한다.

요컨대 주어와 목적어는 문장의 중심 성분으로서 다양한 의미 역할을 수행한다. 주어는 '행위자', '경험자'와 같은 역할에 잘 어울리며, 목적어는 '수동자', '수혜자'와 같은 역할에 어울린다.

5. 구문의 의미

구문 문법과 구문, 구문의 양상과 의미를 통해 구문의 의미에 대해서 살펴보기로 한다.

5.1. 구문 문법과 구문

'구문 문법(construction grammar)'은 래내커(Langacker 1987: 58)가 문법을 형태와 의미로 짝지어진 '상징 단위(symbolic unit)'라고 정의한 데서 유래하였다. 구문 문법에서는 언어 구조가 문법의 모든 층위에서 '형태-의미 사상(form-meaning mapping)'인 '구문들(constructions)'로 구성되어 있다고 본다(Fillmore *et al.* 1988, Goldberg 1995, 2006, Croft 2001 참조). 따라서 '구문'은 언어의 모든 단위를 아우르는 개념이다.

구문 문법의 관점에서 구문은 그 자체의 의미를 가진다. 구문은 일종의 틀로서 반복적인 상황과 사건의 경험으로부터 추출되는 도식이다. 이 경우 구문, 틀, 도식은 어휘 층위에 비해 한층 더 추상적인 의미를 갖는다. 구문의 이러한 의미는 구성 요소로부터 예측되지 않는다.

영어의 '사역 이동 구문(caused-motion construction)'15에 대해서 살펴보기

---

15 '사역 이동 구문'은 '이동 구문'의 일종으로 다음에서 보듯이 '이동, 전경, 배경, 경로, 방식, 원인'의 사건 틀로 이루어져 있다. "The draught<원인> blew<이동> the pencil<전경> off<경로> the table<배경>."(외풍이 불어서 연필을 탁자에서 떨어뜨렸다.) 에서 틀 구조의 중심 성분은 통사구조의 '주어-동사-목적어-부사류(경로+배

로 한다(Goldberg 1995: 152 참조).

> (27) a. Frank pushed the tissue off the table. (프랭크는 밀어서 화장지를
>   테이블에서 떨어뜨렸다.)
>   b. Frank sneezed the tissue off the table. (프랭크는 재채기를 해서
>   화장지를 테이블에서 떨어뜨렸다.)

(27a)는 '주어-동사-목적어-부사류(SVOA)'의 사역 이동 구문으로, 누군가가 다른 어떤 것을 이동하게 하는 기본적 경험을 가진 것이다(Goldberg 1995: 70 참조). 곧, (27a)는 타동사 'push(밀다)'가 사용된 원형적인 사역 이동 구문이다. 그런데 (27b)는 'sneeze(재채기하다)'가 자동사로서 사역 이동의 요건을 갖추고 있지 않음에도 불구하고, 구문의 힘에 의해 사역 이동으로 해석된다. 이 연장선상에서 직접적인 사역 이동이 나타나지 않은 (28)의 구문을 보기로 한다.

> (28) a. They laughed her off the stage. (그들은 웃어서 그녀를 무대에서
>   내려오게 했다.)
>   b. They laughed her out of her depression. (그들은 웃어서 그녀를
>   우울함에서 벗어나게 했다.)

(28)의 경우 'laugh(웃다)'는 물리적인 힘을 발휘하는 동사가 아니다. 또한, (28a)의 'off the stage'나 (28b)의 'out of her depression'에서 'off' 및 'out of'는 '떨어져·벗어나'를 뜻하는 분리의 부사류이다. 따라서 (28)의 구문에는 직접적인 이동이 포함되어 있지 않다. 그렇지만 (28)의 구문은 은유적 용법에 의해 사역 이동의 의미를 수행하게 된다. 이상에서 본 (27b), (28)이 글자 그대로의 사역 이동에 관한 타동사 구문이 아님에도 불구하고 'X가 Y를 이동

경)'에 대응된다(Ungerer and Schmid 2006: 244-246 참조).

하게 하다'라는 사역 이동의 의미를 발휘하는 것은 이들이 (27a)와 같은 사역 이동 구문의 일환으로 인식되기 때문이다. 이것은 어휘 층위의 다의관계와 마찬가지로 '구문 확장(constructional extension)'으로서, (27a)는 사역 이동의 중심적·원형적 구문이며, (27b) 및 (28)은 주변적·확장적 구문이다.

요컨대 구문의 특징은 다음과 같은 다섯 가지로 간추릴 수 있다. 첫째, 구문은 일종의 틀로서 그 자체의 의미를 가진 것이며, 그 의미는 구성 요소로부터 예측되지 않는다. 둘째, 구문은 중심 구문에서 주변 구문으로 확장되어 망을 이룬다. 셋째, 구문은 개념 구조와 통사구조가 밀접하게 대응한다는 것을 시사해 준다. 넷째, 어휘처럼 구문도 형태와 의미의 쌍이므로, '형태⇌의미'의 환기가 자동적으로 일어난다. 다섯째, 구문은 장기 기억 속에 저장되는 것으로 보인다.[16]

5.2. 구문의 양상과 의미

한국어에서 구문 그 자체가 의미를 갖는 사례 일곱 가지를 중심으로, 그 양상과 의미에 대해서 살펴보기로 한다.

첫째, "N은 N이다." 구문이다.[17] (29)의 "N은 N이다." 구문은 '범주 N'의 현저한 부분이나 속성을 환기해 준다. 이것은 N의 반복에 의해서 가능한데, N 단독인 "그는 형이다."는 "형은 형이다." 구문의 의미가 드러나지 않는다. 물론 이 구문의 구체적인 의미는 상황 의존적이다.

(29) a. 형은 형이다. / 애들은 애들이다. / 아들은 아들이다.

　　 b. 군대는 군대다. / 시집은 시집이다. / 처가살이는 처가살이다.

　　 c. 사업은 사업이다. / 약속은 약속이다. / 계약은 계약이다.

---

[16] 벤치니 & 골드버그(Bencini and Goldberg 2000: 640-651)에서는 구문이 단순한 이론적 구성물이 아니라 심리적으로 실재한다고 보았다.

[17] "Boys will be boys."와 같은 문장은 '구어체 동의반복(colloquial tautology)'으로 알려져 있다(Gibbs 1994: 345-351 참조).

둘째, "P는 N이 아니다.", 또는 "P가 N이야?" 구문이다. P가 (30)에서는
사람이며, (31)에서는 장소나 시간인데, 서술 및 의문 형식의 이 구문은 해당
명사의 전형적 속성에 대한 기대치를 부정하거나 의문시하게 한다. 즉, "나는
컴퓨터가 아니다.", 또는 "내가 컴퓨터야?"는 나에게 컴퓨터와 같은 정확성의
기대를 부정하거나 의문시하게 한다. 또한, "여기는 네 집이 아니다." 또는
"여기가 네 집이야?"는 집에 대해 가지고 있는 사유로움이나 느슨한 심리 상
태를 부정하거나 의문시하게 한다. 이러한 구문적 의미 또는 함의가 "P는 N이
다"에서는 드러나지 않는다.

(30) a. 나는 컴퓨터가 아니다. / 내가 컴퓨터야?
　　 b. 나는 자선사업가가 아니다. / 내가 자선사업가야?
　　 c. 나는 당신 종이 아니다. / 내가 당신 종이야?

(31) a. 여기는 네 집이 아니다. / 여기가 네 집이야?
　　 b. 여기는 군대가 아니다. / 여기가 군대야?
　　 c. 지금은 조선시대가 아니다. / 지금이 조선시대야?

셋째, "V기는 V는데", "A기는 A인데", "N은 N인데" 구문이나. (32), (33),
(34)에서 보듯이, 이 구문의 의미는 선행 절의 명제인 (32a) '공부를 하다',
(33a) '예쁘다', (34a) '꽃이다'에서 기대한 의미를 부정하거나 최소화하는 효
과를 발휘하며, 그 부정의 구체적인 의미는 후행절에 나타난다.

(32) a. 공부를 하기는 하는데, 성적이 오르지 않는다.
　　 b. 먹기는 먹는데, 살이 찌지 않는다.
　　 c. 잠을 자기는 자는데, 푹 자지 못한다.

(33) a. 예쁘기는 예쁜데, 성격이 별로야.

b. 좋기는 좋은데, 너무 비싸다.

c. 빠르기는 빠른데, 지구력이 없어.

(34) a. 꽃은 꽃인데, 향기가 나질 않아.

b. 친구는 친구인데, 마음을 터놓지는 못한다.

c. 직장은 직장인데, 언제 나가라 할지 모른다.

넷째, "N도, N도" 구문이다. (35)에서 보듯이, 이 구문은 보조사 '도'의 반복 틀로서, '도'에 선행하는 명사는 대립 또는 대조관계를 형성하며, 후행하는 서술어는 선행절과 같거나 의미적으로 유사한 단어가 놓인다. "N도, N도" 구문은 (36)에서 보듯이 "N은, N은" 구문과 대립적이다.

(35) a. 앞산도 높고, 뒷산도 높다.

b. 얼굴도 예쁘고, 마음씨도 착하다.

c. 사과도 먹고, 배도 먹어라.

(36) a. 앞산은 높고, 뒷산은 낮다.

b. 얼굴은 예쁘고, 마음씨는 고약하다.

c. 사과는 먹고, 배는 먹지 마라.

다섯째, "V어도 싸다." 구문이다. (37a)에서 보듯이, 이 구문은 저지른 일 따위에 비추어서 받는 대가가 마땅하거나 오히려 적다는 의미이다. 이 경우 'V'가 부정적 어감을 지녀야 하며, (37b)와 같이 긍정적 어감을 지니면 구문이 성립되지 않는다.

(37) a. 그는 {굶어죽어도 / 욕먹어도 / 망해도} 싸다.

b. 그는 [?]{배불리 먹어도 / 칭찬 들어도 / 성공해도} 싸다.

여섯째, "S가 Y에게 O를 V-게 하다." 구문이다. 이것은 이른바 사동문으로서, (38)에서 보듯이 S가 Y에게 무엇을 하도록 한다.

(38) a. 어머니가 아이에게 옷을 입게 했다.
  b. 가을에는 / 기도하게 하소서… / 겸허한 모국어로 나를 채우게 하
     소서. (김현승의 '가을의 기도'에서)

일곱째, 접속어미에 의한 접속 구문이다. 접속어미 '-으나', '-아도', '-지만'은 선행절과 후행절의 관계가 대립이나 기대 부정의 의미를 갖게 한다.

(39) a. 인생은 짧{으나, 아도, 지만} 예술은 길다.
  b. 물건은 많{으나, 아도, 지만} 쓸 만한 것이 없다.

(39)에서 선행절과 후행절의 의미 관계를 보면, (39a)에서는 대립을, (39b)에서는 기대 부정을 이루게 한다. 기대 부정의 의미 관계는 접속어미 '-니까', '-아서', '-므로'와 대립된다. 예를 들어, (40)-(42)에서 '-니까', '-아서', '-므로'의 기대 구문은 '-으나', '-아도', -지만'의 기대 부정 구문과 역 관계를 이룬다.[18]

(40) a. 잠을 못 잤으니까 머리가 어지럽다.
  b. 잠을 못 잤으나 (이상하게도) 머리가 맑다.

(41) a. 폭풍주의보가 내려서 배가 다니지 않는다.
  b. 폭풍주의보가 내려도 배가 다닌다.

---

18 이와 관련하여 최현배(1971: 303)에서는 "('-아도'와 같은) 놓는꼴은 ('-니까'와 같은) 매는꼴과 마주서는 꼴"이라 하였으며, 허웅(1975: 563)에서는 "('-아도'와 같은) 불구법은 ('-니까'와 같은) 제약법과 반대되는 이음법"이라고 하였다.

(42) a. 머리가 좋으므로 공부를 잘한다.

　　 b. 머리가 좋지만 공부를 못한다.

6. 마무리

이 장에서는 문법의 의미를 중심으로 문법의 의의, 품사·문장 성분·구문의 의미에 대하여 살펴보았다. 그 주요 내용에 따라 마무리하기로 한다.

첫째, 문법은 우리의 생각을 표현하기 위하여 의미를 가진 문법 단위를 조합하여 문장을 만드는 규칙 또는 원리이다. 문법은 의미를 표현하기 위해 존재하며, 문장의 구조와 의미는 동기화되어 있다.

둘째, 품사는 단어를 의미나 기능의 동일성에 따라 부류로 묶은 것이다. 내용어는 개방적이며, 기능어는 폐쇄적이다. 내용어는 시간 안정성에서 구별되는데, 명사는 가장 안정적이며 동사는 불안정하며, 형용사는 그 중간이다. 동사는 문장에서 가장 중요한 단어 부류이며, 부사는 이질적인 요소의 집합체이다. 전자사전에서 명사, 동사, 형용사는 특징적인 조직을 가지고 있다.

셋째, 문장 성분에서 주어는 가장 현저하며, 그 다음이 목적어이다. 서술어는 문장의 중심축이며, 의미 역할은 문장 안에서 서술어에 의해 기술되는 행위나 사태에 대한 명사구의 의미 몫을 가리킨다. 주어는 '행위자', '경험자'와 같은 역할에 잘 어울리며, 목적어는 '수동자', '수혜자'와 같은 역할에 어울린다. 의미 역할은 의미론과 통사론의 접점을 밝히고, 여러 서술어 부류의 특성을 기술하는 데 기여한다.

넷째, 구문은 일종의 틀로서 그 자체의 의미를 가지며, 그 의미는 구성 요소로부터 예측되지 않는다. 구문에는 "N은 N이다." 구문, "N은 N이 아니다." 및 "P가 N이야?" 구문, "V기는 V는데", "A기는 A인데", "N은 N인데" 구문, "~도, ~도" 및 "~은/는, ~은/는" 구문, "V어도 싸다." 구문, "S가 Y에게 O를 V-게 하다.", "-으나, -아도, -지만" 및 "-니까, -아서, -므로" 구문 등이 있다.

제13장
문장의 의미 I

1. 들머리

이 장은 문장의 의미에 대한 기본적인 사항을 이해하는 데 목적이 있다. 문장의 의미를 탐구하는 까닭은 문장들이 상호 관련되는 방식, 그리고 그 결과로 의미들이 작용하는 방식 등을 밝히는 데 있다. 이를 위해서 이 장에서는 다음 네 가지 사항에 대해서 다룬다.

첫째, 문장 의미의 성격에 대해서이다. 문장, 발화, 명제의 사이섬을 살펴보며, 문장의 합성적 의미와 언어 내적·외적 문맥과의 관련성에 대해서 살펴본다.

둘째, 문장의 의미 관계에 대해서이다. 문장의 의미 관계는 문장들 사이의 연결 유형으로, 바꿔 쓰기, 모순, 전제와 함의에 대해서 그 성격을 살펴본다.

셋째, 문장의 정보에 대해서이다. 문장의 기능과 관련하여 신정보와 구정보, 그리고 주제와 논평에 대해서 살펴보기로 한다. 정보의 표지로서 '이/가'와 '은/는'의 신정보와 구정보의 의미, 그리고 '은/는'이 대조의 의미로 쓰일 때 가지는 신정보 표지의 기능에 대해서 살펴본다.

넷째, 문장의 도상성에 대해서이다. 도상성이란 형태와 의미 간에 존재하는 상관성을 가리키는 것으로 자의성과 대조되는 개념이다. 종래, 문장의 구조와 의미의 상관성에 대해서는 별다른 관심을 기울이지 않았다. 그러나 생명체나 인공물의 구조와 기능 간에 관련이 있듯이, 문장 또한 구조와 의미가 관련을 맺고 있다. 이와 관련하여 도상성의 정의, 양상, 의의에 대해서 살펴본다.

2. 문장 의미의 이해

문장의 의미를 다루는 분야를 '문장 의미론(sentential semantics)'이라고 한다. 문장은 생각을 온전히 드러내는 언어 단위이다. 우리의 머릿속에 들어 있는 생각의 덩이는 문장을 통해서 구체적인 모습을 드러낸다. 문장의 외형적인 조직을 탐구하는 것이 통사론의 몫인 반면, 그 내면적인 작용 방식을 탐구하는 것이 문장 의미론의 몫이다. 실제로 문장은 개별적인 단어보다 언어적 대상으로서 한층 더 구체적이며 직접적인 의미를 제공해 준다. 그러면 문장과 문장의 의미에 대해서 살펴보기로 한다.

2.1. 문장의 정의

'문장(sentence)'은 의미를 지닌 완결된 단위이다. 또한, 문장은 한 언어의 문법 규칙에 의해 단어들이 결합하여 만들어지는 적형(適形)의 연결체이다. 예를 들어, (1a)는 단어가 결합할 때 '주어＋목적어＋서술어'의 문법 규칙을 따르기 때문에 적격한 형태의 한국어 문장이다. 그 반면, (1b)의 결합체는 위의 문법 규칙을 어긴 '주어＋서술어＋목적어'로 구성되어 있기 때문에 적격한 형태의 한국어 문장이 아니다.

(1) a. 그는 우등상을 받았다.
    b. 그는 받았다 우등상을.

문장은 짜임새에 따라 단순문과 복합문으로 나뉘며, 복합문은 다시 내포문과 접속문으로 나뉜다. 단순문은 (2a)와 같이 주어와 서술어가 한 번만 나타나서 이루어진 문장이다. 복합문은 주어와 서술어가 두 번 이상 나타나서 이루어진 문장인데, 내포문은 (2b)와 같이 하나의 단순문이 절의 형식으로 바뀌어 다른 문장의 한 성분으로 안긴 문장이며, 접속문은 (2c)와 같이 단순문이 둘 이상 이어진 문장이다.

(2) a. 꽃이 피었다.
    b. 농부들은 비가 오기를 간절히 기다린다.
    c. 낮말은 새가 듣고 밤 말은 쥐가 듣는다.

이상에서 보듯이, '문장'은 문법 규칙들에 의해 구성되는 언어 단위이다. '문장'은 '발화'나 '명제'와 구분되는 개념이다.

'발화(utterance)'는 화자를 고려한 언어 단위이다. 예를 들어, 어떤 사람이 "가을이 왔다."라고 하는 것은 하나의 발화이며, 동일한 장면에서 다른 사람이 "가을이 왔다."라고 하면 하나의 문장을 두고 두 개의 발화가 이루어진 셈이다. 문장은 발화에 비해서 중립적이며 잠재적인 문법 단위라 할 수 있다.

한편, 문장보다 더 추상적인 언어 단위를 '명제(proposition)'라고 한다. 명제는 세상사의 상황을 기술하기 위한 핵심적 정보이다. 곧 문장에서 핵심적인 정보만을 간추린 것이 명제이다. 예를 들어, "나는 너를 사랑한다."와 "너는 나에게 사랑 받는다."는 능동문과 피동문의 두 개 문장이지만, 이는 동일한 일의 상태를 기술한 하나의 명제이다. 따라서 명제는 문장 의미의 기본적이고 핵심적인 요소를 뜻한다.

2.2. 문장의 의미

문장의 의미에 대해서 살펴보기로 한다. 일반적으로, '문장 의미(sentence

meaning)'는 문장에 참여하는 단어들의 의미로부터 이루어지는 문장의 합성적 의미이다. 예를 들어, 문장 (3)의 의미는 그 구성 요소인 '그, 우등상, 받다'라는 내용어와 '는, 을, -았-'이라는 기능어의 의미 합이다.

(3) 그는 우등상을 받았다.

문장의 의미는 문장을 구성하는 단어의 의미뿐만 아니라, 구성 요소의 통사적 규칙과 용인성에 의해서 확보된다. 문장의 의미와 그 구성 요소인 단어 각각의 의미는 밀접한 관련이 있지만, 구성 요소의 의미 총합이 문장의 의미라는 논리는 성립되지 않는다. 예를 들어, (4)의 경우를 보기로 한다.

(4) a. 영수가 철수를 때렸다.
b. 철수가 영수를 때렸다.

(4)의 두 가지 문장은 동일한 구성 요소 '영수, 철수, 때리다, 가, 를, -었-'으로 되어 있지만 그 의미는 다르다. 이것은 곧 주어와 목적어라는 통사적 기능이 문장의 의미에 관여하고 있음을 뜻한다. 한편, (5)의 두 문장은 그 구성 요소가 다르지만, 진리 조건적 측면에서 의미값이 동일하다.

(5) a. 영수가 철수를 때렸다.
b. 철수가 영수에게 맞았다.

(5)의 두 문장은 동일한 명제를 갖는다. 그러나 동일한 명제가 동일한 의미를 갖는 것은 아니다. 그 차이는 화자의 마음속에서 무엇이 초점인가와 관계가 있다. (5a)의 능동문에서는 영수가 때린 행위에 초점이 놓이는 반면, (5b)의 피동문에서는 철수가 맞은 결과에 초점이 놓인다.

이상에서 볼 때, 일차적으로 문장의 의미는 문맥 중립적으로 그 문장의 어휘적 의미와 통사 규칙에 의한 합성적 의미라 할 수 있다. 그러나 이러한 진공 상태의 문장은 의미의 많은 것을 제약할 수밖에 없다. 따라서 문장 의미는 그 문장이 사용되는 언어 내적 및 언어 외적 문맥과 불가분의 관계를 맺게 된다.

3. 문장의 의미 관계

문장의 의미를 확립하기 위해서는 문장과 문장 간 관계의 유형을 살펴봐야 한다. '문장 관계(sentential relation)'는 한 언어의 문장들 사이에 존재하는 연결 유형이다. 문장의 의미 관계에는 '바꿔 쓰기', '모순', '전제', '함의' 등이 있다.

이 관계들은 언어 체계 속에서 문장의 정체성을 구체화하고 하나의 전체로서 언어의 역동적 본질을 이해하는 데 중요하다. 또한, 단순문 층위의 경우 문장을 이루는 단어들의 관계를 의미에 근거하여 이해하는 데 도움이 되며, 복합문 층위의 경우 한 문장 안의 절들이 서로 통합하는 방식과 의미의 제공 방식을 밝혀 준다. 문장의 의미 관계 네 가지에 대해서 살펴보기로 한다.

3.1. 바꿔 쓰기

'바꿔 쓰기(paraphrase)'는 한 문장이 다른 문장의 명제적 의미를 바꾸지 않으면서 이를 대체할 수 있는 두 문장 사이의 의미 관계이다. 바꿔 쓰기는 특별히 입말 또는 글말의 내용을 더 쉽게 이해하기 위해서, 또는 그 내용의 일부를 강조하기 위하여 다른 단어나 어순을 사용하여 표현하는 과정이다. 예를 들어, (6b)는 (6a)의 바꿔 쓰기이다.

(6) a. 사냥꾼이 토끼를 쫓았다.

b. 토끼가 사냥꾼에게 쫓겼다.

(6)의 두 문장은 초점이 다르지만, 하나의 공통된 명제 또는 단일의 의미 내용을 공유하고 있다. 바꿔 쓰기에서 명사들의 문법 기능은 다르지만, '의미 역할'은 동일하다. (6a)에서 '사냥꾼'은 '주어·행위자'인 반면, '토끼'는 '목적어·수동자'이다. (6a)의 바꿔 쓰기인 (6b)에서 '토끼'는 '주어·수동자'인 반면, '사냥꾼'은 '부사어·행위자'이다.

문장의 정보 배열은 비대칭적이다. 곧 문장의 어떤 부분을 부각시켜 주의의 초점으로 만드는 것을 '전경화'라고 하며, 주의의 초점이 아닌 나머지 부분들을 '배경화'라고 한다. 전경화의 사례를 보기로 한다.

(7) a. 관객이 극장에 가득 차 있다.
    b. 극장이 관객으로 가득 차 있다.

(8) a. 정원이 잔디로 깔렸다.
    b. 잔디가 정원에 깔렸다.

(9) a. 자원을 아껴서 자연을 살리자.
    b. 아끼자 자원! 살리자 자연!

(7a)에서는 '관객'이 전경화되고 '극장'이 배경화된 반면, 그 관계가 역전된 (7b)에서는 '극장'이 전경화되고 '관객'이 배경화되어 있다. (8a)에서는 '정원'이 전경화되어 '잔디가 깔린 정원'이 초점을 받는 반면, (8b)에서는 '잔디'가 전경화되어 '정원에 깔린 잔디'가 초점을 받는다. 또한, (9)는 '자원 아끼기'와 '자연 살리기'의 두 가지 명제로 이루어져 있는데, (9a)는 인과관계 구문으로 '자연 살리기'에 초점이 주어지는 반면, (9b)는 두 명제에 모두 초점을 부여함으로써 이 표어의 목표인 '자원 아끼기'의 효과를 기대할 수 있게 해 준다.

이 경우 어순을 교체하면 표어의 효력을 잃게 된다.

이처럼 바꿔 쓰기는 다양한 구문을 생산하는 장치로서, 화자의 선택을 통해 서로 다른 의사소통적 전략을 부호화한다.

3.2. 모순

'모순(contradiction)'은 앞 문장에 대해 뒤 문장이 완전히 대립적이어서 의미적 갈등을 일으키는 한 쌍의 문장들 사이의 의미 관계이다. 모순 관계의 두 문장은 동시에 참이거나 거짓일 수 없다. 한 문장이 참이면, 나머지 한 문장은 거짓이어야 한다. 예를 들어, (10a)와 (10b)는 모순 관계에 있다.

(10) a. 고래는 포유동물이다.
b. 고래는 포유동물이 아니다.

(10b)는 의미상으로 참이 아니다. 참·거짓에 근거하여 모순적 문장은 분석적 및 합성적 문장과 대조를 이룬다.

첫째, '모순적 문장(contradictory sentence)'은 그 문장 안에 있는 어떤 단어의 의미 때문에 반드시 거짓인 문장이다. (11)은 미혼과 결혼이 양립할 수 없으므로 모순적 문장이다.

(11) 미혼인 누나는 결혼한 지 5년 되었다.

둘째, '분석적 문장(analytic sentence)'은 그 문장 안에 있는 어떤 단어의 의미 때문에 반드시 참인 문장이다. 곧 분석적 문장은 그 문장이 참이라는 것이 문법 형태와 어휘 의미에 의해 뒷받침되는 문장이다. (12)는 실제 세상사의 지식과 무관하게 누나가 여성인 것이 참이기 때문에 분석적 문장이다.

(12) 우리 누나는 여성이다.

셋째, '합성적 문장(synthetic sentence)'은 모순적이지도 않고 분석적이지도 않은 문장이다. 합성적 문장은 이 세상의 방식에 따라 참이거나 거짓이 될 수 있는 문장이다. 합성적 문장은 그 지위가 의미에 의해서만 결정되는 것이 아니라, 의미와 세상사 사이의 관계에 의해 결정된다. (13)의 문장이 참이라는 것은 실제 세상사의 지식에 관련해서만 확인될 수 있으므로 합성적 문장이다. 즉, '사촌'은 남성이나 여성일 수 있기 때문이다.

(13) 내 사촌은 여성이다.

3.3. 전제

언어의 주된 기능은 의사소통, 즉 정보를 주고받는 것이다. 정보의 전달과 수용에서 기본적인 사항은 정보의 진실성 여부이다. 이것은 곧 문장의 참과 거짓에 관한 문제이다.

(14) a. 리스본은 포르투갈의 수도이다.
　　 b. ?리스본은 스페인의 수도이다.

(14)의 경우 우리는 세상사의 지식에 따라 (14a)는 참이며 (14b)는 거짓이라는 판단을 내리게 된다. 이러한 배경에는 현실 세계에 '포르투갈'과 '스페인'이라는 나라가 존재하며, 나라마다 '수도'가 있다는 것을 알기 때문이다. 만약 지구상에 '포르투갈'과 '리스본'이 존재하지 않고 우리가 이를 알고 있다면 (14a)는 참과 거짓의 범위를 벗어난다.

실제로 (15)와 같은 질문에 대해 "예.", "아니요."로 대답할 수 없는데, 그 까닭은 (15)의 문장 속에 '한국에는 석유가 난다.'라는 정보가 내포되어 있기 때문이다. 그러나 현실적으로 한국에는 석유가 나지 않으므로 이 질문은 적절하지 못하다.

(15) 한국산 석유는 질이 좋습니까?

문장의 참과 거짓을 따지기 위해서는 문장에 포함된 정보가 참이라는 조건이 보장되어야 한다. 이러한 조건을 '논리적·의미적 전제' 또는 '전제'라고 한다. '전제(presupposition)'는 한 쌍의 문장 간에 형성된 의미 관계로서, S_1의 암시적 추정이 S_2, 즉 전제이다.

(16) S_1: 영수는 어제 산 책을 읽었다.
　　S_2: 영수가 어제 책을 샀다.

(16)의 S_1에서 우선적으로 전달하려는 의미 정보는 '영수가 책을 읽었다.'인데, S_1 속에는 S_2, 즉 '영수가 어제 책을 샀다.'라는 부수적인 정보를 추론할 수 있다. 이 경우 핵심적인 정보 이외에 추론되는 정보가 전제이다.

전제의 중요한 특징은 주 명제가 부정되어도 참이 된다는 점이다. 즉, '영수가 어제 산 책을 읽지 않았다.'라고 하더라도 전제는 그대로 보존된다.[1] 전제의 이러한 논리적 관계를 진리표로 나타내면 〈그림 1〉과 같다.

주 명제 (S_1)		전제 (S_2)
참	──────▶	참
성립불가	◀──────	거짓
거짓	──────▶	참

〈그림 1〉 전제의 진리표

---

[1] 전제의 이 특성을 '부정에서의 불변성(constancy under negation)'이라고 한다 (Hamawand 2016: 44 참조).

곧 S₁이 '참'이면 S₂도 '참'이며, S₂가 '거짓'이면 S₁은 '참도 거짓도 성립불가'이며, S₁이 '거짓'이라도 S₂는 '참'이 된다.

전제의 유형에는 어휘적 전제와 구조적 전제가 있다. '어휘적 전제(lexical presupposition)'는 '어휘 유발자(lexical tr   부르는 S₁의 어떤 단어에 의해 S₂에서 진술된 정보가 참이 되는 전제를 말한다. 예를 들어, (17)의 사실동사, (18)의 비사실동사는 어휘 유발자로서 전제를 유발한다.

(17) a. 사실동사: 후회하다, 인정하다, 깨닫다
　　　b. 그는 늦잠을 잔 것을 후회한다.(S₁) → 그는 늦잠을 잤다.(S₂)

(18) a. 비사실동사: 꿈꾸다, 상상하다, 체하다
　　　b. 그녀는 행복한 체한다.(S₁) → 그녀는 행복하지 않다.(S₂)

한편, '구조적 전제(structural presupposition)'는 어떤 문장 구조에 의해 진술된 정보가 참이 되는 전제를 말한다. 구조적 전제를 이끄는 문장 구조에는 (19)의 명사절, (20)의 관형절, (21)의 부사절 등이 있다.

(19) 민수는 동생이 시험에 합격했음을 {알았다, 알지 못했다}.
　　　→ 민수의 동생이 시험에 합격했다.

(20) 그가 만든 영화는 흥행에 {성공했다, 성공하지 못했다}.
　　　→ 그가 영화를 만들었다.

(21) 그는 사업에 실패한 뒤에 고향으로 {돌아갔다, 돌아가지 않았다}.
　　　→ 그는 사업에 실패했다.

3.4. 함의

한 문장 속의 부수적인 정보 가운데 전제와 구별되는 또 다른 정보로 '논리적·의미적 함의' 또는 '함의'가 있다. '함의(entailment)'는 한 쌍의 문장 간에 형성된 의미 관계로서, S_1의 암시적 결과가 S_2, 즉 함의이다.[2] 함의는 S_2가 논리적으로 S_1에서 도출되는 두 명제 간의 관계이나.

(22) S_1: 민호가 유리창을 깼다.
　　 S_2: 유리창이 깨졌다.

(22)의 S_1에는 부수적으로 S_2의 '유리창이 깨졌다'라는 정보를 포함하고 있다. 전제와 달리 함의는 주 명제 S_1을 부정하게 되면 부수적인 정보 S_2는 참이되거나 거짓이 된다. 즉, '민호가 유리창을 깨지 않았다.'라고 하더라도 유리창이 깨질 수도 있고 그렇지 않을 수도 있기 때문이다. 함의의 이러한 논리적 관계를 진리표로 나타내면 〈그림 2〉와 같다.

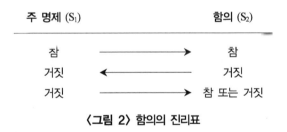

〈그림 2〉 함의의 진리표

곧 S_1이 '참'이면 S_2도 '참'이며, S_2가 '거짓'이면 S_1도 '거짓'이며, S_1이 '거

2　하의관계의 함의는 어휘 층위의 함의로서, "그것은 개이다(S_1)."는 "그것은 동물이다.(S_2)"를 '일방 함의(unilateral entailment)'한다. 이 경우 함의는 '개'와 '동물' 간에 성립되는 의미 관계의 결과이다. 곧 '개'의 의미 가운데 중요한 부분이 '동물'의 의미에 포함되어 있다는 것을 뜻한다. 논리적으로 S_1이 참이면 S_2도 참이어야하는데, 그 관계는 역전될 수 없다.

짓'이면 S₂는 '참 또는 거짓'이 된다.

요컨대 전제는 주명제가 부정되어도 영향을 받지 않는 데 비해, 함의는 주명제가 부정될 때 그 의미가 보존되지 않는 특성을 지닌다.

4. 문장의 정보

문장의 구조를 중심으로 정보의 알려진 정도에 관한 신정보와 구정보, 정보의 기능을 중심으로 한 '주제'와 '논평'을 정보 표지와 관련하여 살펴보기로 한다.

4.1. 신정보와 구정보

문장은 정보를 지닌 전형적 단위이다. 문장이 지닌 정보를 제대로 파악하기 위해서는 맥락, 즉 문맥 또는 화맥의 도움이 필요하다. 그 까닭은 동일한 모습을 지닌 문장이라 하더라도 그 문장이 놓인 앞뒤 관계뿐만 아니라, 그 문장이 사용되는 실제의 상황에 따라 정보의 가치가 결정되거나 다르게 실현되기 때문이다.

정보에는 신정보와 구정보가 있다. 글자 그대로 '신정보(new information)'는 새롭고 알려지지 않은 정보이며, '구정보(old information)'는 알려진 정보이다. 이러한 정보의 판단은 대화의 화자와 청자에 의해서 이루어질 뿐 아니라, 정보의 표지에 의해서 이루어진다. 정보 표지인 조사 '이/가'와 '은/는'이 붙은 (23)의 대화를 보기로 한다.

>   (23) A : 올해는 어느 쪽이 우승할까요?
>   B : 물론, 동부가 우승할 겁니다.
>   B': ?물론, 동부는 우승할 겁니다.

(23)에서 A의 질문에 대하여 B의 대답은 적합한 반면, B'의 대답은 부적합하다. 그 까닭은 질문의 초점부인 '어느 쪽'이 신정보 표지 '이/가'를 달고 있으므로, 그 대답의 초점부인 '동부'에도 신정보 표지 '이/가'가 나타나야지, 구정보 표지 '은/는'이 나타나서는 안 되기 때문이다.

그런데 다음 상황에서는 조사의 쓰임이 뒤바뀌게 된다.

(24) A : 올해 동부는 어떨까요?
　　 B : ?물론, 동부가 우승할 겁니다.
　　 B': 물론, 동부는 우승할 겁니다.

(24)에서 '동부'는 화자와 청자에게 알려진 정보이므로, 구정보 표지인 '은/는'이 나타나는 것이 자연스럽다.

(23), (24)에서 질문의 시점에 대한 정보 구조를 살펴보면, (23)의 경우 전제는 'X가 우승한다.'이며, 궁금한 정보는 'X가 어느 쪽인가?'이다. 이 경우 신정보를 드러내기 위해서는 (24) B와 같이 질문의 구조를 되풀이하여 '어느' 자리에 신정보 요소인 '동부'를 넣거나, 전제된 부분을 앞세워 '우승은 동부가 할 겁니다.'라는 두 가지 방법이 사용된다.

이와 같이 질문의 대답에는 새로운 정보로 이루어진 부분과 진제로서 알려진 정보에 해당하는 부분이 있다. (23) A의 질문에 대한 대답을 신·구정보로 나타내 보면 (25)와 같다.

(25) a. 동부가 우승한다.
　　　 신정보　 구정보

　　 b. 우승하는 쪽은 동부이다.
　　　　 구정보　　　 신정보

(25)에서 신·구정보에 대한 부분이 표시되었지만, 엄밀히 말해서 구정보는 전제로 되어 있는 "어느 쪽이 우승한다."이며, 신정보는 "그 어느 쪽이 동

부이다."가 된다. 한편, (24)는 '동부'에 대해서 질문하고 있는데, 그 대답은 주어가 구정보이며, 동사가 신정보와 관련되어 있으므로, 그 정보의 배열은 (26)과 같다.

(26) 동부는 우승한다.
　　구정보　　신정보

위에서 보았듯이, '은/는'은 구정보 표지의, 그리고 '이/가'는 신정보 표지의 기능을 수행한다. (27)에서 콩쥐가 이야기의 처음 등장할 때는 '이/가'가, 두 번째 등장할 때는 '은/는'이 연결된다.

(27) 옛날에 콩쥐가 살았어요. 콩쥐는 심술궂은 새엄마와 새엄마의 딸 팥
　　 쥐와 살고 있었어요.

이처럼 '이/가'가 (28)과 같이 이야기의 들머리나 (29)와 같이 현장을 생생히 묘사할 경우에는 문장 전체가 신정보가 된다.

(28) a. 옛날 옛적 어느 마을에 가난하지만 착한 농부가 살았습니다.
　　 b. ?옛날 옛적 어느 마을에 가난하지만 착한 농부는 살았습니다.

(29) a. 아! 눈이 내리네.
　　 b. ?아! 눈은 내리네.

(28), (29)에서 b가 부적합한 것은 '은/는'이 구정보 표지이기 때문이다. '은/는'이 구정보 표지인 것은 (30)에서 보듯이 의문사와 공기되지 않는 데서도 알 수 있다. 곧 미지의 사항에 대한 의문사와 구정보 표지 '은/는'이 결합하면 의미 기능상으로 충돌하게 된다.[3]

―――――――――

3　그러나 "언제는 죽도 못 먹는다더니!", "(님과 함께라면) 어디는 못 가겠느냐?",

(30) a. {언제가/*언제는} 너의 휴가이냐?

    b. {어디가/*어디는} 너의 고향이냐?

    c. {누가/*누구는} 너를 알아보더냐?

    d. {무엇이/*무엇은} 너의 취미냐?

한편, '은/는'이 문장에서 대조를 니다닐 경우에는 신정보 표지가 된다. (31), (32)에서 '은/는'은 대조의 표지로서 함께하는 체언을 신정보로 부각시킨다.

(31) a. 인생**은** 짧고 예술**은** 길다.

    b. 어제**는** 비가 왔는데, 오늘**은** 눈이 오네요.

(32) A : 밖에 눈이 옵니까?

    B : 아니요. 비**는** 오고 있지만, 눈**은** 그쳤습니다.

요컨대 일반적으로 '은/는'은 구정보 표지이며, 대조로 사용될 경우에는 신정보 표지로 기능한다.

4.2. 주제와 논평

정보를 전달의 기능면에서 보면 '신정보-구정보'는 '주제-논평'의 관점에서 기술된다. '주제(topic)'는 '말하려고 하는 그 무엇'을 가리키며, '논평(comment)'은 '그것에 관해 말하려는 것'을 가리킨다. '신-구정보'는 청자의 관점인 반면, '주제-논평'은 화자의 관점에 더 큰 비중을 둔 것이라 할 수

"누구는 이 일이 좋아서 하는 줄 아느냐?", "(그것도 못하는 주제에) 무엇은 제대로 하겠느냐?"의 설의법이나 반어적 용법과 같이 진정한 의문문이 아닌 경우에는 의문사와 '은/는'의 표지가 공기할 수 있다.

있다(박지홍 1984: 134 참조).

    (33) <u>인생은</u> <u>나그네길이다.</u>
        주제   논평

  (33)은 이야기되는 것을 나타내는 주제 부분과 그것의 내용이나 사태에 대해 풀이하는 논평 부분으로 나뉜다. 이 경우 주제인 '인생은'은 '인생으로 말할 것 같으면'을 의미하며, 그 풀이가 '나그네길'이다. 정보 전달의 측면에서 주제는 정보 전달의 비중이 상대적으로 낮으며 논평은 높다. 따라서 '주제-논평' 구조는 어순과 밀접한 관련을 맺는다. 일반적으로 주제는 (34)에서 보듯이 문장의 들머리에 놓이므로, 주어와 일치하는 수도 있지만 반드시 그렇지는 않다.

    (34) a. <u>보물은</u> <u>통 속에 들어 있다.</u>
          주제   논평
          =주어

       b. <u>통 속에는</u> <u>보물이 들어 있다.</u>
          주제   논평
                주어(<u>보물이</u>)

  정보의 측면에서 주제는 화자와 청자가 함께 알고 있는 구정보 요소이다. 이것은 전제된 요소와 알고 있는 요소인 고유명사 및 '해', '달'과 같은 고유한 존재로 나타난다. 비한정적인 체언이 주제가 될 경우 그 체언은 (35)와 같이 '유개념(類槪念)'을 나타내는 경우이다.

    (35) 사람은 이성적 동물이다.

  또한, 특정한 사실을 일반화하여 드러낼 때, 그 표현은 '주제-논평' 구조를 갖게 된다.

(36) 일찍 자고 일찍 일어나는 것은 건강에 좋다.

(33)-(36)에서 보듯이 주제 표시도 구정보 표지 '은/는'이 담당한다. 주제
는 알려진 요소이므로 대명사로 대용되거나 생략될 수 있다. 그 반면, 논평은
정보 전달력이 크므로 문장의 초점 부분이 된다. 여기서 초점이란 화자가 특
별히 강조하게 되는 신정보로서 (37)에서 강세가 부여되는 굵은체 부분이다.

(37) A: 그 책을 **영수에게** 주었니?　　B: 아니, **영희에게** 주었어.
　　　A: **그 책을** 영수에게 주었니?　　B: 아니, **노트북을** 주었어.

이상에서 문장의 정보는 전제와 함의, 신정보와 구정보, 그리고 주제와 논
평 등과 상호 긴밀한 관련 속에서 작용하며, 중립적인 문장 층위뿐만 아니라
구체적인 언어 상황의 발화 층위와도 관련이 있다.

5. 문장의 도상성

문장을 이루는 구조와 의미 간에는 긴밀한 상관성, 즉 도상성이 존재한다.
도상성의 정의, 양상, 의의에 대하여 살펴보기로 한다.

5.1. 도상성의 정의

'도상성(圖像性, iconicity)'은 형태와 의미 간의 닮음, 또는 언어 구조와 개
념 구조 간에 존재하는 상관성을 가리킨다. 언어의 형식과 내용의 관계를 설
명함에 있어 자의성과 도상성이 정면으로 대립한다.
　언어의 '자의성(恣意性, arbitrariness)'[4]은 기호의 형식과 내용이 아무런 연

4　언어 기호의 자의성은 다음 네 가지 측면에서 증명될 수 있다. 첫째, 단어의 의미

관성 없이 맺어지는 성질을 이른다. 언어에서 자의성의 이점은 형태와 의미를 짝짓는 데 특정한 원리가 작용하지 않기 때문에 어휘 확장의 제약을 받지 않는다. 따라서 자의성은 의사소통 체계의 유연성과 의사전달 체계의 융통성[5]을 증가시킨다는 점이다(Lyons 1981a: 19 참조). 그러나 자의성은 언어 습득 과정에서 필요한 기억 장치에 큰 부담을 주는 결과를 가져오므로 학습하기에 어려움이 따른다. 또한, 자의성은 그 체계를 알지 못하면서 기호를 받은 사람의 경우 해석 과정에서 어려움을 겪게 되는 단점을 지닌다.

한편, '도상성'은 언어 구조와 개념 구조 간의 유사성을 뜻한다. 즉, 언어에서 도상성이란 언어 구조 속에 개념 구조가 직접적으로 반영된 것으로서, 언어의 구조는 종종 우리가 상황을 지각하는 방식과 같이 세계에서 상황의 구조를 반영한다. 따라서 도상성은 언어의 형태와 의미의 연계가 유사성에 기초하므로 기호의 내용을 파악하는 데 한층 더 쉽고 효율적이다.

이상의 두 측면을 고려해 볼 때, 언어의 자의성과 도상성은 각각의 고유한 지위를 갖고 있다. 그중 자의성은 한 언어의 '단일어'에 대해서 적용될 수 있지만, 형태 속에서 의미를 찾는 인간의 일반적인 성향과는 일치하지 않는다. 새말이나 기존 단어에 덧붙여진 새로운 의미를 살펴보게 되면, 그것은 대체로 동기화된 것임을 알 수 있다. 나아가서 통사구조나 담화구조 역시 그 구조가 전적으로 자의적으로 구성된 것이라기보다 기능과 언어 주체의 인지 경향을 반영한 것이라 하겠다.

요컨대 자의성은 주로 단일어의 형태와 의미에 국한되며, 복합어를 비롯한 어휘 층위, 문장 층위, 그리고 담화 층위에서는 형식·구조와 내용·의미 간에 적지 않은 도상성이 확인될 것으로 보이는데, 이 관계를 도식화하면 〈그림 3〉과 같다.

에 대한 형식은 언어권마다 다르다. 둘째, 동음이의어의 존재이다. 셋째, 동의어의 존재이다. 넷째, 단어의 의미 변화이다.

5   라이온스(Lyons 1981a: 19-20)는 언어의 '융통성(flexibility)'에 기여하는 특수한 성질로서 '자의성', '이원성', '불연속성', '생산성'의 네 가지를 들고 있다.

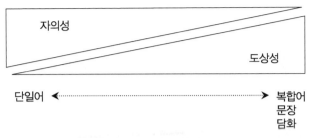

〈그림 3〉 자의성과 도상성의 분포

5.2. 도상성의 양상

문장 층위에서 양, 순서, 거리에 관한 도상성의 양상을 기술하기로 한다.

5.2.1. 양적 도상성

'도상적 양(iconic quantity)'의 원리는 개념의 복잡성 정도가 언어적 재료의 양과 비례하는 경우를 말한다. 양적 도상성의 양상을 두 가지 측면에서 보면 다음과 같다.

첫째, 정보의 경우이다. 개념적으로 신정보에 비해 구정보는 중요성이 떨어지므로 대명사로 대치되기나 생략되기노 한다. (38)에서 보듯이 대명사나 대용형은 알려진 정보로서 그 형태가 짧고 일정하다.

(38) a. "이 손수건, 저 사랑 아저씨 손수건인데, **이것** 아저씨 갖다 드리고
    와, 응." (주요섭의 '사랑 손님과 어머니'에서)
  b. 영수와 창수는 형제이다. **그들은** 성격이 활달하다.
  c. 갑 : 기차가 제시간에 도착할까요?
    을 : 저는 **그렇게** 생각합니다.

둘째, 공손성의 경우이다. 공손성은 평이성에 비해 복잡한 개념으로서, 표

현의 길이가 더 길다. (39a)는 대우법에서 청자에 대한 화자의 공손성 정도가 어미의 길이에 반영된 것이며, (39b)는 이와 관련된 초등학교 교재의 내용이다. 또한, (40)의 명령이나 요청의 표현에도 화자의 공손성 정도가 언어 표현의 길이와 동기화되어 있다.[6]

(39) a. 어디 가니? : 어디 갑니까? : 어디 가십니까?

    b. 우리말에는 웃어른을 존경하는 마음이 잘 나타나 있다. 예를 들어, 듣는 사람이 친구나 동생일 경우에는 "동훈아, 나와 함께 갈래?" 하고 말하지만, 듣는 사람이 자기보다 웃어른일 때에는 "어머니, 저와 함께 가시겠어요?"처럼 말한다(초등학교 『국어 (읽기 3-1)』, 2010: 134, 교육과학기술부).

(40) a. 조용히!

    b. 조용히 해라.

    c. 조용히 합시다.

    d. 조용히 해 주시겠습니까?

    e. 여기는 도서관입니다. 다른 사람에게 피해가 가지 않도록 조용히 해 주시면 고맙겠습니다.

요컨대 언어 표현에서 양적 도상성의 존재는 효율성의 문제로 풀이할 수 있다. 즉, 사람의 기억 부담 양을 고려해 볼 때, 양적 도상성은 부담을 최소화한다. 만약 양적 도상성에서 나타난 대립적 요소들이 정반대로 구성되거나 뒤죽박죽 상태의 자의성을 띠게 되면 그러한 언어 구조를 감당하기 위하여 우리는 많은 에너지를 필요로 할 것이며, 나아가 의사소통이라는 당면 과제에 원활하게 대처해 나갈 수 없을 것이다.

---

6   이와 관련하여 더번 & 버스푸어(Dirven and Verspoor 1998/2004: 11)에서는 "공손한 것은 조금 더 말하는 것이다."라고 하였다.

5.2.2. 순서적 도상성

'도상적 순서(iconic sequencing)'의 원리는 시간적 순서나 우선성의 정도가 언어 구조에 반영된 경우로서 '선형적 순서'와 '연속적 순서'의 원리로 나뉜다.

먼저, '선형적 순서'의 원리에 따른 도상성은 시간적 순서에 관한 사건이 언어 구조의 순서에 비례하는 것을 말한다.

첫째, 시간적 순서와 관련한 복합문의 경우이다. (41)은 비동시적 사건으로, 두 문장은 의미가 동일하지 않다. 즉, 두 문장 각각은 사건의 자연스러운 시간적 순서를 도상적으로 보여 주는데, (41a)는 결혼한 뒤 아기를 낳은 것이며, (41b)는 아기를 낳은 뒤 결혼한 것을 뜻한다. (42)는 동시적 사건으로, (42a)는 의미상 어색한 표현이며, 인과관계를 나타내는 (42b)가 자연스러운 표현이 된다.

(41) a. 그들은 결혼하고 아기를 낳았다.
  b. 그들은 아기를 낳고 결혼했다.

(42) a. ?꽃병이 떨어지고 깨어졌다.
  b. 꽃병이 떨어져서 깨어졌다.

한편, 선형적 순서에 관한 대등절과 종속절의 경우를 보기로 한다. (43a)의 경우 두 절의 순서는 사건의 자연스러운 시간적 순서와 일치하는 반면, (43b)의 경우 두 절의 순서가 사건의 자연적인 순서를 따르지 않았기 때문에 어색하다. 대조적으로 (43)'의 두 문장은 자연스러운 표현이 되는데, 그중 (43b)'는 담을 넘거나 또 다른 특이한 방법으로 집으로 들어간 뒤에 대문을 연 것을 뜻한다.

(43) a. 그는 대문을 열고 집으로 들어갔다.

　　b. ?그는 집으로 들어가고 대문을 열었다.

(43)' a. 그는 대문을 열어서 집으로 들어갔다.

　　　b. 그는 집으로 들어가서 대문을 열었다.

　(42a)와 (43b)의 경우, 순수 통사론의 관점에서 보면 문법적인 문장이 되겠지만, 실제로 이런 문장이 수용가능하지 않은 것은 선형적 순서의 도상적 원리에 어긋나기 때문이다.

　다음으로, '연속적 순서'의 원리에 따른 도상성은 인지적으로 자연스러운 경향성이나 중요성의 정도가 언어 구조에 반영되어 있는 것을 말한다. 이러한 사례는 구성 요소의 가치가 진리 조건적으로 등가적인 복합문의 어순에서 널리 분포되어 있다. 복합문에서 구성 요소 A, B가 진리 조건적으로 대등한 두 절이 결합될 경우에는 후행절에 화자의 초점이 놓이게 된다. 이것은 선행절을 바탕으로 후행절에 초점을 부여하려는 화자의 해석 전략에서 비롯된다. 이 점을 다음 세 가지 사례를 통해서 보기로 한다.

　첫째, 대등 접속어미 '-고'에 의한 복합문의 경우이다. (44a)는 예술의 영원성에, (44b)는 인생의 유한성에 화자의 초점이 주어져 있다.

　(44) a. 인생은 짧고 예술은 길다.

　　　b. 예술은 길고 인생은 짧다.

　둘째, '-(으)나' '-아도' '-지만'에 의한 복합문의 경우이다. (45a)는 건설의 어려움에, (45b)는 파괴의 쉬움에 화자의 초점이 놓이며, (46a)는 힘의 셈에, (46b)는 덩치가 작음에 화자의 초점이 놓이며, (47a)는 그의 게으름이 부각되는 반면, (47b)는 그의 정직성이 부각된다.

(45) a. 파괴는 쉬우나 건설은 어렵다.

    b. 건설은 어려우나 파괴는 쉽다.

(46) a. 그는 덩치가 작아도 힘은 세다.

    b. 그는 힘은 세도 덩치가 작다.

(47) a. 그는 정직하지만 게으르다.

    b. 그는 게으르지만 정직하다.

셋째, 속담의 경우이다. (48)-(49)에서 선·후행절의 어순은 속담의 됨됨이에 큰 영향을 미치는데, 초점 의미인 "사람은 죽어서 이름을 남긴다."와 "한 길 사람 속은 모른다."가 후행절에 놓인 a는 속담으로서 적합한 구성인 반면, 그렇지 않은 b는 속담의 자격을 갖추지 못한 것이 된다(천시권·김종택 1973: 381-383 참조).

(48) a. 호랑이는 죽어서 가죽을 남기고 사람은 죽어서 이름을 남긴다.

    b. ?사람은 죽어서 이름을 남기고 호랑이는 죽어서 가죽을 남긴다.

(49) a. 열 길 물속은 알아도 한 길 사람 속은 모른다.

    b. ?한 길 사람 속은 몰라도 열 길 물속은 안다.

요컨대 문장의 선형적 순서는 효율성의 관점에서 설명할 수 있다. 또한, 연속적 순서의 경우 후행절에 의미의 강조점이 주어지는 것은 선행절을 배경으로 하여 후행절에 초점을 부여하는 화자의 해석 전략에 따른 것이라 하겠다.

5.2.3. 거리적 도상성

'도상적 거리(iconic distance)'의 원리는 개념적 거리와 언어적 거리가 비례 관계를 형성하는 것을 말한다. 거리적 도상성은 다음에서 보듯이 '근접성'과 '직접성'의 원리로 대별된다.

먼저, '근접성의 원리'에 따른 도상성은 주로 한 언어적 구성단위 안에서 개념적 근접성이 언어 구조상의 근접성과 비례하는 것을 말한다.

첫째, 한정적 수식어의 순서는 중심어와의 개념적 근접성에 따라 그 위치가 결정된다. (50)의 보기들은 수식어가 중심어의 본유적 성분에 근접한 차례대로 놓여 있다. 즉, '엿'과 '꽃'의 수식어는 개념적 근접성에 따라 배열되는데, 이 차례가 어긋나면 어색한 표현이 된다.

> (50) a. 소문나고 맛있는 울릉도 둥글 호박**엿**.
>
>   b. 뒤에는 청량한 가을 햇살 아래 빛나는 갈**꽃**뿐. (황순원의 '소나기' 에서)

둘째, 목적어와 동사의 개념적 근접성이 통사구조에 반영된 경우이다. (51) 에서 주어를 제외한 나머지 성분은 대칭적 구성을 이루고 있지만 목적어와 동사는 가장 근접해 있음을 볼 수 있다(김진우 2004: 342 참조). 이것은 SOV 어순이나 SVO 어순 모두에서 목적어와 동사의 근접성을 고려한 언중들의 도상적 의식이 언어 구조에 반영된 것이라 하겠다.

> (51) a. 그는 산 위에 뜬 달을 바라보고 있었다.
>
>   b. He was looking at the moon risen over the mountain.

셋째, 서술어의 구성 요소와 문장 성분 간에 나타나는 근접성의 보기이다. 〈그림 4〉에서 '읽- 히- 시- 었- 습니다'의 각 요소는 문장 속의 다른 성분과 구조적인 동형 관계를 맺고 있음을 보여 준다. 이것은 한국어의 교착성이 형태론의 영역에 국한되는 것이 아니라, 형태·통사·의미의 상관성을 드러내는 사례라 하겠다.

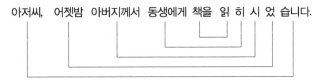

〈그림 4〉 서술어와 성분 간의 구조 동형성

다음으로, '직접성의 원리'[7]에 따른 도상성은 개념적 직접성이 언어 구조상의 직접성과 비례하는 것을 말한다. 이것은 주로 두 가지 구성단위에서 직접성의 정도가 대조되는 경우이다.

첫째, 부정어의 부정 강도에 관한 경우이다. (52)에서 '불행하다'와 '행복하지 않다'는 부분적 동의성이 인정되지만 (52a)의 부정 접두사 '불(不)-'은 (52b)의 부정소 '-지 않다'보다 '행복하다'에 더 근접해 있기 때문에 부정의 강도가 더 강하다. 곧 '행복하지 않다'는 '불행하다'를 함의하기도 하지만, '행복하지도 불행하지도 않은' 중간 지점의 의미까지도 가지게 된다.

(52) a. 그는 불행하다.

　　 b. 그는 행복하지 않다.

7　레이콥 & 존슨(Lakoff and Johnson 1980: 126-138)에서는 직접성의 원리를 "형태 A의 의미가 형태 B의 의미에 영향을 미친다면, 형태 A가 형태 B에 더 가까울수록 B의 의미에 대한 A의 의미적 영향은 더 강해질 것이다."라고 하였으며, 부정어의 부정의 강도, 목적어의 거리 등에 대해서 흥미로운 서술을 한 바 있다. 예를 들어, "I found the chair comfortable."과 "I found that the chair was comfortable."에서 앞의 경우는 화자가 의자에 직접 앉아 본 체험적 발화이며, 뒤의 경우는 관찰에 의한 추론적 발화이다.

둘째, 등위적 구성에서 직접성의 경우이다. 먼저, (53)의 연결고리 '-고', '과'에서 (53a)는 붉은색과 흰색이 어우러진 한 종류의 리본과 붉은색 및 흰색이 별개인 두 종류의 리본 여러 개를 나타낼 수 있는 반면,[8] (53b)는 두 종류의 리본만을 가리킨다.

(53) a. **붉고 흰 리본**이 여러 개가 있다.
　　 b. **붉은 리본과 흰 리본**이 여러 개가 있다.

또한, (54a)는 바람과 비가 동시에 불고 내린 사건뿐만 아니라 순차적 사건을 나타내는 반면, (54b)는 바람이 불고 비가 내린 순차적 사건만을 가리킨다. 따라서 (53)-(54)에서 개념적 거리가 직접적인 한 종류의 리본이나 동시적 사건을 뜻할 경우는 형태가 짧은 a만 가능하다.

(54) a. 간밤에 바람이 **불고** 비가 내렸다.
　　 b. 간밤에 바람이 **불었고** 비가 내렸다.

요컨대 근접성의 측면에서 언어적 거리가 개념적 근접성의 정도에 따라 결정되는 것은 지각 원리가 언어 구조에도 그대로 적용됨을 뜻한다. 또한, 직접성의 측면에서 등위적 구성의 언어적 거리가 개념의 직접성 정도와 일치하는 것은 자연스러움에 따른 것이다.

5.3. 도상성의 의의

도상성은 우리의 경험과 경향성이 언어 구조에 반영됨으로써 언어 사용에서 기억의 편의와 능률성의 극대화 효과를 낳는다는 점에서 주목된다.

8　"'얘, 이게 무슨 조개지?' 자기도 모르게 돌아섰다. 소녀의 맑고 검은 눈과 마주쳤다."(황순원의 '소나기'에서)의 '맑고 검은 눈'은 '맑은 눈과 검은 눈' 두 개를 가리키는 것이 아니라 하나의 대상을 가리킨다.

생명체이든 인공물이든 간에 구조와 기능이 상관성을 맺게 될 때 그 실재물은 경제성과 효율성을 확보하게 된다.[9] 이와 관련하여 리치(Leech 1983: 24, 27)는 "문법 규칙은 '대화적 목표(conversational goal)'에 관해 동기화되어 있다.", "문법에 관한 한 동기화되어 있는데, 최소한 화용적 고려에 의해서 어느 정도 동기화되어 있다. 문법이 존재하는 것은 그것이 유용하기 때문이다."라고 하였다. 또한, 크롭트(Croft 2001: 236)는 "왜 동사구조가 대체로 도상적인가?"에 대한 대답으로서 "기능과 형태 간의 '도상적 사상(iconic mapping)'은 청자가 구조의 통사적 요소에 대응하는 의미적 성분을 확인하게 해 주는 가장 쉬운 방법 가운데 하나이기 때문이다."라고 하였다.

실제로, 언어 구조에 문법이나 통사론적 규칙이 없다면 문장의 구성뿐만 아니라 그 해석은 감당할 수 없을 정도로 비효율적일 것이며 따라서 언어의 일차적인 기능인 전달, 곧 의사소통의 수단으로서 기능을 제대로 수행할 수 없을 것이다. 이러한 맥락에서 볼 때 언어 구조와 개념 구조 간에 존재하는 '도상성'은 언어 구조에 대한 '기능적 압력'의 자연스러운 현상이라 하겠다.

요컨대 양적·순서적·거리적 도상 표현은 언어 구조와 개념 구조 간의 유의미한 동기화에 바탕을 두고 있다. 이것은 곧 문장의 구조와 의미를 연결하고 처리하는 효율성, 경제성, 현저성, 자연스러움 등에 대한 언어공동체의 인지 경향성이 발현된 것이라 하겠다.

6. 마무리

이 장에서는 문장의 의미를 중심으로 그 성격, 관계, 정보, 도상성에 대하여

---

[9] "형태는 기능을 따른다(Form follows function)."라는 기능주의의 구호는 1869년 미국의 건축가로서 현대 마천루의 아버지로 추앙받는 설리반(Louis Sullivan)의 저서에서 유래한 말이다. 이 정신은 18세기 프랑스의 생물학자 라마르크(Jean Baptiste Lamarck)로 거슬러 올라가며, 1920년대 독일의 미술 및 공예학교인 '바우하우스(Bauhaus)'의 디자인 원칙으로 강조되었다.

살펴보았다. 그 주요 내용에 따라 마무리하기로 한다.

첫째, 문장은 의미를 지닌 완결된 단위로서, 발화 및 명제와 구별된다. 문장의 의미는 문장을 이루는 어휘 및 통사 규칙의 합성적 의미를 가리키지만, 언어 내적·외적 문맥과 관련된다.

둘째, 문장의 관계는 문장들 사이의 연결 유형이다. 바꿔 쓰기는 한 문장이 다른 문장의 명제적 의미를 바꾸지 않으면서 이를 대체할 수 있는 두 문장 사이의 의미 관계이다. 모순은 앞 문장에 대해 뒤 문장이 완전히 대립적이어서 의미적 갈등을 일으키는 한 쌍의 문장들 사이의 의미 관계이다. 전제는 주 문장의 암시적 추정인데, 그 특징은 주 명제가 부정되어도 참이 된다. 함의는 주 문장의 암시적 결과인데, 그 특징은 주 명제가 부정될 때 그 의미가 보존되지 않는 데 있다.

셋째, 문장은 정보를 지닌 전형적인 단위로서, 전제와 함의를 비롯하여 구정보와 신정보로 나뉜다. 일반적으로 '은/는'은 구정보 표지이며, 대조로 사용될 경우에는 신정보 표지로 기능한다. 신정보와 구정보가 정보에 대한 청자의 관점이라면, '주제-논평'은 화자에 의한 정보 처리의 유형이다.

넷째, 도상성은 자의성과 대립적 개념으로서 언어 구조와 개념 구조 간에 존재하는 유사성을 말한다. 문장을 중심으로 도상성의 유형에는 개념의 복잡성 정도가 언어적 재료의 양과 비례하는 '양적 도상성', 시간적 순서나 우선성의 정도가 언어 구조에 반영된 '순서적 도상성', 개념적 거리와 언어적 거리가 비례 관계를 형성하는 '거리적 도상성'으로 대별된다. 도상성은 인간의 경험과 경향성이 언어 구조에 반영됨으로써 의사소통의 효율성을 극대화한다는 점에서 설명력을 가지며, 생명체나 인공물뿐만 아니라 언어에 있어서 구조와 기능은 유기적으로 상관관계를 형성하고 있다. 이러한 맥락에서 문장에 내재한 구조적 도상성은 효율성, 경제성, 자연성, 현저성에 대한 언어공동체의 경험과 인지적 경향성이 언어 구조에 반영된 것이라 하겠다.

1. 들머리

이 장은 문장의 의미 가운데 문장의 동의성, 문장의 중의성, 그리고 이동 구문을 이해하는 데 목적이 있다. 이를 위해서 이 장에서는 다음 세 가지 사항에 대해서 다룬다.

첫째, 문장의 동의성에 대해 언어관에 따른 인식의 차이, 동의성의 검증에 대해서 살펴본다. 이 세상이나 언어의 존재 양상을 보면 대체로 형식이 다르면 의미도 다르다. 이것은 생성문법에서 문장의 표층구조가 다르더라도 동일한 심층구조를 상정하여 동의성을 폭넓게 인정하던 관점의 인식 변화를 뜻한다.

둘째, 문장의 중의성에 대해 정의, 중의문의 성격, 유형, 중의문의 해석, 인식에 대해서 살펴본다. 일상 언어에서 하나의 어휘, 문장, 발화가 두 가지 이상으로 해석되는 현상이 존재한다는 것은 그 자체로 흥미로운 탐구의 대상이다. 화자나 청자의 측면에서는 중의성을 인식하지 못하는 경우가 많은데, 이러한 경우 원활한 의사소통이 이루어지지 못하지만, 화자가 의도적으로 중의성을 사용하기도 한다.

셋째, 이동 구문에 대해 이동과 이동 구문, 객관적 이동과 주관적 이동 구문에 대해서 살펴본다. "성벽은 어둠 속으로 뻗어 나갔고…"와 같은 이동 구문을 생성문법의 선택 제약 틀로 따지면 부적격한 문장이 되고 만다. 그러나 이러한 주관적 이동은 우리의 인지에 바탕을 둔 매우 자연스러운 구문이라는 점에서 주목할 만하다. 주관적 이동의 상대적 이동 구문과 심리적 이동 구문의 양상, 특성, 해석에 대해서 살펴본다.

2. 문장의 동의성

어휘 층위의 동의어와 마찬가지로 문장 층위의 동의문도 그 의미의 닮음 정도가 주요 관심사이다. 여기서는 문장의 동의성에 대한 인식의 차이, 동의성의 의미 검증에 대해서 살펴보기로 한다.

2.1. 동의성에 대한 인식 차이

문장의 동의성이란 형식을 달리한 둘 이상의 문장이 동일한 의미값을 갖는 것을 말하며, 이러한 문장을 '동의문'이라고 한다. 문장의 동의성은 언어관에 따라 다양한 인식의 차이가 존재한다(Lee 2001: 2-3 참조). 종래 동의문으로 간주해 온 (1)의 문장을 보기로 한다.

(1) a. 그가 책을 그녀에게 주었다. / He gave the book to her.
    b. 그가 그녀에게 책을 주었다. / He gave her the book.

(1)에 대하여 '전통적인 견해'에서는 두 문장이 동일한 의미를 표현한다고 보았다. 즉, 통사적 또는 구조적 차이에 대응하는 의미의 차이가 없다는 것이다. '생성문법'에서는 각 쌍의 문장은 내용의 차이라기보다 형태의 차이로 보

고, 동일한 기저 구조로부터 형식적 규칙에 의해 도출된다는 것이다. 한편, '인지적 견해'에서는 동의문의 경우 구조의 차이가 화자의 해석을 반영한 것으로 본다. 즉, 형식이 다르면 의미도 다른데, 서로 다른 표현 형식은 의미 차이를 반영한다. 볼린저(Bolinger 1977: 1)에서는 "만약 어떤 것을 말하는 두 가지 방식이 단어나 배열에 있어서 다르면, 그 방식들은 의미에 있어서도 다를 것이다."라고 하였다.

요컨대 동의성은 문장 차원에서 동일한 진리 조건을 공유한 것이라 하더라도, 그 문장이 이루어진 맥락에 비추어 보면 동일한 상황을 해석하는 화자의 다른 관점이 투영되어 있다고 하겠다.

2.2. 문장의 동의성 검증

종래 동의문으로 간주되어 온 네 가지 유형을 중심으로 동의성의 정도를 검증해 보기로 한다.

2.2.1. 능동문과 피동문

능동문과 피동문의 동의성 여부이다.

    (2) a. 경찰이 범인을 쫓았다.
         b. 범인이 경찰에게 쫓겼다.

(2)와 같은 능동문과 피동문은 동의성의 전형적 보기로 인정되어 왔는데, 그 기준은 '진리 조건적 의미(truth-conditional meaning)'가 동일하다는 점이다. 즉, 한쪽이 참이라면 다른 쪽도 참이며, 한쪽이 거짓이면 다른 쪽도 거짓이 된다. 따라서 (2)에서 '경찰이 범인을 쫓았지만, 범인이 경찰에게 쫓기지 않았다.'라는 것은 성립되지 않는다.

그러나 (3), (4)에서 보듯이 능동문과 피동문에서 진리 조건적 의미가 반드시 동일하지는 않다.

(3) a. 학생이 책을 읽었다. = 책이 학생에게 읽혔다.
   b. 학생 열 명이 책 세 권을 읽었다. ≠ 책 세 권이 학생 열 명에게 읽혔다.[1]

(4) a. 영희가 영수를 밀었다. = 영수가 영희에게 밀렸다.
   b. 영희가 영수를 밀었지만, (힘센) 영수가 영희에게 밀리지 않았다.

(3)에서 (3b)와 같이 능동문과 피동문에 수량 표현이 나타날 경우, 두 표현 간의 의미는 비대칭적이다. 곧 학생들이 읽은 책의 숫자에 차이가 난다. 즉, 능동문에서는 학생들이 읽은 책의 총합이 세 권에서 많게는 서른 권이지만, 피동문에서는 학생들이 책을 세 권만 읽은 것이 된다. 또한, (4)에서 (4b)의 문장은 정상적이므로 능동문과 피동문 간에 동의성이 보장되지 않는다.

뿐만 아니라, 능동문과 피동문 각각에는 상황에 대한 화자의 해석이 반영되어 있다. 즉, (2)의 경우, 하나의 장면 속에 이루어지는 사태에 대하여 화자의 초점이 (2a)에서는 '경찰'에게, (2b)에서는 '범인'에게 놓인다. 이것을 '전경-배경(figure-ground)', 또는 '탄도체-지표(trajector-landmark)'에 따라 설명하면, '전경' 또는 '탄도체'는 '배경' 또는 '지표'로부터 두드러진 요소의 선택이므로, (2a)에서는 '경찰'이 통사적 전경이 되고 '범인'이 통사적 배경이 되며, (2b)에서는 이 관계가 역전된 것이라 하겠다.

---

[1] 다음의 경우는 능동문과 피동문의 진리 조건적 의미가 동일하게 해석될 수 있다. "학생 10명이 피자 3판을 먹었다." / "피자 3판이 학생 10명에게 먹혔다." 이는 일반적으로 '피자'를 '여러 명이 나누어 먹는다.'라는 인식이 강하기 때문으로 볼 수 있다. 그 반면, (3)의 '책'은 혼자 읽는다는 인식이 일반적이다.

2.2.2. 대립어 교체 구문

대립어 교체 구문의 동의성 여부이다. 먼저, 대칭구문의 동의성 여부이다.

(5) a. 동생이 형에게 집을 샀다.
    b. 형이 동생에게 집을 팔았다.

(5)의 a와 b는 "X가 Y에게 Z를 …하다"라는 틀 속에서 X, Y의 선택이 '사다/팔다'의 대립어 선택과 상관성을 지님으로써 진리 조건적 의미가 동일하다. 그런데 이 경우 역시 (2)의 능동문과 피동문에서처럼 주어가 통사적 전경이 되어 화자의 초점을 받는다. 이러한 사실은 (6)-(8)과 같이 '좋은 값으로', '하는 수 없이', '억지로'와 같은 부사(상당)어를 넣어 보면 그 의미 차이가 뚜렷이 드러난다.

(6) a. 좋은 값으로, 동생이 형에게 집을 샀다.
    b. 좋은 값으로, 형이 동생에게 집을 팔았다.

(7) a. 하는 수 없이, 동생이 형에게 집을 사다
    b. 하는 수 없이, 형이 동생에게 집을 팔았다.

(8) a. 억지로, 동생이 형에게 집을 샀다.
    b. 억지로, 형이 동생에게 집을 팔았다.

즉, (6a)의 경우는 동생이 형에게 싼 값으로 집을 산 반면, (6b)에서는 형이 동생에게 비싼 값으로 집을 판 것이다. (7)과 (8)에서 '하는 수 없이' 및 '억지로'의 주체는 각 문장의 주어가 된다.
또한, (9)와 같은 사태의 기술에서도 의미 차이가 드러난다. 즉, (9a)에서는 문이 열려 있는 상태에 초점이 주어진 반면, (9b)에서는 문이 닫혀 있는 상태에 초점이 주어진다.

> (9) a. 문이 반쯤 열려 있다.
> b. 문이 반쯤 닫혀 있다.

다음으로, 참조점과 목표 구조 문장의 동의성 여부이다.

> (10) a. 회사가 우체국 뒤에 있다.
> b. 우체국이 회사 앞에 있다.

> (11) a. 그는 산책을 하고 나서 공부를 한다.
> b. 그는 공부하기 전에 산책을 한다.

(10)의 두 문장은 '회사'와 '우체국'의 위치에 대한 기술로서, 진리 조건적 의미가 동일하다. 그러나 참조점과 목표의 선택에서 차이가 나는데, (10a)에서는 '우체국'을 참조점으로 하여 '회사'를 파악하는 반면, (10b)에서는 그 역이 된다. 이 경우 참조점은 화자와 청자가 공유하고 있는 배경 요소로서, (10a)는 "회사가 어디 있는가?"하는 물음에 사용되며, (10b)는 "우체국이 어디 있는가?"하는 물음에 사용된다. 또한, (11)에서는 '산책하다'와 '공부하다'의 두 가지 사건에 대해 어느 쪽을 참조점으로 해서 목표를 기술하는가를 보여 준다.

2.2.3. 처소 논항 교체 구문

처소 논항과 관련하여 주어와 부사어의 교체에 의한 동의성 여부이다.

> (12) a. 경기장이 관중들로 가득 차 있다.

b. 관중들이 경기장에 가득 차 있다.

(13) a. 강이 물고기로 넘치고 있다.
    b. 물고기가 강에 넘치고 있다.

(12), (13)의 '경기장'과 '관중들', '강'과 '물고기'는 각각 수어와 부사어의
논항 교체, 즉 전경과 배경이 역전되었다. '전경(figure)'은 윤곽화된 관계의
초점 또는 가장 현저한 참여자이며, '배경(ground)'은 윤곽화된 관계의 이차적
참여자이다. 일반적으로 주어의 위치는 전경에 해당하는 반면, 목적어나 부사
어의 위치는 배경에 해당한다.

이에 따라 (12), (13)의 a와 b에 대한 전경과 배경의 역전 현상을 도식화하
면 〈그림 1〉과 같다.

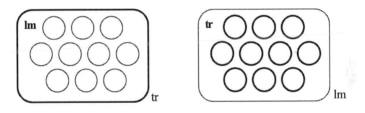

〈그림 1〉 전경-배경 역전 현상의 대칭성

이 경우 (12a), (13a)는 왼쪽 도형에서 보듯이 '경기장' 및 '강'과 같은 '지표
(landmark)'가 전경화되고 '관중들' 및 '물고기'와 같은 '탄도체(trajector)'가
배경화되는 반면, (12b), (13b)는 오른쪽 도형에서 보듯이 '탄도체(tr)'가 전경
화되고 '지표(lm)'가 배경화된다. 이 경우 두 문장의 진리 조건적 의미는 대칭
적이지만 개념적 의미는 비대칭적이다.[2]

---

2 영어의 경우 "Tourists were swarming in the museum.(관광객들이 박물관에 가득
   차 있었다.)"와 "The museum was swarming with tourists.(박물관은 관광객들로
   가득 차 있었다.)" 역시 동일한 내용을 공유하고 있지만, 개념화 방식은 다르다.

한편, (14), (15)의 경우 a와 b는 진리 조건적으로 의미값에 차이가 나타난다. 곧 (14a), (15a)는 밤하늘 전체에서 별들이 반짝이고, 들판 전체에서 벼가 노랗게 물든 '전체적 효과'를 나타내는 반면, (14b), (15b)는 밤하늘의 일부에서 별들이 반짝이고 들판 일부에 벼가 노랗게 물든 '부분적 효과'를 나타낸다(홍재성 1987: 182-183, 남승호 2002: 301 참조).[3]

(14) a. 밤하늘이 별들로 반짝인다.
　　 b. 밤하늘에 별들이 반짝인다.

(15) a. 들판이 벼로 노랗게 물들었다.
　　 b. 들판에 벼가 노랗게 물들었다.

이에 따라 (14), (15)의 a와 b에 대한 전경과 배경의 역전 현상을 도식화하면 〈그림 2〉와 같다.

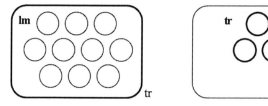

〈그림 2〉 전경-배경 역전 현상의 비대칭성

곧 (14a), (15a)는 왼쪽 도형에서 보듯이 '밤하늘' 및 '들판'과 같은 '지표

앞 문장에서는 주어가 내용으로 개념화되고 그릇은 공간 전치사 in으로 표시된다. 뒤 문장에서는 주어가 그릇으로 개념화되고 내용은 동사 뒤의 전치사 with로 표시된다(Hamawand 2016: 67 참조).
3　처소 논항 교체와 관련하여, 남승호(2002: 301-303)에서는 '처소- 에' 구문은 술어의 의미 속성이 처소 논항이 가리키는 장면의 일부분에만 적용되는 '부분적 효과'를 나타내며, '처소- 이' 구문은 술어의 의미 속성이 장면 전체에 적용되는 '전체적 효과'를 나타낸다고 하였다.

(lm)'가 전경화되고 '별' 및 '벼'와 같은 '탄도체(tr)'가 배경화되는 반면, (14b), (15b)는 오른쪽 도형에서 보듯이 '탄도체(tr)'가 전경화되고 '지표(lm)'가 배경화된다. 이 경우 두 문장은 진리 조건적 의미뿐만 아니라 개념적 의미가 비대칭적이다.

요컨대 (12)-(15)에서 각 쌍의 문장들은 동일한 상황을 기술한다. 그러나 전경과 배경의 정보 조직회에 따라 그 의미 차이가 나타난다.

2.2.4. 단·장형 사동 구문

단형 사동과 장형 사동의 직접성 정도를 살펴보기로 한다.

(16) a. 사육사가 재두루미를 죽였다.
    b. 사육사가 재두루미를 죽게 했다.

(16a)는 파생접사 '-이-'에 의한 단형 사동이며, (16b)는 '-게 하다'에 의한 장형 사동이다. 일반적으로, 사동과 그 결과로서 죽음의 개념적 거리는 형태적 거리와 상관성을 갖는 것으로 알려져 왔다. 곧 재두루미의 죽음에 대한 책임과 비난이 직접적인 경우에는 (16a)와 같은 단형 사동이 쓰이는 반면, 간접적인 경우, 예를 들어 모이를 주지 않았거나 제대로 돌보지 않음으로써 재두루미가 죽게 된 경우에는 (16b)와 같은 장형 사동이 쓰인다.[4]

---

4 이와 관련하여 'kill: cause to die'에 대해 생성의미론에서는 동의적으로 취급하였지만, 이 둘은 개념적으로 매우 다르다. 즉, 'kill'은 원형적으로 가해자와 희생자가 신체적 또는 물리적 접촉을 했고, 그 사건의 유발 부분과 결과 부분이 동시에 동일 장소에서 일어나는 상황을 나타내는 반면, 'cause to die'는 원인과 결과가 언어 및 개념적으로 분리되어 있다. 따라서 "I caused to die the cock."은 간접적인 유발의 의미로 이해되는데, 이 경우에는 나의 명령을 통해서, 또는 신비로운 마력을 통해서 닭이 죽은 것이 된다(Radden 1992: 516 참조).

3. 문장의 중의성

문장의 중의성에 대한 정의, 유형, 해석, 인식에 대해서 살펴보기로 한다.

3.1. 중의성의 정의

'중의성(重義性, ambiguity)'이란 하나의 단어나 문장이 둘 이상의 의미로 해석되는 것을 가리킨다. (17)은 단어에 의한 '어휘 중의성'으로, (17a)의 '배'는 사람의 배(腹), 또는 물 위로 떠다니는 배(舟)의 두 가지 의미를 지니며, (17b)의 '차'는 마시는 차(茶)와 타는 차(車)의 두 가지 의미를 지닌다. 한편, (18)은 문장의 구조에 따른 '문장 중의성'으로 (18a)는 '울먹이는' 주체가 감독 또는 선수에 대해 중의적이며, (18b)는 부지런하지 않은 주체가 '그'인지 '그와 아버지'인지에 대해 중의적이다.

    (17) a. 배가 탈이 났다.
        b. 너는 무슨 차를 좋아하니?

    (18) a. 감독은 울먹이면서 달려오는 선수들을 얼싸안았다.
        b. 그는 아버지처럼 부지런하지 않다.

중의성은 '모호성' 및 '불확정성'과 구별되는 개념이다. 먼저, '모호성(vagueness)'은 어떤 것에 관한 정보를 충분히 제공하지 않음으로써 지시적 명료성이 결여된 것이다. 이것은 이 세계의 지시 대상물이 청자들에게 분명하지 않을 때 발생한다. 예를 들어, (19)의 "물이 흘렀다."에서 흐르는 주체가 개울, 시내, 강인지를 가늠하기 어렵기 때문에 모호하다.

    (19) 그들의 집 옆에는 물이 흘렀다.

다음으로, '불확정성(indeterminacy)'은 지시 대상물 확인의 어려움에 관한 것이다. 이것은 세상사의 지식에 관계없이 한 표현의 지시 대상물을 정확하게 확인하기 어려울 때 발생한다. 예를 들어, (20a)에서 '선생님'은 남성임이 확정적인 반면, (20b)에서는 남성인지 여성인지가 불확정적이다.

(20) a. 그 선생님은 전립선 수술을 받았다.
     b. 그 선생님은 갑상선 수술을 받았다.

3.2. 중의문의 유형

문장의 구조에 따른 중의성에는 두 가지 유형이 있다. 먼저, 문장의 '배합 중의성(grouping ambiguity)'은 문장 안의 한 성분이 두 가지 방식으로 배합될 수 있을 때 발생하는데, 수식의 범위에 따른 중의성이 이에 해당한다. 예를 들어, (21a)의 관형어 '사랑하는'은 '친구' 또는 '친구의 여동생'과 배합될 수 있다. (21b)의 부사어 '어제'는 '온 친구' 또는 '친구를 만났다'를 수식할 수 있다는 점에서 중의적이다.

(21) a. 내가 사랑하는 친구의 여동생을 만났다.
     b. 그는 어제 고향에서 온 친구를 만났다.

다음으로, 문장의 '기능 중의성(function ambiguity)'은 문장 속의 한 성분이 둘 이상의 문법 기능을 수행할 때 발생한다. 기능 중의성의 네 가지 양상을 보면 다음과 같다.

첫째, 주어와 목적어의 범위에 따른 중의성이다. (22a)는 "영수가 보고 싶어 하는 친구가 많다."와 "영수를 보고 싶어 하는 친구가 많다."의 두 가지 의미를 지니며, (22b)는 "영수와 철수가 창수를 때렸다."와 "철수와 창수를 영수가 때렸다."의 두 가지 의미를 지닌다는 점에서 중의적이다.

(22) a. 영수가 보고 싶은 친구들이 많다.

　　　b. 영수는 철수와 창수를 때렸다.

둘째, 비교의 범위에 따른 중의성이다. '보다'에 의한 비교 구문에서는 비교
의 대상과 주체가 중의적이다. 예를 들어, (23a)는 "어머니는 아버지와 아들을
사랑하는데, 그중에서 아들을 더 사랑한다."와 "어머니와 아버지는 아들을 사
랑하는데, 어머니가 더 사랑한다."의 두 가지 의미를 지니며, (23b) 역시 "남편
은 아내와 낚시를 좋아하는데, 그중에서 낚시를 더 좋아한다."와 "남편과 아내
는 낚시를 좋아하는데, 남편이 더 좋아한다."가 되어 중의적이다.

(23) a. 어머니는 아버지보다 아들을 더 사랑한다.

　　　b. 남편은 아내보다 낚시를 더 좋아한다.

셋째, 부정의 범위에 따른 중의성이다. '몇' 및 '다'와 부정어가 연결될 때
전체와 부분의 두 가지 의미가 나타난다. 예를 들어, (24a)는 "몇 문제를 못
풀었다."와 "몇 문제밖에 못 풀었다."로, (24b)는 "모든 학생들이 출석하지 않
았다."와 "일부 학생들이 출석하지 않았다."가 되어 중의적이다.

(24) a. 시험에서 몇 문제 풀지 못했다.

　　　b. 학생들이 다 출석하지 않았다.

넷째, 동작과 양태에 따른 중의성이다. 예를 들어, (25)의 '착탈'에 관한 '-고
있다' 구문은 동작의 진행과 양태의 두 가지 의미를 지닌다는 점에서 중의적
이다.

(25) a. 그때 그는 {모자를 쓰고/넥타이를 매고/외투를 입고/장갑을 끼고/
　　　　구두를 신고} 있었다.

b. 그때 그는 {모자·외투·장갑·구두를 벗고/넥타이를 풀고} 있었다.

3.3. 중의문의 해석

중의문에 대해 언중의 인식을 파악하기 위하여, 중의문 25개를 대학생 피험자 131명에게 설문 조사를 하였다. 설문 조사의 안내 사항은 〈표 1〉과 같다(임지룡 2017c: 참조).

〈표 1〉 설문 안내 사항

다음에 제시된 문장의 의미를 어떻게 해석할 수 있습니까? 어떤 의미로 해석되는지, '보기'를 참조하여 그 의미(①②③)에 〇를 표시해 주십시오. 만약 둘 이상의 의미로 해석된다면, 먼저 해석되는 의미의 번호를 ( )에 써 주십시오.

보기 문장	의미		먼저 해석되는 의미
아버지는 차를 좋아하신다.	①아버지는 차를 좋아하신다. (차: 음료)	③모두	(①)
	②아버지는 차를 좋아하신다. (차: 탈것)		

이 조사의 결과 5개 유형의 중의문 가운데, 중의성이 높게 반응된 사례를 중심으로 그 내용을 살펴보면 다음과 같다. 먼저, (26)은 수식의 범주, (27)은 주체의 범주, (28)은 비교의 범주, (29)는 부정의 범주, (30)은 동작 및 양태에 따른 중의문이다.

(26) 끝까지 신문사에 남아 언론의 자유를 지킬 것이다.
　　① 신문사에 끝까지 남아, 언론의 자유를 지킬 것이다.
　　② 신문사에 남아, 언론의 자유를 끝까지 지킬 것이다.

(27) 선빈이는 연호와 다솔이를 찾으러 다녔다.

   ① 선빈이는 연호와 함께 다솔이를 찾으러 다녔다.

   ② 선빈이는 혼자 연호와 다솔이를 찾으러 다녔다.

(28) 남편은 아내보다 아이들을 더 사랑한다.

   ① 남편은 아내와 아이들을 사랑하는데, 아이들을 더 사랑한다.

   ② 남편과 아내는 아이들을 사랑하는데, 남편이 더 사랑한다.

(29) 답을 몇 개 쓰지 못했다.

   ① (여러 문제 중에서) 쓰지 못한 답이 2-3개이다.

   ② (여러 문제 중에서) 쓴 답이 2-3개이다.

(30) 아빠는 넥타이를 매고 계신다.

   ① 아빠는 넥타이를 매고 계시는 중이다.

   ② 아빠는 넥타이를 맨 채로 계신다.

(26)-(30)의 중의문에 대한 설문 조사 결과를 보면 〈표 2〉와 같다.

〈표 2〉 중의문 해석의 설문 조사 결과(단위: 명)

중의성 유형	의미				먼저 해석되는 의미	
	①	②	③모두		①	②
(26) 수식의 범주	14	4	113	86%	106	7
(27) 주체의 범주	3	9	119	91%	83	36
(28) 비교의 범주	3	0	128	98%	120	8
(29) 부정의 범주	3	2	126	96%	73	53
(30) 동작 및 양태	2	2	127	97%	59	68

〈표 2〉를 중심으로 중의문의 특징 세 가지를 정리하면 다음과 같다.

첫째, 피험자들은 위 문장들이 대체로 두 가지 이상의 의미를 지닌 중의문으로 인식하였으며, 문장에서 중의성의 인식 정도는 문장 구조에 따라 차별성을 드러낸다.

둘째, 문장이 두 가지 이상의 의미로 해석되는 정도는 '비교의 범주>동작 및 양태>부정의 범주>주체의 범주>수식의 범주' 순이다. 이것은 곧 비교 구문이나 동작 및 양태 구문이 중의적으로 해석될 가능성이 높다는 것을 뜻한다.

셋째, 중의문의 의미 중 '먼저 해석되는 의미'에 대해 피험자들은 (31)-(33)에서 보듯이 문장 안에서 덩이 짓기의 경향성을 드러낸다.

(31) 끝까지 신문사에 남아 언론의 자유를 지킬 것이다.
  a. [끝까지 신문사에 남아] … (106명)
  b. 끝까지 (…) 언론의 자유를 지킬 것이다. (7명)

(32) 선빈이는 연호와 다솔이를 찾으러 다녔다.
  a. [선빈이는 연호와] … (83명)
  b. 선빈이는 [연호와 다솔이를] … (36명)

(33) 남편은 아내보다 아이들을 더 사랑한다.
  a. 남편은 [아내보다 아이들]을 … (120명)
  b. [아내보다 남편]이 … (8명)

3.4. 중의성의 인식

문장 차원의 중의성은 맥락 속에서 그 의미가 확정된다. 의사소통 과정에서 중의성은 적어도 다음 두 가지 양상을 보인다.

첫째, 화자나 청자가 중의성을 인식하지 못하는 경우이다. 이 경우 중의성을 지닌 문장 X(a,b)에 대해 화자가 의도한 의미를 청자가 제대로 해석하거나 해석하지 못하게 된다. 이러한 현상은 〈그림 3〉의 '루빈의 컵(Rubin 1958:

201)'에서 확인된다.[5]

〈그림 3〉 루빈의 컵

이 그림에 대해 우리는 한 번에 '마주 보고 있는 두 얼굴'과 '하나의 꽃병' 가운데 하나만을 볼 수 있지 그 둘을 동시에 볼 수는 없다. 이것은 '마주 보고 있는 두 얼굴'과 '하나의 꽃병'의 기저 구조가 다른 두 가지 '틀'이 하나의 형태를 이루고 있다는 점에서 중의적이다.

둘째, 화자와 청자, 그리고 그 어느 한쪽이 문장 X(a,b)에 대해 중의성을 인지한 경우이다. 이 경우 두 가지 의미에 대한 혼란을 제거하고 하나의 해석을 확립하려고 하는데, 이를 '탈중의성(disambiguation)'이라고 한다. 그 반면, 화자가 의도적으로 중의문을 사용하기도 한다.

요컨대 중의성은 하나의 표현이 둘 이상의 의미를 지닌 것으로 의사소통 과정에는 혼란을 가져올 수 있지만, 언어적으로 매우 흥미로운 현상이라 하겠다.

4. 이동 구문

이동과 이동 구문의 성격, 객관적 이동과 주관적 이동, 그리고 주관적 이동

---

5 중의성은 언어 및 도형뿐만 아니라, 표현과 이해의 모든 현상에 나타난다. 김용호의 "또 한 송이의 나의 모란"이라는 시에 대하여 조두남과 김진균이 곡을 붙인 두 종류의 노래도 중의성의 한 사례이다.

의 상대적·심리적 이동에 대해서 살펴보기로 한다.

4.1. 이동과 이동 구문

'이동(motion)'은 시간이 흐름에 따라 어떤 실체가 위치의 변화를 겪는 현
상이다.[6] 이동의 문제는 인간 지각이 조직화에서나 언어 사용을 통한 실체의
개념화에서 중요한 역할을 한다(Radden 1996: 423 참조). 일반적으로 이동은
이동의 주체, 이동 동사, 이동 경로 및 방식의 틀에 의해 언어화된다.

예를 들어, (34)에서 한국어 이동 표현을 구성하는 전형적 요소를 보면, 이
동체인 '학생들'이 〈전경〉, '교실'이 〈배경〉, 그리고 '뛰어'가 〈방식〉, '들어'가
〈경로〉, '오다'가 〈이동+직시소〉의 유형으로 나타난다.

> (34) 학생들이 교실에 뛰어 들어 왔다.
> 　　〈전경〉 〈배경〉 〈방식〉 〈경로〉 〈이동+직시소〉

이동 표현과 관련하여 (35)와 같은 두 가지 유형의 문장을 대조해 보기로
한다.

> (35) a. {사람·기차}이/가 지나가고 있다.
> 　　b. 고속도로가 지나가고 있다.

(35)에서 지나가고 있는 주체는 (35a)의 경우 '사람·기차'이며, (35b)의 경
우 '고속도로'이다. 일반적으로 이동 동사 '지나가다'의 주어는 (35a)와 같이
이동체로 된 유정물이나 무정물이다. 그런데 이동체가 아닌 (35b) 역시 자연
스러운 표현이 되는 까닭은 무엇인가? 아래에서 (35a)의 객관적 이동과 대조
되는 (35b)의 주관적 이동을 통해 이 물음을 풀어가기로 한다.

6　'운동(movement)'은 위치 변화가 아니라 한 위치에서 움직임이 있다는 점에서 '이
　동'과 구별된다.

4.2. 객관적 · 주관적 이동 구문

이동 동사에 의한 이동 표현에는 크게 객관적 이동과 주관적 이동이 있다. '객관적 이동(objective motion)'이란 이동체의 물리적 · 공간적 이동을 말하며, '주관적 이동(subjective motion)'이란 화자의 상대적 · 심리적 이동을 말한다. 이동 표현을 이 둘로 구분하는 기준은 대상의 이동 유무에 따른 것으로서, 객관적 이동은 이동체가 이동 동사에 의해서 표현되는 일반적이고 자연스러운 경우인 데 비하여, 주관적 이동은 실제적 이동이 아니라 비이동체가 화자의 주관적인 관점에서 이동으로 포착된 경우이다. 객관적 이동과 주관적 이동 구문을 대비해 보기로 한다.

(36) a. **기차**가 지나가고 있다.
   b. **들판**이 지나가고 있다.

(37) a. **물줄기**가 서쪽으로 뻗어가고 있다.
   b. **산맥**이 서쪽으로 뻗어가고 있다.

(36), (37)은 각각 동일한 이동 동사가 사용되고 있다. 그중 이동 동사가 (36a), (37a)에서는 이동체인 '기차'와 '물줄기'에 사용되었으며, (36b), (37b)에서는 비이동체인 '들판'과 '산맥'에 사용되고 있다. 그 결과 (36b)에서는 비이동 대상인 '들판'이 '기차'처럼 지나가는 것으로, (37b)에서는 '산맥'이 '물줄기'처럼 뻗어가는 것으로 표현된다. 이것은 실제로 외부 세계의 '들판'이나 '산맥'이 이동하는 것이 아니라, 화자의 이동에 의한 상대적인 이동 지각이나 화자의 시선에서 포착된 심리적 이동 지각에 의해서 이동 동사가 사용된 것이다. 곧 이동 표현에서 (36a), (37a)는 '객관적 이동'으로, (36b), (37b)는 '주관적 이동'으로 규정된다.

비이동체에 이동 동사가 사용되는 주관적 이동에는 (38)과 같은 두 가지 유형이 있다.

(38) a. 창밖에는 여전히 **옥수수 밭이 지나가고 있었다.** (박경리 1990: 86,
『만리장성의 나라』, 동광출판사.)
b. 백운산 어름에서 **큰 산맥 하나가** 백두대간과 갈라져 서쪽으로 **뻗
어간다.** (류인학 1995: 43, 『우리명산답사기』 1, 사유문학사.)

(38a)는 화자 자신의 이동에 의한 상대적 이동인 반면, (38b)는 화자의 시선
에 의한 심리적 이동이다. 따라서 주관적 이동은 〈표 3〉과 같이 정리할 수
있다.

〈표 3〉 주관적 이동의 두 유형

이동 성분＼이동 유형	상대적 이동	심리적 이동
이동	화자	화자의 시선
현실적 상황	고정된 대상, 이동하는 화자	고정된 대상, 고정된 화자
언어적 상황	이동하는 대상	이동하는 대상

〈표 3〉에서 보듯이 '상대적 이동(relative motion)'은 화자가 실제로 이동한
것이며, '심리적 이동(mental motion)'은 화자가 실제로 이동한 것이 아니다.
이 경우 객관적 이동과 주관적 이동은 이동 동사의 사용이 대상의 이동 유무
에 따른 대립적 개념인 반면, 상대적 이동과 심리적 이동은 화자의 실질적
이동의 여부에 따른 대립적 개념이라 할 수 있다.

그러면 객관적 이동과 주관적 이동의 차이를 세 가지 측면에서 살펴보기로
한다.

첫째, 객관적 이동 구문은 [+이동체] [+이동 동사]인 반면, 주관적 이동
구문은 [-이동체] [+이동 동사]로 구성된다.

둘째, 객관적 이동은 이동 동사가 '가다', '오다'와 같이 단일형 및 '경로
· 방식 · 이동'의 정보를 아우른 합성형으로 실현되는 반면, 주관적 이동은

합성형만으로 실현된다.

(39) a. 기차가 {간다/지나간다}.

　　 b. 철길이 동네 마당을 막 {*가고/지나가고} 있다.

　　 c. 백운산 어름에서 큰 산맥 하나가 백두대간과 갈라져 서쪽으로
　　　 {*간다/뻗어간다}.

(40) a. 배가 {온다./끌려온다.}

　　 b. 침묵의 산, 지리산은 계속 우리를 {*오고/따라오고} 있었다. (유홍
　　　 준 1993: 15, 『나의 문화유산답사기』 1, 창작과 비평사.)

　　 c. 산등성이가 {*오다가/뻗어 내려오다가} 강가에 이르러 끊어진다.
　　　 (박정수 1994: 91, 『땅끝에서 백두산까지』, 예문당.)

(39)-(40)의 '오다', '가다'를 중심으로 한 이동 구문에서 a는 객관적 이동,
b는 상대적 이동, c는 심리적 이동인데, 주관적 이동 구문은 '가다', '오다'
앞에 경로나 방식의 정보가 포함된 합성동사의 공기가 필수적이다. 그러한
제약은 심리적 이동 구문이 상대적 이동 구문보다 더 강한 경향을 띤다.

셋째, 주관적 이동은 의도를 나타내는 부사어의 공기에 제약을 갖는다는
점에서도 객관적 이동과 다른 모습을 드러낸다.

(41) a. 청년이 남쪽으로 {부지런히 · 열심히 · 게으르게} 달리고 있다.

　　 b. *고속도로가 남쪽으로 {부지런히 · 열심히 · 게으르게} 달리고
　　　 있다.

곧 (41b)의 주관적 이동은 (41a)의 객관적 이동과 달리 '부지런히 · 열심히
· 게으르게' 등의 의도를 나타내는 부사어와 함께 쓰이지 않는다.

4.3. 상대적 이동 구문

상대적 이동 구문의 양상과 특성에 대해서 기술하기로 한다.

4.3.1. 상대적 이동 구문의 양상

주관적 이동의 일환인 상대적 이동은 화자가 이동함에 따라 고정된 대상이 이동하는 것으로 포착되는 현상이다. 곧 화자가 걷거나, 차량·선박·항공기 등의 탈것 속에서 외부 대상을 볼 때, 다음과 같이 그 대상이 이동하는 것으로 지각된다.

첫째, 화자의 도보 이동에 따른 경우이다. (42)에서는 화자가 걸어가는 상황에서 고정된 '가로수'가 이동하는 것으로 표현되고 있다.

(42) 내가 걸어가고 있을 때 비에 젖은 **가로수가** 발바닥을 말리며 햇빛
     속으로 **따라오고** 있었다. (조정권 1997: 55, 『비를 바라보는 일곱 가
     지 마음의 형태』, 문학동네.)

둘째, 화자가 탈것 속에 위치한 경우이다 (43)은 차량,[7] (44)는 배, (45)는 비행기 속에서 고정된 대상인 '지리산의 준봉', '섬', '낭림산맥'이 이동하는 것으로 표현되고 있다.

(43) 지리산 휴게소를 지나 남원으로 빠져나갈 때 우리는 창밖으로 **지리
     산의 준봉들이** 연이어 **달리는 것을** 볼 수 있었다. (유홍준 1993:
     14-15, 『나의 문화유산답사기』 1, 창작과 비평사.)

---

[7] 유사한 경험으로, 에스컬레이터를 타고 천장을 쳐다보면 우리 자신이 이동한다기
    보다 길게 매달려 있는 형광등이 이동하는 것처럼 느끼게 된다.

(44) 반마같이 해구같이 어여쁜 **섬들이 달려오건만** 일일이 만져주지 않고 지나가다.[8] (정지용 1995: 31, '다시 해협', 『유리창』, 민음사.)

(45) 성천·신양·맹산 산골의 상공을 지나가면서 한반도 날씨 예보 때마다 유명해진 **중강진 일대에서 뻗어내린 낭림산맥**이 남한의 등줄기 태백산맥에 이어지는 북대봉 산맥을 눈에 차곡차곡 넣고 있었다. (고은 '백두산 가는 길', 중앙일보 1998.8.19.)

셋째, 객관적 이동과 주관적 이동이 동시에 나타난 경우로서, 이는 인접한 이동체의 이동 영상이 비이동체에 전이된 것이다. 이러한 상대적 이동은 한 물체가 울림에 따라 인접한 물체도 따라 울리는 일종의 공명 현상에 비유할 수 있다. 곧 (46)-(47)의 '길'과 '섬'은 각각 이동체 '강물'과 '새'의 이동에 이끌려 주관적 이동으로 표현된 것이다.

(46) 여기서부터 하동까지 팔십 리 **길은 강물과 함께 간다.** (김용택 1986: 20, 『맑은 날』, 창작과 비평사.)

(47) 무정한 **새들아 어디로 날아가려느냐** / 멀고 가깝고 작고 큰 **섬들은** / **어디로 날아가려느냐?** (한용운 1993: 575, '명사십리', 『한국 현대 수필』, 번양사.)

4.3.2. 상대적 이동 구문의 특성

상대적 이동은 객관적 이동과 공통점 및 차이점을 갖는다. 이러한 상관성은 곧 상대적 이동의 독자적인 특성을 뜻한다.
상대적 이동을 객관적 이동과 대비해 보기로 한다. 〈표 3〉에서 구별되었듯

---

8   반마(斑馬): 얼룩무늬가 있는 말. 해구(海狗): 물개

이, 상대적 이동은 대상이 비이동체라는 점에서 객관적 이동과 차이점을 갖는다. 그러나 상대적 이동은 다음과 같은 측면에서 객관적 이동의 특징을 공유하고 있다.

첫째, 상대적 이동은 이동의 경로에 대한 부사어의 선택이 수의적이다. (48)-(49)에서 상대적 이동 b는 객관적 이동 a와 같이 이동의 경로에 대한 부사어 없이 사용될 수 있다.

> (48) a. 말이 달려온다.
>
>   b. 검은 **섬이 달려온다.** / 누런 **섬이 달려간다.** (김기림 1992: 85, '항해', 『길』, 깊은샘.)

> (49) a. 비행기가 날아가고 있다.
>
>   b. **지리산이 날아가고** 있다.

둘째, 상대적 이동은 속도의 부사어가 자유롭게 사용될 수 있다. (50)-(51)에서 b의 상대적 이동은 a의 객관적 이동과 마찬가지로 '천천히'나 '빠르게'와 같은 부사어가 대상의 이동 속도를 나타내고 있다.

> (50) a. 강물이 **천천히** 흘러가고 있었다.
>
>   b. 맥빠진 시선을 창밖으로 돌렸다. 황량한 겨울 들판이 **천천히** 흘러가고 있었다. (이동하 1990: 146, 『우울한 귀향』, 벽호.)

> (51) a. 괴한이 **빠르게** 도망질치고 있었다.
>
>   b. 사방의 경치가 **빠르게** 도망질치고 있었고, 두 줄로 뻗어나간 철길도 어지러울 정도로 **빠르게** 도망가고 있었다. (조정래 1986: 19, 『태백산맥』 1, 한길사.)

이상의 두 가지 측면에서 볼 때, 상대적 이동 구문은 객관적 이동 구문과 유사한 모습을 지니고 있다.

4.3.3. 상대적 이동 구문의 해석

게슈탈트 심리학에서는 하나의 장면을 '전경(figure)'과 '배경(ground)'의 비대칭적 구조로 파악하고 있다. 이러한 현상은 전경과 배경의 역전에 의한 루빈(Rubin)의 착시 현상에서 볼 수 있다.

마찬가지로, 상대적 이동은 화자가 차, 배, 비행기, 지구와 같이 탈것 속에서 위치하게 될 때 화자 자신은 정지해 있고 주위의 세계가 이동하는 것으로 지각한다. 따라서 "전봇대가 시속 100㎞로 달리고 있다." 및 "지리산이 날아가고 있다."라는 '전경-배경' 구조의 역전이 나타나는 것이다. 또한, 자동세차장에서 실제로는 세차기가 왕복하는 것인데도 운전자는 정지된 차량이 이동하는 것으로 느낀다거나 만취 상태나 현기증이 일어날 때 땅바닥이나 하늘 또는 고정된 주변의 물체가 다가오는 착각을 일으키는 것도 이동에 대한 상대적 지각에 의해서 설명될 수 있다.[9]

이처럼 대상 세계의 이동에 대한 지각은 상대적인데, 화자 및 대상의 이동 지각을 현실적 장면과 지각적 장면으로 나누어 보면 〈그림 4〉와 같이 도식화된다.

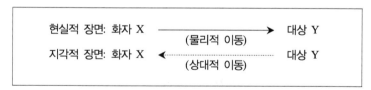

현실적 장면: 화자 X ────────────→ 대상 Y
　　　　　　　　　　　(물리적 이동)

지각적 장면: 화자 X ←·············· 대상 Y
　　　　　　　　　　　(상대적 이동)

〈그림 4〉 상대적 이동의 기본 도식

9　이와 관련된 주관적 이동 표현은 "길의 바닥이 일어나 얼굴을 때린다."(이재무 1997: 103, '너의 부재 이후 3', 『시간의 그물』, 문학동네.)에서 볼 수 있다.

〈그림 4〉에서 볼 때, 현실적 장면에서는 화자 X가 고정된 대상 Y쪽으로 이동하는 것이지만, 지각적 장면에서는 대상 Y가 화자 X쪽으로 이동하는 것이 된다. 탈것 속에서 화자 자신의 이동 의식은 탈것의 규모, 속도, 시간의 경과 정도에 따라 다르게 지각된다. 즉, 규모가 작고 천천히 이동하는 차량이나 선박에서 이동을 시작하는 경우 화자는 자신이 이동 상태를 의식하지만, 규모가 크고, 속도가 빠르며, 시간이 어느 정도 지나게 되면 화자 자신은 이동을 의식하지 못하게 된다. 이러한 극단적인 보기는 우리가 '지구'라는 거대한 이동체에 살면서 그 이동을 거의 의식하지 못한 채, 달이나 해의 이동만을 지각하는 경우를 들 수 있다.

요컨대 상대적 이동은 화자의 관찰이 이동하는 물체에서 이루어지므로, 고정된 외부 대상이 무의식적 상태에서 이동하는 것으로 포착된 것이다.

4.4. 심리적 이동 구문

심리적 이동 구문의 양상과 특성에 대해서 기술하기로 한다.

4.4.1. 심리적 이동 구문의 양상

화자의 심리적 이동에 따른 주관적 이동 구문은 관찰자의 위치나 관찰 지점이 고정되어 있다. 곧 화자는 정지된 상태에서 대상을 육안(肉眼)이나 심안(心眼)으로 파악하게 된다. 이 경우, 관찰 대상인 지형이나 물체가 실물 그대로일 수도 있고 지도나 그림일 수도 있다.

첫째, 화자의 육안에 의한 관찰이다. 이것은 고정된 대상을 시선에 의해 탐사하거나 그림 및 언어로 묘사할 때, 연속적인 과정으로 파악하는 경우이다. 다음의 (52)-(53)은 고정된 관찰자가 비이동체인 '성벽, 공동묘지' 및 '소로'에 이동 동사를 사용하여 주관적 이동으로 나타낸 것이다.

(52) **성벽은** 어둠 속으로 **뻗어나갔고**, 성벽을 따라 이어지는 소나무 숲에 빗소리가 자욱했다. (김훈 2007: 57, 『남한산성』, 학고재.)

(53) 왼편은 나무 한 그루 없이 보이느니 무덤들만 다닥다닥 박혀 있는 **잔디벌판이** 빗밑이 **산발을 타고 올라간 공동묘지.** 바른편은 누르붉은 사석이 흉하게 드러난 못생긴 왜송이 듬성듬성 높어 붙은 산비탈. 이 사이를 좁다란 **산협 소로가** 꼬불꼬불 깔그막져서 높다랗게 **고개를 넘어갔다.** (채만식 1987: 295, '쑥국새', 『채만식 전집』 7, 창작과 비평사.)

둘째, 화자의 심안에 의한 관찰이다. 이것은 고정된 대상을 마음속에서 탐사하거나 묘사할 때, 연속적인 과정으로 파악하는 경우이다. 곧 (54)-(55)는 화자의 마음속에서 '정원'과 '산맥'이 이동체로 포착된 것이다.

(54) 나는 눈을 감고 앉아 있었다 눈을 감고 앉아 / 옛날의 정원을 꿈꾸었다 그러자 / **정원이** 내 곁으로 **내려왔다.** (류시화 1991: 46, '나는 눈을 감고 앉아 있었다', 『그대가 곁에 있어도 나는 그대가 그립다』, 푸른 숲.)

(55) 모든 **산맥들이** 바다를 연모해 **휘달릴** 때도 / 차마 이곳을 범하던 못하였으리라. (이육사의 '광야'에서)

셋째, 화자의 육안이나 심안 속에서 대상의 이동이 잔상으로 파악된 경우인데, 이것은 일종의 '가상 이동(fictive motion)'[10]이다. (56)-(57)의 '단풍나무'

---

10 '가상 이동(fictive motion)'은 Talmy(1996: 211)에서 사용된 용어로서, 'This fence goes from the plateau to the valley.(울타리가 고원(高原)에서 계곡으로 뻗어간다.)'처럼 실질적인 대상의 물리적인 이동은 없지만, 화자가 대상을 이동하는 것처럼 인지하는 것을 말한다. '가상 이동'에 대해서는 임태성(2018) 참조.

나 '집'은 비이동체이지만, '단풍'이 산 위에서 아래로 내려오는 모습이나 '집'이 산 아래에서 위로 들어서는 모습을 심리적 잔상에 의한 점적(點滴) 이동으로 파악한 것이다.

(56) 발갛게 물들어가는 **단풍나무들이** 하나둘 아래로 **내려오는 것이 보이고,** (안도현 1994: 24, '모악산을 오르며', 『외롭고 높고 쓸쓸한』, 문학동네.)

(57) 이 항구에서는 사람들이 들어 사는 **집은** 될 수 있는 대로 산으로 **올라갔고,** 그 산꼭대기에는 도야지 울들이 삐뚤어져 붙어 있다. (김기림 1992: 221, '주을온천행', 『길』, 깊은샘.)

끝으로, 환유적 기제에 의한 심리적 이동 구문이다. (58)의 '신작로'는 '신작로의 사람·가축·차량' 등을 나타내는 것으로서, 이는 객관적 이동 구문에서 주관적 이동 구문으로의 주관화 과정을 보여 주고 있다.

(58) 자고 나서 내다보면 **신작로는** 아침부터 부산하게 **움직이고** 있었다. (이문구 1996: 63, '화무십일', 『관촌수필』, 문학과 지성사.)

4.4.2. 심리적 이동 구문의 특성

먼저, 주관적 이동의 일환인 심리적 이동은 객관적 이동과 대비하여 다음과 같은 차이점을 갖는다.

첫째, 심리적 이동은 객관적 이동과 달리 이동의 경로가 명시되어야 한다. 이동의 경로에 관한 부사어의 제약을 보면, 객관적 이동 (59a)에는 이동 경로의 부사어가 수의적이지만, 주관적 이동은 '남쪽으로'와 같이 방향 표시의 부사어가 있는 (59c)가 자연스럽다.

(59) a. 소년이 (남쪽으로) 달리고 있다.

　　 b. ?고속도로가 달리고 있다.

　　 c. 고속도로가 남쪽으로 달리고 있다.

　둘째, 심리적 이동은 객관적 이동에 비해 시간 양상에서 제약을 갖는다.
(60b)의 주관적 이동은 (60a)의 객관적 이동과 달리 현재형 '달린다'의 사용이
어색한 반면, 진행상 '-고 있다'[11]가 자연스럽다. 이것은 주관적 이동에서 화자
의 관찰 시점이 상적 속성을 지니고 있음을 뜻한다.

　(60) a. 기차가 남쪽으로 {달린다./달리고 있다.}

　　 b. 고속도로가 남쪽으로 {?달린다./달리고 있다.}

　다음으로, 주관적 이동 가운데 심리적 이동과 상대적 이동 간에는 다음과
같은 차이점이 나타난다.

　첫째, 이 둘은 방향성의 선택에 차이를 나타낸다. 이동 방식을 포함한 이동
동사나 이동 방향을 표시하는 부사어의 사용을 보면, 심리적 이동에서는 쌍방
이 자연스럽게 교체될 수 있는 반면, 상대적 이동에서는 한쪽만 가능하게 된
다. 그 까닭은 화자의 관찰 지점이 심리적 이동에서는 고정되어 있으나 상대
적 이동에서는 이동하기 때문이다. 곧, (61)-(62)에서 심리적 이동인 경우에
는 a, b가 모두 가능하다.

　(61) a. 언덕이 **강둑에서부터** 아주 완만하게 **올라간다**.

　　 b. 언덕이 **강둑까지** 아주 완만하게 **내려간다**.

---

[11]　주관적 표현의 일종인 주관적 상태 표현에서도 "길은 지금 산허리에 걸려 있다."
　　(이효석의 '메밀꽃 필 무렵'에서)나 "철길이 다리 위에 걸려 있다."와 같이 결과상
　　인 '-어 있다'가 쓰이며, '걸린다'와 같은 형태는 쓰이지 못한다.

(62) a. 고속도로가 **남쪽에서 북쪽으로** 달리고 있다.

b. 고속도로가 **북쪽에서 남쪽으로** 달리고 있다.

둘째, 이 둘은 속도를 나타내는 부사어의 쓰임에서 의미 차이를 나타낸다. 양쪽 모두 속도를 나타내는 부사어가 쓰일 수는 있지만, 상대적 이동에서 속도의 부사어는 화자의 움직임에 따른 외부 대상의 현실적 이동 지각을 나타내는 반면, 심리적 이동 표현에서는 속도의 부사어가 대상의 형상을 나타낸다. (63)의 심리적 이동에 쓰인 속도 부사어 '급하게', '빨리', '완만하게', '문득', '주춤거리면서' 등은 대상의 모습을 묘사한 것이다.

(63) a. 저 준엄한 소백산맥이 제주도를 건너보고 뜀을 뛸 듯이, 전라도의 뒷덜미를 **급하게** 달리다가 우뚝… 또 한번 우뚝… 높이 솟구친 갈재와 지리산…. (채만식 1987: 7, 『탁류』, 창작과 비평사.)

b. 큰 길이 **빨리** 빈산으로 들어간다. (강은교 1995, '황혼곡조 1번', 『풀잎』, 민음사.)

c. 산줄기가 **완만하게** 내려오다가 턱이 진 산부리에 양친 묏등이 나란히 앉아 있었다. (송기숙 1996: 17, 『작은 이야기 큰 세상』, 창작과 비평사.)

d. 두륜산의 여맥이 주체하지 못하여 날카로운 톱니처럼 산등성이를 그어 가다가 **문득** 멈추어 선 곳이 '땅끝'이다. (유홍준 1993: 90, 『나의 문화유산답사기』 1, 창작과 비평사.)

e. 태백산에서 출발하여 소백산, 속리산, 덕유산, 지리산을 이루며 호기 있게 치닫던 소백산맥의 끝자락이 망망한 남해 바다를 내다보고는 급브레이크를 밟아 **주춤거리면서** 이루어낸 분지평야가 삼산벌이며 문득 정지한 지점이 대준산인 것이다. (유홍준 1993: 65, 『나의 문화유산답사기』 1, 창작과 비평사.)

4.4.3. 심리적 이동 구문의 해석

심리적 이동은 비이동체가 객관적 축에서 주관적 축으로 사상되는 과정에서 이동의 영상이 최종 단계에 부각된 것을 뜻한다. 이러한 심리적 영상의 이동 흔적은 (64)의 용법에서 확인된다.

(64) a. 그는 산을 **넘어** 갔다.
b. 그는 산 **너머** 산다.

즉, (64a)는 객관적 경로이며, (64b)는 심리적 경로이다. 그 중 (64b)는 (64a)의 실제 이동에 의한 '넘다'의 맨 마지막 지점에 그가 살고 있다는 것을 뜻하는데, 이를 〈그림 5〉와 같이 도식화할 수 있다. (64b)의 경우, 현실적 이동은 없지만 (64a)처럼 화자의 시선을 점선으로 유추할 수 있다.

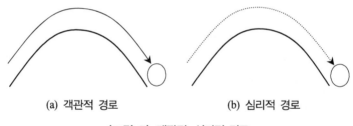

(a) 객관적 경로   (b) 심리적 경로

〈그림 5〉 객관적−심리적 경로

심리적 이동은 화자가 정적인 대상을 시선이나 머릿속으로 탐사해 나가는 과정에서 연속적이며 동적으로 파악한 것이다. 이러한 인지 과정은 그림이나 문서를 저장하는 스캐너의 원리, 즉 '주사(scanning)' 기제와 동일하다. 예를 들어, '성벽, 산협 소로, 집'을 묘사할 때 한 장의 사진으로 찍는 '요약 주사(summary scanning)'가 아니라, 그림으로 그려 나가거나 동영상으로 찍어 내는 '순차적 주사(sequential scanning)'의 전략을 사용한 것이라 하겠다.

실제로 대부분의 고정된 사물이라 할지라도 연속적 과정을 거쳐 상태로 완성되는 것이기 때문에, 화자가 고정된 위치에서 비이동체를 관찰하거나 묘사할 경우 자연스럽게 그 형성 과정에 대한 심리적 복원이 가능하다. '도로, 전깃줄, 철길, 성벽' 등의 형성 과정, "모든 산들이 바다를 연모해 휘달릴 때도"에서 우주의 생성 과정, 산 위의 '공동묘지'나 '집'의 형성 과정, 그리고 점적인 과정을 거쳐 '단풍나무'가 산 위에서 아래로 내려오는 과정은 그 잔상에 의해 화자의 심리 속에서 이동으로 인지된 것이라 하겠다.

5. 마무리

이 장에서는 문장의 동의성, 중의성, 그리고 이동 구문을 중심으로 그 성격, 유형, 의미 특성 등에 대하여 살펴보았다. 그 주요 내용에 따라 마무리하기로 한다.

첫째, 문장의 동의성에 대해 전통적인 견해에서는 동일한 의미를 표현한다는 것이며, 생성문법에서는 동일한 기저 구조로부터 형식적 규칙에 의해 도출되는 것으로 보았다. 그 반면, 인지적 견해에서는 구조의 차이가 화자의 해석을 반영한 것으로 본다. 이 점은 능동문과 피동문, 대립어 교체 구문, 처소 논항 교체 구문, 장·단형 사동문 등에서 확인된다.

둘째, 문장의 중의성은 하나의 문장이 둘 이상의 의미로 해석되는 것을 가리킨다. 중의성의 유형에는 수식어의 범위에 따른 배합 중의성, 주어와 목적어, 비교, 부정의 범위, 동작과 양태에 따른 기능 중의성으로 나뉜다. 중의성은 의사소통 과정에 혼란을 가져올 수 있지만, 언어적으로 매우 흥미로운 현상이라 하겠다.

셋째, 이동 동사에 의한 이동 구문은 이동체의 실질적 이동에 의한 '객관적 이동'과 비이동체에 의한 화자의 '주관적 이동'으로 대별되며, 주관적 이동에는 화자 자신의 이동에 의한 '상대적 이동'과 화자 시선의 이동에 의한 '심리적 이동'이 구별된다. 이동의 언어화 과정에서 주관적 이동은 객관적 이동에 비하여 표현상의 제약을 받는다. 또한, 주관적 이동 구문 가운데서 상대적 이동은 심리적 이동에 비하여 객관적 이동과 표현상의 공통성을 많이 갖는다. 주관적 이동에는 화자의 장면에 대한 참여가 전제된다. 그중 비이동체를 이동으로 인지하는 과정에서 상대적 이동 구문은 화자 자신이 이동함으로써 이동 의식의 전환이 자연스러운 반면, 심리적 이동은 화자의 이동 의식에 대한 주관화 정도가 한층 더 높은 특징을 지닌다.

제6부
발화·문화의 의미

제15장
발화의 의미

1. 들머리

이 장은 발화의 의미를 이해하는 데 목적이 있다. 언어의 기능에는 관념을 형성하고 표현하는 '관념적 기능(ideational function)'과 인간의 상호작용을 위한 '대인적 기능(interpersonal function)'이 있다. 여기서는 대인적 기능에 해당하는 발화의 의미에 대해서 다룬다.

발화의 의미를 다루는 전통적 분야를 '화용론'이라고 한다. 언어 연구에서는 화용론을 의미론의 하위 영역으로 다루기도 하며, 화용론의 하위 영역으로 의미론을 포함시키기도 하며, 그 둘의 독자성을 부여하여 상호 보완적으로 다루기도 한다. 여기서는 의미론과 화용론을 구별하지 않는 입장을 취하기로 한다. 또한, 화용론을 보는 관점도 극과 극인데, 생성문법에서는 화용론을 언어 연구, 특히 의미론의 쓰레기통으로 취급하는 반면, 화용론을 옹호하는 쪽에서는 언어 연구의 꽃이라고 한다. 화용론은 언어가 사용되는 구체적 장면에 기반을 두므로, 의미 탐구는 화용론을 통해서 구체화된다는 점에서 중요한 의의를 갖는다.

이 장에서는 다음 세 가지 사항에 대해서 다룬다.

첫째, 발화 의미의 이해를 위해 화용론의 성격, 화맥, 장면의 개념화에 대해 살펴본다.

둘째, 발화 행위를 기본 개념과 분류를 중심으로 살펴본다.

셋째, 함축을 대화적 함축, 대화적 격률, 적합성 이론을 중심으로 살펴본다.

2. 발화 의미의 이해

화용론의 성격, 화맥을 중심으로 발화의 의미에 대해서 살펴보기로 한다.

2.1. 화용론의 성격

발화의 의미를 탐구하는 분야를 '화용론(pragmatics)'[1]이라고 한다. 화용론은 언어적 지식만으로는 예측할 수 없는 화자와 청자의 발화 의미, 곧 발화가 사용자와 해석자에 대하여 갖는 의미를 탐구하는 분야이다. 화용론의 범위와 관련하여 좁게는 화자가 의도한 의미를 청자가 어떻게 알아차리는가를 다루며, 넓게는 사람들이 의사소통할 때의 일반 원리를 다룬다.

'발화'란 잠재적·추상적 차원의 문장이 현실적인 언어 상황에서 사용되는 것을 가리킨다. 동일한 표현이라 하더라도 문장 층위와 발화 층위의 의미는 구별된다. 즉, 문장의 의미는 '표현-의미' 사이의 이중 관계인 반면, 발화의 의미는 '화자-표현-의미' 사이의 삼중 관계를 형성한다. 예를 들면, (1)과 같은 표현에 대하여 문장 층위에서는 "예." 또는 "아니요."라고 대답할 수 있

---

1 리치 & 토마스(Leech and Thomas 1990: 174)에서는 통사론, 의미론, 화용론의 차이를 프리쉬(Karl von Frish 1967)가 발견한 꿀벌의 '언어적 춤(linguistic dance)'에 비유한 바 있다. 꿀의 위치를 알리는 '언어적 춤'의 실질적 구조는 동작의 연속체로서 '통사론'이며, 꿀의 위치에 대한 방향과 거리의 표현으로서 춤의 지시 내용은 '의미론'이며, 벌이 꿀을 모으는 수단, 즉 꿀벌의 행동 양상으로서 춤 기능의 방법은 '화용론'이다.

겠지만, 발화 층위에서는 질문을 요청으로 수용하여 도서관으로 가는 길을 안내하게 된다.

(1) 도서관이 어디 있는지 아십니까?

이처럼 화용론의 단위인 발회 의미는 이른바 '언어 외석 의미'나 '행간의 의미', 그리고 '뜻 속의 뜻'이나 '말 밖의 말'을 포함하고 있다.

2.2. 화맥

'화맥(話脈, context)'이란 발화가 실현되는 구체적 맥락을 말한다. H_2O가 물리적인 환경에 따라 물, 얼음, 수증기로 나타나듯이 동일한 진리치를 지닌 발화는 화맥에 따라 다른 표현 양식을 지니게 된다. 화맥의 요소인 '화자와 청자', '장면과 시점', '발화의 흐름'에 대해서 기술하기로 한다.

2.2.1. 화자와 청자

언어의 표현과 수용은 화자와 청자를 전제로 한다. 화자와 청자 간에 놓인 화맥의 요소에는 '지위', '친밀도', '성별' 등이 있다. 이들 요소에 따라 발화의 표현 양식이 결정되는데, 구체적으로 화자와 청자를 전제로 한 청자 대우법의 화계를 보면 (2)와 같다.

(2) 1단계: 어디 가니?
   2단계: 어디 가는가?
   3단계: 어디 가시는가?
   4단계: 어디 갑니까?
   5단계: 어디 가십니까?

(2)의 1 · 2 · 4단계는 어말어미 '-니, -는가, -ㅂ니까'에 따른 무표형 화계이며, 3 · 5단계는 선어말어미 '-시-'가 동반된 유표형 화계이다. 무표형 화계는 청자 대우법에서 틀 형성의 기능을 하는 반면, 유표형 화계는 무표형 화계의 대우 의식을 더욱 섬세하게 표현해 주는 수의적 기능을 한다. 이 경우 화계의 선택은 화자가 청자와의 지위 · 격식 · 긴장도의 요건을 고려하여 선택하게 되는데, 그 운용 요건을 정리하면 〈표 1〉과 같다.

〈표 1〉 청자 대우법 화계의 운용 요건

운용 요건 화계	지위	격식	화자 긴장도
1단계: -니	화자≧청자	없음	낮음
2단계: -는가	화자(성년)≧청자	있음	보통
3단계: -시는가	화자(성년)≧청자(성년)	'-는가'보다 더 있음	2단계보다 더 높음
4단계: -ㅂ니까	화자≦청자	있음	높음
5단계: -십니까	화자≦청자	'-ㅂ니까'보다 더 있음	4단계보다 더 높음

〈표 1〉에서 1단계 "어디 가니?"는 화자의 지위가 청자보다 손위이거나 동급이며, 화자의 청자에 대한 격식이 없으며 긴장도가 낮은 경우이다. 2단계 "어디 가는가?"는 1단계 화계와 같이, 지위에 있어서 화자가 청자보다 손위이거나 동급인 경우에 사용되지만, 화자가 미성년인 경우에는 사용되지 않으며, 화자가 청자에 대해 격식을 갖춘 화계이며, 긴장도는 보통이다. 3단계 "어디 가시는가?"는 2단계에 비해 화자의 청자에 대한 대우의 격이 한층 더 높다. 지위에 있어서 화청자가 모두 성년일 뿐 아니라, 정중하게 대우해야 할 손아랫사람이나 친구에게 사용되며, '-는가'보다 격식이 더 있고 화자의 긴장도도 더 높다. 4단계 "어디 갑니까?"는 지위에 있어서 화자가 청자보다 손아래이거나 동급인 경우에 사용되며, 화자가 청자에 대해 격식을 갖춘 화계이며, 긴장도가 높다. 제5단계 "어디 가십니까?"는 4단계와 화청자의 지위는 변함없지만, 화자의 청자에 대한 대우의 격이 가장 높고 정중하며, 화자의 긴장도도 가장 높다.

'친밀도'[2]의 측면에서 보면, 〈표 1〉에서 '화자의 긴장도'는 친밀도와 상관성을 갖는다. 즉, 친밀도가 높으면 긴장도가 낮고, 친밀도가 낮으면 긴장도가 높다. 실제로 이성 간의 대화에서 초기에는 친밀도가 낮고 긴장도가 높은 상태이지만 시간이 지나면서 친밀도가 높아지고 긴장도가 낮아짐에 따라, 그 화계는 5단계→4단계→1단계로 전환된다.

'성별'의 측면에서 보면, 화자가 남성인가 여성인가에 따라 발화 형식이 구별되는 일이 있다. 한국어에서 성별에 따리 발화 형식이 변별석인 경우는 〈표 1〉의 4단계 '-ㅂ니까/-ㅂ니다' 형과 그 동급 변이형인 '-요' 형을 들 수 있다.[3] 『사랑에는 독이 있다』라는 소설 속의 남녀 대화에서 이 점을 검토해 보기로 한다(임지룡·배문경 2003: 180-186 참조).

(3) 여: 어머, 교수님이시네요?

　　남: 대단한 사람은 아닙니다. 혹 앞으로 필요하시면 연락 주십시오.

　　　　(신달자 1997: 236, 『사랑에는 독이 있다』 상권, 문학수첩.)

(4) 남: 무슨 생각을 그렇게 깊이 하십니까?

　　여: 한이라는 것이 그 정도로 무서운 것일까, 생각했어요.

　　남: 한에 대해 그렇게 골똘히 생각할 만한 사연이라도 있습니까?

　　여: 아뇨, 하지만 삶 자체가 한과 무관하지는 않으니까요.

　　　　(신달자 1997: 102, 『사랑에는 독이 있다』 상권, 문학수첩.)

(3), (4)는 중년 남녀 기준과 부옥이 비행기에서 처음 만나서 나누는 대화의 일부이다. 여성인 부옥은 '교수님이시네요?', '생각했어요', '않으니까요'와

2　2인칭 대명사는 프랑스어의 'tu/vous', 독일어의 'du/Sie', 스페인어의 'tu/usted', 이태리어의 'tu/Lie', 고대영어의 'you/thou'에서 보는 바와 같다. 이 경우 'T/V'의 구별은 지위뿐만 아니라, 친밀한 사이에는 T가 사용되며, 덜 친밀한 사이에는 V가 사용된다(Lyons 1981b: 233-234 참조). 한국어의 경우에도 대인 관계에서 '너'와 '당신'은 친밀도에 따른 'T/V'의 대립으로 볼 수 있다.

3　〈표 1〉의 4단계에 해당하는 '합니까?, 하오?, 해요?', 그리고 5단계에 해당하는 '하십니까?, 하시오?, 하세요?'는 각각 동급 종결표현이다.

같이 '-요' 형을 사용하는 반면, 남성인 기준은 '아닙니다', '주십시오', '하십니까?', '있습니까?'와 같이 '-ㅂ니다' 형을 사용하고 있다. 이러한 예는 소설 전편에 걸쳐 일관되게 나타난다. 『사랑에는 독이 있다』에서 기준과 부옥의 대화 장면 13개를 골라 '-요' 형과 '-ㅂ니다' 형의 종결어미 사용의 빈도를 보면 〈표 2〉와 같다.

〈표 2〉 『사랑에는 독이 있다』의 '-요/-ㅂ니다' 빈도

종결어미	장면\인물	1	2	3	4	5	6	7	8	9	10	11	12	13	계
-요	기준(남)	6	15	8	26	1	8	2	8	2	3	17	20	6	121
	부옥(여)	0	16	8	44	5	10	3	15	3	1	15	18	15	153
-습니다	기준(남)	4	10	5	9	0	1	0	0	2	2	5	11	1	50
	부옥(여)	2	1	0	0	0	0	0	0	0	0	0	0	1	0	4

〈표 2〉에서 '-요' 형 종결어미는 전체 274회 가운데 남성이 121회이고 여성이 153회로, 여성이 조금 더 많이 사용하고 있다. '-ㅂ니다'의 경우는 전체 54회 가운데 남성이 50회이고 여성이 4회로, 남성이 현저히 많이 사용하고 있다.

'-요' 형과 관련하여 KBS 드라마 '좋은 걸 어떡해'(2000.5.~2001.2.)의 방울과 태수의 대화 (5)를 보기로 한다.

(5) 방울: 네?
  태수: 월급. 한 달 지났잖소.
  방울: 아니 말은 알아들었는데, 무슨 월급이요? 저 월급 주시게요?
  태수: 서로 계산은 정확히 합시다.
  방울: (얼른 도로 주며) 저 이거 안 받을래요.
  태수: 받아요.
  방울: 아뇨.
  태수: 받으라구.

방울: 싫다구요.

태수: 나두 싫소. 내가 왜 댁의 노동력을 착취하오?

(KBS 드라마 '좋은 걸 어떡해' 제24회 #S.14)

(5)는 20대 후반의 만화 강사인 남성과 문하생인 여성의 대화인데, 이 둘은 존대하는 관계이다. 여성인 방울은 '-요' 형 종결어미를 쓰는 반면, 남성인 태수는 '하오', '합시다', '으라구' 등으로 다양하다. 이 드라마에서 두 사람의 대화 장면 15개를 무작위로 뽑아 '-요' 형 종결어미의 사용 빈도를 보면 〈표 3〉과 같다.

〈표 3〉 드라마 '좋은 걸 어떡해'의 '-요' 형 발화 빈도

인물 \ 장면	1	2	3	4	5	6	7	8	9	10	11	12	13	14	15	계
태수(남)	2	2	2	3	6	1	0	0	0	0	3	1	1	2	5	28
방울(여)	21	4	4	13	21	11	7	2	7	9	0	1	3	4	8	115

〈표 3〉에서 '-요' 형 종결어미의 143회에서 여성인 방울이 115회 사용하였으며, 남성인 태수는 28회 사용하였다. 이 경우 태수는 '-요' 형 이외의 종결어미를 섞어 사용하였다.

이상에서, 남성은 '-ㅂ니까/ -ㅂ니다' 형을 많이 사용하고 여성은 '-요' 형을 많이 사용하는 것으로 드러났다.[4]

2.2.2. 장면과 시점

화자와 청자 간에 발화가 사용되는 특정한 시간과 공간을 장면이라고 한다. 동일한 진리치를 지닌 발화라 하더라도 장면의 제약을 받거나 장면에 따라

---

4 민현식(1995: 46)에서는 신문의 시사만화에서 여성의 어미는 대부분 '-요' 형인 반면, 남성의 어미는 '습니다, -군, -십쇼, -구나, -나?'와 같이 다양한 것으로 분석하였다.

다르게 해석된다.

첫째, 공적 장면과 사적 장면의 경우이다. 〈표 1〉의 청자 대우의 화계에서 4단계의 '-ㅂ니까?'는 공적 장면의 규범적 화계로, 그 동급 변이형인 '-요?'는 사적 장면의 일상적 화계로 더 자주 사용하는 경향성을 지닌다. 또한, 친구, 선후배, 상관과 부하의 경우, 공적 장면에서는 4단계의 '-ㅂ니까?'를 쓰지만, 사적 장면에는 1단계의 '-니?'를 사용한다.

둘째, 장면의 '시점', 즉 '관찰 지점'이다.[5] 사건이 진행되는 장면에 대해 화자와 청자의 시점이나 관찰 지점이 일치되지 않으면 혼란이 생기게 된다. 예를 들어, 축구경기의 장면을 중계하는 아나운서의 발화 (6)을 보기로 한다. (6)의 중계방송을 듣는 청취자는 '왼쪽'에 대해 두 가지 시점을 가질 수 있다. 즉, 공격자의 시점과 골키퍼의 시점이다.

(6) 공이 골대 왼쪽에 맞고 튕겨 나갔습니다.

다음으로 '오다'와 '가다'의 경우를 보기로 한다. '오다', '가다'에서 '오다' 는 이동체가 화자를 지향하며, '가다'는 이동체가 화자를 벗어난다.

(7) 통신원: 중국 사람이 가장 **가고 싶어** 하는 나라가 한국입니다.
　　진행자: 한국이 가장 **오고 싶어** 하는 나라라니 반가운 일입니다.
　　　　　　　　　　　　　　(MBC 라디오방송 '세계는 지금', 1996.4.3.)

실제 상황인 (7)은 서울의 진행자가 북경의 통신원과의 대화 내용인데, '가고 싶어 하다'는 통신원의 관찰 지점이 중국이며, '오고 싶어 하다'는 진행자의 관찰 지점이 한국임과 상관성을 지닌다.

5　일반적으로, 위치를 표현하는 데는 "그 은행은 역 뒤/앞에 있다."에서처럼 물체에 근거하는 '본유적 틀', "그 은행은 역의 오른편/왼편에 있다."에서처럼 시점에 근거하는 '상대적 틀', 그리고 "그 은행은 역의 북쪽/남쪽에 있다."에서처럼 나침반에 근거하는 '절대적 틀'의 세 유형이 있다.

셋째, 화자와 청자의 시점의 뒤바꿈을 '오다'와 '가다' 용법에서 보면 다음과 같다. 먼저, 서술문을 중심으로 '오다/가다'의 일반적인 용법은 (8)에서 보듯이 '오다'는 화자를 지향하는 상황에 사용되고 '가다'는 화자를 벗어나는 경우에 사용된다.

(8) a. 친구들이 내 생일잔치에 **올** 것이다.
    b. 나는 친구의 생일잔치에 **갈** 것이다.

(8)과 같이 '오다/가다'의 무표적인 용법은 화자 중심의 시점으로서 그 관계를 도식화하면 〈그림 1〉과 같다.

〈그림 1〉 화자 시점의 '오다/가다'

한편, (9)-(10)의 의문문이나 조건문에서 '가다'에 대한 a는 화자를 벗어나는 상황에 사용됨으로써 '오다/가다'의 일반적인 용법인 반면, '오다'에 대한 b는 화자기 이니라 청자를 지향하는 상황에 사용된 것으로 '오다/가다'의 일반적인 용법이 아니다. 그런데 (9)-(10)에서 b는 모두 자연스러운 일상 표현이다.

(9) a. (전화) 김 교수님, 제 조교가 교수님 연구실에 **갔습니까?**
    b. (전화) 김 교수님, 제 조교가 교수님 연구실에 **왔습니까?**

(10) a. (전화) 그 사람이 자네에게 **가면** 연락해 주기 바라네.
     b. (전화) 그 사람이 자네에게 **오면** 연락해 주기 바라네.

곧 (9)-(10)에서 a는 화자 중심의 시점인 반면, b는 청자 중심의 시점으로서, 화자와 청자의 시점이 역전된 것이다. 이 경우 b에서 '가다' 대신에 '오다'가 쓰인 것은 담화 상황에서 청자를 배려하기 위하여 화자가 자기 중심의 시점을 청자 중심의 시점으로 역전시킨 것이라 하겠다. 이 관계를 도식화하면 〈그림 2〉 및 〈그림 3〉과 같은데, 굵은 원은 각각 화자와 청자의 시점에 대한 초점 지역을 나타낸다.

〈그림 2〉 화자 시점의 '가다'   〈그림 3〉 청자 시점의 '오다'

2.2.3. 발화의 흐름

발화는 '담화(discourse)' 속에서 놓인 위치에 영향을 받는다. 즉, 발화가 〈그림 4〉의 발화 연속체에서 어느 위치에 놓이는가에 따라 정보의 가치가 달라진다.

담화 = [발화a] + [발화b] + [발화c] + [발화…]

〈그림 4〉 발화의 연속체

(11a)와 같이 "죽을 쒔어."라는 발화가 담화의 들머리에 놓일 때는 중의적이지만, 발화의 흐름 속에서는 그 의미가 구체화된다. 즉, (11b)는 일반 표현이며, (11c)는 시험을 망쳤다는 관용적 의미를 지니게 된다.

(11) a. 죽을 쒔어.
　　　b. 어머니께서 아픈 나를 위해 죽을 쒔어.
　　　c. 오늘 시험은 죽을 쒔어.

발화의 흐름과 관련하여 그 정보 가치가 달라지기도 한다. 하나의 발화에서 청자가 궁금하게 생각하는 사항으로서 화자가 문장을 통해서 제시하는 정보를 '신정보(new information)'라 하고, 전제되어 청자에게 알려져 있거나 청자의 의식 속에 들어 있는 정보를 '구정보(old information)'라 한다. 조사 '이/가'와 '은/는'은 정보의 표지 기능을 한다.

(12) 옛날 옛적 어느 마을에 키 큰 **農夫가** 살고 있었습니다. 그 **농부는** 가난했지만 마음은 언제나 부자였습니다.

(12)에서 보듯이, '이/가'는 신정보 표지이며, '은/는'은 구정보 표지이다. 즉, '농부'가 이야기에 처음 등장할 때에는 '가'가 사용되고, 이미 소개된 농부가 다시 등장할 때에는 '는'이 사용된다.

대명사나 대용언은 선행 발화의 알려진 정보를 되풀이하지 않기 위한 장치로서 (13)에서 '그', '이만하면', '이', '거기'에서 보듯이 그 형태가 짧고 상황 의존적이다.

(13) 이튿날, 소년이 학교에서 돌아오니, 아버지가 나들이옷으로 갈아입고 닭 한 마리를 안고 있었다. 어디 가시느냐고 물었다. **그** 말에도 대꾸도 없이, 아버지는 안고 있는 닭의 무게를 겨냥해 보면서, "**이만하면** 될까?" 어머니가 망태기를 내주며, "벌써 며칠째 '걀걀'하고 알 날 자리를 보던데요. 크진 않아도 살은 쪘을 거여요." 소년이 이번에는 어머니한테 아버지가 어디 가시느냐고 물어보았다. "저, 서당골 윤 초시 댁에 가신다. 제사상에라도 놓으시라고……." "그럼, 큰 놈으로 하나 가져가지. 저 얼룩 수탉으로……." **이** 말에, 아버지는 허허 웃고 나서, "임마, 그래도 이게 실속이 있다." (중략) 어른들의 말이, 내일 소녀네가 양평읍으로 이사 간다는 것이었다. **거기** 가서는 조그마한 가겟방을 보게 되리라는 것이었다. (황순원의 '소나기'에서)

2.3. 장면의 개념화

장면의 개념화에서 두드러진 요소인 초점화와 그 해석이 장면의 맥락에 의존하는 직시 표현에 대해서 기술하기로 한다.

2.3.1. 초점화

주변 세계의 사물을 파악할 경우, 그 사물의 바탕이 되는 배경과 지각적으로 두드러진 부분인 전경을 자연스럽게 구별하게 된다. 일반적으로 우리는 전경에 초점을 맞추어 그 사물을 인지하므로, 발화에는 장면의 특정 요소에 대한 초점화가 형성된다. 이 경우 장면은 연극에서 배경이 되는 무대와 그 속에서 이루어지는 사건의 연속체로 생각할 수 있다. 이와 관련하여, 장면에서 사건의 특정 부분이 초점화되는 모습을 보면 다음과 같다.

첫째, 자동차가 고장 난 상황을 보기로 한다. 우선, 이 경우에 적합한 언어적 표현은 (14a)이며, (14b)는 어색하다. 그 까닭은 이 장면에서 고정된 '나무'는 배경이며, 움직이는 '자동차'는 전경으로서 초점이 부여되기 때문이다. 또한, 자동차가 고장 난 전체 상황을 가정해 보면 (14c)와 같은 연속체를 이룬다. 그중에서 (14a)가 선택된 것은 자동차의 운행이 끝나는 주요 지점에 우리의 주의가 놓이기 때문이다. 이것은 곧 부분으로써 전체를 지칭하는 환유적 인지 경향성에 기반을 둔 것이다.

> (14) a. 자동차가 나무에 부딪쳤다.
> b. ?나무가 자동차에 부딪쳤다.
> c. 자동차가 도로를 벗어나서, 덜커덕거리면서, 나무에 부딪쳐서, 시동이 꺼졌다.

둘째, 행동 연쇄사건 구문을 보기로 한다. (15a)는 에너지가 '행위자'에서 발생하여 '도구'를 거쳐 '수동자'로 끝나는 사건의 보기이다. 이 경우 주어는 초점이 부여된 행동 연쇄의 '머리'로서 에너지 흐름의 가장 상류 지점의 참여 자인 반면, 목적어는 '꼬리'로서 하류 지점의 참여자이다. 곧 타동사 구문에서 자동사 구문으로 이행되는 사건에서, (15a)에는 '영수', (15b)에는 '망치', (15c)에서는 '유리' 각각에 초점이 부여된 것이다.

> (15) a. 영수가 망치로 유리를 깼다.
>
> b. 망치가 유리를 깼다.
>
> c. 유리가 깨졌다.

2.3.2. 직시 표현

'직시 표현(deictic expression)'은 장소와 시간 속에서 화자의 위치와 관련 하여 해석되는 언어 형태를 가리키며, '직시소(deixis)'는 화자의 관점과 관련 된 언어 형태를 사용하여 언어의 인칭, 공간, 시간 차원들을 부호화하는 기제 를 가리킨다(Hamawand 2016: 192 참조). 직시 표현의 특징은 해당 지시가 발화된 상황에 대해 상대적이라는 점이다.[6] 예를 들어, (16)과 같은 내용의 쪽지가 어느 연구실 문에 부착되어 있다가 복도 바닥에 떨어져 있을 경우를 보기로 한다.

> (16) 나는 내일 같은 시간, 여기 이 문에서 너를 만나겠다.

이 메시지는 의도된 수신인 이외의 다른 어떤 사람도 이해할 수 없을 것이

---

6 "어이! 거시기가 오늘 거시기 흔단디, 나가 오늘 쪼개 거시기 흔께, 자네가 먼저 거시기 잔 해주소. 나가 언능 거시기 해놓고 시간 나문 거시기 흘랑께. 그라문 거시기 흐소"는 친구의 애경사를 두고 바빠서 가지 못하는 사람이 대신 부조를 부탁하는 내용이다(황풍년 2014: 125). 이 경우 대용어 '거시기'는 상황 의존적 이다.

다. '나, 너, 여기, 이 문에서, 같은 시간, 내일'은 직시 표현인데, 발화 상황의 맥락에서만 이해될 수 있다. '나'가 누구인지, 그 쪽지가 언제 작성되었는지, 어느 연구실에 부착되어 발신인이 누구인지 등을 알아야 한다. (16)은 '직시'의 세 가지 기본 유형을 포함하고 있다. 즉, '나, 너'의 '인칭 직시(person deixis)', '같은 시간, 내일'의 '시간 직시(time deixis)', '여기, 이 문에서'의 '장소 직시(place deixis)'가 그것이다.

(17)은 시간 직시 '오늘'이 가리키는 혼돈을 희화적으로 드러내고 있다. (18)은 구조 요청 당시의 상황적 문맥 정보인 시간, 장소를 알 수 없어 구조에 도움이 될 수 없다. 이들 사례는 직시적 정보의 중요성을 잘 드러낸 것이라 하겠다.

(17) (우유 배달원에게 남겨진 쪽지) "오늘 우유를 배달하지 마세요. 내가
오늘이라고 말할 때, 내가 뜻하는 바는 내일입니다. 왜냐하면 내가
이 쪽지를 어제 썼기 때문입니다 … 아니면 오늘입니까?"

(18) 어떤 사람이 바닷가를 산책하다가 파도에 밀려온 병을 주웠는데, 그
속에 다음과 같은 내용의 쪽지가 들어 있었다. "이 섬에 6개월간 갇혀
있습니다. 저를 구해 주세요."

직시 표현과 관련하여 '지시사(demonstrative)' '이 · 그 · 저'의 기능에 대해서 살펴보기로 한다. '이 · 그 · 저'의 분포는 (19)와 같다.

(19) a. 〈장소〉: {이 · 그 · 저}곳, {여 · 거 · 저}기
b. 〈방향〉: {이 · 그 · 저}리/쪽
c. 〈시간〉: {이 · 그 · 저/접}때
d. 〈사람〉: {이 · 그 · 저}이/분
e. 〈사물〉: {이 · 그 · 저}것

(19)에서 보듯이 '이·그·저'의 기능은 장소, 방향, 시간, 사람, 그리고 사물을 두루 지시한다. 발화 맥락에서 '이'는 화자에 가까운 장면, '그'는 청자에 가까운 장면을 가리키는 반면, '저'는 화자와 청자에게 먼 장면을 지시한다. 곧 (20)에서 보듯이, '이'는 화자에게, '그'는 청자에게 가까운 '근칭(proximal)'이다. 그 반면, '저'는 화자와 청자 모두에게 떨어진 '원칭(distal)'을 나타내는데, 이 경우 '저'는 화자와 청자의 가시저인 장면임을 진제로 한다./

(20) a. 이 책을 보아라.
　　b. 그 책을 보아라.
　　c. 저 책을 보아라.

근칭으로서 '이·그'의 용법을 장소, 방향, 사물의 지시에서 보면 다음과 같다.

(21) 〈장소〉 (갑과 을이 전화 통화를 하고 있음)
　　갑: {여기·이곳}은 눈이 많이 왔어! {거기·그곳}은 어때?
　　을: {여기·이곳}은 비가 왔어. {거기·그곳}은 정말 겨울답겠구나!

(22) 〈방향〉 (갑과 을이 마주 보고 있음)
　　갑: 너 {이리·이쪽으로} 좀 오겠니?
　　을: 그래, 내가 {그리·그쪽으로} 갈게.

(23) 〈사물〉 (을이 읽고 있는 책을 갑이 가리킴)

7　영어의 지시사는 근칭인 'this'와 원칭인 'that'의 2원체계인 반면, 스페인어와 팡가시난어는 한국어의 지시사와 마찬가지로 3원체계이다. 스페인어는 'este(화자 근칭), ese(청자 근칭), aquel(화청자 원칭)'이며(Saeed 2016: 191 참조), 필리핀 북부 오스트로네시아어족의 '팡가시난어(Pangasinan)'는 '(i)yá(화자 근칭), (i)tán (청자 근칭), (i)mán(화청자 원칭)'이다(Diessel 1999: 39 참조).

갑: {그게 · 그것}은 무슨 책이냐?

을: {이건 · 이것은} 백석 시집이야.

(21)-(23)의 장소, 방향, 사물의 지시 표현에서 '이'는 화자에 가까운 표지이며, '그'는 청자에 가까운 표지임을 알 수 있다. 이 경우 화자와 청자의 역할이 바뀜에 따라 '이'와 '그'의 지시 대상도 자동 변환된다.

한편, 시간과 사람을 지시하는 경우, '이'와 '그'의 근칭 기능이 잘 드러나지 않는다.

(24) 〈시간〉 (혹부리 영감님이 노래를 부르기 시작함)

{이때 · 그때 · *접때} 도깨비들이 나타났다.

(25) 〈사람〉 (갑이 을에게 김 부장을 소개함)

갑: 이분은 김 부장일세.

을: (김 부장과 헤어진 뒤) {*이분 · 그분}이 누구지?

갑: {*이분 · 그분}은 김 부장일세.

(24)-(25)의 '이'와 '그'는 (21)-(23)과 성격이 다르다. 곧 이들 발화 문맥에서 시간과 사람의 지시는 화자 근칭과 청자 근칭의 대립 기능이 발휘되는 것이 아니라, '그때' 및 '그분'은 선행 장면의 대용 기능을 수행한다.

3. 발화 행위

발화 행위의 기본 개념, 분류를 중심으로 발화 행위의 성격에 대해서 살펴보기로 한다.

3.1. 발화 행위의 기본 개념

'발화 행위(speech act)' 또는 '화행(話行)'은 발화가 어떤 행위를 수행하는 것을 말한다. 예를 들어, "뒤로 돌아 가!"라는 장교의 구령은 병사들을 뒤로 돌아가게 하는 효력을 발생시키며, "피고에게 3년 형을 선고합니다."라는 판사의 선고는 죄인을 감옥에 감금하는 효력을 발휘한다. 아래에서 발화 행위의 분류와 적절성 조건에 대해서 기술하기로 한다.

3.1.1. 발화 행위의 이분법과 삼분법

발화가 물리적 행위와 유사한 효력을 갖는 데 대한 관심이 철학 및 언어 탐구에서 전개되었는데, 이들 중 가장 대표적인 것이 오스틴(Austin, 1962)과 제자들이 내놓은 '발화 행위 이론'이다.[8]

먼저, 발화 행위 이론의 이분법에 따르면 발화는 수행 발화와 사실진술 발화로 대별된다. 그중 '수행 발화(performative utterance)'란 약속, 이름 붙이기, 내기, 경고, 사죄 등 행위에 관한 발화이며, '사실진술 발화(constative utterance)'란 사물의 내용에 대한 참과 거짓을 진술하는 발화이다. (26)과 같은 수행 발화는 요청이나 약속에 관련된 것으로서 그 결과는 저절하거나 부적절한 것이 되며, (27)과 같은 사실진술 발화는 사실의 기술에 관련된 것으로서 그 결과는 참이나 거짓이 된다.

(26) a. 문을 닫아라.

　　 b. 그 사람을 채용하겠다.

8　오스틴(Austin 1962)의 *How to Do Things with Words*는 옥스퍼드대학과 하버드 대학에서 'The William James Lecture'라는 이름 아래 준비된 강의안인데, 그가 죽은 뒤 제자 우름슨(J. O. Urmson)이 편집한 것이다. 이 책은 모두 12장으로 되어 있으며, 제목에 나타나 있듯이 '어떤 일을 행하는 것'으로서의 '수행 발화 (performative utterance)'를 탐구하는 데 초점을 두고 있다.

(27) a. 문이 닫혀 있다.

　　　b. 그 사람을 채용했다.

　이와 같이 발화를 이분법으로 구분할 경우 다음과 같은 문제점이 나타난다. 즉, 수행 발화뿐만 아니라 사실진술 발화도 경우에 따라서는 경고, 추측 등의 행위를 나타내는데, "기차가 온다."라는 발화는 사실의 진술일 뿐만 아니라 그 자체가 경고를 나타내기도 한다. 또한, 사실진술 발화의 결과가 반드시 참과 거짓으로 나타나는 것도 아닌데, "한국산 석유는 질이 좋다."는 한국에 석유가 나지 않으므로 참과 거짓의 문제가 아니라 부적절한 것이 된다.

　이로써 발화의 이분법이 폐기되고 다음과 같은 삼분법이 타당성을 얻게 되었다. 첫째, '표현 행위(locutional act)'는 언어의 문법 규칙에 따른 발화를 단순히 산출하는 행위이다. 이것은 표현 행위가 포함하고 있는 특정한 단어와 구조에 의해 표현되는 발화의 글자 그대로 의미이다. 둘째, '표현내적 행위(illocutional act)'는 표현 행위 안에서 수행되는 발화의 효력을 말한다. 셋째, '표현달성 행위(perlocutional act)'는 표현내적 행위의 효력이 달성된 결과를 뜻한다.

　예를 들어, 방문객을 향해 "문이 열려 있습니다."라고 하게 될 때 이 발화는 문이 열려 있다는 의미의 '표현 행위', 문을 닫으라는 경고나 요청의 '표현내적 행위', 방문객이 문을 닫게 되는 '표현달성 행위'에 관한 세 가지 발화 행위가 성립된다.

3.1.2. 적정 조건

　발화 행위가 적절하게 수행되기 위해서 충족되어야 할 조건이 있는데, 이것을 '적정 조건(felicity condition)' 또는 '행복 조건(happiness condition)'이라고 한다. 이 조건은 화자나 청자 그리고 화청자 모두가 이해해야 하는 일종의 언어적 의사소통의 조건들이다. 설(Searle, 1969)은 이에 대한 다음 세 가지 조건을 제시한 바 있다.

첫째, '예비 조건(preparatory condition)'은 발화 행위를 수행하기 위하여 선행되어야 할 조건으로서, 이 조건이 충족되지 않은 화행은 '불발된다 (misfired)'라고 한다. 예를 들어, '선언하기'의 예비 조건은 화자가 그 행위에 걸맞은 권위를 가지고 있어야 하며 그 행위에 적정한 환경이 마련되어야 한다.

둘째, '성실성 조건(sincerity condition)'은 회행을 수행하기 위해 화자가 가져야 할 적절한 신념이나 감정을 가리키며, 이 조건이 충족되지 않은 화행은 '남용된다(abused)'라고 한다. 예를 들어, '감사하기'의 성실성 조건은 화자가 감사하는 마음을 가지고 있어야 한다.

셋째, '필수 조건(essential condition)'은 화자가 화행을 수행하도록 강제하는 것이며, 이 조건이 충족되지 않으면 그 화행은 수행되지 못한다. 예를 들어, '질문하기'의 필수 조건을 보면, 화자는 자신의 발화가 청자로부터 적절한 대답을 이끌어 내려는 시도임을 의도해야 한다.

그러면, '약속'의 경우에 대해 세 가지 조건을 보기로 한다. 예비 조건으로서 화자는 약속된 사태가 정상적인 사건 과정 중에서는 발생하지 않을 것이라고 믿을 만한 이유가 있어야 하며, 청자는 약속된 행위의 성취를 좋아해야 한다. 성실성 조건으로서 화자는 성실히 수행할 의도로서 약속을 해야 한다. 필수 조건으로서 화자는 스스로 약속의 행위를 수행하는 의무 아래 놓이도록 해야 한다.

3.2. 발화 행위 분류

발화 행위의 두 유형인 직접 및 간접 발화 행위에 대해서 기술하기로 한다.

3.2.1. 직접 발화 행위

'직접 발화 행위(direct speech act)'는 발화의 언어 형태와 그 의사소통적 기능 사이의 직접적, 명시적 관계를 가리킨다. 즉, 발화 형태는 화자가 전달하는 의미와 일치한다. 이것은 (28)과 같이 '경고하다', '약속하다', '초대하다'와 같은 말하기 동사에 의해 실현된다.

(28) a. 과장은 과원들에게 지각하지 말라고 경고했다.
　　 b. 다시는 늦지 않을 것을 약속합니다.
　　 c. 너를 생일잔치에 초대한다.

발화 행위는 다음과 같은 5가지 유형으로 분류된다.

첫째, '단정 행위(assertive)'는 화자로 하여금 표현된 명제가 참이라는 것에 대하여 의무를 지우는 발화 행위이다. 단정, 주장, 결론, 보고, 진술 등이 이에 해당한다. (29)의 행위는 진술하기이다.

(29) 그는 나의 적이다.

둘째, '지시 행위(directive)'는 화자가 청자로 하여금 어떤 것을 하게 만들려고 시도하는 발화 행위이다. 명령, 지시, 요구, 경고 등이 이에 해당한다. (30)의 행위는 요구하기이다.

(30) 학생들은 선생님께 한 번 더 기회를 달라고 간청했다.

셋째, '언명 행위(commissive)'는 화자로 하여금 미래에 어떤 행위를 수행하도록 약속 또는 언명하는 발화 행위이다. 제안, 맹세, 약속, 거절, 위협 등이 이에 해당한다. (31)의 행위는 맹세하기이다.

(31) 나는 자랑스러운 태극기 앞에 자유롭고 정의로운 대한민국의 무궁한 영광을 위하여 충성을 다할 것을 굳게 다짐합니다.

넷째, '표출 행위(expressive)'는 화자가 어떤 것에 관하여 감정이나 태도를 표현하는 발화 행위이다. 사과, 비난, 축하, 칭찬, 감사 등이 이에 해당한다. (32)의 행위는 감사하기이다.

(32) 엄마 아빠! 잘 키워 주셔서 고맙습니다.

다섯째, '선언 행위(declarative)'는 이 세계에서 어떤 종류의 변화를 유발하는 발화 행위이다. 임명, 명령, 선언, 지명, 해고 등이 이에 해당한다. (33)의 행위는 선언하기이다.

(33) 이에 이 주례는 이 혼인이 원만하게 이루어진 것을 여러분 앞에 엄숙히 선언합니다.

3.2.2. 간접 발화 행위

'간접 발화 행위(indirect speech act)'는 발화의 언어 형태와 그 의사소통적 기능 사이의 암시적, 잠재적 관계를 가리킨다. 즉, 언어의 형태와 다른 기능을 수행한다.

먼저, '간접 발화 행위'의 세 가지 양상을 보면 다음과 같다.

첫째, (34)와 같이 평서형이 명령의 기능을 수행한다.

(34) a. 운동장에 놀고 있는 어린이들은 교실로 **들어옵니다**.
     b. 내일까지 숙제해 **옵니다**.
     c. 훈련병, 동작 신속하게 **합니다**.

(34)는 평서형으로서 상황을 서술하거나 묘사하는 형식이지만, 명령의 기능을 수행한다. 즉, (34a)는 교내 방송으로 교사가 초등학교 운동장에서 놀고

있는 어린이들에게 교실로 들어오라는 명령이며, (34b)는 교사가 학생들에게 숙제를 해 오라는 지시이며, (34c)는 훈련병에게 '동작을 신속하게 하라.'라는 명령이다.

둘째, (35)와 같이 약속형이 명령이나 요청의 기능을 수행한다.

> (35) a. (치과 의사가 환자에게) 입 좀 크게 **벌리실게요**
> b. (간호사가 환자에게) 여기 침대에 **누우실게요**
> c. (미용사가 보조원에게) 3번 손님 먼저 **도와드리실게요**

'-(으)ㄹ게'는 약속형으로서 서술하는 형식이지만, (35)의 '-(으)실게요' 형은 명령 또는 요청의 기능을 수행한다. 즉, (35a)는 치과 의사가 환자에게 "입 좀 크게 벌리세요.", (35b)는 간호사가 환자에게 "침대에 누우세요.", (35c)는 수석 미용사가 보조원에게 "3번 손님 먼저 도와 드려라."라는 명령 또는 요청이다.

셋째, (36)과 같이 의문형이 명령이나 요청의 기능을 수행한다.

> (36) a. 공부는 안 하고 잠만 **자니?**
> b. 교실에서 **떠들면 되겠니?**
> c. 돈 가진 것 **있니?**

(36)은 의문형으로서 질문하는 형식이지만, 명령이나 요청의 기능을 수행한다. 즉, (36a)는 '잠만 자지 말고 공부해라.', (36b)는 '떠들지 마라.', (36c)는 '돈 빌려 다오.'라는 명령 또는 요청이다.

그러면, 직접 발화 행위 대신에 간접 발화 행위를 하게 되는 까닭은 무엇인가? 이것은 다음 두 가지 측면으로 설명될 수 있다. 첫째, 청자에 대한 화자의 배려라 하겠다. 화자가 직접적인 의문문이나 명령문을 사용하게 되면, 청자는 그에 대한 대답이나 행위를 수행해야 하는 부담을 안게 되는데, 평서형·약속형·의문형에 의한 간접 발화 행위는 청자 측에 부담을 줄여 준다. 둘째, 화자 자신에 대한 배려이다. 명령문을 사용하여 어떤 명령이나 요청을 했는데도 그에 대한 청자의 반응이 불성실하거나 청자가 거절하게 될 경우 화자 스스로 위신이나 체면에 손상을 입게 된다. 따라서 간접 발화 행위는 청자뿐만 아니라 화자에게 부담을 줄여 주는 이점이 있다.

요컨대 간접 발화 행위는 하나의 발화가 둘 이상의 표현내적 수행력을 갖는 것으로서, 대화 참여자에 대한 상호 배려의 효과를 갖는다.

4. 함축

대화적 함축, 대화적 격률, 적합성 이론을 중심으로 함축에 대해서 살펴보기로 한다.

4.1. 대화적 함축[9]

'함축(implicature)'은 한 쌍의 발화에서 형성되는 의미 관계로, 선행 발화에 후행 발화의 의미가 함축된 것이다. 선행 발화의 암시적 의미가 후행 발화, 즉 함축이다. 따라서 함축은 선행 발화를 언급하면서 후행 발화를 의미하는 두 발화 간의 관계이다. 예를 들어, (37b)는 (37a)의 함축이다.

(37) a. 머리가 너무 길지 않니?
　　 b. 머리를 잘라야 한다.

9　'대화적 함축' 이론은 그라이스(Grice, 1913~1988)에 의해 1960년대 후반의 일련의 강의에서 개발되었으며, 그 뒤 철학, 언어학, 인지과학에서 매우 큰 영향을 미쳤다. 그라이스는 1940년대와 1950년대 오스틴(Austin, 1911~1960)의 공동 연구자로서, 영국의 언어 철학자이며 '화용론의 아버지'로 불린다.

함축은 화자와 청자가 의사소통 과정에서 동의하는 어떤 것을 직접적으로 말하지 않고 그것을 시사하는 암시의 과정에서 일어난다. 함축에는 다음과 같은 두 종류가 있다.

첫째, '관습적 함축(conventional implicature)'은 앞 문장에서 전언이 명시적으로 표현되는 함축이다. 관습적 함축은 화맥과 무관하게 만들어지며, 담화 표지와 관계가 있다.

예를 들어, '-고'에 대한 (38a)는 정적인 정보를 결합할 때 추가의 관습적 함축을 지니며, (38b)는 동적인 정보를 결합할 때 연속적 발생의 관습적 함축을 지닌다.

(38) a. 그녀는 예쁘고 친절하다.
　　 b. 그녀는 책을 펴고 공부를 했다.

또한, (39a)의 '-지만'은 기대 부정의 관습적 함축을 지니는데, 열심히 공부하면 합격할 것으로 기대되기 때문이다. 대조적으로 (39b)의 '-어서'는 인과의 관습적 함축을 지닌다.

(39) a. 그는 열심히 공부했지만, 시험에 떨어졌다.
　　 b. 그는 열심히 공부해서, 시험에 합격했다.

둘째, '대화적 함축(conversational implicature)'은 앞 문장에서 전언이 암시적으로 표현되는 함축이다. 대화적 함축은 특정한 화맥에서 발생한다. 예를 들어, (40) 및 (41)에서 B의 대답은 A의 질문과 직접적인 관련성이 없지만, 함축된 의미가 그 대답이다.

(40) A : 일요일에 등산 가지 않을래?
　　 B : 과제물이 있어.

(41) A : 그녀를 압니까?

　　B : 본 적도 들은 적도 만난 적도 통화한 적도 없습니다.

즉, (40)에서 B는 일요일에 등산을 가지 않겠다는 것을 함축한다. 왜냐하면 그는 작성해야 할 과제물이 있기 때문이다. (41)에서 B는 그녀를 모른다는 것을 함축하는데, 본 적도 들은 적도 만난 적도 통화한 적도 없기 때문이다. (40)의 B에서 "과제물이 있어."는 그 자체로 '나는 일요일에 등산을 가지 않겠다.'라는 정보를 전달할 수 없지만, 대화의 화맥에서 그 정보가 발현된다. 따라서 원활한 의사소통을 위해서는 대화적 함축의 이해가 필수적이다.

4.2. 대화적 격률

대화는 화자와 청자가 함께 이루어 내는 협력의 과정이다. 화자의 발화에는 수많은 함축적 정보가 담겨 있는데, 원활한 의사소통을 위해서는 청자가 이 함축적 정보를 성공적으로 처리해 내어야 한다. 협력 원리, 격률 위반에 대해서 기술하기로 한다.

4.2.1. 협력 원리

그라이스(Grice, 1975)는 인간이 본질적으로 서로에게 도움이 되기 때문에 효과적으로 의사소통을 한다고 보고 이 과정을 '협력 원리(cooperative principle)'로 설명하였다. 협력 원리는 참여자들이 대화를 가능한 한 가장 효율적으로 관리하기 위해 협력하는 원리이다. 협력의 원리는 "당신이 참여하고 있는 대화의 각 진행 단계에서 대화의 목적이나 방향에 의해 요구되는 만큼 기여하라."라는 일반 원리 아래 다음과 같은 네 가지 '격률(maxim)'로 이루어져 있다.

첫째, '질의 격률(maxim of quality)'은 대화 참여자가 진실한 기여를 하려고 노력하라는 것으로,[10] 특히 (42)와 같이 거짓이라고 믿는 것이나 (43)과 같이 충분한 증거가 없는 것을 말하지 말라는 것이다.

> (42) A : 체중이 얼마니?
> B : 불면 날아갈 정도입니다.

> (43) A : 그 사람 성격이 어떻지?
> B : 키가 큰 걸 보니 싱거울 거예요.

둘째, '양의 격률(maxim of quantity)'은 현재의 대화 목적에 필요한 만큼의 정보를 제공하라는 것으로, (44)와 같이 과소 정보나 (45)와 같이 과잉 정보를 피하라는 것이다.[11]

> (44) A : 그 사람 어때?
> B : 좋은 사람이야.

> (45) A : 지금 몇 시쯤 됐지?
> B : 11시 11분 11초를 막 지나가고 있습니다.

셋째, '관련성의 격률(maxim of relation)'은 대화의 내용이 해당 주제에 관련되도록 하라는 것인데, (46)의 부부 간 대화에서 남편의 대화는 관련성의 격률에 충실하지 못하다.

> (46) 아내: 여보, 구경 잘하고 왔어요?
> 남편: 아, 피곤해.

---

10 "죽도록 공부해도 죽지 않는다, 라는 / 학원 광고를 붙이고 달려가는 시내버스 / 죽도록 굶으면 죽고 죽도록 사랑해도 죽는데, / 죽도록 공부하면 정말 죽지 않을 까"(이영광의 '죽도록'에서)의 '죽도록 공부해도 죽지 않는다.'는 질의 격률에 어긋난다.

11 양의 격률을 계층구조에서 보면 기본층위에 해당한다.

넷째, '방식의 격률(maxim of manner)'은 대화의 형식과 내용을 명료하게 하라는 것으로, 특히 불투명성·중의성·장황함을 피하고 순서를 지키라는 것이다. (47)은 눈물을 흘리는 주체가 선수인지 감독인지 중의적이므로 방식의 격률에 어긋난다.

(47) 골을 넣은 선수는 눈물을 흘리며 감격하는 감독의 품에 안겼습니다.

이상에서 살펴본 격률은 문법적 규칙과 달리 훨씬 더 유연한 일종의 지침과 유사하다. 문법 규칙을 어기면 비적형의 발화를 초래하지만, 격률은 창조적으로 위반되기도 하며 격률 간에 마찰을 일으키기도 하는 반면, 가능한 한 준수될 수 있다. 협력의 원칙은 언어적 상황에서뿐만 아니라 협력적 활동을 지배한다. 예를 들어, 목공소에서 직원 A가 직원 B에게 끌 하나를 전달해 달라고 요청하는 상황에서, 톱을 주지 않고('질의 격률'), 끌 두 개를 주지 않고('양의 격률'), 아무것도 요청하지 않거나 아무것도 필요 없어 보일 때 톱을 주지 않으며('관련성의 격률'), 수수께끼로 끌의 위치를 가리키지 않는다('방식의 격률')(Cruse 2011: 420 참조).

4.2.2. 격률 위반

'격률 위반(maxim-flouting)'은 화자가 의도적으로 격률을 위반하는 것으로, 그 결과 함축이 생성된다. 격률 위반을 통한 함축이 발생하는 과정을 보기로 한다. 이 경우, 격률이 위반되고 있다는 것이 청자에게 명확하며, 화자가 격률이 위반되고 있음을 알리려는 의도가 청자에게 명확하며, 화자가 드러내지 않고 격률을 정교하게 위반하게 된다. 더불어 청자는 발화가 표면상 가치로 받아들여져서는 안 되며 어떤 다른 종류의 부가적인 처리가 이루어진다는 신호로 받아들여지게 된다. 격률 위반의 네 가지 경우를 보면 다음과 같다.

첫째, 질의 격률 위반이다. (48) 및 (49)는 글자 그대로의 차원에서 보면 참이 아닐 뿐 아니라 퍽 기이한 표현으로서 질의 격률을 어긴 것이라 하겠다. 그렇지만, 이들 표현은 결코 청자를 속이는 것이 아니며 실제로 부가적인 해석 과정을 통해 그 함축을 읽어 낼 수 있다. 즉, (48)의 '돈가스'는 환유적 해석 과정을 통해 '돈가스를 주문한 사람'이며, 그 전언은 '커피'를 돈가스와 함께 원한다는 것이다. 또한, (49)의 '미련곰탱이'는 은유적 해석 과정을 통해 '곰같이 미련한 사람'을 함축한다.

(48) 창문 옆의 돈가스는 커피도 함께 원한다.

(49) 나는 더 이상 저 미련곰탱이와 결혼 생활을 유지할 수 없다.

둘째, 양의 격률 위반이다. (50)은 글자 그대로의 차원에서 보면 '동어반복(tautology)'에 의한 항진명제라는 점에서 양의 격률을 어긴 것이다. 그러나 이들 표현은 글자 그대로의 의미를 넘어서 함축의 추가적인 의미를 지닌다. 즉, (50a)에서 전달되는 함축은 사업에서 중요한 것은 우정이 아니라, 재정적 또는 상업적 고려 사항들이라는 것이다. (50b)는 산후조리를 시댁에 와서 하라는 시어머니의 연락을 받은 상황에서, 며느리가 남편에게 "시댁은 시댁이지요."라고 할 경우, '아무리 시어머니가 잘 해 줘도 시댁은 불편하다.'라는 의미가 함축되어 있다.[12]

(50) a. 사업은 사업이다.
     b. 시댁은 시댁이지요.

또한, (51) B의 대답은 정보의 양이 필요 이상으로 제시되었는데, 화자는

---

[12] "전쟁은 전쟁이다."는 항진명제이지만, 대화의 함축에 의해 '전쟁에서는 항상 무시무시한 일들이 발생하는 것은 당연하므로 특별한 재난에 대해 슬퍼해도 소용없다.'라는 의미를 갖는다(Levinson 1983: 111 참조).

'그 친구'의 드러내기 곤란한 정보를 노출하려는 의미가 함축되어 있다.

(51) A : 그 친구 이번 모임에 안 나왔지요?

B : 예. 그런데 그 사실을 가족에게는 말하지 마세요.

셋째, 관련성의 격률 위반이다. (52)는 동문서답이 되있지만, B의 의도적인 격률 위반에는 회사 형편이 좋지 않다거나 이와 관련된 대화를 하고 싶지 않다는 의미가 함축되어 있다.

(52) A : 요즘, 회사 형편이 어떻습니까?

B : 날씨 한번 좋습니다.

넷째, 방식의 격률 위반이다. (53)에서 B의 대답은 불투명하고 장황하다. 이 의도적인 격률 위반에는 주식 상황이 부정적이라는 의미가 함축되어 있다.

(53) A : 요즈음 주식 시황이 어떻습니까?

B : 뭐라고 말해야 될까요? 요즈음 날씨를 보더라도 흐렸다가도 개고 쾌청하다가도 갑자기 소나기가 내리잖습니까? 조금해 히기나 싱급한 결정을 내리는 우를 범해서야 되겠습니까? 아무튼 좋은 질문입니다.

요컨대 일상 대화에서 화자와 청자는 협력의 원리가 준수될 것이라는 믿음을 공유하고 있다. 그러한 믿음의 연장선상에서, 화자가 의도적으로 협력의 원리를 깨뜨림으로써 청자에게 함축된 의미를 추론하도록 하는 것이 '대화적 함축'이다.

4.3. 적합성 이론

'적합성 이론(relevance theory)'은 스페르버 & 윌슨(Sperber and Wilson 1986/1995, 2002)에 의해서 개발된 화용론의 중요한 이론이다. 이 원리는 발화에 대해 화자가 의도하는 방식을, 그리고 청자가 해석하는 방식을 결정하는 인지 원리이다.

적합성 이론에서 '적합성 원리(relevance principle)'는 "모든 발화는 그 자체에서 최적의 적합성이라는 가정을 전달한다(Sperber and Wilson 1986/1995: 158)."라는 원리이다. 이것이 의미하는 바는 화자가 바로 그 말하기 행위에 의해서 그 단어들의 적합성을 나타낸다는 것이다. 즉, 화자가 어떤 것을 청자에게 말할 때, 그 발화가 그 상황에 가장 적합하며, 청자의 주의를 보장하기에 충분할 정도로 적합한 선택이었음을 암시한다는 것이다.

발화에 대한 청자의 해석을 지배하는 원리는 다음과 같은 2단계의 '이해 절차(comprehension procedure)'에 의해 기술된다(Sperber and Wilson 2002: 18 참조).

> (54) a. 인지 효과를 계산할 때 최소 노력의 경로를 따라가라. 특히, 해석의 가설들(해체, 지시 해결, 함축 등)을 접근 가능성의 순서로 검증하라.
> b. 당신의 적합성에 대한 기대가 충족될 때 멈춰라.

이해 절차가 발화에 대한 문맥적 해석을 설명하는 방식의 한 예를 살펴보기로 한다.

> (55) 주민 A: 우리는 이장님이 주민의 뜻에 따라 풍력발전소 유치 반대를 군수님이 지원하는 풍력발전소 유치 위원회에서 주장할 것이라고 믿을 수 있는가?

주민 B: 우리 이장님은 진짜 사나이이다!

(55)에서 '진짜 사나이'에 대한 접근 가능성의 차이가 (56)에서처럼 주민
B의 발화에 대해 다양한 함축을 유발한다.

(56) a. 이장님은 자기 의무에 헌신적이디.
　　 b. 이장님은 기꺼이 명령에 따른다.
　　 c. 이장님은 힘이 세다.
　　 d. 이장님은 전우들의 목표와 일체감을 갖는다.
　　 e. 이장님은 명예를 존중한다.
　　 f. 이장님은 애국자이다.
　　 g. 이장님은 해병대의 한 구성원이다.

적합성 이론의 이해 절차를 따라서 주민 B는 (56)의 함축을 접근 가능성의
순서대로 생각하며, (56d)에서 그의 적합성 기대를 충족시키는 해석에 도달하
고, 거기에서 멈추게 된다(Sperber and Wilson 2002: 19-20 참조).

요컨대 적합성 이론에 따르면 발화의 생산과 이해는 주어진 상황에서 한
단어가 가지는 의미 중 가장 적합한 면들을 선택하는 보편적 이해 질자의 결
과로 설명된다. 문자적 의미와 비문자적 의미의 구분이 존재하지 않고, 한 단
어에 의해 활성화되는 의미들은 그 단어가 발화되는 특정 문맥에 크게 의존한
다.

5. 마무리

이 장에서는 발화의 의미를 중심으로 발화 의미의 이해, 발화 행위, 함축에
대하여 살펴보았다. 그 주요 내용에 따라 마무리하기로 한다.

첫째, 화용론은 화자와 청자에 대한 언어적 발화의 의미, 곧 발화가 사용자와 해석자에 대하여 갖는 의미 연구의 분야이다. 화맥은 발화가 실현되는 맥락으로서 그 요소에는 화자와 청자, 장면과 시점, 발화의 흐름 등이 있다.

둘째, 장면의 개념화에서 초점화는 전경과 배경으로 이루어진 장면에서 현저한 요소에 초점을 부여하는 것을 말한다. 주어는 전경으로서 초점을 받기 쉬우며, 사건에서 환유적 인지 원리에 따라 초점이 부여된다. 직시 표현은 장소와 시간 속에서 화자의 위치와 관련하여 해석되는 언어 형태이며, 직시소는 화자의 관점과 관련된 언어 형태를 사용하여 언어의 인칭, 공간, 시간 차원들을 부호화하는 기제이다.

셋째, 발화 행위는 발화가 어떤 행위를 수행하는 것을 말한다. 발화 행위는 표현 · 표현내적 · 표현달성 행위로 나뉜다. 적정 조건은 발화 행위가 적절하게 수행되기 위해서 충족되어야 할 조건이다. 또한, 발화 행위는 직 · 간접 발화 행위로 나뉘는데, 간접 발화 행위는 언어의 형태와 다른 기능을 수행하는 것으로, 대화 참여자에 대한 상호 배려의 효과를 가진다. 함축은 선행 발화의 암시적 의미로서, 선행 발화를 언급하면서 후행 발화를 의미하는 두 발화 간의 관계이며, 명시적 · 암시적 함축으로 나뉜다. 대화적 격률에는 성공적인 대화를 위한 협력의 원리와 그 원리를 깨뜨리는 격률 위반이 있는데, 화자가 의도적으로 협력의 원리를 깨뜨림으로써 청자에게 함축된 의미를 추론하도록 하는 것이 '대화적 함축'이다. 적합성 원리는 발화에 대해 화자가 의도하는 방식을, 그리고 청자가 해석하는 방식을 결정하는 인지 원리이다.

제16장
문화의 의미

1. 들머리

　이 장은 의미 작용의 배경 구실을 하는 문화의 의미를 이해하는 데 목적이 있다. '언어·인간·문화'의 세 축은 의미를 형성하고 해석하는 데 불가분의 관계를 맺고 있다. 이 세상에 대한 우리의 이해와 소통은 언어, 특히 언어의 의미 해석으로 이루어진다. 언어의 의미는 언어 자체에 내재해 있는 의미값이나 객관적인 세계에 대한 지식을 단순히 복제하는 것이 아니라, 종 특유의 몸과 마음을 가진 사람, 그리고 문화 공동체의 여러 요인이 만들어 내는 의미 작용과 밀접한 관련을 맺고 있다. 이 장에서는 문화와 관련된 다음 세 가지 사항에 대해서 다룬다.

　첫째, 문화 의미의 성격과 양상에 대해서이다. 언어와 문화의 상관성, 문화 모형과 민간 모형, 문화유산과 언어문화, 남북한 어휘 이질화를 살펴본다. 이를 통해 언어의 의미와 문화는 긴밀한 상관관계가 있음을 알 수 있다. 즉, 언어를 통해 그 공동체의 문화를 이해할 수 있으며, 언어가 소멸하면 그 속에 담겨 있는 문화도 사라진다.

　둘째, 의미 유형론의 성격과 양상에 대해서이다. 의미 유형론의 정의를 기술하고, 의미 유형론의 양상인 신체 부위 용어, 색채 용어, 이동 동사의 어휘화에 대해 살펴본다.

셋째, 의미의 문화적 변이의 성격과 양상에 대해서이다. 언어 상대성과 보편성 견해를 탐색하고 의미 변이의 전형적 양상인 의미 습득, '화'의 문화 모형, 동서양의 범주화 방식에 대해 살펴본다.

2. 문화 의미의 성격과 양상

언어와 문화의 상관성, 문화 모형과 민간 모형, 문화유산과 언어문화, 남북한 어휘 이질화를 중심으로 문화 의미의 성격과 양상에 대해서 살펴보기로 한다.

2.1. 언어와 문화의 상관성

언어와 문화는 '공생 관계(symbiotic relationship)'를 형성하고 있다. 언어와 문화는 서로 긴밀한 영향을 주고받는데, 그 상관성을 보면 다음과 같다.

먼저, 언어는 문화의 주요한 부분이다. 이것은 언어가 거의 모든 유형의 문화를 표현하는 수단이기 때문이다. 따라서 언어는 집단의 정체성을 형성하는 데 가장 중요한 요소가 된다. 만약 한 집단 특유의 언어가 사라지면 그 집단의 문화를 표현하는 통로는 차단되고, 그 집단의 정체성은 심각히 훼손되어 마침내 사라져 버린다. 실제로 오늘날 수많은 소수 민족의 언어가 절멸 위기에 놓여 있고 그 문화도 같은 운명을 겪고 있다.[1]

또한, 문화는 언어를 이루는 배경 요소이다. 이것은 언어가 진공상태에 있

---

[1] 유네스코의 조사에 따르면 지구상에는 7,100개의 언어가 사용되고 있으며, 2주 만에 평균 1개 언어가 소멸됨으로써 50% 이상의 언어가 사라질 위기에 놓여 있다. 또한, 이들 가운데 96%는 전 세계 인구의 4%가 사용하는 소수 언어이며, 90%는 인터넷에서 사용되지 않는다.

는 것이 아니라, 공동체의 문화를 바탕으로 자연스럽게 그 구조와 의미가 영향을 입는 것을 뜻한다. 그 결과 문화적 개념은 언어에 녹아 있기 마련이며, 개별 언어의 어휘 및 문법적 구조 속에는 문화적으로 특징적인 요소들이 포함되어 있다. 이 경우 문법적 구조는 그 영향이 한층 더 크다고 하겠다.

언어, 특히 방언과 문화의 상관성에 관한 세 가지 사례를 들기로 한다.

첫째, 지역의 언어인 방언 속에는 그곳에 사는 이들의 삶이 투영되어 있다. 이 점을 이기갑(2013: '책머리에')은 (1)과 같이 기술하고 있다.

> (1) 숭어는 일 년 내내 서해와 남해 연안에서 잡히는 물고기다. 특히 초여름 사리 때면 해남 우수영의 울돌목 가에서 뜰채로 잡기도 하는 흔한 물고기인데, 전남 신안의 신의면에서는 크기에 따라 '쌀모치, 보릿모, 모치, 외손재비, 누렁모, 무걸모, 숭에'처럼 일곱 가지의 이름을 구별한다. … 육지라면 '숭어'(성어)와 '모쟁이'(새끼) 두 가지면 족하겠지만, 다양한 크기의 고기가 늘 잡히는 섬에서는 크기에 따른 여러 이름이 필요했던 것이다. … 이처럼 어느 지역 방언을 잘 들여다보면 그곳에 사는 이들의 삶을 엿볼 수 있다. 무엇을 먹고 사는지, 어떻게 생긴 집에 사는지, 어떤 옷을 입고, 이웃과 어떻게 교류하며 지내는지 등이 모두 그들의 말 속에 담겨 있기 때문이다.

둘째, 나비 연구가들은 새로운 나비가 나타나는 곳에, 어류 연구가들은 새로운 어종(魚種)이 나타나는 곳에 새로운 방언이 나타난다고 한다. 나비 연구가 석주명(1992: 80)은 유고(遺稿)인 "국학과 생물학" 중 '방언과 곤충'에 대해 (2)와 같이 기술한 바 있다.

> (2) 방언과 곤충 간에는 일맥상통하는 점−지방차와 개체차로 보아 공통점−이 많아서 방언을 연구하는 방법으로 곤충을 연구할 수도 있겠고 또 곤충을 연구하는 방법으로 방언을 연구할 수도 있을 것이다.

셋째, 유홍준(1997: 196)은 의문 종결어미 '-능교'의 대구방언권과 '-니껴'의 안동 방언권 간의 차이를 문화유산 답사에 동행한 지질학도의 말을 빌어서 (3)과 같이 기술한 바 있다.

> (3) '능교형' 지역에는 화강암이 많은데 '니껴형'으로 오니까 퇴적암이 많네요. 화강암은 열정과 젊음과 화려함을 상징한다면 퇴적암은 인고의 시간을 견디어낸 지고지순의 사랑 같은 것이니 안동의 고가, 영양의 모전석탑(模塼石塔) 모두 다 퇴적암과 정서를 같이 한다고 하겠네요.

(3)에서 '-능교' 형 지역에는 화강암이 많은 반면, '-니껴' 형 지역에는 퇴적암이 많으므로 두 문화권의 건축 양식이 다를 뿐 아니라, 서로 다른 토양 위에서 풍기는 정서도 다름을 흥미롭게 지적하고 있다. 실로, 뿌리를 같이 하는 한 겨레의 말이 그 놓인 시간과 공간에 따라 소리결, 어휘, 의미, 문법 등이 제각기 개성적인 모습으로 실현되는 것은 결코 우연한 일이 아니라 하겠다.

2.2. 문화 모형과 민간 모형

상호 긴밀한 관계를 맺고 있는 문화 모형과 민간 모형의 성격과 양상을 기술하기로 한다.

2.2.1. 문화 모형

한 문화 공동체가 공유하고 있는 사고방식이나 행동 양식을 '문화 모형 (cultural model)'이라고 한다. 언어의 의미와 문화 모형 간에는 긴밀한 상관성이 형성되어 있다. 먼저, 문화 모형은 한 문화의 집단적 지혜와 경험이 지식 구조를 형성한 것이다. 언어와 문화는 인지인류학과 인지언어학 분야의 공동 관심사가 되어 왔다. 즉, 인지인류학자들에게 '언어적 용법(linguistic usage)'

은 문화 모형의 재구성을 위해 가장 좋은 자료가 되며, 인지언어학자들에게 문화 모형은 '언어적 용법'을 밝히는 열쇠가 되어 준다(Quinn and Holland 1987: 24 참조).

실제로 우리의 생각과 행동 양식의 많은 부분은 일상적 삶 속에서 자연스럽게 이루어진 '문화 모형'에 바탕을 두고 있으며 언어의 의미 해석은 이 모형에 크게 의존하고 있다. 문화 모형은 종종 문화권 간의 차이점에 주목하므로 모형 간의 대조 연구가 흥미를 끌게 된다. '사회 계층'과 '아침 식사'에 대한 문화 모형의 사례를 들기로 한다.

첫째, 사회 계층에 관한 문화 모형이다. 영국인들은 '층으로 된 케이크 사회 (layer cake society)'의 심상을 가지고 있는데, 맨 위에는 생활수준이 높은 상류 층이, 중간에는 안락하게 살아가는 중산층이, 맨 아래에는 가난한 노동 계층이 자리 잡고 있다. 하나의 '층으로 된 케이크 사회'로서 영국의 문화 모형은 영국 인들의 정신세계를 지배하고 있으며, 생활양식에 반영되어 있다(Aitchison 1987/2003: 71 참조). 인도의 경우, 사회는 네 가지 계급의 '카스트'인 '브라만 -크샤트리아- 바이샤- 수드라'로 되어 있으며, 많은 인도 사람들은 카스트의 구조를 신체에 비유하여 브라만은 '머리', 수드라는 '발'로 간주하고 있다 (Kövecses 2006: 340 참조). 우리의 경우, 조선시대의 신분 계층은 '양반- 중인 -상민- 천민'으로 구분되어 있었는데, 이 문화 모형은 당대 사람들의 정신세 계와 생활양식을 규제하였다. 조선시대의 문화 모형은 대우법을 통해서 언어에 고스란히 반영되어 있다. 그러나 오늘날에는 이러한 신분 계층이 무너지고 경제적인 잣대에 의해 '부유층- 중산층- 빈곤층'으로 대치되었는데, 이것은 문화 모형이 고정된 것이 아니라 변화한다는 것을 보여 준다.

둘째, 영국과 프랑스의 '아침 식사'에 관한 문화 모형이다. 〈표 1〉에서 보듯 이 영국식은 풍성한 내용으로 구색을 갖추어 거실에서 제공되며 요금이 숙박 비에 포함된다. 대조적으로 프랑스식은 커피 한 잔과 크루아상의 다소 빈약한 내용으로 접시에 담아 침실이나 가까운 카페 또는 바에서 먹으며 별도의 요금 이 부과된다.

〈표 1〉 영국과 프랑스의 '아침 식사'

성분 \ 아침 식사	영국의 아침 식사 (English Breakfast)	프랑스의 아침 식사 (Petit Déjeuner)
내용	시리얼·우유, 차·커피, 오렌지 주스, 토스트, 버터, 마멀레이드, 베이컨, 달걀, 찐 콩, 소시지, 토마토	커피, 크루아상
장소	거실	침실, 카페, 바
요금	숙박비에 포함됨	숙박비에 포함되지 않음

이러한 차이는 식사의 기능과 적합성에 관한 서로 다른 문화 모형에서 비롯된 것이다. 곧 영국의 문화 모형에서는 아침과 저녁 식사를 중시하고 점심 식사를 가볍게 하는 반면, 프랑스의 문화 모형에서는 아침 식사를 가볍게 하고 점심과 저녁 식사를 풍성하게 차린다. 따라서 '아침 식사'라고 하더라도 '영국의 아침 식사(English Breakfast)'와 '프랑스의 아침 식사(Petit Déjeuner)'는 문화 모형에서 현저한 차이를 드러낸다(Ungerer and Schmid 1996/2006: 51-53 참조).

2.2.2. 민간 모형

'민간 모형(folk model)'은 문화 모형의 일종으로서 어떤 문화권의 언중들이 일상생활 속에서 얻은 경험과 직관을 통해 형성해 온 상식적인 세계관을 말한다.

이러한 세계관은 비공식적 관찰, 전통적 믿음, 심지어는 미신에 근거하기도 하지만, 그 속에는 언중들의 경향성, 지혜, 예측력이 누적되고 집약되어 있다. 민간 모형은 언중들이 사용하는 언어에 그 실체가 투영되어 있다. 민간 모형에 대립되는 것으로서 '전문가 모형(expert model)' 또는 '과학적 모형(scientific model)'이 있는데, 이것은 기존 학문 분야에서 실험 및 사례 분석과 논증을 통하여 검증된 객관적이며 엄격한 모형을 말한다. 민간 모형은 언어 및 문화 공동체의 일상적이고 평범한 삶과 경험에서 비롯된 것이며, 전문가 모형은 객관적이고 과학적인 절차에 따른 모형이다.

흔히 '민간 모형'이라고 하면 '전문가 모형'에 비해 부정적인 함축을 지닌 것으로 인식되어 왔다. 그러나 일상 언어에 널리 퍼져 있는 민간 모형의 가치와 잠재력은 주목할 만하다. 즉, 사람들이 이 세상의 의미를 이해하는 일, 구체적으로 어떤 사물의 본질을 설명하고 사건의 결과를 예측하는 민간 모형의 '추론(reasoning)', '유추(analogy)', '은유(metaphor)'의 기세는 전문가 모형과 상보적으로 활용될 수 있다. 언어에 투영되어 있는 민간 모형의 전형적 사례를 들면 다음과 같다.

첫째, 감정 표현의 경우를 보기로 한다. 한국어 속에는 신체 생리적 반응에 기초하여 감정을 표현하는 장치가 섬세하게 발달되어 있다. (4)는 '화'에, (5)는 '사랑'에 관한 민간 모형의 보기들이다.

(4) a. 속이 {상하다, 뒤집히다, 뒤틀리다, 꼬이다, 치밀다}.

   b. 부아가 {나다, 치밀다}.

(5) a. 눈에 콩깍지 씌다.

   b. 아내가 귀여우면 처갓집 말뚝 보고도 절한다.

   c. 나는 향기로운 님이 말소리에 귀먹고, 꽃다운 님의 얼굴에 눈멀었습니다. (한용운의 '님의 침묵'에서)

(4), (5)의 표현들은 한국어 공동체의 경험에 근거를 둔 것인데, 그 표현의 의미는 과학적으로 증명된다. 실제로 (4)의 경우, 우리는 "속상하면 속이 상한다."라는 것을 경험하며, 화가 나면 '부아', 즉 허파가 팽창하는 것을 느끼게 된다. 또한, (5)의 표현은 사랑을 하면 판단력을 잃어 눈이 먼 상태가 된다는 것인데, 최근에 이 점이 의학적으로 실증된 바 있다.[2] 이렇게 볼 때 '두려움'에

---

2   영국 런던 유니버시티 칼리지의 세미르 제키 교수가 사랑에 빠진 사람들의 뇌를 단층 촬영한 결과 비판적인 기능을 담당하는 부분의 활동이 정지된 반면, 긍정적

대한 (6)의 표현을 실마리로 해서 생리학적·의학적으로 두려울 때 간이 수축되고 체온이 낮아지는지를 검증해 볼 필요가 있다고 하겠다.

(6) a. 간이 콩알만 하다, 간이 콩알만 해지다, 간이 콩알 같다.
  b. 간이 떨리다, 간이 서늘하다.

둘째, 미각 표현의 경우 기본 미각어가 한국어 문화권에서는 (7a)와 같이 다섯 가지가 있으며 영어에는 (7b)와 같이 네 가지가 있다.

(7) a. 달다, 짜다, 시다, 쓰다, 떫다
  b. sweet, salty, sour, bitter

이와 관련하여 생리학에서는 혀의 끝에 '단맛', 앞에 '짠맛', 옆에 '신맛', 뒤에 '쓴맛'의 맛봉오리가 분포되어 있다고 할 뿐, '떫은 맛'에 대해서는 언급이 없다.[3] 그러나 한국어 문화권에서 '떫다'는 '설익은 감의 맛처럼 거세고 텁텁한 맛'으로서, 그 의미가 확장되어 '하는 짓이나 말이 덜되고 못마땅한' 경우에 사용될 만큼 삶에 밀착되어 있다. 곧 맛봉오리를 찾아낸 서양 생리학자들에게는 '떫다'라는 단어가 없으므로 그에 대응하는 맛봉오리나 미각을 탐색해 볼 계기가 마련되지 않은 것으로 보인다.[4]

인 관계 유지를 돕는 뇌하수체 호르몬인 옥시토산·바소프레신에 직접 반응하는 뇌기능이 활성화되었다. (중앙일보 2005.2.14.)

[3] 기존의 미각 분포에 대한 내용은 잘못된 것으로 밝혀졌는데, 혀의 전체에 맛봉오리가 분포하고 있으므로 혀의 부위에 관계없이 모든 맛을 감지할 수 있다고 한다 (Campbell *et al.* 2007 / 전상학 외 옮김 2008: 1109-1110 참조).

[4] 한국에서는 흔한 '모과'나 '땡감'과 같은 떫은맛의 자극원을 영국에서는 찾아보기 어려울 뿐 아니라, 영어에는 '떫다'라는 단어가 없다. 한영사전에서 '떫다'를 찾아보면 'astringent'라고 되어 있으며, 이를 영한사전에서는 '수렴성의, 엄한'으로 풀이하고 있다.

2.3. 문화유산과 언어문화

우리는 수많은 문화유산을 보유하고 있다. 한복으로 대표되는 의복문화, 김치와 된장찌개의 음식문화, 한옥과 온돌의 주거문화를 비롯하여 윷놀이나 탈춤과 같은 놀이문화, 그리고 충효에 관한 정신문화 등 그 수효를 헤아릴 수 없을 정도이다.[5] 이러한 문화유산은 그 자체로 구조와 내용을 지닌 실체이지만, 단어로서 그 지위가 보전된다. 따라서 어휘는 언어적 문화유산이며, 사전은 어휘를 담고 있는 문화유산의 보물 창고이다.

그런데 국어사전은 전통적인 생활양식으로서 문화유산을 온전히 수용하고 있지 못하다. 먼저, 방언형으로 남아 있다가 표준어에 밀려 그 의미를 잃거나 사용자들이 사라지면서 소멸 위기에 놓인 고유어가 적지 않다.

(8) 님은 님만이 님이 아니라 긔룬 것은 다 님입니다.

(한용운의 '군말'에서)

(8)의 '긔룬', 즉 '기럽다'를 사전에서는 '그립다'의 방언형으로 기술하고 있다. 그러나 고유어로서 '기럽다'는 "사람이 기럽다.", "쌀이 기럽다."에서처럼 사람과 사물을 포함하여 요긴한데 없어서 아쉽다는 의미를 지닌 것이다. 이 외에도, 홍명희의 『임꺽정』, 박경리의 『토지』, 최명희의 『혼불』, 김주영의 『객주』 등에는 수많은 고유어가 담겨 있다.

한편, 문화의 다양한 유형 가운데 언어로 이루어진 문화를 특별히 '언어문화'라고 한다. 한국어 공동체의 언어문화는 어휘를 비롯하여 관용어, 속담, 그리고 대우법 등에서 잘 나타나 있다. 우리의 어휘에는 친족어, 호칭어, 대우법을 통해 예절에 관한 언어문화가 섬세하게 분화되어 있다. 관용어 가운데는

---

5 문화관광부에서는 한국문화의 상징으로 '김치, 한복, 한글, 불고기, 불국사, 석굴암, 태권도, 고려인삼, 탈춤, 종묘제례악, 설악산, 세계적 예술인(백남준)'의 12가지를 선정한 바 있다.

화가 날 때에 '속이 상하다', 두려울 때에 '간이 콩알만 해지다', 슬플 때에 '가슴이 미어지다', 사랑할 때에 '눈이 멀다'라고 하는 데서 보듯이 신체 생리적 반응에 따른 감정 표현이 섬세하게 발달되어 있다. 속담은 "콩 심은 데 콩 나고 팥 심은 데 팥 난다.", "열 길 물속은 알아도 한 길 사람 속은 모른다."에서 보듯이 우리 겨레의 삶과 지혜를 담고 있다. 또한, 대우법에는 화자, 청자, 그리고 기술 대상 간의 관계뿐만 아니라 공적, 사적 장면에 따라 문법 장치가 복합적으로 구비되어 있다. 이와 관련하여 최근 들어 핵가족화 및 다문화 사회로 들어서면서 대우법에 많은 변화가 일어나고 있다.

요컨대 언어는 문화의 알맹이이다. 언어가 소멸하면 그 속에 담겨 있는 문화도 저절로 사라진다. 따라서 사라질 위기에 놓여 있는 언어문화의 가치를 인식하고 보존 방안을 모색할 필요가 있다. 방언과 문학작품 속의 귀중한 언어적 문화유산을 찾아내어 사전에 올리고 부려 쓰는 일도 한 방안이다.

2.4. 남북한 어휘 이질화

한국어에서 남한의 표준어와 북한의 문화어는 남북 분단에 따른 정치, 사회 및 문화적 요인에 의해 이질화의 길을 걷게 된 특이한 사례이다. 그 이질화의 배경과 양상을 기술하기로 한다.

2.4.1. 이질화의 배경

분단 이후 70년의 시간이 흐르면서 남북한의 언어가 심각한 이질화를 겪게 되었다. 기본적인 의사소통은 가능하지만 어휘의 이질화로 어색하거나 소통이 어려운 경우도 적지 않다. 남북한 어휘 이질화의 원인은 1948년의 남북 분단을 기점으로 달라진 정치, 사회 및 문화적 배경에서 찾아볼 수 있다.

남한에서는 서울말 중심의 표준어를 추구하면서, 외래적 요소를 거부감 없이 받아들였다. 그 반면, 북한에서는 평양말 중심의 문화어 정리 사업, 말다듬기 사업 등을 통해 주체사상을 추구하는 데 필요한 어휘를 늘리는 한편, 고유어와 방언을 문화어로 등록한 경우가 많았다. 표준어와 문화어의 서로 다른 정책이 시간이 지남에 따라, 특히 양쪽에서 진행된 '국어순화'와 '말다듬기'를 통해 이질화의 간격이 한층 더 벌어지게 되었다.

또한, 외래어 수용에서 '캠페인-깜빠니아', '폴란드-뽈스카'와 같이 남한은 영어를, 북한은 러시아어를 따랐다. 이러한 외래어 수용의 차이는 지명뿐만 아니라 전문용어에서 많이 나타난다.

2.4.2. 이질화의 양상

겨레말큰사전 남북공동편찬사업회에 따르면 남북한의 일상어는 34%가, 전문어는 64%가 서로 다르다. 이러한 남북한 어휘의 이질화 양상을 두 가지 측면에서 살펴보기로 한다.

첫째, 같은 의미를 다른 형태로 표현하는 경우이다. 이는 양적으로 가장 많이 존재하는 어휘 이질화의 양상이며, (9)가 그 예이다. (9a)는 '나이테-해돌이'와 같이 서로 다른 고유어를 사용하는 사례, (9b)는 '리듬체조-률동체조'와 같이 서로 다른 한자어 또는 외래어를 사용하는 사례, (9c)는 '계좌-돈자리'와 같이 어느 한쪽만 고유어를 사용하는 사례이다.

> (9) a. 나이테-해돌이, 계단논-다락논, 말미잘-바위꽃, 주먹밥-줴기밥
> b. 리듬체조-률동체조, 볼펜-원주필, 한약-고려약, 회식-식사조직, 서명-수표, 저학년-깔학년, 꾀병-건병, 빼먹다-뚜꺼먹다
> c. 계좌-돈자리, 돌풍-갑작바람, 물갈퀴-지간막, 수어-손짓말

둘째, 같은 형태가 다른 의미를 표현하는 경우이다. 이 경우 남북한 간의 의사소통에 심각한 혼란이 발생하게 마련이다.[6] 이러한 사례로는 〈표 2〉와

---

6 남한의 '오징어'와 '낙지'를 북한에서는 '낙지'와 '서해낙지'를 의미한다는 것이

같이 전혀 다른 의미를 가지는 경우, 그리고 〈표 3〉과 같이 의미의 가치가 다른 것이 있다.

〈표 2〉 의미가 다른 남북한의 어휘

	남한	북한
모서리	물체의 모가 진 가장자리	왕따
예술	아름다움을 표현하는 인간의 활동 및 작품	기예
까지다	껍질 따위가 벗겨지다	살이 빠지다
고이다	물 따위의 액체나 가스, 냄새 따위가 우묵한 곳에 모이다	뇌물을 바치다
바쁘다	일이 많거나 또는 서둘러서 해야 할 일로 인하여 딴 겨를이 없다	(남한의 '바쁘다' 의미 외에) 힘들다, 경제적으로 어렵다

〈표 3〉 의미 가치가 다른 남북한의 어휘[7]

	남한	북한
부자	재물이 많아 살림이 넉넉한 사람	착취와 협잡으로 긁어모은 재산을 많이 가지고 호화롭게 진탕치며 살아가는 사람
아가씨	결혼할 나이의 젊은 여성	유흥업소의 여성 접대원
다그치다	일이나 행동 따위를 요구하며 몰아붙이다.	힘쓰고 있다
선동하다	남을 부추겨 어떤 일에 나서게 하다	정책 사업을 잘 수행하도록 부추기고 호소하다
일없다	소용없다, 필요 없다	가벼운 사양의 뜻, 괜찮다

〈표 2〉의 북한어 '고이다'는 퍽 낯선데, "간부들에게 고이지 않고서는 그 문제가 풀리지 않아!"의 '고이다'는 '뇌물을 바치다'를 의미한다. 또한, 〈표

2018년 평창동계올림픽 남북 고위급 대표단 만남에서 화제가 된 바 있다.

7 　이 밖에도 '문란하다'는 표준어에서는 부정적인 어감을 지니는 반면, 문화어에서는 가치 중립적이다. 접미사 '-질'은 표준어에서는 어떤 대상을 비하하는 의미를 갖는 반면, 문화어에서는 긍정적인 의미로 사용된다.

3)의 '일없다'에 대한 의미 차이로 남북 이산상봉 현장에서 발생한 문제점은 그 심각성을 대변해 준다. 남한의 아들이 북녘의 어머니께 "어머니 그동안 어찌 지내셨어요?"라고 말하자 어머니는 "나는 일없다. 너는 어떻게 살았니?"라고 답했다. 아들은 내심 '일없다니, 어머니가 화나셨나?'라고 당황해 했지만 어머니의 속마음은 달랐다. 북한에서는 '일없다'가 '괜찮다'라는 긍정적인 의미로 쓰이지만 남한에서는 좋지 않은 감정에서 거절하는 듯한 느낌으로 받아들여지기 때문이다(이종영의 '분단 70년, 심화된 남북 언어 이질화'에서). 이 밖에도 남북 상호 간에 금기어가 존재한다. 남한에서는 '동무'의 사용을 금기시한다. 북한에서는 '여사', '댁', '님' 등의 사용에 제약이 따르며(박노평·김봉기 2016: 27 참조), 종교와 관련된 '기도하다'도 사용할 수 없는 표현이다.

이처럼 남북한의 어휘 이질화는 사회-문화와 언어의 관련성을 잘 보여 주는 사례이다. 남한과 북한이 추구하는 정치, 사회 체제, 문화, 언어 정책 등의 차이로 인해 지금과 같은 어휘의 이질화 현상이 나타난 것이라 할 수 있다.

3 의미 유형론

의미 유형론의 정의와 양상을 통해 의미 유형론에 대해서 살펴보기로 한다.

3.1. 의미 유형론의 정의

'유형론(typology)'은 범언어적 비교에 의해서 발견되는 언어의 유형에 관한 탐구이다(Croft 2003: 1 참조). 유형론 탐구는 언어적 다양성을 출발점으로 삼고, 언어 간 변이가 제약되어 있다고 가정하며, 변이 이면의 체계성을 찾는 데 목적이 있다. 오늘날 유형론 탐구의 블루 오션으로 주목받는 분야가 의미 유형론이다.

'의미 유형론(semantic typology)'은 언어에서 의미 표현과 관련된 언어 유형론의 일환이다. 곧 의미 유형론은 언어가 어떻게 기호에 의해 의미를 표현하는가에 대한 체계적인 방식의 범언어적 탐구이다(Evans 2011: 504 참조). 의미 유형론은 본질적으로 문화적인 기반과 밀접한 관련성을 맺고 있는 것으로, 의미의 범언어적 보편성, 그리고 차이점 또는 다양성의 양상을 탐구한다.

3.2. 의미 유형론의 양상

신체 부위 및 색채 용어, 이동 동사의 어휘화를 중심으로 의미 유형론의 양상에 대해서 기술하기로 한다.

3.2.1. 신체 부위 용어

신체는 사람에게 가장 기본적이며 중요한 요소이다. 따라서 신체의 작용 양상을 가리키는 '신체화(embodiment)'는 언어의 의미와 문화 탐구의 주요 관심사이다.[8] 특히 '신체 부위 용어(body-part term)'는 다의어와 은유를 통한 의미 확장의 진원지이며, 흥미로운 지리적 변이를 가진 채 범언어적으로 공통된 문법화 유형을 따른다. 여기서는 신체 부위의 공통성과 다양성에 주목해 보기로 한다.

첫째, 신체 부위 용어의 공통성이다. 러시아의 'ruka'는 '손'과 '팔'을 아우르는데, 617개 언어로 이루어진 브라운(Brown 2005a) 표본의 37%에 해당하는 228개 언어에서 이와 동일한 유형이 확인되었다. 또한, 593개의 언어로 이루어진 브라운(Brown 2005b) 표본의 12%인 72개 언어에서 '손'과 '손가락'에 대해 동일한 단어를 사용한다. 범언어적 일반화와 관련하여 (10)의 두 가지

---

8   커베체쉬(Kövecses 2002: 16)는 "인간의 신체는 영어와 그 밖의 '서구' 언어와 문화에서 은유적 의미의 출현에 핵심적 역할을 담당할 뿐 아니라, 하이네(Heine) 와 같은 학자들은 전 세계의 언어와 문화에서 인간 신체가 인간적 개념화에 중심적 역할을 한다는 것을 풍부하게 증명하였다."라고 한 바 있다.

제안이 이루어진 바 있다(Brown 1976, Andersen 1978 참조).

(10) a. 몸, 머리, 팔, 눈, 코, 입에 대해 서로 다른 용어들이 있을 것이다.
b. (다리의 대조로서) 발에 대한 변별적인 용어가 있다면, (팔의 대조
로서) 손에 대한 변별적인 용어가 있을 것이다.

둘째, 신체 부위 용어의 다양성이다. 인도네시아 파푸아족의 '티도레어
(Tidore)'는 '몸(body)'에 대한 단어가 없으며, 오스트레일리아 파나마웅엔어
족의 '타이유어(Thaayoore)'는 'pam-minj'라는 단어가 있지만 이것은 '몸'만
을 가리키는 것이 아니라 인생행로, 목소리, 그림자 등을 나타내는 다의어이
다. 중앙 솔로몬 제도 내의 러셀 제도에서 사용되는 파푸아 고립어 '라브칼레
브어(Lavukaleve)'는 '팔'과 '다리'의 개별 단어가 없이 'tau'라는 단어를 사용
한다.[9] 또한, 라부칼레브어는 '발'을 가리키는 'fe'라는 단어가 있지만 '손'을
가리키는 단어가 별도로 없다(Riemer 2010: 390-391 참조).

브라운(Brown 2005a, 2005b)은 신체 부위 용어의 범주화와 관련하여 지리
및 기후 또는 문화와 상관성이 있다고 주장하였다. '손-팔'의 구분이 없는 언
어는 적도 가까이에 나타나는 경향이 있는데, 이는 '팔'이라는 용어를 사용하
는 다른 지역에서는 넓은 천으로 된 긴팔 옷을 필요로 한다는 사실로 실명힐
수 있다. 한편, '손-손가락'이 구분 없는 언어는 전통적인 수렵 채집 집단들이
사용하는 경향이 있다. 이런 문화권에는 '손가락'에 반지를 끼지 않는다.

셋째, 신체 부위 범주화가 어휘에 영향을 주는 예로 착용 동사를 살펴보기
로 한다. 영어는 'put on'을 신체 부위 전체의 착용 동사로 사용한다. 중국어는

---

9   이와 관련하여 다음의 기술은 퍽 흥미롭다. "지금은 우리말에서 팔과 다리가 엄연
히 구별되어 있지만 옛날, 그 옛날에는 팔, 다리 구분 없이 '다리'라 했고 구별하기
위해서는 '웃다리'(팔), '아랫다리'(다리)라 했던 것이다. 지금도 팔목시계를 일본
말로 '우마데끼'라 하는 데서 '웃다리'의 형태를 확인할 수 있다. 일본말 '데'는
우리 옛말 '다리>대>데'의 과정을 거친 것이다."(김종택 2018: 250-251, '잊혀질
수 없는 나라 '가야', 『뒤돌아보니』, 형설출판사.)

'戴(dài)'가 머리, '穿(chuān)'이 어깨에서 하반신까지의 착용 동사이다. 일본어는 'かぶる(쓰다)'가 머리, '着る(입다)'가 어깨부터 상반신(상하 한 세트이거나 상하 일체인 의류는 하반신도 포함), 'はく(신다)'가 허리부터 하반신까지의 착용 동사이다. 한편, 한국어는 '쓰다'가 머리에, '입다'가 어깨부터 발목에, '신다'가 발목 아랫부분에 사용되는 착용 동사이다. 이들 착용 동사의 신체 부위를 도식화하면 〈그림 1〉과 같다(夏海燕 2017: 185 참조).

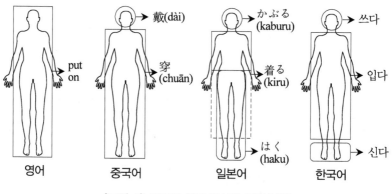

〈그림 1〉 언어별 착용 동사의 신체 부위

요컨대 사람은 모두 신체를 지니고 있으므로 신체 부위 용어는 보편적으로 공유한 의미 양상을 탐구하기에 좋은 영역이지만, 실제로 커다란 다양성이 존재한다. 그런 점에서 신체 부위 용어의 다양성은 문화적 특성을 잘 보여 준다.

3.2.2. 색채 용어

1950년대와 1960년대에 걸쳐 인류학자들은 색채 명칭의 범언어적 차이를 탐구하면서 색채어가 언어마다 현저히 다르다는 것을 발견했다. 이것은 색채 범주의 자의적인 본질을 뒷받침하는 증거일 뿐 아니라, 언어 상대주의 가설을 뒷받침하는 것으로 해석되었다.

이러한 생각을 극적으로 바꾼 것이 인류학자 벌린 & 케이(Berlin and Kay 1969)의 '기본 색채어'로서, 사람들은 색채 범주화를 위해 '초점 색채(focal color)'에 의존한다는 증거를 제시한 것이다. 벌린 & 케이의 주된 목표는 보편적인 것으로 간주되는 초점 색채의 계층을 설정함으로써 언어 보편성을 옹호하고 언어 상대성 가설을 반박하는 것이었다.

'기본 색채어(basic color term)'는 모든 색채의 영역을 포괄하는 것으로, 그 특징은 심리적으로 뚜렷해야 하며, 다른 색채어에 포함되지 않아야 하며, 형태적으로 단순해야 하며, 모든 문맥에 적용될 수 있어야 한다. 이러한 기준으로 전 세계의 98개 언어를 조사한 결과 모든 언어가 최대로 11개의 기본 색채어를 사용하고 있으며, 색채어들이 체계적인 계층을 이루고 있다는 것이 드러났다. 계층구조에 따른 기본 색채어는 〈그림 2〉와 같다.

〈그림 2〉 기본 색채어의 계층

〈그림 2〉의 계층구조에서 전 세계의 색채어는 적게는 2개에서 많게는 11개에 걸쳐 있다. 기호 '<'가 표시하는 순서는 '조건적 보편성(conditional universality)'을 가리키는데, 이것은 색채어의 증가가 왼쪽의 색채어를 계층적으로 포함한다는 것을 뜻한다. 예를 들어, 기본 색채어가 3개인 언어에는 '흰색 검은색'에서 '붉은색'을 추가한다.[10]

벌린 & 케이는 기본 색채어 체계를 〈표 4〉와 같이 일곱 단계로 구분하였다. VII단계는 8개에서 11개의 기본 색채어를 가진 모든 언어를 포함한다.

---

10 벌린 & 케이(Berlin and Kay 1969: 21)가 예리하게 지적했듯이, 11개 색채 범주의 조합은 수학적으로 2,048개가 가능하지만, '조건적 보편성'에 의해 실제로는 22개 유형만 나타났다.

유형	색채어수	색채 용어의 목록								언어[11]
I	2	흰색	검은색							잘레어
II	3	흰색	검은색	붉은색						티브어
IIIa	4	흰색	검은색	붉은색	녹색					이보어
IIIb	4	흰색	검은색	붉은색		노란색				하누오어
IV	5	흰색	검은색	붉은색	녹색	노란색				첼탈어
V	6	흰색	검은색	붉은색	녹색	노란색	청색			플레인 타밀어
VI	7	흰색	검은색	붉은색	녹색	노란색	청색	갈색		네즈 퍼스어
VII	8-11	흰색	검은색	붉은색	녹색	노란색	청색	갈색	보라색 분홍색 주황색 회색	영어

〈표 4〉에서 한국어는 기본 색채어의 IV 또는 V유형에 해당한다. 한국어의 기본 색채어는 '흰색, 검은색, 붉은색, 푸른색, 노란색'의 다섯 가지이다. 그중 '푸른색'은 영어의 'green, blue', 중국어의 '綠(녹), 靑(청), 藍(남)'을 포함하고 있다. 즉, 한국어의 '푸른색'은 '풀, 하늘, 바다'를 망라하는데, '푸르다'의 명사형이 '풀'인 점에 유의해 보면 1차적으로 '綠/green'을 나타내는 IV유형에 속한다. 한국어의 기본 색채어는 (11a)의 형용사를 바탕으로 (11b)의 명사, (11c)의 형용사, (11d)의 동사, (11e)의 부사 등 다양한 파생어가 생산된다.[12]

---

11 Jalé(뉴기니아), Tiv(나이지리아), Ibo(나이지리아), Hanuóo(필리핀), Tzeltal(멕시코), Plains Tamil(인도), Nez Perce(북아메리카, 인디언어), English(영어권)

12 색채어에서 '희다, 검다, 붉다, 푸르다'는 '하얗다/허옇다'와 같은 'ㅏ/ㅓ', '누르다'는 '노랗다/누렇다'의 'ㅗ/ㅜ'로 파생된다. 모음과 자음의 교체는 어감의 차이를 드러내는데, '빨갛다/뻘겋다'의 모음 교체는 '밝음/어두움'의 대립, '발갛다/빨갛다'의 자음 교체는 '짙음/옅음'의 대립을 이룬다. 이밖에도, '파랗다/새파랗다/시퍼렇다'의 접두사 '새/시' 및 '푸르다/푸르스름하다'의 접미사 '-으스름하-'는 '짙음/옅음'의 대립을 이룬다(송철의 2001: 16-17 참조).

(11)a. 희다, 검다, 붉다, 푸르다, 누르다

　　b. 하양, 검정, 빨강, 파랑, 노랑

　　c. 하얗다/허옇다, 까맣다/꺼멓다, 빨갛다/뻘겋다, 파랗다/퍼렇다, 노
　　　랗다/누렇다

　　d. 하얘지다/허예지다, 까매지다/꺼메지다, 발개지다/벌개지다, 파래
　　　지다/퍼래지다, 노래지다/누래지다

　　e. 해끗해끗/희끗희끗, 가뭇가뭇/거뭇거뭇, 발긋발긋/불긋불긋, 파릇
　　　파릇/푸릇푸릇, 노릇노릇/누릇누릇

　요컨대 색채어에 대한 탐구는 색채어의 양상이 자의적이 아니라, 범언어적
으로 보편적인 11개의 기본 색채어를 가지며, 기본 색채어는 초점 색채에 의
존한다는 것을 밝혔다.

3.2.3. 이동 동사의 어휘화

　범언어적으로 이동 현상은 보편적이며 이동 사건의 구성 요소도 동일하지
만, 그 구성 요소들이 어휘화되는 양상은 다르다. 특히, 이동 사건틀에서 이동
동사에 어떠한 의미 정보가 부가되는가에 따라 통사적 구조가 달라지는 현상
이 주목된다. 예를 들어, 영어와 프랑스어에서 이동 표현의 대조적인 양상은
(12)와 같다(Ungerer and Schmid 2006: 231 참조).

　(12) a. Blériot　　flew　　across　　the Channel. 〈영어〉
　　　　　<전경>　　<이동.방식>　<경로>　　<배경>

　　　 b. Blériot　traversa　la Manche　en avion. 〈프랑스어〉
　　　　　<전경>　<이동.경로>　<배경>　　<방식>

　(12)는 "블레리오가 비행기로 영국해협을 건넜다."에 해당하는 영어 및 프
랑스어 문장이다. 두 언어에서 사용된 이동 사건의 의미 정보는 다섯 가지로

서 동일하지만, 〈이동〉, 〈경로〉, 〈방식〉의 정보가 어휘화되는 양상은 대조적이다. 곧 영어의 경우 〈이동〉과 〈방식〉은 동사 'fly(날다)'의 의미에 융합되며, 〈경로〉는 전치사 'across(건너서)'에 의해서 기술된다. 한편, 프랑스어의 경우 〈이동〉과 〈경로〉는 동사 'traverser(건너다)'의 의미에 융합되며, 〈방식〉은 부사류 'en avion(비행기로)'에 의해서 표현된다. (12)의 대조를 통하여, 영어와 프랑스어에서 이동 사건은 〈경로〉와 〈방식〉에 관한 정보가 서로 다른 모습으로 어휘화됨을 알 수 있다. 이동 사건틀에서 〈경로〉와 〈방식〉의 정보가 어휘화되는 모습은 프랑스어와 스페인어가 유사하며, 영어와 독일어가 유사하다.

이러한 특성에 착안하여 탈미(Talmy 1985, 1991)는 이동 사건틀에서 〈경로〉와 〈방식〉의 어휘화 양상을 중심으로 언어 유형론을 설정하였다. 그중 〈경로〉는 〈전경〉, 〈배경〉, 〈이동〉 사이의 관계를 설정하는 가장 중요한 요소가 되므로, 〈경로〉가 이동 사건의 틀 부여 기능을 수행한다고 하였다. 이에 따라, 〈경로〉가 프랑스어 및 스페인어에서처럼 동사에 의해서 실현되는 경우를 '동사 틀 언어(verb-framed language)'라고 하며, 영어의 'in, out, up, down, over'와 같은 불변화사나 이에 해당하는 독일어의 'hinein(안으로), hinaus(밖으로), hinauf(위로), hinunter(아래로), hinüber(너머로)'와 같은 동사적 접두사에 의해서 실현되는 경우를 '위성어 틀 언어(satellite-framed language)'라고 한다(Talmy 1991: 480-481 참조). 곧 '동사 틀 언어'에서는 〈이동〉, 〈경로〉가 동사에 융합되며 〈방식〉이 부사류에 의해서 실현되는 반면, '위성어 틀 언어'에서는 〈이동〉과 〈방식〉이 동사에 의해서 융합되며 〈경로〉가 위성어에 의해서 실현된다.

탈미(Talmy 1985, 1991)는 세계의 모든 언어가 위의 두 가지 틀 부여 방식에 의해서 범주화될 수 있을 것이라고 주장하고, 그 대표적인 언어를 (13)과 같이 제시하였다.[13]

---

13 탈미(Talmy 1985: 73)에서는 이동 동사의 융합 유형을 〈이동-경로〉형, 〈이동-방식〉형, 〈이동-전경〉형의 세 가지로 나누었는데, 그중 〈이동-전경〉형은 북캘리포니아 호칸(Hokan) 지역의 아추게위어(Atsugewi)가 있을 뿐 언어 유형론의 주류를 이루지 못한다고 하였다.

(13) a. 동사 틀 언어: 프랑스어와 스페인어를 포함한 로망스 계통어, 아랍어와 헤브루어 등의 셈어, 일본어 등

   b. 위성어 틀 언어: 영어, 독일어, (로망스 계통어를 제외한) 인도유럽어, 핀우그릭어, 중국어 등

이상의 이동 사건틀에서 살펴본 '동사 틀 언어'와 '위성어 틀 언어'의 대소적인 모습은 〈경로〉와 〈방식〉의 융합 양상에서 비롯된 것이다. 이러한 특징에 따라 영어의 "The boy rode out of the yard."(그 소년은 뜰 밖으로 말을 타고 나갔다.)와 스페인어 "El chico salió a caballo del patio."(그 소년은 말을 타고 뜰에서 나갔다.)를 이동 사건틀로써 도식화해 보면 〈그림 3〉과 같다(Talmy 1991: 479, Ungerer and Schmid 2006: 235 참조).

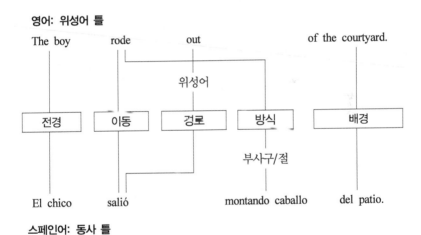

〈그림 3〉 영어 및 스페인어 이동 동사의 〈경로〉와 〈방식〉의 표현

〈그림 3〉은 영어와 스페인어 간에 〈이동〉, 〈경로〉, 〈방식〉의 요소가 어떻게 어휘화되는지를 잘 보여 준다. 즉, 영어의 경우는 동사 'ride(타다)'에 〈이동+방식〉의 정보가 융합되는 반면, 스페인어에서는 동사 'salir(나가다)'에 〈이동+경로〉의 정보가 융합되어 있다.

이제 탈미(Talmy 1985, 1991)의 언어 유형론적 관점에 비추어 한국어 이동 사건의 위상을 검토해 보기로 한다.[14] 한국어가 '동사 틀 언어'라는 견해는 탈미(Talmy 2000: 49-60)에서 찾아볼 수 있다.[15]

(14) a. 병이 동굴로 떠 들어갔다.
b. La bottle entró a la cueva (flotando).
c. The bottle floated into the cave.

(14)는 물이 흐르는 동굴 안으로 병이 떠 들어가는 상황을 묘사한 한국어, 스페인어, 영어의 이동 표현이다. 그중 〈경로〉가 (14a)의 한국어는 '들어가다', (14b)의 스페인어는 'entrar'라는 동사에 명시된 반면, (14c)의 영어는 위성어인 전치사 'into'에 의해 명시된다. 즉, 한국어는 스페인어와 같이 '동사 틀 언어'로서 〈경로〉가 동사 어근 자체에 명시된다는 것이다(Talmy 2000: 56-57 참조).

한국어는 동사에 이동 표현의 여러 정보가 융합된다는 점에서 '동사 틀 언어' 가운데서도 특징적인 모습을 보여 준다. 이 점을 영어 및 프랑스어와 대비해 보기로 한다.

(15) a. 영수가 방으로 달려들어갔다.
b. Yeongsu ran into the room.
c. Yeongsu entra dans la chambre en courant.

(15)의 이동 표현에서 한국어의 특징을 보면 다음과 같다.

---

[14] 종래, '언어 유형론(language typology)'의 관점에서 한국어는 슐라이허(Schleicher 1860)의 문법적 기능면에서 '교착어(Agglutinative Languages)'에 속하며, 리 & 톰슨(Li and Thompson 1976)의 '주어(Subject)'와 '화제(Topic)' 기준에서 '주어 및 화제 우위 언어(Subject-Prominent and Topic-Prominent Languages)'로 알려져 있다.

[15] 이러한 견해는 임(Im 2002: 128, 2010: 203), 리머(Riemer 2010: 402)에서도 확인된다.

첫째, 한국어의 경우 이동 사건의 〈이동〉, 〈경로〉, 〈방식〉 등의 의미 정보가 동사에 함께 나타난다. (15a)에서 보듯이, 한국어 이동 동사 '달려들어가다'의 '가다'에는 〈이동+직시소〉의 의미 정보가 융합되어 전체적으로 〈방식+경로 +이동+직시소〉가 동사 합성형을 통해 표현되는 반면(Choi and Bowerman 1991: 88참조), 영어의 경우 이동 동사 'run'에 〈이동+방식〉이 융합되며 'into' 에 〈경로〉가 표현되고, 프랑스어의 경우에는 이동 동사 'entrer'에 〈이동+경 로〉가 융합되며 'en courant'에 〈방식〉이 표현된다.

둘째, 한국어에서 이동 사건의 의미 정보가 어휘화되는 양상은 동사의 단순 형을 통해서라기보다 '((V3어)V2어) V1어가다'와 같은 합성형을 통해서 표현 된다. 이것은 영어의 'run' 및 프랑스어의 'entrer'와 같이 동사의 단순형에 이동 사건의 의미 정보가 융합되는 것과 성격이 다르다.

셋째, 한국어 이동 사건의 합성형에는 다양한 유형의 의미 정보가 결합될 수 있다는 점이다. 이것은 '달려들어가다'의 〈방식+경로+이동+직시소〉뿐 만 아니라, '들어가다'에서는 〈방식+이동+직시소〉의 정보가, '달려가다'에 는 〈경로+이동+직시소〉의 정보가 결합된 데서 확인된다.[16] 요컨대 이동 사 건에서 의미 정보의 융합 양상을 기준으로 한 탈미(Talmy 1985, 1991, 2000) 의 언어 유형론에 비추어 볼 때, 한국어 이동 사건의 어휘화 양상은 〈이동+ 경로〉의 '동사 틀 언어'에 속하면서도 〈원인〉, 〈방식〉, 〈경로〉, 〈이동〉, 〈직시 소〉 등의 의미 정보가 합성형을 통하여 하나의 단위를 이룬다는 점에서 독자 성을 갖는다.

---

[16] '가다' 합성형에는 'V1어가다'의 다섯 가지 유형, 'V2어V1어가다'의 아홉 가지 유형, 그리고 'V3어V2어V1어가다' 유형까지도 용인 가능하다(임지룡 2008: 292-297 참조).

4. 의미의 문화적 변이

언어 상대성과 보편성의 두 가지 관점을 기술하고, 의미 습득, '화'의 문화
모형, 동서양의 범주화를 통해 의미의 문화적 변이 양상에 대해서 살펴보기로
한다.

4.1. 언어 상대성과 보편성

언어와 사고 및 문화의 상관성에 대해 두 가지 극단적인 관점이 20세기에
날카롭게 대립한 바 있다. 이른바 언어 상대성 가설과 보편성 원리가 그것이
다. 최근까지 두 이론에 대한 논쟁은 언어 보편성이 판정승을 거둔 것으로
보였다. 그런데 문화 의미의 탐구와 더불어 이 논쟁은 새로운 국면에 접어들
게 되었다.

먼저, '언어 상대성(linguistic relativity)'은 기술·구조언어학 시대에 주장
되었다. 언어 상대성 가설은 문화 특정적인 언어 체계가 사람들의 사고방식
또는 세계를 보는 방식을 결정하거나 형성하는 데 영향을 미친다는 견해이다.
이 가설은 20세기 전반에 북아메리카 인디언 토박이말을 연구했던 사피어
(Edward Sapir, 1884~1939)의 제자인 워프(Benjamin Whorf, 1897~1941)의
저술을 통해 1940년대 전후로 널리 알려지게 되었다. 이 가설은 이들의 이름
을 따 '사피어-워프 가설(Sapir-Whorf hypothesis)'이라고도 한다. 언어 상대
성 가설은 두 가지 버전이 있다. 강한 버전은 사람들이 사용하는 언어가 사람
들의 사고방식을 결정한다는 것으로, 서로 다른 언어들의 다양한 문법 범주가
그 언어의 화자들에게 그들만의 독특한 방식으로 세계를 보도록 이끌거나 강
요한다는 것이다(Kövecses 2006: 334-335 참조). 약한 버전은 사람들이 사용
하는 언어가 사람들의 사고방식에 영향을 미친다는 것이다.

한편, '언어 보편성(linguistic universality)'은 1950년대 후반부터 촘스키의
변형생성이론이 주류를 이룬 시기에 널리 공인되었다. 언어 보편성 이론에

따르면, 인간의 사고는 모든 문화 전반에 걸쳐 상당히 비슷하고 언어는 인간 사고의 거울이므로, 본질적으로 모든 언어는 비슷하다고 가정한다. 즉, 모든 언어의 구조는 보편문법의 변이형이며, 보편문법은 인간의 선천적 또는 유전적 능력의 일환이자 그 발현이라고 본다.

그런데 1980년대 후반에 등장한 인지언어학에서는 언어의 보편성과 상대성의 양면을 아우르고 있다.[17] 사람은 종 특유의 신체를 공유하고 있으며, 보편적인 신체적 경험과 제약이 언어의 차이점을 초월하여 언어의 보편성으로 나타나게 된 것이다. 한편, 강남의 귤을 강북에 옮겨 심으니 탱자가 되었다는 사례에서 보듯이, 언어는 문화적 맥락과 깊은 관련성을 맺으므로 언어 상대성 또는 특정성을 띠게 된 것이다. 오늘날 언어의 보편성과 상대성의 양극은 그 간격을 좁혀가고 있는 추세이다.

4.2. 의미 변이의 양상

의미 습득, '화'의 문화 모형, 동서양의 범주화를 중심으로 의미 변이의 양상을 기술하기로 한다.

4.2.1. 의미 습득

어린이의 의미 습득은 보편적인 측면과 함께 언어 특정적 측면이 공존한다. 의미 습득에서 언어 특정적 측면, 즉 문화 간 변이 양상을 보기로 한다.

최(Choi 2006)에서는 18~36개월의 한국어 사용 어린이와 영어 사용 어린이를 대상으로 언어 특정적 입력이 공간 인지에 영향을 미치는지를 조사하였다. 사역 행위와 관련된 공간 용어인 한국어의 '끼다', 그리고 영어의 'put in'

---

17 19세기에 훔볼트는 '언어·사고·문화'는 분리될 수 없는 통일체를 형성하고 있다고 본 반면, 20세기의 소쉬르는 언어와 문화를 분리된 것으로 간주하였다. 이러한 단절을 복원시켜 언어와 문화 간에 다리를 놓은 것이 인지언어학이다(Janda 2008: 48 참조).

과 'put on'을 서로 다른 언어로 학습한 어린이들은 공간 범주를 〈그림 4〉와 같이 분류하였다(Choi 2006: 211 참조).

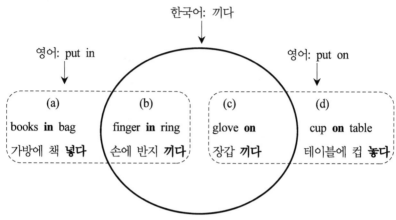

〈그림 4〉 한국어 '끼다'와 영어의 'put in', 'put on'의 교차 분류

〈그림 4〉와 관련하여, 영어를 사용하는 어린이는 'put in'을 (16)의 (a), (b)와 같이 사용하고, 'put on'을 (16)의 (c), (d)와 같이 사용하였다. 그 반면, 한국어 사용 어린이는 '끼다'를 (16)의 (b), (c)와 같이 사용하고, (16)의 (a), (d)에 대해서는 다른 동사('넣다', '두다', '쓰다', '입다', '신다' 등)를 사용하였다.

    (16) **put in**

        (a) books in bag, cigarette in mouth, toys in box, apple in bowl, bottle in refrigerator, flowers in vase

        (b) books in cover, finger in ring, pen into its top, hand in grove, piece in puzzle, thread into beads

    put on

        (c) Lego piece onto Lego stack, ring on finger, tight-fitting ring on pole, top on pen, glove on, bracelet on

(d) cup on table, magnet on refrigerator, loose-fitting ring on pole,

hat on, shoes on, coat on

이것은 두 대상의 '포함'과 '지탱'에 대해 문화적 차별성을 드러낸 것이다. 즉, 'put in'과 'put on'의 영어 사용 어린이는 꽉 낌과 느슨함을 구별하지 못한 반면, '끼다'와 다른 동사('넣다', '두다', '쓰다', '입다', '신다' 등)의 한국어 사용 어린이는 민감하게 구별하였다.

또한, 바우어만(Bowerman 1996)에서는 2세에서 2.5세 어린이들을 대상으로 (a)코트 걸기, (b)모빌 달기, (c)장난감 기차 연결하기의 행동을 실험하였는데, 영어 사용 어린이와 한국어 사용 어린이는 〈그림 5〉와 같은 분류의 차이를 보이고 있다.

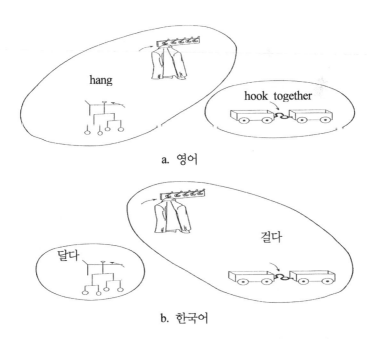

a. 영어

b. 한국어

〈그림 5〉 영어 및 한국어 사용 어린이의 공간 구조화 교차 분류

〈그림 5〉에서 보듯이, 영어 사용 어린이는 (a)의 '코트 걸기'와 (b)의 '모빌 달기'를 'hang'으로, (c)의 '장난감 기차 연결하기'를 'hook together'로 분류한 반면, 한국어 사용 어린이는 (a)를 '달다'로, (b)와 (c)를 '걸다'로 분류하였다(Bowerman 1996: 397 참조).

이상의 두 가지 실험은 한국어와 영어 사용 집단의 어린이들이 모든 언어 범주에 존재하는 보편적이고 개념적인 범주에 기초하는 것이 아니라, 그들 자신의 개별 언어 특유의 범주에 기초하여 해석한다는 것을 의미한다. 이것은 곧 문화에 바탕을 둔 언어가 인간의 사고방식이라 할 수 있는 인지에 영향을 미친다는 것을 보여 준다는 점에서 그 의의가 크다고 하겠다.

4.2.2. '화'의 문화 모형

'화'가 나서 가라앉기까지에는 일련의 신체 생리적 반응이 나타나는데, 이를 '화 시나리오(anger scenario)'라고 한다. 이 시나리오에 대한 (미국)영어, 중국어, 일본어, 줄루어, 폴란드어, 헝가리어, 그리고 한국어의 변이 양상을 중심으로 그 보편성과 특이성을 살펴보기로 한다.

첫째, '화' 시나리오는 시간적 순서를 갖는데(Ungerer and Schmid 1996/2006: 142 참조), '(1단계) 불쾌한 사건→(2단계) 화→(3단계) 화를 통제하려는 시도→(4단계) 통제 상실→(5단계) 보복'에서 보는 바와 같다. 원형적 '화' 시나리오는 (미국)영어, 일본어, 줄루어, 폴란드어, 헝가리어, 한국어에서 실행되며, 중국어에서는 제5단계인 '보복'이 결여되어 있다. 일본어의 경우는 제3단계가 세분화되며, 한국어의 경우는 '화' 시나리오의 다섯 단계가 전형적으로 실행된다(임지룡 2017a: 558-564 참조).

둘째, '화' 시나리오는 '화'의 신체 생리적 반응에 의한 '생리적 환유'와 이에 바탕을 둔 개념적 은유와 깊은 상관성을 형성하고 있다. 이 경우 생리적 환유는 "체온의 증가는 화를 대표한다."이며, 개념적 은유는 "화는 그릇 속에 있는 액체이다.", "몸은 감정을 담는 그릇이다."에 의한 '그릇 은유(container metaphor)'이다. 이와 관련하여, 한국어의 '그릇 은유'는 '화' 시나리오의 전개 과정을 매우 사실적으로 보여 주는데, (17a)는 그릇 은유의 근원영역이며, (17b)는 그 목표영역이다. 실제로 '몸'이라는 '그릇' 속에서 '화'의 신체 생리적 반응은 (18)에서 보듯이 근원영역인 '그릇 속의 액체'처럼 '몸속의 화'가 서술어 '차오르다→끓어오르다→치솟아오르다→폭발하다→가라앉다'와 같이 연쇄적인 사건 도식을 이룬다. 한국어 문화권에서 '그릇 속의 액체'에 해당하는 '신체 속의 화'는 '(뱃)속 밑바닥→가슴·부아→목구멍→머리꼭지'로 상승하여 그 뚜껑이 열리고 폭발한 뒤 진정되는 인지 모형을 보여 준다.

(17) a. 근원영역: 그릇 속에 액체가 담김→가열→솟아오름→폭발→평정

　　 b. 목표영역: 몸속에 화가 담김→가열→솟아오름→폭발→평정

(18) a. **화가 목구멍까지 차올라** 그의 마지막 결벽증 위로 곧 범람할 것 같은 위기의식을 느꼈다. (박완서 2002: 97, 『오만과 몽상』, 세계사.)

　　 b. 그를 보는 순간 나의 **속 밑바닥에서부터 부글부글 화가 끓어올랐다.** (조세희 1992: 219, 『난장이가 쏘아 올린 작은 공』, 문학과 지성사.)

　　 c. **화가 머리끝까지 치솟아오른다.** (공선옥 1998: 81, 『내 생의 알리바이』, 창작과 비평사.)

　　 d. **화가 완전히 폭발해서** 백종두의 목을 단칼에 치도록 만들어야 하는 것이었다. (조정래 1995: 31, 『아리랑』 5, 해냄.)

　　 e. **화가 좀 가라앉을 때까지** 기다리자 싶어 그도 전화를 하지 않았던 거였다. (공지영 1999: 164, 『고등어』, 푸른숲.)

셋째, '화' 시나리오의 문화 특정성 몇 가지를 보기로 한다. 제5단계의 '보복'에 대하여 (미국)영어의 경우, 커베체쉬(Kövecses 1990: 68)에서는 보복의

표적이 가해자이며 보복의 강도가 모욕의 강도와 일치하는 것으로 기술하고 있다. 그 반면, 줄루어에서는 화난 사람이 가해자와 무관한 주변 사람들에게 보복을 감행한다. 이 점은 한국어에서도 마찬가지인데, '화풀이(하다)'의 사전적 풀이와 용례인 (19)에서 잘 드러난다(『표준국어대사전』 참조).

(19) a. 화풀이

화난 감정을 푼다는 뜻으로, 오히려 다른 사람에게 화를 냄을 이르는 말. "그는 밖에서 당한 일로 애꿎은 식구들에게 화풀이를 해 댔다.", "그는 엄마한테 혼난 화풀이로 애꿎은 개를 걷어찼다."

b. 화풀이하다

오히려 다른 사람에게 화를 내다. "괜한 사람에게 화풀이하다."

또한, 문화 특정성은 '화'의 가치에서도 드러난다. 대부분의 문화권에서 '화'는 부정적 감정이며, 중국어와 한국어에서는 질병으로 이어져, 통제되어야 할 대상으로 간주한다. 줄루어 'umoya(바람, 공기)'는 '화'와 관련되는데, 활동적인 'high umoya'는 비활동적인 'low umoya'보다 높은 가치를 부여받는다. 동사 'thukuthela'는 '화내다'와 '활동적'인 뜻을 가진 다의어이다. 화내기 쉬운 사람은 침착하거나 냉담한 사람보다 더 높은 평가를 받는데, 화내기 쉬운 사람은 고위직에 있다(Tayler and Mbense 1998: 222 참조).

요컨대 '화' 시나리오는 생리적 환유 및 개념적 은유와의 상관성 속에서 시간적 순서에 따라 5단계로 진행된다. 그중 제2단계는 '화'의 생리적 환유가 발생하는 주요 단계이다. 원형적인 '화' 시나리오는 보편성의 폭이 넓은데, 제5단계에서 문화적 특이성이 드러난다. 한국어는 5단계의 실행과 그릇 은유를 통해서 볼 때 '화' 시나리오의 전형적인 양상을 보여 주는 인지 모형을 드러낸다.

4.2.3. 동서양의 범주화

니스벳(Nisbet 2003)을 비롯하여, EBS〈동과 서〉 제작팀 · 김명진(2008)에
서는 동양과 서양의 문화 및 사고방식의 차이를 조명한 바 있다. 그 가운데
사고방식, 범주화, 세계 인식 등에 관한 몇 가지를 들면 다음과 같다.

첫째, (20)에서 보듯이 동양인은 동사로 말하고 서양인은 명사로 말한다.
또한, (21)에서 보듯이 '원숭이, 판다, 바나나' 중 두 가지를 묶는 실험에서
동양인은 '먹다'와 같이 동사를 통해 두 사물의 관계성을 설명하는 반면, 서양
인은 '동물'과 같이 명사를 통해 사물의 범주를 정하고 분류한다.

(20) a. 동양: (차) 더 마실래?

　　 b. 서양: (Would you like to have) More tea?

(21) a. 동양: 원숭이가 바나나를 먹는다.

　　 b. 서양: 판다와 원숭이는 '동물'이다.

둘째, 〈그림 6〉은 위의 꽃 그림이 아래 그림의 A그룹과 B그룹 중 어디에
속하는가를 판단하는 실험이다. 동양인(한국, 중국, 일본)은 A그룹으로, 서양
인(미국, 캐나다, 영국)은 B그룹으로 반응하는 경향이 많았다. 이것은 동양인
이 전체적인 인상으로 '유사성'을 판단하는 데 비해, 서양인은 각 꽃들을 하나
씩 살피면서 꽃을 구성하고 있는 '규칙성'을 찾아내려고 노력하기 때문이다
(EBS〈동과 서〉 제작팀 · 김명진 2008: 106-109 참조).

셋째, 〈그림 7〉은 "다음의 세 개의 물체 중 어느 것이 가장 앞쪽에 있는가?"
의 실험이다. 동양인은 하단의 제일 큰 물체라고 답한 반면, 서양인은 상단의
제일 작은 물체를 선택했다. 이것은 동양인이 대상의 입장에서 사물을 보는
데 비해, 서양인이 관찰자의 입장에서 사물을 보는 경향 때문이다(EBS〈동과
서〉 제작팀 · 김명진 2008: 144-161 참조).

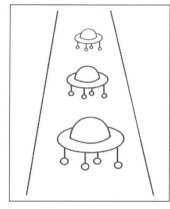

〈그림 6〉 '유사성: 규칙성' 실험   〈그림 7〉 가장 앞쪽에 있는 것

요컨대 위에서 본 동양과 서양의 사고방식 차이는 문화적 배경에 깊은 뿌리를 두고 있다. 사고방식, 문화, 언어의 함수관계를 고려해 볼 때 언어 속에 반영된 사고방식의 양상과 특성을 규명하는 일은 큰 의의를 지닌다고 하겠다.

5. 마무리

이 장에서는 문화의 의미를 중심으로 그 성격과 양상, 의미 유형론, 의미의 문화적 변이에 대하여 살펴보았다. 그 주요 내용에 따라 마무리하기로 한다.

첫째, 언어와 문화는 공생 관계를 형성하고 있는데, 언어는 문화의 주요한 부분이며, 문화는 언어를 이루는 배경 요소이다. 한 문화 공동체가 공유하고 있는 사고방식이나 행동 양식을 '문화 모형'이라고 하며, 어떤 문화권의 언중들이 일상생활 속에서 얻은 경험과 직관을 통해 형성해 온 상식적인 세계관을 '민간 모형'이라고 한다. 남북한의 어휘 이질화는 분단의 정치, 사회-문화에 의한 특이한 사례이다.

둘째, 의미 유형론은 의미의 범언어적 탐구로서, 언어적 다양성의 관점에서 출발하여 의미의 보편성과 특이성을 밝힌다. 의미 유형론의 전형적인 사례는 신체 부위 용어, 색채 용어, 이동 동사의 어휘화를 들 수 있다.

셋째, 언어, 사고, 문화와 관련하여 언어 상대성 가설과 언어 보편성 이론이 대립해 왔는데, 문화 의미의 탐구를 통해 접점을 형성하고 있다. 문화적 의미 변이의 전형적인 사례는 의미 습득, '화'의 문화 모형, 동서양의 범주화를 들 수 있다.

참고문헌

국립국어원(2005).『외국인을 위한 한국어 문법 1: 체계편』. 커뮤니케이션북
　　스.

권재일(2012).『한국어 문법론』. 태학사.

권재일(2013).『세계 언어의 이모저모』. 박이정.

김경원·김철호(2006).『국어 실력이 밥 먹여준다: 낱말편 1』. 유토피아.

김광해(2003).『등급별 국어교육용 어휘』. 박이정.

김령환(2016). "상하관계와 부분전체관계에 기초한 어휘 의미의 다의성." 임
　　지룡 외.『어휘 의미의 인지언어학적 탐색』, 215-234. 한국문화사.

김종원 외(1992).『생물의 세계』. 형설출판사.

김종택(1982).『국어화용론』. 형설출판사.

김진우(1984/2004).『언어: 이론과 그 응용』. 탑출판사.

김진해(2010). "관용 표현 연구의 새로운 쟁점."『한국어학』49: 37-64. 한국
　　어학회.

남길임(2017). "2016년 신어조사 및 사용주기 조사." 국립국어원.

남승호(2002). "처소논항 교체의 의미론: 자동사와 형용사를 중심으로."『어
　　학연구』38-1: 295-318. 서울대학교 어학연구원.

남승호(2012). "형식 의미론의 기초와 한계." (사)한국언어학회 2012 여름학
　　술대회 별지, 1-24. 한국언어학회.

민현식(1995). "국어의 여성어 연구."『아세아 여성연구』34: 7-58. 숙명여대
　　아세아여성문제 연구소.

박노평·김봉기(2016).『평양말·서울말: 언어에도 휴전선이』. 메인파워.

박지홍(1984).『우리말의 의미』. 과학사.

서상규(2014).『한국어 기본어휘 의미 빈도 사전』. 한국문화사.

서상규(2015). "기본 어휘 '먹다'의 의미 빈도와 텍스트 유형."『외국어로서의

한국어교육』 42: 109-141. 연세대학교 언어연구교육원 한국어학당.

석주명(1992).『나비채집 이십년의 회고록』. 신양사.

송지혜(2011). "'시원하다'의 통시적 의미 변화 양상 연구."『어문학』 111: 37-56. 한국어문학회.

송창선(2010).『국어 통사론』. 한국문화사.

송철의(2001). "국어의 형태론적 특질."『배달말』 28: 1-28. 배달말학회.

송현주(2017). "의식주 관련 한국어 관용 표현의 동기화 양상."『한국어 의미학』 58: 185-209. 한국어 의미학회.

신현정(2000).『개념과 범주화』. 아카넷.

유홍준(1997).『나의 문화유산답사기 3: 말하지 않는 것과의 대화』. 창작과비평사.

윤평현(2008).『국어의미론』. 역락.

왕난난(2017). "한중 자기반의어의 의미 양상과 해석."『담화와 인지』 24-2: 53-72. 담화 · 인지언어학회.

이기갑(1990). "방언 어휘론." 국어국문학회 지음『방언학의 자료와 이론』, 107-166. 지식산업사.

이기갑(2013).『전라도의 말과 문화』. 지식과교양.

이기문(1980). "가파도 방언의 특징."『연암현평효박사 회갑기념논총』, 455-466. 형설출판사.

EBS〈동과 서〉제작팀 · 김명진(2008).『EBS 다큐멘터리 동과 서』. 지식채널

이민우(2011). "어휘 의미의 자체대립 유형 연구."『어문론집』 47: 55-74. 중앙어문학회.

이상규(1991). "경북, 충북 접경지역의 어휘분화: 복합어, 파생어를 중심으로."『들메 서재극박사 환갑기념논문집』, 611-637. 간행위원회.

이선영(2011), "국어의 모순어에 대하여."『국어학』 61: 265-289. 국어학회.

이성범(2002).『영어화용론』. 한국문화사.

이성범(2012).『화용론 연구의 거시적 관점: 이론과 실제』. 소통.

이성하(1998/2016). 『문법화의 이해』. 한국문화사.

이숭녕(1956). "국어의 의미변화 시고: 의미론 연구의 한 제언." 『자유문학』 1: 236-242. 자유문학자협회.

이승재(1983). "혼효형 형성에 대한 문법론적 고찰: 전북 서부지역의 '틀부-' 어간을 중심으로." 『어학연구』 19-1: 35-52. 서울대학교 어학연구소.

이종열(2007). "사물 및 공간 개념에 대한 유아의 은유 양상 연구." 『어문학』 98: 187-213. 한국어문학회.

임지룡(1982). "상대성 접속어미에 관한 연구." 『동양문화연구』 9: 189-227. 경북대학교 동양문화연구소.

임지룡(1985a). "대등합성어의 의미분석." 『배달말』 10: 87-114. 배달말학회.

임지룡(1985b). "어휘체계의 빈자리에 대하여." 『소당 천시권박사 화갑기념 국어학논총』, 447-470. 형설출판사.

임지룡(1989). 『국어 대립어의 의미 상관체계』. 형설출판사.

임지룡(1991). "의미의 본질에 대한 심리언어학적 해석." 『언어연구』 8: 57-72. 언어과학회.

임지룡(1992). 『국어의미론』. 탑출판사.

임지룡(1993a). "원형이론과 의미의 범주화." 『국어학』 23: 41-68. 국어학회.

임지룡(1993b). "의미범주의 원형탐색에 관한 연구." 『국어교육연구』 25: 115-151. 국어교육연구회.

임지룡(1996a). "말실수의 인지적 분석." 『문학과 언어』 17: 57-79. 문학과 언어연구회.

임지룡(1996b). "혼성어의 인지적 의미 특성." 『언어연구』 13: 191-214. 대구 언어학회.

임지룡(1998a). "안동방언의 청자대우법." 『청암 김영태 박사 화갑기념 논문집: 방언학과 국어학』, 461-484. 태학사.

임지룡(1998b). "주관적 이동 표현의 인지적 의미 특성." 『담화와 인지』 5-2: 181-206. 담화 · 인지언어학회.

임지룡(2000). "한국어 이동사건의 어휘화 양상."『현대문법연구』20: 23-45. 현대문법학회.

임지룡(2001a). "'기쁨'과 '슬픔'의 개념화 양상."『국어학』37: 219-249. 국어학회.

임지룡(2001b). "다의어 '사다' '팔다'의 인지의미론적 분석."『국어국문학』129: 165-190. 국어국문학회.

임지룡(2002). "글쓰기를 위한 문법교육 텍스트."『국어교육연구』34: 217-248. 국어교육학회.

임지룡(2004). "국어에 내재한 도상성의 양상과 의미 특성."『한글』266: 169-205. 한글 학회.

임지룡(2006a).『말하는 몸: 감정 표현의 인지언어학적 탐색』. 한국문화사.

임지룡(2006b). "환유 표현의 의미 특성."『인문논총』55: 265-299. 서울대학교 인문대학 인문학연구소

임지룡(2006c). "개념적 은유에 대하여."『한국어 의미학』20: 29-60. 한국어 의미학회.

임지룡(2006d). "의미 구조의 비대칭성."『이병근선생퇴임기념 국어학논총』, 893-913. 태학사.

임지룡(2008).『의미의 인지언어학적 탐색』. 한국문화사.

임지룡(2009). "다의어의 판정과 의미 확장의 분류 기준."『한국어 의미학』28: 193-226. 한국어 의미학회.

임지룡(2010). "국어 어휘교육의 과제와 방향."『한국어 의미학』33: 259-296. 한국어 의미학회.

임지룡(2011a). "다의어와 다면어의 변별 기준과 의미 특성."『언어과학연구』58: 169-190. 언어과학회.

임지룡(2011b). "국어 어휘범주의 기본층위 탐색 및 의미특성 연구."『담화와 인지』18(1): 153-182. 담화·인지언어학회.

임지룡(2012). "어휘의미론의 흐름과 특성."『한말연구』31: 195-227. 한말연

구학회.

임지룡(2014). "'착하다'의 의미 확장 양상과 의의." 『언어』 39(4): 971-996. 한국언어학회.

임지룡(2015a). "대립어의 머릿속 작용 양상." 『한글』 307: 171-207. 한글 학회.

임지룡(2015b). "학교문법 다의어 교육 내용의 현황과 대안." 『우리말연구』 42: 61-97. 우리말학회.

임지룡(2015c). "대립어 작용 양상의 인지의미론적 특성." 『우리말연구』 40: 65-100. 우리말학회.

임지룡(2015d). "청자대우법의 화계와 해석." 『언어과학연구』 72: 347-376. 언어과학회.

임지룡(2015e). "학교문법 상대 높임법의 새로운 이해." 『한민족어문학』 69: 359-398. 한민족어문학회.

임지룡(2015f). "'기쁘다'와 '즐겁다'의 의미 차이." 『어문학』 129: 23-49. 한국어문학회.

임지룡(2016). "해석 작용의 언어 층위별 의미 특성: 어휘 층위를 중심으로." 『언어학 연구』 40: 285-318. 한국중원언어학회.

임지룡(2017a). 『한국어 의미 특성의 인지언어학적 연구』. 한국문화사.

임지룡(2017b). 『〈개정판〉 인지의미론』. 탑출판사.

임지룡(2017c). "해석 작용의 양상과 의미 특성: 문장 층위를 중심으로." 『국어교육연구』 65: 139-170. 국어교육학회.

임지룡·배문경(2003). "여성 발화의 화용적 특성 연구." 『문학과 언어』 25: 161-202. 문학과 언어학회.

임지룡·이은규·김종록·송창선·황미향·이문규·최웅환(2005). 『학교 문법과 문법 교육』. 박이정.

임지룡·임칠성·심영택·이문규·권재일(2010). 『문법 교육론』. 역락.

임태성(2018). 『가상이동: 인지언어학적 접근법』. 한국문화사.

장영준(1999). 『언어의 비밀: 창조적 사고, 혹은 상상력을 위하여』. 한국문화사.

장유경(1997). "한국 유아의 초기 어휘획득에서 제약성의 역할(1)." 『인간발달연구』 4: 76-87. 한국인간발달학학회.

장유경(2004a). "한국 영아의 초기 어휘발달: 8개월~17개월." 『한국심리학회지: 일반』 23(1): 77-99. 한국심리학회.

장유경(2004b). "한국 영아의 초기 어휘발달: 18개월~36개월." 『한국심리학회지: 발달』 17(4): 97-105. 한국심리학회.

전영철(2016). "한국어 의미 연구와 의미 이론." 『한글』 313: 5-25. 한글 학회.

조명한(1982). 『한국 아동의 언어 획득 연구: 책략 모형』. 서울대학교 출판부.

조춘옥(2005). 『조선어어휘의미론』. 사회과학출판사.

조항범(1991). "불교용어의 형성유형과 그 의미변화." 이상보 외 『불교문학 연구입문(율문·언어편)』, 242-274. 동화출판공사.

천시권(1980). "온도어휘의 상관체계." 『국어교육연구』 12: 1-14. 국어교육연구회.

천시권(1983). "신체 착탈어휘의 구조체계." 『국어교육연구』 15: 1-11. 국어교육연구회.

천시권·김종택(1971/1973). 『국어의미론』. 형설출판사.

최은희(2000). "한국 아동 어휘 발달 연구: 13-30개월 아동을 대상으로." 연세대학교 대학원 국어국문학과 석사학위논문.

최현배(1971). 『우리말본(개정4판)』. 정음사.

한지선(2009). "〈베토벤 바이러스〉의 '강마에'를 중심으로 본 '나쁜 남자' 인기의 정서구조연구." 서강대학교 대학원 신문방송학과 석사학위논문.

황풍년(2014). "전라도 말에는 전라도의 마음이 있다." 『새국어생활』 24(2): 122-132. 국립국어원.

허 웅(1975). 『우리 옛말본』. 샘문화사.

홍사만(2008). 『국어 의미 분석론』. 한국문화사.

홍재성(1987). 『현대 한국어 동사구문의 연구』. 탑출판사.

夏海燕(2017). 『動詞の意味擴張における方向性』. 東京: 株式會社 ひつじ

書房.

Aitchison, J.(1987/2003). *Words in the Mind: An Introduction to the Mental Lexicon.* Oxford: Basil Blackwell. (임지룡·윤희수 옮김(1993). 『심리언어학: 머릿속 사전의 신비를 찾아서』. 경북대학교출판부.

Aitchison, J.(1994). "Understanding words." In G. Brown *et al.*(eds.), *Language and Understanding,* 83-95. Oxford: Oxford University Press.

Allan, K.(2016). "A history of semantics." In N. Riemer(ed.), *The Routledge Handbook of Semantics,* 48-68. London·New York: Routledge.

Allwood, J. and P. Gärdenfors(eds.)(1988). *Cognitive Semantics: Meaning and Cognition.* Amsterdam·Philadelphia: John Benjamins.

Alston, W. P.(1963). "The quest for meanings." *Mind* 72(285): 79-87.

Andersen, E.(1978). "Lexical universals of body-part terminology." In J. H. Greenberg(ed.), *Universals of Human Language,* 335-368. Stanford: Stanford University Press.

Armstrong, S. L., L. R. Gleitman and H. Gleitman(1983). "What some concepts might not be." *Cognition* 13: 263-308.

Asher, R. E. *et al.*(eds.)(1994). *The Encyclopedia of Language and Linguistics(Lexicology/Psycholinguistics/Semantics).* Oxford·New York·Seoul·Tokyo: Pergamon Press.

Austin, J.(1962). *How to Do Things with Words.* Oxford: Clarendon Press. (장석진(1987). 『오스틴: 화행론』. 서울대학교출판부.)

Bar-Adon, A. and W. F. Leopold(1971). *Child Language: A Book of Readings.* Englewood Cliffs: Prentice-Hall.

Barsalou, L. W.(1983). "Ad hoc categories." *Memory and Cognition* 11: 211-227.

Barsalou, L. W.(1992). "Frames, concepts and conceptual fields." In A. Lehrer and E. F. Kittay(eds.), 21-74.

Battistella, E. L.(1990). *Markedness: The Evaluative Superstructure of Language*. Albany, N.Y.: State University of New York Press.

Bencini, G. and A. E. Goldberg(2000). "The contribution of argument structure constructions to sentence meaning." *Journal of Memory and Language* 43: 640-651.

Berlin, B. and P. Kay(1969). *Basic Color Terms: Their Universality and Evolution*. Berkeley: University of California Press.

Berlin, B., D. Breedlove and P. Raven(1974). *Principles of Tzeltal Plant Classification: An Introduction to the Botanical Ethnography of a Mayan-Speaking People of Highland Chiapas*. New York · London: Academic Press.

Bierwisch, M.(1967). "Some semantic universals of German adjectives." *Foundations of Language* 3: 1-36.

Bierwisch, M. and E. Lang(eds.)(1989). *Dimensional Adjectives: Grammatical Structure and Conceptual Interpretation*. Berlin: Springer.

Bloom, L.(1973). *One Word at a Time: The Use of Single Word Utterances before Syntax*. The Hague: Mouton.

Bloomfield, L.(1933). *Language*. New York: Holt.

Bolinger, D.(1977). *Meaning and Form*. London · New York: Longman.

Boucher, J. and C. E. Osgood(1969). "The pollyanna hypothesis." *Journal of Verbal Learning and Verbal Behavior* 8: 1-8.

Bowerman, M.(1978). "Systematizing semantic knowledge: Changes over time in the child's organization of word meaning." *Child Development* 49(4): 977-987.

Bowerman, M.(1980). "The structure and origin of semantic categories in the language learning child." In D. Foster and S, Brandes(eds.), *Symbols as Sense: New Approaches to the Analysis of Meaning*, 277-299. New

York: Academic Press.

Bowerman, M.(1996). "Learning how to structure space for language: A crosslinguistic perspective." In P. Bloom, M. A. Peterson, L. Nadel and M. F. Garrett(eds.), *Language and Space*, 385-436. Cambridge: The MIT Press.

Bradley, H.(1904). *The Making of English*. New York: The Macmilian Company.

Bréal, M.(1883). "Les lois intellectuelles du langage: Fragmant de sémantique." *Annuaire de l'Association pour l'encouragement des études grecques en France* 17: 132-142.

Bréal, M.(1897). *Essai de Sémantique: Science des Significations*. Paris: Hachette. (H. Cust(1900). *Semantics: Studies in the Science of Meaning*. New York: Henry Holt & Company.)

Brown, C. H.(1976). "General principles of human anatomical partonomy and speculations on the growth of partonomic nomenclature." *American Ethnologist* 3: 400-424.

Brown, C. H.(2005a). "Hand and arm." In M. Haspelmath, M. Dryer, D. Gil and B. Comrie(eds.), *The World Atlas of Language Structures (WALS)*, 522-525. Oxford: Oxford University Press.

Brown, C. H.(2005b). "Finger and hand." In M. Haspelmath, M. Dryer, D. Gil and B. Comrie(eds.), *The World Atlas of Language Structures (WALS)*, 526-529. Oxford: Oxford University Press.

Brown, C. H. and S. E. Witkowski(1983). "Polysemy, lexical change and cultural importance." *Man* 18: 72-89.

Bruner, J. S., J. J. Goodnow and G. A. Austin(1956). *A Study of Thinking*. New York: Wiley.

Campbell, N. A. *et al.*(2007). *Biology*. Boston: Addison-Wesley. (전상학 외

옮김(2008). 『생명과학 (8판)』. 바이오사이언스.)

Carnie, A.(2013). *Syntax: A Generative Introduction*. Oxford: Wiley-Blackwell.

Choi, S.(2006). "Influence of language-specific input in spatial cognition: Categories of containment." *First Language* 26: 207-232.

Choi, S.(2016). "Acquisition of meaning". *In N. Riemer(ed.), The Routledge Handbook of Semantics*, 457-472. London and New York: Routledge.

Choi, S. and M. Bowerman(1991). "Learning to express motion events in English and Korean: The influence of language-specific lexicalization patterns." *Cognition* 41: 83-121.

Chomsky, N.(1957). *Syntactic Structures*. The Hague: Mouton. (이승환·이혜숙 공역(1966). 『변형생성문법의 이론』. 범한서적주식회사.)

Chomsky, N.(1965). *Aspects of the Theory of Syntax*. Cambridge, M.A.: MIT Press. (이승환·임영재 공역(1975). 『생성문법론』. 범한서적주식회사.)

Chomsky, N.(1995). "Language and nature." *Mind* 104: 1-16.

Clark, E. V.(1972). "On the child's acquisition of antonyms in two semantic fields." *Journal of Verbal Learning and Behavior* 11: 750-758.

Clark, E. V.(1973). "What's in a word?: On the child's acquisition of semantics in his first language." In T. E. Moore(ed.), *Cognitive Development and the Acquisition of Language*, 65-110. New York: Academic Press.

Clark, E. V.(1993). *The Lexicon in Acquisition*. Cambridge: Cambridge University Press.

Clark, E. V.(2009). *First Language Acquisition*(2nd edn.). Cambridge: Cambridge University Press.

Clark, H. H.(1970). "Word association and linguistic theory." In J. Lyons(ed.), *New Horizon in Linguistics*, 271-286. Harmondsworth:

Penguin Books.

Clark, H. H.(1973). "Space, time, semantics, and the child." In T. E. Moor(ed.), *Cognitive Development and the Acquisition of Language*, 27-63. New York: Academic Press.

Clark, H. H. & E. V. Clark(1977). *Psychology and Language: An Introduction to Psycholinguistics*. New York: Harcourt Brace Jovanovich.

Copper, W. E. and J. R. Ross(1975). "World order." *CLS Functionalism*, 63-111.

Coseriu, E.(1962). *Teoria del Lenguaje y Lingüistica General: Cinco Estudios*. Madrid: Gredos.

Croft, W.(1991). *Syntactic Categories and Grammatical Relations: The Cognitive Organization of Information*. Chicago: University of Chicago Press.

Croft, W.(2001). *Radical Construction Grammar: Syntactic Theory in Typological Perspective*. Oxford: Oxford University Press.

Croft, W.(2003). *Typology and Universals*(2nd edn.). Cambridge: Cambridge University Press.

Croft, W. and D. A. Cruse(2004). *Cognitive Linguistics*. Cambridge: Cambridge University Press. (김두식·나익주 옮김(2010). 『인지언어학』. 박이정.)

Cruse, D. A.(1986). *Lexical Semantics*. Cambridge: Cambridge University Press. (임지룡·윤희수 옮김(1989). 『어휘의미론』. 경북대학교출판부.)

Cruse, D. A.(1990a). "Language, meaning and sense: Semantics." In N. E. Collinge(ed.), *An Encyclopedia of Language*, 139-172. London·New York: Routledge.

Cruse, D. A.(1990b). "Prototype theory and lexical semantics." In S. L. Tsohatzidis(ed.), *Meaning and Prototypes: Studies in Linguistic*

Categorization, 382-401. London: Routledge and Kegan Paul.

Cruse, D. A.(2000/2011). *Meaning in Language*. Oxford: Oxford University Press. (임지룡 · 김동환 옮김(2002). 『언어의 의미: 의미 · 화용론 개론』. 태학사.)

Cruse, D. A.(2002). "Hyponymy and its varieties." In R. Green, C. A. Bean and S. H. Myaeng(eds.), *The Semantics of Relationships: An Interdisciplinary Perspective*, 3-21. Dordrecht: Kluwer.

Dąbrowska, E.(2015). "Individual differences in grammatical knowledge". In E. Dąbrowska and D. Divjak(eds.), 650-668.

Dąbrowska, E. and D. Divjak(eds.)(2015). *Handbook of Cognitive Linguistics*. Berlin: De Gruyter. (임지룡 · 김동환(2018). 『인지언어학 핸드북』. 박이정.)

Darmesteter, A.(1887). *La Vie des Mots Étudiee Dans leur Significations*. Paris: Delagrave. (최석규 옮김(1963). 『낱말의 생태: 단어의 의미론적 탐구』. 대한교과서주식회사.)

Davidson, D.(1967). "Truth and meaning." *Synthese* 17: 304-323.

Diessel, H.(1999). *Demonstratives: Form, Function and Grammaticalization*. Amsterdam · Philadelphia: John Benjamins.

Dirven, R. and M. Verspoor(eds.)(1998/2004). *Cognitive Exploration of Language and Linguistics*. Amsterdam · Philadelphia: John Benjamins. (이기동 외 9명 옮김(1999). 『언어와 언어학: 인지적 탐색』, 한국문화사.)

DiVesta, F. J.(1964). "The distribution of modifiers used by children in a word-association task." *Journal of Verbal Learning and Behavior* 3: 421-427.

DiVesta, F. J.(1965). "Development patterns in the use of modifiers as models of conceptualization." *Child Development* 36: 186-213.

DiVesta, F. J.(1966). "A developmental study of the semantic structures of children. *Journal of Verbal Learning and Behavior* 5: 249-259.

Dryer, M. S.(2005a). "Order of subject, object, and verb." In M. Haspelmath, M. S. Dryer, D. Gil and B. Comrie(eds.), *The World Atlas of Language Structures,* 330-333. Oxford: Oxford University Press.

Dryer, M. S.(2005b). "Order of subject and verb." In M. Haspelmath, M. S. Dryer, D. Gil and B. Comrie(eds.), *The World Atlas of Language Structures,* 334-337. Oxford: Oxford University Press.

Dryer, M. S.(2005c) "Order of object and verb." In M. Haspelmath, M. S. Dryer, D. Gil and B. Comrie(eds.), *The World Atlas of Language Structures,* 338-341. Oxford: Oxford University Press.

Evans, N.(2011). "Semantic typology." In J. J. Song(ed.), *The Oxford Handbook of Typology,* 504-533. Oxford: Oxford University Press.

Evans, V. and M. Green(2006). *Cognitive Linguistics: An Introduction.* Edinburgh: Edinburgh University Press. (임지룡 · 김동환 옮김(2008). 『인지언어학 기초』. 한국문화사.)

Farb, P.(1974). *Word Play: What Happens When People Talk.* New York: A Bantam Book.

Fillmore, C. J.(1975). "An alternative to checklist theories of meaning." *Proceedings of the First Annual Meeting of the Berkeley Linguistics Society,* 123-131. Amsterdam: North Holland.

Fillmore, C. J.(1982). "Frame semantics." In Linguistic Society of Korea(ed.), *Linguistics in the Morning Calm,* 111-138. Seoul: Hanshin.

Fillmore, C. J.(1985). "Frames and the semantics of understanding." *Quaderni di Semantica* 6: 222-254.

Fillmore, C. J. and B. T. Atkins(1992). "Toward a frame-based lexicon: The semantics of RISK and its neighbors." In A. Lehrer and E. F. Kittay(eds.), 75-102.

Fillmore, C. J., P. Kay and M. K. O'Connor(1988). "Regularity and idiomaticity in grammatical constructions: The case of let alone." *Language* 64: 501-538.

Firth, J. R.(1957). "A synopsis of linguistic theory, 1930-1955." In *Studies in Linguistic Analysis. Special volume of the Philological Society*, 1-32. Oxford: Basil Blackwell

Fodor, J. A.(1975). *The Languge of Thought: A New Philosophical Direction*. Cambridge, M.A.: Harvard University Press.

Frege, G.(1879). *Begriffsschrift, eine der arithmetischen nachgebildete Formelsprache des reinen Denkens*. Halle A/S.: Louis Nebert.

Fries, C. C.(1954). "Meaning and linguistic analysis." *Language* 30: 57-68.

Fromkin, V. and R. Roadman(1983). *An Introduction to Language*. New York: Holt, Rinehart & Winston.

Geeraerts, D.(1989). "Introduction: Prospects and problems of prototype theory." *Linguistics* 27: 587-621.

Geeraerts, D.(2010). *Theories of Lexical Semantics*. Oxford: Oxford University Press. (임지룡·김동환 옮김(2013). 『어휘 의미론의 연구 방법: 역사의미론에서 인지의미론까지』. 경북대학교출판부.)

Geeraerts, D. and H. Cuyckens(2007). "Introduction to cognitive linguistics". In D. Geeraerts and H. Cuyckens(eds.), 1-21.

Geeraerts, D. and H. Cuyckens(eds.)(2007). *The Oxford Handbook of Cognitive Linguistics*. Oxford: Oxford University Press. (김동환 옮김(2011). 『인지언어학 옥스퍼드 핸드북』. 로고스라임.)

Gibbs, R. W.(1994). *The Poetics of Mind: Figurative Thought, Language, and Understanding*. Cambridge: Cambridge University Press. (나익주 옮김(2003). 『마음의 시학: 비유적 사고·언어·이해』. 한국문화사.)

Givón, T.(1979). *On Understanding Grammar*. New York: Academic Press.

(이기동 옮김(1985). 『문법이해론』. 범한서적.)

Givón, T.(1985). "Non-arbitrary coding in syntax." In J. Haiman(ed.), *Iconocity in Syntax*, 187-219. Amsterdam · Philadelphia: John Benjamins.

Goddard, C.(2002). "The search for the shared semantic core of all languages." In C. Goddard and A. Wierzbicka(eds.), *Meaning and Universal Grammar: Theory and Empirical Findings* (vol. 1), 5-40. Amsterdam · Philadelphia: John Benjamins.

Goldberg, A. E.(1995). *Constructions: A Construction Grammar Approach to Argument Structure*. Chicago: University of Chicago Press.

Goldberg, A. E.(2006). *Constructions at Work: The Nature of Generalizations in Language*. Oxford: Oxford University Press.

Goldstone, R. and A. Kersten(2012). "Concepts and categories." In A. F. Healy and R. W. Proctor(eds.), *Handbook of Psychology (vol. 4) Experimental Psychology*, 607-630. Hoboken, N.J.: Wiley.

Goodenough, W. H.(1956). "Componential analysis and the study of meaning." *Language* 32: 195-216.

Greimas, A.(1966). *Sémantique Structurale: Recherche de Méthode*. Paris: Larousse.

Grice, H. P.(1975). "Logic and conversation." In P. Cole and J. L. Morgan(eds.), *Syntax and Semantics 3: Speech Acts*, 41-58. New York: Academic Press.

Hamawand, Z.(2016). *Semantics: A Cognitive Account of Linguistic Meaning*. Sheffield, U.K.: Equinox. (임지룡 · 윤희수 옮김(2017). 『의미론: 언어 의미의 인지적 설명』. 한국문화사.)

Hayakawa, S. I.(1952/1964). *Language in Thought and Action*. Harcourt: Brace & World. (김영준 역(1957/1967). 『의미론』. 민중서관.)

Heine, B. and T. Kuteva(2002). *World Lexicon of Grammaticalization*.

Cambridge: Cambridge University Press.

Heine, B., U. Claudi and F. Hünnemeyer(1991). *Grammaticalization: A Conceptual Framework.* Chicago: The University of Chicago Press.

Hilpert, M.(2015). "Historical linguistics.". In E. Dąbrowska and D. Divjak (eds.), 346-366.

Hjelmslev, L.(1953) *Prolegomena to a Theory of Language.* Bloomington: Indiana University Press. (Original Danish edition 1943.)

Im, Sung-Chool(2002). "Typological pattern of motion verbs in Korean." 『담화와 인지』 9-1: 123-150. 담화. 인지언어학회.

Im, Sung-Chool(2010). "A crosslinguistic study of motion events among English, Korean, Japanese, and Chinese." 『현대문법연구』 60: 195-213. 현대문법학회.

Jackendoff, R.(1983). *Semantics and Cognition.* Cambridge, M.A.: MIT Press.

Jackendoff, R.(1990). *Semantics Structures.* Cambridge, M.A.: MIT Press.

Jackendoff, R.(1996). "Conceptual semantics and Cognitive Linguistics." *Cognitive Linguistics* 7: 93-129.

Jackendoff, R.(2002). *Foundations of Language.* Oxford: Oxford University Press.

Jackson, H.(1988). *Words and Their Meaning.* New York: Longman.

Janda, L. A.(2008). "From cognitive linguistics to cultural linguistics". *Slovo a Smysl/Word and Sense* 8: 48-68.

Jones, S., M. L. Murphy, C. Paradis and C. Willners(2012). *Antonyms in English: Construal, Constructions and Canonicity.* Cambridge: Cambridge University Press.

Jung-Beeman, M.(2005). "Bilateral brain processes for comprehending natural language." *Trends in Cognitive Sciences* 9: 512-518.

Karaman, B. I.(2008). "On contronymy." *International Journal of*

Lexicography 21-2: 173-192.

Katz, J. J.(1966). *The Philosophy of Language*. New York: Harper & Row.

Katz, J. J.(1967). "Recent issues in semantic theory." *Foundations of Language* 3: 124-194.

Katz, J. J. & J. A. Fodor(1963). "The structure of semantic theory." *Language* 39: 170-210.

Kess, J. F.(1976). *Psycholinguistics*. New York: Academic Press.

Kövecses, Z.(1990). *Emotion Concepts*. London: Springer-Verlag.

Kövecses, Z.(2002/2010). *Metaphor: A Practical Introduction*. Oxford: Oxford University Press. (이정화 · 우수정 · 손수진 · 이진희 공역(2003). 『은유: 실용입문서』. 한국문화사.)

Kövecses, Z.(2006). *Language, Mind, and Culture: A Practical Introduction*. Oxford: Oxford University Press. (임지룡 · 김동환 옮김(2011). 『언어 · 마음 · 문화의 인지언어학적 탐색』. 역락.)

Labov, W.(1973). "The boundaries of words and their meaning." In C. J. Bailey and R. W Shuy(eds.), *New Ways of Analysing Variation in English*, 340-373. Washington, D.C.: Georgetown University Press.

Lakoff, G.(1987). *Women, Fire and Dangerous Things: What Categories Reveal about the Mind*. Chicago · London: The University of Chicago Press.

Lakoff, G. and M. Johnson(1980/2003). *Metaphors We Live By*. Chicago and London: The University of Chicago Press. (노양진 · 나익주 옮김(1995/2006). 『삶으로서의 은유』. 서광사.)

Lakoff, G. and M. Johnson(1999). *Philosophy in the Flesh: The Embodied Mind and Its Challenge to Western Thought*. New York: Basic Books. (임지룡 · 윤희수 · 노양진 · 나익주 옮김(2002). 『몸의 철학: 신체화된 마음의 서구 사상에 대한 도전』. 박이정.)

Langacker, R. W.(1987). *Foundations of Cognitive Grammar* (vol. 1): *Theoretical Prerequisites.* Stanford, California: Standford University Press. (김종도 역(1999). 『인지문법의 토대: 이론적 선행조건들』. 박이정.)

Langacker, R. W.(1991/2002). *Concept, Image, and Symbol: The Cognitive Basis of Grammar.* Berlin · New York: Mouton de Gruyter. (나익주 옮김(2005). 『개념 · 영상 · 상징: 문법의 인지적 토대』. 박이정.)

Langacker, R. W.(1997). "The contextual basis of cognitive semantics." In J. Nuyts and E. Pederso(eds.), *Language and Conceptualization*, 229-252. Cambridge: Cambridge University Press.

Langacker, R. W.(2008). *Cognitive Grammar: A Basic Introduction.* Oxford: Oxford University Press. (나익주 외 4인 옮김(2014). 『인지문법』. 박이정.)

Lee, D.(2001). *Cognitive Linguistics: An Introduction.* Oxford: Oxford University Press. (임지룡 · 김동환 옮김(2003). 『인지언어학 입문』. 한국문화사.).

Leech, G. N.(1974/1981). *Semantics.* Harmondsworth: Penguin.

Leech, G. N.(1983). *Principles of Pragmatics.* London · New York: Longman.

Leech, G. N. and J. Thomas(1990). "Language, meaning and context: Pragmatics." In N. E. Collinge(ed.), *An Encyclopedia of Language*, 173-206. London · New York: Routledge

Lehrer, A.(1974). *Semantic Fields and Lexical Structure.* Amsterdam: North Holland.

Lehrer, A.(1993). "Semantic fields and frames: Are they alternatives?" In P. R. Lutzeier(ed.), *Studies in Lexical Field Theory*, 149-162. Tübingen: Max Niemeyer Verlag.

Lehrer, A.(1996). "Identifying and interpreting blends: An experimental approach." *Cognitive Linguistics* 7(4): 359-390.

Lehrer, A. and E. F. Kitta(eds.)(1992). *Frame, Fields and Contrasts.* Hillsdale · N.J.: Lawrence Erlbaum.

Levinson, S. C.(1983). *Pragmatics.* Cambridge: Cambridge University Press. (이익환·권경원(1992). 『화용론』. 한신문화사.)

Li, C. N. and S. A. Thompson(1976). "Subject and topic: A new typology of language." In C. N. Li(ed.), *Subject and Topic*, 457-489. New York · San Francisco · London: Academic Press, Inc.

Löbner, S.(2002). *Understanding Semantics.* Oxford: Oxford University Press. (임지룡·김동환 옮김(2010). 『의미론의 이해』. 한국문화사.)

Lounsbury, F.(1956). "A semantic analysis of the Pawnee kinship usage." *Language* 32: 158-194.

Lyons, J.(1963). *Structural Semantics.* Oxford: Blackwell.

Lyons, J.(1968). *Introduction to Theoretical Linguistics.* Cambridge: Cambridge University Press.

Lyons, J.(1977). *Semantics* (vol. 1 & 2). Cambridge: Cambridge University Press. (강범모 옮김(2011). 『의미론 1: 의미 연구의 기초』 & 『의미론 2: 의미와 문법, 맥락, 행동』. 한국문화사.)

Lyons, J.(1981a). *Language and Linguistics: An Introduction.* Cambridge: Cambridge University Press.

Lyons, J.(1981b). *Language, Meaning and Context.* London: Fontana. (현대언어학회 옮김(1984). 『언어, 의미와 상황맥락』. 한신문화사.)

Markman, E. M. and G. F. Wachtel(1988). "Children's use of mutual exclusivity to constrain the meanings of words." *Cognitive Psychology* 20(2): 121-157.

Mel'čuk, I. A.(1996). "Lexical functions: A tool for the description of lexical relations in a lexicon." In L. Wanner(ed.), *Lexical Functions in Lexicography and Natural Language Processing*, 37-102. Amsterdam ·

Philadelphia: John Benjamins.

Miller, G. A.(1990a). "Nouns in WordNet: A lexical inheritance system." *International Journal of Lexicography* 3: 254-264.

Miller, G. A.(1990b). "WordNet: An on-line lexical datebase." *International Journal of Lexicography* 3(4): 235-245.

Miller, G. A.(1991). *The Science of Words*. New York: Scientific American Library. (강범모 · 김성도 옮김(1998). 『언어의 과학』. 민음사.)

Miller, G. A. and C. Fellbaum(1991). "Semantic networks of English." *Cognition* 41: 197-229.

Miller, G. A. and C. Fellbaum(2007). "WordNet then and now." *Language Resources and Evaluation* 41: 209-214.

Miller, G. A. and P. N. Johnson-Laird(1976). *Perception and Language*. Cambridge: Cambridge University Press.

Minsky, M.(1985). *The Society of Mind*. New York: Simon & Schuster.

Montague, R.(1973). "The proper treatment of quantification in ordinary English." In K. Hintikka, E. Moravcsik and P. Suppes(eds.), *Approaches to Natural Language*, 221-242. Dordrecht: Reidel.

Murphy, M. L.(2003). *Semantic Relations and the Lexicon: Antonymy, Synonymy, and Other Paradigms*. Cambridge: Cambridge University Press. (임지룡 · 윤희수 옮김(2008). 『의미 관계와 어휘사전』. 박이정.)

Murphy, M. L.(2010). *Lexical Meaning*. Cambridge: Cambridge University Press.

Nelson K., L. Rescorla, J. Gruendel and H. Benedict(1978). "Early lexicon: What do they mean?" *Child Development* 49: 960-968.

Nida, E. A.(1975). *Componential Analysis of Meaning*. The Hague: Mouton. (조항범 역(1990). 『의미분석론』. 탑출판사.)

Nisbett, R. E.(2003). *The Geography of Thought: How Asians and Westerners*

Think Differently and Why. London: Nicholas Brealey. (최인철 옮김 (2004). 『생각의 지도』. 김영사.)

Ogden, C. K. and I. A. Richards(1923). *The Meaning of Meaning*. London: Routledge and Kegan Paul. (김봉주 역(1986). 『의미의 의미』. 한신문화 사. / 김영수 역(1987). 『의미의 의미』. 현암사.)

Osgood, C. E, G. J. Suci and P. H. Tannenbaum(1957). *The Measurement of Meaning*. Urbana, Illinois: University of Illinois Press.

Palmer, F. R.(1981). *Semantics*. Cambridge: Cambridge University Press. (현 대언어학회 옮김(1984). 『의미론』. 한신문화사.)

Paradis, C.(2013). "Cognitive Grammar." In C. A. Chapelle(ed.), *The Encyclopedia of Applied Linguistics*, 690-697. Oxford: Wiley-Blackwell.

Post, M.(1988). "Scenes-and-frames semantics as a new-lexical field theory". In W. Hüllen and R. Schulze(eds.), *Understanding the Lexicon: Meaning, Sense, and World Knowledge in Lexical Semantics*, 36-47. Tübingen: Niemeyer.

Pottier, B.(1964). "Vers une semantique moderne." *Travaux de Linguistique et de Litterature* 2: 107-137.

Pustejovsky, J.(1995). *The Generative Lexicon*. Cambridge, M.A.: MIT Press. (김종복 · 이예식 역(2002). 『생성어휘론』. 박이정.)

Pustejovsky, J. and B. Boguraev(1994). "A richer characterization of dictionary entries: The role of knowledge representation." In B. T. S. Atkins and A. Zampolli(eds.), *Computational Approaches to the Lexicon*, 295-311. Oxford: Oxford University Press.

Quine, W. V.(1961a). *From an Logical Point of View*(2nd edn.). Cambridge, M.A.: Harvard University Press. (허라금 옮김(1993). 『논리적 관점에서』. 서광사.)

Quine, W. V.(1961b). "Two dogmas of empiricism." In *From a Logical Point of View: Nine Logico-Philosophical Essays*(2nd edn.), 20-46. Cambridge, M.A.: Harvard University Press.

Quine, N. and D. Holland(1987). "Culture and cognition." In D. Holland and N. Quinn(eds.), *Cultural Models in Language and Thought*, 3-40. Cambridge: Cambridge University Press.

Radden, G.(1992). "The cognitive approach to natural language." In M. Pütz(ed.), *Thirty Years of Linguistic Evaluation: Studies in Honour of René-Dirven on the Occasion of his Sixtieth Birthday*, 521-541. Amsterdam · Philadelphia: John Benjamins.

Radden, G.(1996). "Motion metaphorized: The case of 'coming' and 'going'." In E. H. Cased(ed.), *Cognitive Linguistics in the Redwoods: The Expansion of a New Paradigm in Linguistics*, 423-458. Berlin: Mouton de Gruyter.

Radden, G. and R. Dirven(2007). *Cognitive English Grammar*. Amsterdam · Philadelphia: John Benjamins. (임지룡 · 윤희수 옮김(2009).『인지문법론』. 박이정.)

Reisig, K.(1839). *Vorlesungen über die lateinische Sprachwissenschaft (abgehalten ab 1825)*. Leipzig: Lehnhold.

Renner, V., F. Maniez and P. J. L. Arnaud(2012). "Introduction: A bird's-eye view of lexical blending." In V. Renner *et al.*(eds.), *Cross-Disciplinary Perspectives on Lexical Blending*, 1-9. Berlin: Walter de Gruyter.

Richards, I. A.(1936). *The Philosophy of Rhetoric*. Oxford: Oxford University Press.

Riemer, N.(2010). *Introducing Semantics*. Cambridge: Cambridge University Press. (임지룡 · 윤희수 옮김(2013).『의미론의 길잡이』. 박이정.)

Rips, L.(1975). "Inductive judgments about natural categories." *Journal of Verbal Learning and Verbal Behavior* 14: 665-681.

Rips, L. J., E. E. Smith and D. L. Medin(2012). "Concepts and categories: Memory, meaning, and metaphysics." In K. J. Holyoak and R. G. Morrison(eds.), *The Oxford Handbook of Thinking and Reasoning*, 177-209. Oxford: Oxford University Press.

Rosch, E.(1973). "Natural categories." *Cognitive Psychology* 4: 328-350.

Rosch, E.(1975). "Cognitive representations of semantic categories." *Journal of Experimental Psychology: General* 104: 192-233.

Rosch, E.(1978). "Principles of categorization." In Rosch and Lloyd(eds.), 27-48.

Rosch, E. and B. Lloyd(eds.)(1978). *Cognition and Categorization*. Hillsdale, N.J.: Erlbaum.

Rosch, E., C. B. Mervis, W. D. Gra, D. M. Johnson and P. Boyes-Braem (1976). "Basic Objects in Natural Categories." *Cognitive Psychology* 8: 382-439.

Ross, J. R.(1970). "On declarative sentences." In R. A. Jacobs and P. S. Rosenbaum(eds.), *Readings in English Transformational Grammar*, 222-272. Waltham, Mass.: Blaisdell.

Ross, J. R.(1982). "The sound of meaning." In The Linguistic Society of Korea(ed.), *Linguistics in the Morning Calm*, 275-290. Seoul: Hanshin Publishing.

Rubin, E.(1958). "Figure and ground". In D. C. Beardslee and M. Wertheimer(eds.), *Reading in Perception,* 194-203. Princeton, N. J. Toronto. London. New York: D. Van Nostrand Company, Inc.

Saeed, J. I.(1997/2016). *Semantics*. Oxford: Blackwell. (이상철 역(2004). 『최신 의미론』. 한국문화사.)

Saussure, F. de(1916). *Cours de Linguistique Générale*. Paris: Payot. (오원교 역(1979). 『일반언어학강의』. 형설출판사. / 김현권 옮김(2012). 『일반언

어학 강의』. 커뮤니케이션북스.)

Schleicher, A.(1860). *Die deutsche Sprache*. Stuttgart: Cotta.

Searle, J.(1969). *Speech Acts: An Essay in the Philosophy of Language*, Cambridge: Cambridge University Press. (이건원 옮김(1987). 『언어행위론』. 한신문화사.)

Schank, R. C.(1972). "Conceptual dependency: A theory of natural language understanding." *Cognitive Psychology* 3(4): 552-631.

Sinclair, J. M. and P. Hanks(1987). *Collins Cobuild English Language Dictionary*. London: Collins.

Singer, M.(1990). *Psychology of Language: An Introduction to Sentence and Discourse Processes*. (정길정 · 연준흠 옮김(1994). 『언어심리학: 문장과 담화처리 과정 이해』. 한국문화사.)

Smith, E. E.(1988). "Concepts and thought". In R. J. Sternberg and E. E. Smith, *The Psychology of Human Thought*, 19-49. Cambridge: Cambridge University Press.

Smith, E. E. and D. L. Medin(1981). *Categories and Concepts*. Cambridge, M.A.: Harvard University Press.

Sperber, D. and D. Wilson(1986/1995). *Relevance, Communication and Cognition*. Oxford: Blackwell.

Sperber, D. and D. Wilson(2002). "Pragmatics, modularity and mind reading." *Mind and Language* 17: 3-23.

Stern, G.(1931) *Meaning and Change of Meaning: With Special Reference to the English Language*. Bloomington: Indiana University Press.

Sweet, H.(1892). *A New English Grammar: Logical and Historical*. Oxford: At the Clarendon Press.

Talmy, L.(1985). "Lexicalization patterns: Semantic structure in lexical form." In T. Shopen(ed.), *Language Typology and Syntactic Description* (vol.

3): *Grammatical Categories and the Lexicon*, 57-149. Cambridge: Cambridge University Press.

Talmy, L.(1991). "Path to realization: A typology of event conflation." *Proceedings of the Seventeenth Annual Meeting of the Berkeley Linguistic Society*, 480-519. Berkeley: Berkeley Linguistic Society.

Talmy, L.(1996). "Fictive motion in language and 'ception'". In P. Bloom, M. A. Peterson, L. Nadel and M. F. Garrett(eds.), *Language and Space*, 211-276. Cambridge: Cambridge University Press.

Talmy, L.(2000). *Toward a Cognitive Semantics* (vol. II): *Typology and Processing in Concept Structuring*. Cambridge, M.A.: MIT Press.

Tarski, A.(1944). "The semantical concept of truth and the foundations of semantics." *Philosophy and Phenomenological Research* 4: 341-375.

Tayler, J. R. and T. G. Mbense(1998). "Red dogs and rotten mealies: How Zulus talk about anger." In A. Athanasiadou and E. Tabakowska(eds.), *Speaking of Emotions: Conceptualisation and Expression*, 191-226. Berlin · New York: Mouton de Gruyter.

Taylor, J. R.(1989/2003). *Linguistic Categorization: Prototypes in Linguistic Theory*. Oxford: Clarendon Press. (조명원 · 나익주 옮김(1997). 『인지언어학이란 무엇인가?: 언어학과 원형 이론』. 한국문화사.)

Taylor, J. R.(2002). *Cognitive Grammar*. Oxford: Oxford University Press. (임지룡 · 김동환 옮김(2005). 『인지문법』. 한국문화사.)

Tesnière, L.(1959). *Elément de Syntaxe Structurale*. Paris: Librairie C. Klincksieck.

Tomlin, R. S.(1986). *Basic Word Order: Functional Principles*. London: Croom Helm.

Trier, J.(1931). *Der deutsche Wortschatz im Sinnbezirk des Verstandes: von den Anfängen bis zum Beginn des 13. Jahrhunderts* (vol 1): *Der deutsche*

Wortschatz im Sinnbezirk des Verstandes: die Geschichte eines sprachlichen Feldes. Heidelberg: Winter.

Trier, J.(1934). "Das sprachliche Feld: eine Auseinandersetzung." *Neue Jahrbucher für Wissenschaft und Jugendbildung* 10: 428-449.

Tversky, B.(1990). "Where partonomics and taxonomies meet." In S. Tsohazidis(ed.), *Meaning and Prototypes: Studies in Linguistic Categorization*, 334-344. London: Loutledge.

Tyler, A. and V. Evans(2003). *The Semantics of English Prepositions: Functional Principles.* Cambridge: Cambridge University Press.

Ullmann, S.(1957). *The Principles of Semantics.* Oxford · Glasgow: Blackwell and Jackson. (남성우 역(1979). 『의미론의 원리』. 탑출판사.)

Ungerer, F. and H. J. Schmid(1996/2006). *An Introduction to Cognitive Linguistics.* London and New York: Longman. (임지룡 · 김동환 옮김 (1998/2010). 『인지언어학 개론』. 태학사.)

Van Staden, M.(2006). "The body and its parts in Tidore: A papuan language of Estern Indonesia." *Language Sciences* 28: 323-343.

Vygotsky, L. S.(1962). *Thoughts and Language*(trans. E. Hanfmann and G. Vakar). Cambridge, M.A.: MIT Press.

Waugh, L. R.(1982). "Marked and unmarked: A choice between unequals in semiotic structure." *Semiotica* 38(3/4): 299-318.

Weisgerber, L.(1927). "Die Bedeutungslehre-ein Irrweg der Sprachwissenschaft?" *Germanisch Romanische Monatsschrift* 15: 161-183.

Weisgerber, L.(1953). "Das Weltbild der Muttersprache." In *Vom Weltbild der Deutschen Sprache* 1. Düsseldorf, Pädagogischer Verlag Schwann.

Whorf, B. L.(1956). *Language, Thought and Reality: Selected Writings of Benjamins Lee Whorf.* J. B. Carroll(ed.). Cambridge, M.A.: MIT Press.

Wierzbicka, A.(1972). *Semantic Primitives.* Frankfurt: Athenaeum.

Wierzbicka, A.(1996). *Semantics, Primes and Universals*. Oxford: Oxford University Press.

Winston, M. E., R. Chaffin and D. Herrmann(1987). "A taxonomy of part-whole relations." *Cognitive Science* 11: 417-444.

Witkowski, S. E. and C. Brown(1985). "Climate, clothing and body-part nomenclature." *Ethnology* 24: 197-214.

Wittgenstein, L.(1953/1958). *Philosophische Untersuchungen*. translated by G. E. M. Anscombe as *Philosophical Investigations*(2nd edn.). Oxford: Blackwell.

찾아보기

임지롱

경북대학교 석좌명예교수, 맨체스터대학 언어학과 객원교수・경북대학교 사범대학장・
교육대학원장・대학원장・부총장 역임
담화인지언어학회・한국어 의미학회・한국어문학회・국어교육학회・우리말 교육현장학
회 회장・한글학회 부회장 회장 역임

저서

『국어 대립어의 의미 상관체계』(1989), 『국어 의미론』(1992)』, 『학교문법과 문법교육』
(공저, 2005), 『말하는 몸』(2006), 『의미의 인지언어학적 탐색』(2009), 『문법 교육론』
(공저, 2010), 『한국어 의미 특성의 인지언어학적 연구』(2017), 『인지의미론』
(1997/2017), 『한국어 의미 탐구의 현황과 과제』(공저, 2019), 『의미탐구의 인지언어
학적 새 지평』(2021), 『다의어와 의미 확장의 인지언어학적 탐색』(2023) 외 다수

(공)역서

『어휘의미론』(1989), 『언어의 의미』(2002), 『언어학개론』(2003), 『인지언어학 기초』
(2008), 『의미 관계와 어휘사전』(2008), 『인지문법론』(2009), 『인지언어학 개론』
(2010), 『언어・마음・문화의 인지언어학적 탐색』(2011), 『어휘의미론의 연구 방법』
(2013), 『의미론의 길잡이』(2013), 『비유 언어』(2015), 『의미론』(2017), 『인지언어
학 핸드북』(2018), 『은유 백과사전』(2020) 외 다수